ein Ullstein Buch

ÜBER DIESES BUCH:

Als am 20. März 1811 Napoleon der ersehnte Sohn geboren wurde, schien dem kleinen »König von Rom« eine große Zukunft sicher. Doch dem anfangs maßlos verwöhnten Kind war nur ein kurzes, glückloses Leben bestimmt. Aus Frankreich vertrieben, von Vater und Mutter gleichermaßen verlassen, blieb der Knabe am Hof seines Großvaters Franz I. in Wien zurück, reagierte mit Aggression, Lernverweigerung und Haß auf seine Erzieher. Als er, aus Verlegenheit zum Herzog von Reichstadt ernannt, mit 21 Jahren an Tuberkulose stirbt, ist auch Kaiser Franz eher erleichtert, denn nun würde ihm so manche Schererei erspart bleiben.

DER AUTOR:

Gerd Holler, im Hauptberuf Arzt, hat neben wissenschaftlich-medizinischen Arbeiten auch ein Buch über die Tragödie von Mayerling, ein umfangreiches Werk über den Erzherzog Franz Ferdinand und eine Biographie des Kaisers Ferdinand veröffentlicht.

Gerd Holler

Napoleons Sohn

Der unglückliche Herzog von Reichstadt

Mit zahlreichen Abbildungen

ein Ullstein Buch

ein Ullstein Buch
Nr. 22346
im Verlag Ullstein GmbH,
Frankfurt/M – Berlin

Ungekürzte Ausgabe

Umschlagentwurf:
Elżbieta Wożniewska-Krüger
unter Verwendung eines
Aquarells von M. Daffinger
Archiv für Kunst und
Geschichte, Berlin

Printed in Germany 1991
Druck und Verarbeitung:
Presse-Druck Augsburg
ISBN 3 548 22346 X

April 1991

CIP-Titelaufnahme der
Deutschen Bibliothek

Holler, Gerd:
Napoleons Sohn : der unglückliche
Herzog von Reichstadt /
Gerd Holler. – Ungekürzte Ausg. –
Frankfurt/M ; Berlin :
Ullstein, 1991
(Ullstein-Buch ; Nr. 22346)
ISBN 3-548-22346-X
NE: GT

INHALT

»Mein Sohn wird
österreichischer Erzherzog,
vielleicht ist das mehr
als der Thron Frankreichs«

Napoleon I.
anläßlich seiner Abdankung

VORWORT

Der Sohn Napoleons I., der – wie er in Wien genannt wurde – »deliciöse« Herzog von Reichstadt, war Gegenstand einiger Biographien und auch die tragische Figur mancher Schauspiele. Tatsächlich wurde er, nach der vernichtenden Niederlage seines Vaters, zum Spielball der damaligen Großmächte. Nur durch die Intervention seines Großvaters, des österreichischen Kaisers Franz, der ihn in seine Erziehung und Obhut nahm, konnte dem Kind Ärgeres erspart werden. So wuchs Franz Carl Joseph Napoléon, wie er von Geburt an hieß, als österreichischer Prinz in der Residenzstadt Wien heran.

In dieser politischen Konstellation galt mein Interesse, auch als Arzt, der Persönlichkeit des Herzogs. Seine Erziehung, das einschneidende Erlebnis, als er von seinem Vater und bald danach von seiner Mutter getrennt wurde, seine Ausbildung, der er sich in kindlicher Trotzreaktion entgegenstemmte, und seine ungestillten Sehnsüchte, mit der Mutter vereint zu sein – das alles trug dazu bei, aus ihm einen aggressiven, stürmischen Jüngling zu machen. Wankelmütig versuchte er, sich von einem politischen Abenteuer ins andere zu stürzen. Eine damals lebensbedrohende Krankheit, die Tuberkulose, setzte diesem Streben ein baldiges Ende.

Aus damaliger Zeit liegen nur wenige detaillierte Aufzeichnungen über den Krankheitsverlauf einer Tuberkulose vor. Dem militärischen Erzieher Reichstadts verdanken wir aber ein genaues Krankenprotokoll des Patienten, vom Eintritt der Krankheit bis zum Tod. Wenn wir sein Leben verfolgen, finden wir nur wenige einnehmende Züge an ihm. Er bleibt uns fremd, oft sogar unsympathisch. Sein langsames Sterben, sein elender Tod und letztlich die Tragik seines ganzen Lebens versöhnt und erweckt aber auch heute noch Mitleid mit diesem jungen Mann, der nach eigenem Eingeständnis nichts anderes war als eine große Null.

Die Aufzeichnungen der ersten vier Lebensjahre des Herzogs sind spärlich und können nur aus Briefen seiner Eltern rekonstruiert werden.

Im vorliegenden Buch wurden Briefe in richtiger Orthographie, andere in fehlerhaften Satzstellungen und mangelhafter Grammatik wiedergegeben. Die letzteren sind Originalbriefe in deutscher Sprache, die erstgenannten dagegen Übersetzungen aus dem Französischen.

Für die Unterstützung meiner Arbeit sage ich meinen Dank Frau Dr. Elisabeth Springer vom Österreichischen Staatsarchiv, Frau Germaine Meinrad und Fräulein Bibiane Berger für Übersetzungen und meiner Frau für Korrekturarbeiten.

Baden bei Wien, Juni 1987 Dr. Gerd Holler

KAPITEL 1

Der Streit um Napoleons Todeskrankheit
Die klinischen Erscheinungen
Das Testament
Die neue Vergiftungstheorie

15 Grad 54 Minuten südlicher Breite, 5 Grad 38 Minuten westlicher Länge von Greenwich erhebt sich 1863 Kilometer vor der Westküste Afrikas, weit draußen im Südatlantik, ein 123 Quadratkilometer großes, sturmumtostes Eiland: Sankt Helena. Das 180 bis 300 Meter hochragende, schwarzblau schimmernde Basaltufer fällt fast senkrecht ins Meer. Im Zentrum der Insel, die in britischem Besitz ist, liegt in 600 Meter Höhe eine fast baumlose, nur mit Stauden bewachsene kleine Ebene: Longwood.

5. Mai 1821. Über die Ebene von Longwood toben die Reste eines Gewittersturmes der vergangenen Nacht. Gerade als die Sonne wie ein großer, glutroter Feuerball in den Horizont eintaucht, es ist 17.49 Uhr, stirbt dort in einer zugigen, schimmeligen und von Ratten bevölkerten Steinbaracke ein Mensch, der die Welt veränderte. General, Feldherr, Kaiser, Usurpator, Gefangener: *Napoleon* Bonaparte, einst Kaiser der Franzosen. Einer der Getreuen, die ihm auf die Insel gefolgt waren, General Henri Graf Bertrand, schilderte in seinen Memoiren diesen Augenblick: »Am 5. Mai, um 5 Uhr 49, tat der Kaiser seinen letzten Atemzug. In den letzten drei Minuten stieß er drei Seufzer aus. Im letzten Augenblick ein leichtes Bewegen seiner Pupillen; eine unregelmäßige Bewegung von Mund, Stirn und Kinn. In der Nacht hatte der Kaiser den Namen seines Sohnes ausgesprochen, vorher hatte er gesagt ›an der Spitze des Heeres‹. Am Vorabend hatte er zweimal gefragt: ›Wie heißt mein Sohn?‹ und Marchand hatte geantwortet: ›Napoleon‹.«[1]

Noch in der heraufdämmernden Agonie galten Napoleons Gedanken seinem jetzt zehnjährige Sohn, der in der Obhut des Großvaters, des Kaisers Franz von Österreich, in der Wiener Hofburg großgezogen wurde.

Wie es einem anständigen Soldaten geziemt, hatte Napoleon noch zu Lebzeiten einem andern Gefährten auf St. Helena, General Charles Graf Montholon de Lee, seine »Abmeldung« von dieser Welt diktiert, in die nur Datum und Uhrzeit eingesetzt werden mußten und die Montholon nach dem Ableben des Kaisers sofort dem englischen Gouverneur der Insel, Sir Hudson Lowe, zustellen sollte. »Herr Gouverneur«, hieß es, »Der Kaiser Napoleon ist am ... infolge einer langen schmerzhaften Krankheit gestorben. Ich habe die Ehre, Sie davon in Kenntnis zu setzen. Ich bitte Sie, mich wissen zu lassen, welche Verfügungen von Ihrer Regierung in betreff der Überlieferung der Leiche nach Europa, wie auch in bezug auf die Personen des Gefolges vorgeschrieben sind«[2]. Der Gouverneur nahm diese Meldung jedoch nicht an, da er keinen »Kaiser Napoleon«, sondern nach dem Sprachgebrauch der alliierten Mächte nur einen »General Bonaparte« kenne.
Zum Entsetzen der Franzosen auf Longwood teilte ihnen Lowe mit, daß er bereits seit einem Jahr den Befehl seiner Regierung in Händen hätte, nach dem die Leiche Napoleons auf St. Helena zu verbleiben habe. Eine Überführung nach Europa käme nicht in Betracht.
Montholon hatte mit dem Gouverneur die erste Aussprache und dabei stellte er sich als der von Napoleon einzige autorisierte Testamentsvollstrecker vor. Er übergab Sir Lowe die letzten Wünsche des Kaisers: Das Herz sollte dem Körper entnommen und seiner Gemahlin, Marie Louise von Österreich, zum immerwährenden Andenken übersandt werden. Auch sein Magen solle entfernt, präpariert und seinem Sohn übergeben werden, um ihn vor der Krankheit des Vaters zu bewahren und um vielleicht ein neues, wirksames Heilmittel dagegen zu finden. Der Gouverneur betonte, daß der Leichnam Napoleons auf der Insel zu verbleiben hätte und er es nicht erlauben werde, daß Teile oder einzelne Organe der Leiche nach Europa gesandt würden[3].
Nachdem auch der letzte französische Gefolgsmann, der mit Napoleon auf die Insel gekommen war, seinem toten Herrn die Hand geküßt hatte, wurde über den Kaiser sein berühmt gewordener grauer Militärmantel, den er erstmals in der Schlacht von Marengo und später in allen Gefechten getragen hatte, ge-

breitet und ein englischer Soldat zur Ehrenwache eingeteilt. Dieser junge britische Soldat Duncan Darroch, schrieb darüber seiner Mutter: »... Sein Antlitz war heiter und mild; natürlich war es etwas eingefallen. Seine Züge waren schön und kühn ... Seine Nase war besonders hübsch ... Er lag da wie früher; das Gesicht war etwas eingefallen, nur der Priester, der Diener und ich waren anwesend ...«[4].

Wie es Napoleon in seinem Testament festgelegt hatte, wurde sein Kopf von dem Diener Marchand rasiert. Aus den Haaren sollten, was damals beliebt war, zwei Armreifen hergestellt werden. Marie Louise und ihr Sohn sollten sie zur Erinnerung erhalten. Diese Haare erreichten aber nie ihren Bestimmungsort; sie verblieben bis heute im Hause von Familien, die mit Napoleons Gefolgsleuten auf St. Helena verwandt sind. Dies ist wichtig zu bemerken, da diese Haare mit unseren heutigen analytischen Methoden untersucht wurden und Anlaß zu umstrittenen Theorien über die Todeskrankheit Napoleons wurden.

Am 6. Mai morgens suchte der Gouverneur seinen prominenten toten Gefangenen auf. Er hatte ihn vier Jahre lang nicht gesehen; die Feindschaft der beiden verhinderte ein früheres Wiedersehen. Hudson Lowe befahl nun die Obduktion der Leiche und bestimmte dafür die Zeugen. Da diese nicht so schnell auf Longwood eintreffen konnten, sollte die Leichenöffnung am Nachmittag des nächsten Tages erfolgen.

Anläßlich des Besuches des Gouverneurs bat der Leibarzt Napoleons, Dr. Francesco Antommarchi, um die Beschaffung von Gips zur Herstellung einer Totenmaske. Napoleon hatte in seinem Testament nicht die Anordnung getroffen, daß ihm eine Totenmaske abgenommen werden sollte. Der Arzt tat dies aus freien Stücken und betonte, daß er diese Maske Napoleons Mutter Letitia Ramolino, die jetzt in Rom lebte, überbringen werde. Antommarchi beschrieb die Gipsbeschaffung so: »Der Gouverneur sagte: Sie haben zur Besorgung einer Maske des Verstorbenen Gyps von mir verlangen lassen; einer meiner Wundärzte ist in diesem Verfahren sehr geschickt, er soll ihnen helfen. Ich dankte Seiner Exzellenz. Das Abgießen ist eine so leichte Sache, daß ich alle Hülfe entbehren konnte. Indessen fehlte mir Gyps ... Ich wußte mir nicht zu helfen, bis uns Dr.

Burton eine Lagerstätte von Gyps anzeigte ... Eine Schaluppe fuhr in die See und brachte nach einigen Stunden Gypsstücke zurück, die man kalcinieren ließ ...«[5].
Die Obduktion war für 17 Uhr angesetzt. Im Vorzimmer zu Napoleons Salon wurde der Billardtisch aufgestellt und mit Laken bedeckt. Der Leichnam wurde entkleidet und auf den Tisch gelegt. Alle vorher bestimmten Zeugen waren versammelt: Bertrand, Montholon, Marchand, Sir Thomas Reade, einige englische Offiziere und sechs englische Ärzte: Dr. Arnott (Arzt im 20. Regiment), Dr. Mitchell (Arzt auf der »Vigo«), Dr. Burton (Arzt im 66. Regiment), Mathew Livingstone (Arzt im Dienst der ostindischen Kompanie), William Henry (Militärwundarzt) und der Chefarzt Dr. Short. Der Obduzent war Dr. Antommarchi, weil sich Napoleon ausbedungen hatte, daß kein Engländer seinen Körper berühren dürfe. Bevor die Sektion begann, wurde die Totenmaske angefertigt. Das Brennen des Kalkes geschah vorher in einem Backofen, die so gewonnenen Gipsstücke wurden pulverisiert. Die Güte einer Gipsmaske ist abhängig von der Dauer und der Temperatur des Brennens, und wir können annehmen, daß die Qualität dieses Gipses nicht hervorragend war. Die Gipsmasse war sicherlich mit anderem Gestein verunreinigt, bröckelig, grobkörnig und nicht reinweiß.
Der Gips wird mit Wasser angerührt und Schicht auf Schicht auf das Gesicht des Toten aufgetragen. Soll eine komplette Maske – also auch Stirn- und Seitenpartien – hergestellt werden, wird ein Faden von der Stirn zum Kinn gelegt. Beginnt der Gips »abzubinden«, d.h. erstarrt die Gipsmasse, wird der Faden durch sie nach oben durchgezogen und teilt die Maske in zwei Hälften, die sich leicht vom Gesicht abheben lassen. Unter mäßigem Druck werden die beiden Hälften wieder aneinandergedrückt und die Schnittfurche mit Gips verstrichen. Die so gewonnene Totenmaske ist das sogenannte »Negativ«. Von diesem können x-beliebige Kopien abgenommen werden. Diese Kopien werden als »Positive« bezeichnet.
Ich erwähne die Herstellung von Totenmasken und besonders dieser speziellen Maske ausführlich, weil bis heute die Fachleute immer noch streiten, wer der Besitzer der »Original-Maske« Napoleons ist. Auf der ganzen Welt befinden sich Hunderte

solcher Napoleon-Masken und jeder behauptet, er allein wäre der Besitzer der Maske aus St. Helena. Dr. Antommarchi jedenfalls betonte, er allein hätte eine Maske hergestellt: »Je moulai la figure« (*Ich* machte einen Abguß). F. Masson dagegen versuchte in seinem Werk »Napoléon à Sainte-Hélène« den Beweis zu erbringen, daß nicht Antommarchi, sondern Dr. Burton die Maske abgenommen hätte. Einige Autoren waren dagegen der Meinung, daß die Gipsqualität so schlecht war, daß überhaupt keine vollständige Maske zustandekam und daß die wenigen brauchbaren Bruchstücke verschollen sind. Andere Autoren behaupteten, daß alle Napoleonmasken, die in den Handel kamen, von einer Totenmaske stammen, die 1840 anläßlich der Exhumierung der Leiche angefertigt wurde[6]. Nachdem nun die Totenmaske abgenommen war, wurde die Leiche vermessen. Die Größe des Exkaisers wurde mit fünf Fuß, zwei Zoll und vier Linien angegeben. Napoleon wird immer als kleiner Mann beschrieben. Das war aber nicht der Fall, sondern es unterliefen bei der Umrechnung der englischen auf die französischen Maßeinheiten Fehler. Seine tatsächliche Größe war 1,692 Meter. Damit war Napoleon nicht klein, sondern hatte die durchschnittliche Größe der damaligen männlichen Population[7]. Die äußere Beschreibung der Leiche ergab keine besonderen Auffälligkeiten.
Es wurden vier Obduktionsbefunde angefertigt. Der offizielle Befund, der von den Engländern unterzeichnet wurde, zwei verschiedene Obduktionsbefunde Dr. Antommarchis und der spätere Befund des Militärarztes W. Henry.
Von dem Augenblick an, als mit dem Skalpell der erste große Eröffnungsschnitt in der Mitte des Leibes vom Kehlkopf bis zum Schambein geführt wurde, beginnen Widersprüche, Unklarheiten und Fälschungen das wahre Bild der Todeskrankheit Napoleons zu verschleiern. Die Erstellung einer exakten Diagnose wurde weniger von medizinischen Details als vielmehr von politischen Hintergründen diktiert. Damit fingen die Spekulationen an, die bis zum heutigen Tag anhalten. Die Engländer wollten Napoleons Tod unbedingt als einen natürlichen darstellen und drängten den Obduzenten, die Leber der Leiche als normal zu beschreiben. Damit hätten sie die Gerüchte, die in der Welt kursierten, entkräftet. Diese besagten,

daß das Klima in St. Helena furchtbar wäre und auf diesem Eiland Leberentzündungen endemisch vorkämen. Die Engländer hätten den Kaiser nur dorthin gebracht, um ihn dieser gefährlichen Krankheit auszusetzen. Der Obduzent Dr. Antommarchi und die französische Begleitung wollten mit der Obduktion diese Gerüchte bestätigen und eine krankhaft veränderte Leber sehen. Damit hätten sie auf ewige Zeiten den Engländern die Schuld am Tod Napoleons zuschieben können. Wie aus den Befunden ersichtlich, war das Aussehen der Leber bei der Leichenöffnung Gegenstand hitziger Debatten unter den anwesenden Ärzten.
Hier Auszüge aus dem offiziellen Obduktionsbefund: »Der Körper erschien äußerlich fett«. Dr. Arnott behauptete sogar, Napoleon sei »fett wie ein Schwein gewesen«. Die Fettschicht wurde angegeben: »Der erste Einschnitt in der Mittellinie von oben nach unten zeigte, daß das Brustbein von mehr als einem Zoll Fettschicht bedeckt war und der Leib von eineinhalb Zoll ... Zwischen den beiden Blättern des linken Brustfelles ist eine leichte Verwachsung konstatiert worden, man hat drei Unzen rötliche Flüssigkeit in der linken Höhle und fast acht Unzen in der rechten Höhle gefunden. Die Lunge war unbedingt gesund. Der Herzbeutel normal, er enthielt ungefähr eine Unze Flüssigkeit. Das Herz hatte die gewöhnliche Größe, aber es war mit einer dicken Fettschicht umgeben ... Das Bauchnetz außerordentlich fett. Magen: Seine ganze obere Partie war mit der Wölbung des linken Leberlappens verwachsen. Man löste sie ab und entdeckte ein Zoll vom Pylorus entfernt ein Geschwür, das die Seitenwände durchbohrt hatte, daß man den kleinen Finger hindurchstecken konnte. Die innere Oberfläche war nur noch ein Haufen krebsartiger Massen oder in der Entwicklung begriffener Scirrhen. Nur ein kleiner Teil des Magenmundes in nächster Nähe der Speiseröhre war der einzige unbeschädigte Teil. Eine reichliche flüssige Masse, Kaffeesatz ähnlich, füllte den Magen. Die Leber war mit dem Zwerchfell an der gewölbten Oberfläche des linken Lappens verwachsen und außer den durch die Magenerkrankung hervorgerufenen Verwachsungen zeigte sie nichts Krankhaftes. Die übrigen Baucheingeweide waren normal ...«[8].
Die englischen Ärzte forderten nun Dr. Antommarchi auf, das

Protokoll ebenfalls zu unterschreiben, was er aber ablehnte. »Was hatte ich auch mit Engländern, mit einem englischen Protokoll zu thun?«, schrieb er. »Ich war Arzt Napoleons!«[9]. Im obigen Protokoll wurde angeführt, daß die Leber normal und gesund wirkte, und das wollte Dr. Antommarchi nicht bestätigen. Er verfaßte einen eigenen Sektionsbefund, den er Bertrand und Montholon überreichte. Die wichtigsten Auszüge daraus lauteten:

»Ich Endesunterzeichneter François Antommarchi, behandelnder Arzt Kaiser Napoleons habe die Vollziehung der mir von den Grafen Bertrand und de Montholon erteilten Befehle, die Öffnung der Leiche des Kaisers Napoleon vorgenommen ...

9. Nachdem ich sorgfältig mit dem Seziermesser und dem Finger die Verwachsungen gelöst hatte, beobachtete ich, daß sich an der Stelle der Verwachsungen des oberen linken Leberlappens mit dem Magen ein Loch von 1 1/2 Zoll Durchmesser an der Vorderfläche des Magens nahe an seinem Ende befand.
10. Nachdem ich den Magen hinter der großen Kurvatur geöffnet hatte, sah ich, daß er teilweise mit einer schwärzlichen, flüssigen, scharf übelriechenden Substanz angefüllt war.
11. Nachdem ich diese Flüssigkeit entfernt hatte, bemerkte ich ein sehr ausgebreitetes Krebsgeschwür, das besonders die obere Partie der inneren Außenseite des Magens einnahm und sich vom Anfang des Magenmundes bis ungefähr einen Zoll oberhalb des Pförtners erstreckte ...
15. Die Leber war gestaut und größer als gewöhnlich und angelaufen ...«[10].

Es ist eigenartig und auffallend, daß dieser Sektionsbefund Dr. Antommarchis mit dem von ihm in seinen Memoiren veröffentlichten nicht übereinstimmt. In seinem Buch bespricht er vor allem krankhafte Veränderungen in Napoleons Lunge, in deren beiden Oberlappen er mehrere Kavernen und vergrößerte Tuberkel und Lymphknoten gefunden hat – also Tuberkulose als Todeskrankheit. Er beschreibt ferner eine vergrößerte Milz und Leber, wobei letzteres Organ mit dem Zwerchfell, als Folge einer abgelaufenen Leberentzündung, verwachsen war. Dagegen bagatellisierte er die Veränderungen am Magen: »... Drei Querfinger vor dem Pylorus (Magenausgang), an der Vorderseite des Magens, fand sich eine scirrhusartige Anschwellung. Der Magen war da und dort durchlöchert und der linke Leberlappen verstopfte die Öffnungen ... Von der Cardia (Mageneingang) ausgehend, ein krebsiges Geschwür ...«[11].

Auf Grund nie verstummender Gerüchte über die Todeskrankheit Napoleons bat 1823 Hudson Lowe den Militärarzt und Zeugen der Sektion W. Henry, nach seinen Aufzeichnungen nochmals einen Obduktionsbefund zu erstellen. Der Arzt kam am 12. September 1823 dieser Aufforderung nach und schrieb:

»Im Widerspruch zu dem unruhigen Leben und Charakter des Verstorbenen, hatte das Gesicht einen besonders ruhigen Ausdruck ... Die Züge waren regelmäßig und wurden selbst schön empfunden. Der Kopf wurde nicht seziert. Er war dick und muß in des Toten Jugend etwas unförmig gewesen sein. Die Stirn war breit und hoch ... Der Körper hatte eine starke Fettschicht ... Im ganzen machte der Körper einen weiblichen Eindruck. Er war kaum behaart ... Die Lungen waren vollkommen gesund ... Das Bauchnetz war sehr fett. Als man den Magen herausgeschält hatte, sah man, daß die obere Wand in ihrer ganzen Ausdehnung mit der Höhlung des linken Leberlappens verwachsen war. Nachdem die Trennung ... stattgefunden hatte, trat die Natur und die Schwere der Krankheit, die den Tod veranlaßt hatte, klar zutage. Die ganze innere Oberfläche des Magens zeigte einen Haufen krebsartiger Geschwüre oder Verhärtungen, die eben im Begriffe waren, krebsig zu entarten. Der Pförtner war der Herd der verwüstenden Krankheit; ein Loch fand sich darin, in das derjenige, der diese Zeilen schreibt, den Finger hineinsteckte. Die Leber schloß durch ihre Verwachsung dieses Loch ... Alle hier hatten gehört, daß der Tote leberkrank gewesen sein soll und jeder wartete nun bei der Obduktion darauf, daß dieses Organ krankhafte Veränderungen hatte. Als man daran ging, das zu prüfen, drückte sich auf den Gesichtern ängstliche Spannung aus. Dr. Antommarchi machte einen Einschnitt, er glaubte, es würde ein Eiterfluß aus dem Abszeß, den man vermutete, kommen; aber es war kein

Abszeß da, nicht einmal eine Entzündung und keine Geschwulst. Die Leber hatte den normalen gewöhnlichen Umfang und das Lebergewebe war vollständig gesund ...«[12].
Nur als Kuriosum soll noch der letzte Obduktionsbefund Dr. Antommarchis nach den Gesichtspunkten der Phrenologen angeführt werden: »Ich war neugierig, diesen großen Mann nach den Grundsätzen des Systems der Drs. Gall und Spurzheim zu betrachten ...:

1. Das Organ der Verstellung
2. Das Organ der Eroberungen
3. Das Organ der Gutmütigkeit
4. Das Organ der Einbildungskraft
5. Das Organ des Ehrgeizes
6. Das Organ der Liebe
7. Das Organ des Ruhmes

In Beziehung auf die intellektuellen Fähigkeiten fand ich:

1. Das Organ der Individualität
2. Das Organ der Lokalität
3. Das Organ der Berechnung
4. Das Organ der schnellen und richtigen Schlußfolge ...«[13].

Dieser Befund hat keinerlei Bedeutung, da sich Galls Schädellehre später als reine Spekulation erwies. Dr. Gooch, eine in London anerkannte medizinische Kapazität, schrieb an Hudson Lowe: »Ich habe Antommarchis Buch fast vollständig gelesen, für eine Zeitschrift könnte man einen ganz netten Artikel daraus machen ...«[14].
Die drei ernstzunehmenden Obduktionsprotokolle enthalten jedenfalls mehrfache Widersprüche und können nicht unser volles Vertrauen genießen. Die Engländer lenkten die Aufmerksamkeit auf den zweifelsohne vorliegenden Magenkrebs, die Franzosen auf die Leberveränderungen und Dr. Antommarchi noch zusätzlich auf die Lunge, in der er Kavernen und Tuberkeln fand. Die Aussagen der Engländer über die Leber waren einhellig, nur Dr. Short meinte während der Sektion, daß dieses Organ »vielleicht etwas stärker als gewöhnlich« aussehe, doch wurde dieser Satz in das offizielle Obduktionsprotokoll nicht aufgenommen.

Die verschiedenen Interpretationen der Obduktionsbefunde waren Anlaß dafür, daß über die tatsächliche Todeskrankheit Napoleons zahlreiche und obskure Spekulationen begannen. Leider haben drei behandelnde Ärzte des Exkaisers durch unqualifizierte Äußerungen diese noch angeheizt. So veröffentlichte Dr. Archibald Arnott, der Napoleon kurze Zeit behandelt hatte und auch bei der Obduktion anwesend war, im Jahr darauf ein Buch. Darin wunderte er sich über die Krebskrankheit bei einem Mann wie Napoleon, der sein Leben lang mäßig gelebt hat, denn bisher hätte der Arzt Magenkrebs nur bei »chronischen Alkoholikern und unverbesserlichen Schnapstrinkern« diagnostizieren können[15]. Dr. Arnott stimmte aber mit anderen Ärzten überein, daß zu dieser Krankheit eine erbliche Disposition bestehen müsse und erinnerte sich, daß ihm der Exkaiser erzählt hatte, sein Vater wäre in jungen Jahren an Magenkrebs gestorben. Die erbliche Komponente – so Dr. Arnott – und die jahrelange seelische Belastung der Gefangenschaft hätte diese Krankheit ausgelöst und zum Tode Napoleons geführt. Also hat eine seelische Komponente den Krebs ausgelöst und waren die Engländer doch noch schuld am Tode des Exkaisers? Als Dr. Arnott seine Theorie veröffentlichte, war es in England noch gefährlich, so eine Behauptung aufzustellen. Prompt schrieb auch der Adjutant des Gouverneurs: »Die Veröffentlichung des Dr. Arnott erscheint ohne jedes Interesse und ist nur für Ärzte bestimmt. Er ergeht sich in Lobeserhebungen über Bertrand, wahrscheinlich ist, daß dies die Bezahlung für die vom Grafen erhaltenen Geschenke ist ...«[16].
Als der britische Schiffsarzt Dr. Harry O'Meara, der schon 1818 behandelnder Arzt Napoleons war, vom Tod des Exkaisers hörte, schrieb er, daß er schon vor Jahren der Ansicht gewesen war, daß Napoleons Tage auf St. Helena gezählt seien. Er war auch jetzt noch vom Leberleiden als Todesursache überzeugt und berief sich auf seinen seinerzeitigen Bericht vom 28. Oktober 1818 an die britische Admiralität, in dem es heißt: »Sein Leberleiden wird täglich schlimmer. Es ist eine Krankheit, die auf St. Helena eine große Sterblichkeit verursacht ... Ich glaube, daß Napoleon in diesem Klima vom Tode bedroht ist ...«[17].
Auch der ehemalige Chefchirurg der Grande Armée, Jean Do-

minique Larrey, äußerte sich nach dem Studium des Obduktionsbefundes dahingehend, daß der Exkaiser einwandfrei einem Leberleiden zum Opfer gefallen wäre und der Magenbefund nur eine sekundäre Angelegenheit sei. Diese Theorie wurde später wiederholt. Danach schied die Krebskrankheit aus, eine durchgemachte Hepatitis (Leberentzündung) soll ein gastrisches Leiden initiiert haben, das zum Tode führte[18]. Dazu ist zu sagen, daß während der gesamten Gefangenschaft nie von einer Hepatitis die Rede war, und daß Dr. Arnott ausdrücklich erwähnte, daß Napoleons Augen nie ikterisch, d.h. gelb gefärbt, waren. Die »angelaufene« Leber, wie sie Dr. Antommarchi diagnostizierte, war sicher ein massiver Fibrinbelag, als Folge der lokalen Peritonitis (Bauchfellentzündung), die durch die Magenperforation entstanden war.
Wenn uns schon die Obduktionsbefunde über die tatsächliche Todeskrankheit im Stich lassen, sollen die genauen Krankheitsaufzeichnungen der letzten Zeit über den Patienten Klarheit schaffen. Aus den klinischen Bildern ergibt sich wohl eine eindeutige Diagnose.
Zeitlebens begleiteten Napoleon zwei Krankheiten, die ihm ständig Schmerzen und Beschwerden bereiteten: Sensationen seitens des Magens und die Dysurie (verzögertes, schmerzhaftes, tropfenweises Urinieren). Besonders in physischen und psychischen Ausnahmesituationen, also im Streß, begannen bei Napoleon oft unerträgliche Magenschmerzen. Es wird angegeben, daß er am Vorabend einer Schlacht in einem derartigen Spannungszustand war, daß er erbrechen mußte und zur Entspannung masturbierte[19]. Seine zwei angeblichen Selbstmordversuche dürften nichts anderes gewesen sein, als daß Napoleon im Zustand heftigster Magenschmerzen zu viel eines ihm verschriebenen Schmerzmittels, das Belladonna (Tollkirsche) enthielt, zu sich genommen hatte.
Die ersten Jahre auf St. Helena verliefen ohne nennenswerte gesundheitliche Störungen. 1818 hatte der englische Arzt Dr. O'Meara bei Napoleon eine Leberentzündung diagnostiziert und empfohlen, den Exkaiser von der Insel zu schaffen. Seinen Rat mußte er mit dem Ausstoß aus der Marine bezahlen. Die verantwortlichen alliierten Kommissare bestanden jedoch darauf, daß der Gouverneur einen neuen Arzt berufen müsse;

sie würden die englische Regierung zur Verantwortung ziehen, sollte dem Exkaiser ohne den Beistand eines Arztes etwas zustoßen. Hudson Lowe sandte daher einen ihm genehmen Mediziner, den Chirurgen der Küstenartillerie Dr. Verling, nach Longwood, doch Napoleon lehnte diesen Arzt ab. Daraufhin beorderte der Gouverneur den Hauptarzt der Insel, Dr. Baxter, der vom Exkaiser akzeptiert wurde, nach Longwood. Am 28. September 1818 übergab der Arzt dem Gouverneur einen Befundbericht, in dem es hieß: »... es schien mir vom ersten Tag an, als ich den General Bonaparte sah, daß die ihn bedrohende Krankheit Wassersucht ist. Die sichtbare Weichheit seines Leibes, die Erschlaffung des Zellgewebes und seine sitzende Lebensweise haben mich zu dieser Meldung veranlaßt. O'Meara hat sie geteilt und wir waren uns auch einig, General Bonaparte anzuraten, die für ihn verhängnisvolle Lebensweise aufzugeben. Der General hat unseren Vorschlägen nicht folgen wollen; er hat erklärt, daß ihn das Leben anwidere und er glücklich sein würde, durch irgendein plötzliches und heftiges Übel davon befreit zu werden ...«[20].
Der Gouverneur, der schon O'Meara wegen »Kollaboration« entlassen hatte, verzichtete nun auch auf die Dienste Dr. Baxters. Jedenfalls waren sich beide Ärzte einig, daß es sich bei Napoleon um eine Leberentzündung handeln müsse, die ja hier auf der Insel häufig auftrete. Der Gefangene blieb vorläufig ohne Arzt.
Am 17. Jänner 1819 erlitt Napoleon einen Ohnmachtsanfall, und seine Umgebung glaubte schon, der Kaiser hätte einen Schlaganfall erlitten. Eine solche Krankheit konnte der Gouverneur nicht brauchen. Nach Marchands Angaben soll Lowe zu Dr. O'Meara gesagt haben: »Ich möchte nicht, daß er an einem Schlaganfall stirbt. Das würde mich und meine Regierung in große Schwierigkeiten bringen. Deshalb ziehe ich es vor, daß er an einer langsamen Krankheit stirbt, die unsere Ärzte als eine natürliche erklären können«[21].
Die Begleitung bat den Exkaiser, doch wieder einen Arzt zuzulassen. Nach langen Debatten gab Napoleon seine Einwilligung. Montholon teilte dies Lowe mit, der den Schiffsarzt des Admiralsschiffes »HMS Conqueror«, Dr. John Stockoe, nach Longwood entsandte. Nach der ersten Untersuchung übergab

der Arzt dem Gouverneur seinen Befund, in dem es hieß, daß der Kaiser an heftigen Schmerzen in der rechten Seite, in der Lebergegend, klagte. »Die Störung der Gesundheit«, schrieb er, »dürfte von einer Störung der Leber herrühren, die sich das erste Mal vor 16 Monaten gezeigt haben soll ...« Der Arzt veranlaßte mehrere Aderlässe gegen die »Leberverhärtung« und fügte seinem Befund an: »Trotz der stärksten Blutentziehung, die ich jemals gesehen habe – sie war derartig, daß das Gesicht des Operierten eine Leichenfarbe angenommen hatte –, konnte weder gegen die Leberverhärtung noch den beschleunigten Puls angekämpft werden«[22].
Napoleon hatte von englischen Ärzten vorläufig genug. Er ließ nun an seinen Onkel, Kardinal Joseph Fesch in Rom, schreiben, er möge einen italienischen Arzt und einen Priester nach St. Helena entsenden. Gerade in dieser Zeit teilte die deutsche Hellseherin Kleinmüller dem Kardinal mit, sie hätte in einer Vision gesehen, wie Napoleon von St. Helena von Engeln entführt worden sei. Fesch war nun im Zweifel, ob er überhaupt noch einen Arzt entsenden sollte. Auf alle Fälle wäre nun ein tüchtiger und teurer Arzt eine Verschwendung gewesen. Daher nahm er den billigsten Mediziner, der sich bereit erklärte, auf diese gottverlassene Insel zu gehen. Die Wahl fiel auf den Anatomen Dr. Antommarchi. Fesch schrieb daher an Graf Las Cases, einen Begleiter des Kaisers: »Obgleich die Zeitungen und die Engländer nach wie vor behaupten, er sei noch auf St. Helena, haben wir Ursache zu glauben, daß er diese Insel verlassen hat. Zwar wissen wir nicht, wo er ist, noch wann er sich zeigen wird, aber wir haben genug Beweise, um an unserer Überzeugung festzuhalten ... Es besteht kein Zweifel, daß der Kerkermeister von St. Helena den Grafen Bertrand zwingt, Ihnen so zu schreiben, als wäre Napoleon noch sein Gefangener ...«[23].
Am 20. September 1819 landete in St. Helena ein Schiff, das zwei Priester, Buonavita und Vignali, Dr. Antommarchi, einen neuen Kellermeister, Cousot, und einen neuen Koch, Chandelier, brachte. Buonavita war Korse, jetzt 70 Jahre alt, ein von einem Schlaganfall gezeichneter zitternder Greis. Dr. Antommarchi im 30. Lebensjahr stehend, Anatomie-Assistent in Florenz, besaß einige medizinische Kentnisse, soll angeblich des

LE DOCTEUR FRANÇOIS ANTOMMARCHI

Letzter Leibarzt Napoleons auf St. Helena

Lesens und Schreibens kaum mächtig gewesen sein und erklärte bei der Vorstellung, daß er bis jetzt »nur mit Leichen zu tun gehabt hätte«. Der einzige Lichtblick für den Exkaiser war der neue Koch. Seine in Rum getauchten und herausgebackenen Bananen wurden Napoleons Lieblingsspeise.

Dr. Antommarchi war bis zum 7. Juli Prosektor an der Anatomie der Universität Florenz bei Professor Pietro Mascagni gewesen. Warum er das Angebot des Kardinals angenommen hatte, blieb ungeklärt. James Kemble schrieb, daß er zuerst in Pisa, dann in Florenz dauernd mit der Polizei zu tun gehabt hätte, an seelischen Störungen gelitten haben soll und ein »incipient schizophrenic of the paranoie type« gewesen sei[24]. Masson bezeichnete ihn nur als »un barbier corse« (einen korsischen Barbier)[26]. Selbst Hudson Lowe gab, als er Dr. Antommarchi erstmals sah, zu: »Es war ein schlecht gewählter Arzt«[27].

Napoleon war entsetzt über diese Leute, die ihm sein Onkel nach St. Helena gesandt hatte. Bertrand gegenüber machte er sich gehörig Luft: »Der alte Priester taugt gerade noch dazu Messe zu lesen. Der junge Mann ist ein Student. Es ist lächerlich, ihn Arzt zu nennen. Er hat in Rom vier Jahre Medizin studiert, also ist er ein Medizinstudent, aber nicht Arzt. Antommarchi hat wohl schon ein wenig unterrichtet, aber nie praktiziert ...«[28]. Zweifelsohne war Dr. Antommarchi zu jung, unerfahren und fachlich überfordert. Zudem hatte er ein anmaßendes Benehmen, so daß es mit ihm immer wieder Auseinandersetzungen gab. Er war leichtsinnig und in seiner ärztlichen Tätigkeit nachlässig.

Als Napoleon im Herbst 1820 wieder über Schmerzen in der rechten Oberbauchseite klagte, diagnostizierte Dr. Antommarchi sofort und ohne Bedenken eine Hepatitis und begann bei seinem Patienten mit einer Quecksilberschmierkur. Die Quecksilbersalbe war Antommarchis Standardtherapie, da er auch andere Patienten aus der französischen Kolonie bei sämtlichen Krankheiten mit dieser Methode traktierte und manche fast damit ins Grab brachte. Napoleon schrie ihn einmal an: »Sie sind ein Ignorant! Und ich ein noch größerer, daß ich mir das habe antun lassen!«[29].

Ende des Jahres beschlossen Graf Bertrand mit seiner Frau

Fanny und Graf Montholon, Napoleon zu verlassen und nach Europa zurückzukehren. Vier Jahre St. Helena hatten ihnen gereicht. Zu diesem Zeitpunkt waren sie sich also der Tragweite des Zustandes des Exkaisers nicht bewußt. Das war ihnen nicht zu verübeln, denn selbst der Arzt tappte im dunkeln. Ab Dezember war es aber auch den Laien klar, daß sich im Zustand Napoleons eine Wende anbahnte, denn Montholon schrieb am 5. Dezember 1820 seiner Frau nach Frankreich: »Die Krankheit des Kaisers hat eine schlechte Wende genommen. Zu dem chronischen Leiden ist eine deutlich erkennbare schleichende Krankheit hinzugekommen. Er ist so schwach geworden, daß er keine zum Leben gehörende Verrichtung vornehmen kann ohne außerordentliche Mattigkeit zu empfinden ... was er sagt ist unglücklicherweise wahr: Es ist kein Öl mehr auf der Lampe ...«[30].
Nach den Aufzeichnungen Dr. Antommarchis fuhr Napoleon am 7. und dann nochmals am 17. März 1821 mit der Kutsche aus, kam aber jedesmal völlig ermattet zurück. Am 7. März hatte er sich noch selbst rasiert und hatte mittags mit Genuß Hammelfleisch mit Bratkartoffeln gegessen. Erstmals notierte der Arzt, daß der Exkaiser an einem »häufigen und stinkendem Rülpsen« leide[31]. Am nächsten Tag erbrach Napoleon erstmals das Essen. An diesem und den nächsten Tagen wurde sein Leib mit Äther abgerieben und in heiße Tücher gewickelt. In dieser Zeit litt er an heftigen Blähungen und Stuhlverhaltungen.
Buonavita wurde mit 3000 Francs abgefertigt und nach Europa zurückgeschickt. Dr. Antommarchi gab ihm einen Brief an einen Bekannten mit, in dem es hieß: »Mein theuerster Freund! In meinem letzten Brief vom 18ten July vorigen jahres, unterrichtete ich Sie von der chronischen Leberentzündung, von welcher der Kaiser Napoleon befallen und welche in diesem Clima endemisch ist; ich gab Ihnen Nachricht von der Besserung, die auf eine anhaltende rationelle Behandlung erfolgt war ... Ich muß Ihnen sagen, daß seit der erwähnten Zeit Seine Majestät täglich kränker geworden, dergestalt, daß in sechs Monathen die Beschwerden der Gallenorgane so große Fortschritte gemacht haben, daß die Funktionen der Leber gänzlich in Unordnung geriethen, und dadurch die Verdauung fast vernichtet wurde. Seine Majestät befinden sich gegenwärtig in

einem Zustande, der keine andere als flüssige Nahrung verträgt und auch diese wird von den einsaugenden Gefäßen nicht absorbiert. Der Magen kann diese flüssige Nahrung nicht vertragen und wirft sie durch Erbrechen bald wieder hinaus. Ich muß daher als verantwortlicher Arzt der kaiserlichen Familie und vor ganz Europa erklären, daß die Fortschritte der Krankheit Seiner Majestät in diesem Clima (das die nächste Ursache desselben ist) und die Symptome, welche sie begleiten, höchst gefährliche sind ...«[32].

Auch Graf Montholon gab dem Priester einen Brief auf den Weg mit. Napoleon ließ seiner Schwester, der Fürstin Pauline Borghese, schreiben: »Madame! Der Kaiser trägt mir auf, Eurer Hoheit einen Bericht über den traurigen Zustand seiner Gesundheit zu erstatten. Die Leberkrankheit an welcher er seit Jahren leidet und welche in St. Helena endemisch und tödtlich ist, hat furchtbare Fortschritte gemacht ... Seit der Mitte des vorigen Jahres haben sich mehrere Rückfälle eingestellt und mit jedem Tag wurde die Verschlimmerung sichtbarer. Seine Schwäche ist außerordentlich ... Im Zimmer kann er nicht ohne Unterstützung auf und nieder gehen. Zu der Leberbeschwerde hat sich eine andere auf der Insel ebenfalls endemische Krankheit gesellt. Die Eingeweide sind sehr ergriffen; die Funktionen der Verdauung unterbrochen und der Magen wirft alles was er genießt hinaus. Seit langer Zeit kann der Kaiser weder Fleisch, noch Brot oder Gemüse essen; er verträgt nur Suppen und Gallerte ... Der Gouverneur erlaubt nicht, daß dieser Brief an seine Regierung gelange und gründet seine Weigerung auf den eitlen Vorwand, weil in diesem Briefe der kaiserliche Titel Seiner Majestät gegeben war ...«[33]. Die Briefe der Franzosen sind dokumentarisch belegt, da sie vor der Absendung aus Jamestown dem Gouverneur vorgelegt werden mußten, der sie kopieren und zu den Akten nehmen ließ.

Napoleon litt jetzt zunehmend an ständigem Brechreiz. Um diesen zu bekämpfen, ließ er sich eine Schaukel bauen, die im Salon aufgestellt wurde. Stunden verbrachte er in ihr, ohne daß sich der Zustand besserte. In einer kritischen Stunde war wieder einmal der Arzt nicht zu erreichen, dem Exkaiser riß nun die Geduld, und er schrieb Dr. Antommarchi: »Seit den neun Monaten, in denen Sie hier weilen, haben Sie Seiner Majestät kein Vertrauen in Ihren Charakter eingeflößt. Sie können Ihm in seiner Krankheit nicht von Nutzen sein. Ihr Aufenthalt ist von nun an zwecklos«[34].

Schon einmal war Dr. Antommarchi von Napoleon verwarnt worden: »Ihre Albernheiten sind mir lästig, mein Herr. Ihre Leichtfertigkeit und Ihr Mangel an Lebensart kann ich Ihnen verzeihen, aber niemals Ihre Herzlosigkeit. Bitte, ziehen Sie sich zurück«[35]. Nach dem letzten Brief versprach Antommarchi Bertrand und Montholon, sich zu bessern und seine ärztlichen Pflichten besser wahrzunehmen.

Familie Bertrand und Montholon, die ihre Heimreise betrieben, sahen nun Anfang März die Verschlechterung im Zustand des Exkaisers und gaben ihre Pläne auf. Sie waren überzeugt, einen langsam Sterbenden vor sich zu haben. Montholon schrieb seiner Frau, daß die Verschlimmerung des Zustandes nur auf die Unfähigkeit des Arztes zurückzuführen wäre. Nun wurde bei dem Patienten ein ständiger Nachtdienst eingerichtet. Bertrand, Montholon und Marchand wechselten sich ab. Dr. Antommarchi weigerte sich, Nachtdienst zu machen, denn die gestörte Nachtruhe könnte ihn in seiner »Urteilskraft beeinträchtigen«.

Am 20. März sagte Napoleon bei der Morgenvisite, er hätte Schmerzen in der »Miliza« und »Stacca sinistra dello stomaco«. Daraufhin gab ihm der Arzt Rhizinusöl und mehrere Klystiere.

Fünf Tage später erschien der Gouverneur in Longwood und verhandelte mit Bertrand wegen eines englischen Arztes, nachdem er gehört hätte, der Exkaiser wolle seinen Leibarzt nicht mehr sehen. Die Franzosen lehnten ab, doch da erklärte Dr. Antommarchi, er wünsche die Zuziehung eines englischen Arztes, weil er mit seinem Wissen am Ende wäre. Daraufhin kommandierte Lowe Archibald Arnott vom 20. Regiment nach Longwood. Sechs Tage lang mußten die Gefährten Napoleons auf ihren Kaiser einreden, daß er einen englischen Arzt zulassen sollte. Am 1. April war es soweit. Dr. Arnott durfte erstmals das völlig abgedunkelte Zimmer Napoleons betreten. Der Arzt gab später bekannt, daß ihm dort eine Hand entgegengestreckt wurde und er einen normalen Puls fühlte. Ob es tatsächlich die Hand des Exkaisers war, konnte er nicht sagen[36].

Dr. Arnott war vom Schicksal seiner Vorgänger bereits gewarnt worden. Er vermied alles, um nicht als »Kollaborateur« bei Lowe zu gelten. Daher übergab er dem Gouverneur am 6. April ein Bulletin, in dem er feststellte, daß der Exkaiser nicht krank sei, sondern nur an einer Hypochondrie leide. Lowe war mit diesem Arzt zufrieden. Tags darauf rasierte sich Napoleon wieder, nach drei Wochen das erste Mal. Er lehnte jede Hilfe ab, weil er niemanden gestatten wolle, »einem Kaiser im Gesicht herumzufahren«. Die Rasur war so anstrengend, daß Napoleon erschöpft in die Kissen zurücksank.

Am 9. April erschien Dr. Antommarchi bei Hudson Lowe und erklärte, da Napoleon ihm das Vertrauen entzogen habe, wolle er sofort nach Italien zurückreisen. Bei dieser Gelegenheit sagte er auch, der Exkaiser »leide an der Leber, dem Herzen, den Därmen, überall. Seine Konstitution ist völlig zerrüttet«[37].

Zwei Tage lang erbrach Napoleon alles, was er zu sich nahm. Der Arzt gab ihm Opiumtinktur, aber ohne Erfolg. In der Nacht trank der Patient reichlich Zimtwasser.

In der darauffolgenden Nacht erlitt Napoleon »konvulsivische« Anfälle, die leider nicht näher beschrieben wurden. Später haben einige Autoren daraus den Schluß gezogen, Napoleon wäre Epileptiker gewesen. Diese Schlußfolgerung ist aber unzulässig, weil es nicht möglich ist, aus diesen vagen Mitteilungen eine Diagnose zu stellen. Dr. Arnott sagte, daß diese Anfälle reine Hypochondrie wären, und am 17. April meinte er Lowe gegenüber: »Ich bin überzeugt, wenn morgen ein Linienschiff von England käme, um ihn von hier wegzuholen, würde es ihn heilen und ihn augenblicklich auf die Beine stellen«[38].

Am 14. April hatte sich Dr. Antommarchi plötzlich geweigert, bei Napoleon weiter Dienst zu versehen, da ihn der Exkaiser am Vortag wieder einmal hinausgeworfen hatte. Der Arzt war stundenlang nicht zu erreichen gewesen. Dr. Antommarchi verlangte vom Gouverneur seine sofortige Heimreise nach Italien. Lowes Adjutant, Major Corequer, legte über diese Unterredung ein Gedächtnisprotokoll an. Der Arzt gab an, daß er, als er hierherkam, das Gefühl hatte, gebraucht zu werden. Das sei nie der Fall gewesen. Nun wolle er in seine Heimat zurück, um sein Werk zu vollenden, das er schon in Florenz begonnen hatte. Es handle sich um die »Grande Anatomie«, an der er mit

Professor Mascagni gearbeitet hätte und das in Zukunft seine einzige Einnahmequelle sein würde. Er müsse nun die Gravüren überwachen und die Texte vollenden[39].
Nachdem Napoleon tagelang mit Dr. Arnott über den Wert und Unwert der ihm verordneten Medikamente gestritten hatte, bat Dr. Arnott den Exkaiser, Dr. Antommarchi wieder zuzulassen. Nach langem Zögern gab der Patient seine Einwilligung. Dr. Antommarchi schlug nun sein Bett im Salon auf, wohin auch Napoleon übersiedelte. Am 16. April sandte Graf Montholon die »Récite de la Captivité« nach Europa, in denen der Exkaiser seinem Sohn politische Ratschläge erteilte. Es wird behauptet, daß weniger Napoleon, als vielmehr Montholon der Verfasser war. An diesem Abend begann Napoleon mit dem Entwurf seines Testamentes. Marchand hielt die Leselampe und Montholon das Tintenfaß.
Am 20. April setzte Dr. Antommarchi am linken Oberarm Napoleons ein Fontanell, um den »schlechten Säften« einen Abfluß zu schaffen. Die kommenden Nächte waren schlecht, der Patient erhielt Chinarinde. Tagsüber, wenn Dr. Arnott kam, fühlte sich Napoleon besser. Der Puls war regelmäßig und hatte eine Frequenz von 75 Pulsschlägen pro Minute. Eines Mittags wurde der Patient delirant und Dr. Arnott meinte, dies wäre eine besondere Form der Hypochondrie. In der Nacht vom 19. zum 20. April aß der Kaiser mit großem Appetit eine Nudelsuppe und Bratkartoffeln.
Am nächsten Tag lief ein Schiff nach Europa aus, das einen Brief Montholons an seine Gemahlin mit an Bord hatte. Der wichtigste Satz dieses Schreibens lautete: »Der Tod scheint allen seinen Zügen aufgedrückt ...«[40]. Zur selben Stunde erbrach Napoleon die gesamte Mahlzeit der vergangenen Nacht. Major Sir Harrison George Bingham, der davon gehört hatte, schrieb: »Ich weiß nicht, was ich von unserem Invaliden halten soll, oder ich fange vielmehr an zu glauben, daß diese Krankheitsgeschichte eine reine Posse ist ...«[41].
Am 23. April hatte Napoleon mittags einen Fasan gegessen, den er aber bald wieder erbrach. Dr. Arnott sah darin das typische hypochondrische Verhalten des Patienten. Auch als sich Napoleon auf den Bauch griff und Schmerzen in der rechten Seite angab, war Dr. Arnott der Meinung, daß diese Geste eine typi-

sche Bewegung eines Hypochonders sei. Bei dieser Untersuchung sah der Arzt den Exkaiser erstmals halbnackt, weil sich das Flanellhemd verschoben hatte, und Dr. Arnott konstatierte, daß Napoleon reichlich fett sei. Von nun an wurde jedes Essen erbrochen. Seit dem 16. April mühte sich Napoleon, ein Testament zu schreiben und fast täglich ein neues Kodizill hinzuzusetzen.
Am 25. April 4.45 Uhr trat die Krankheit in ein neues Stadium ein. Napoleon erbrach schwärzlichen Schleim und große Mengen schwarzen, gestockten Blutes. Bei der Morgenvisite erbrach der Kaiser vor Dr. Arnott und der war entsetzt über die »kaffeesatzartigen Massen«[42].
Dieses kaffeesatzartige Aussehen des Erbrochenen kommt dann zustande, wenn sich der rote Blutfarbstoff Hämoglobin mit der Salzsäure des Magens mischt und zu schwarzem, salzsaurem Methämoglobin reduziert wird. Diese Substanz verleiht dem Magenschleim das Aussehen eines »Kaffeesatzes«. Es ist dies das untrügliche Zeichen einer Magenblutung, wobei aber nicht gesagt werden kann, was die Ursache derselben ist. Jedenfalls war, das wußten auch schon die damaligen Ärzte, ein solches Erbrechen für den Patienten ein lebensbedrohender Zustand. Dr. Arnott verständigte sofort den Gouverneur: »Schon früher befürchtete ich eine schwere Erkrankung des Magens, als ich aber die flüssige schwarze Masse sah, blieb mir kein Zweifel mehr«[47].
An diesem Abend wurden das Testament und die sieben Kodizille beglaubigt. Die Testamentszeugen waren Bertrand, Montholon und Vignali. Zum Testamentsvollstrecker ernannte Napoleon Montholon. Das Testament, am 15. April im Bett liegend verfaßt – als Unterlage diente ein Pappkarton – lautete in den wichtigsten Punkten:

»I., 1: Ich sterbe im römischen Glauben, in dessen Schoß ich vor mehr als 50 Jahren geboren wurde

2: Ich wünsche, daß meine Asche an den Ufern der Seine ruht, inmitten des französischen Volkes, das ich so sehr geliebt habe

3: Ich habe immer Grund gehabt, mit meiner innigst geliebten Gattin zufrieden zu sein. Ich bewahre ihr bis zum letzten Augenblick die zärtlichsten Gefühle. Ich bitte sie, Sorge zu tragen, daß mein Sohn vor den Fallstricken bewahrt bleibt, die seine Kindheit noch bedrohen.

4: Meinen Sohn ermahne ich, niemals zu vergessen, daß er als französischer Prinz geboren wurde, und daß er sich niemals als ein Werkzeug in den Händen der Triumviren, die die Völker Europas unterdrücken, gebrauchen läßt. Er darf Frankreich niemals auf irgend eine Weise bekämpfen oder schaden …

II., 1: Ich vermache meinem Sohn die Dosen, Orden und andere Gegenstände wie Silber, Feldbett, Waffen, Säbel, Sporen, die Kirchengeräte meiner Kapelle, Bücher, Wäsche … Ich wünsche, daß dieses kleine Vermächtnis ihm teuer sei als etwas, das ihm die Erinnerung lebendig hält an seinen Vater, von dem ihm das Weltall reden wird.

III., Liste A:2:

Marchand soll meine Haare aufbewahren und daraus ein Armband mit einem kleinen Goldschloß machen lassen. Es soll der Kaiserin Marie Louise geschickt werden … und ein noch ansehnlicheres meinem Sohn …«

Im 5. Kodizill, das am 24. April geschrieben wurde, bezieht sich Napoleon auf die Gelder in Höhe von zwei Millionen Francs, die er Marie Louise 1814 in Orléans übergeben hatte. Damit sollte seine Gemahlin die Getreuen von St. Helena belohnen. Im 7. Kodizill wünschte Napoleon, daß sein unehelicher Sohn Alexandre Walewski in die französische Armee eintreten sollte. Das 8. Kodizill, am Abend des 27. Aprils geschrieben, gilt als verschollen, aber der Wortlaut ist bekannt. Es beginnt mit folgendem Satz: »Mit krankem Körper aber gesundem Geist habe ich eigenhändig dieses 8. Kodizill zu meinem Testament geschrieben …«. In einem Punkt verpflichtete darin Napoleon Marie Louise, Dr. Antommarchi in ihren Dienst zu nehmen und ihm eine lebenslängliche Pension von 6000 Francs zu zahlen. Vignali, der Geistliche, sollte in den Dienst seines Sohnes

treten. Im Punkt 31 des Testamentes ordnete Napoleon noch an: »Man kann bei dem Maler Appiani in Mailand viele wichtige Dinge für meinen Sohn finden. Mein Andenken wird der Ruhm seines Lebens sein. Man soll für ihn alles, was ihm eine Umgebung in diesem Sinne schaffen kann, zusammentragen oder ihm die Erwerbung ermöglichen«[44].
Das Erbrechen schwarzer Massen hielt den ganzen 28. April an. Der Gouverneur wurde nervös und forderte beim Admiral der Seestation in Jamestown neue Ärzte an. In Longwood erschienen der Chefarzt Dr. Short und der Militärarzt von der »HMS Vigo«, Dr. Mitchell. In der nächsten Nacht delirierte der Patient.
Am Morgen sagte Napoleon zu Dr. Antommarchi, er müsse ihn nach seinem Ableben sezieren, kein englischer Arzt dürfe den Körper des Kaisers berühren. Er befahl ihm auch, das Herz und den Magen zu präparieren und zu konservieren. Die Präparate müßten seiner Gemahlin und seinem Sohn übersandt werden. Dr. Antommarchi versprach, alles im Sinne Napoleons zu erledigen[45].
In der Nacht zum 30. April wachte Napoleon auf und diktierte Montholon ein Memorandum, nach dem das Schloß Versailles einer neuen Bestimmung zugeführt werden sollte. Daraufhin plagte ein unstillbarer, zwei Stunden lang anhaltender Schluckauf den Kranken. Er trank noch reichlich Pomeranzenblütenwasser mit Zucker, sein Lieblingsgetränk. Das Erbrechen hörte auf.
Am 2. Mai meldete Dr. Arnott dem Gouverneur, daß »der Patient irre redet aber nicht beständig. Er hat gar keine Kraft mehr ... der Patient scheint nach und nach dahinzuschwinden ...«[46]. Um 14 Uhr spendete Vignali dem Exkaiser die Sterbesakramente. Marchand schrieb unter diesem Datum: »... Zwischen 8 und 9 Uhr abends diktierte mir der Kaiser, den die testamentarischen Anordnungen und die zärtliche Sorge für seinen Sohn ausschließlich beschäftigten, folgende Bestimmung: Ich vermache meinem Sohn ein Wohnhaus mit den Depandencen in Ajazzo; zwei Häuser mit Gärten in der Umgebung der Salinen. Alle meine Güter auf dem Gebiet auf Ajazzo können ihm 50 000 Franken Rente bringen. Ich vermache ... Hier war er so ermattet, daß er die Fortsetzung auf den näch-

sten Tag verschob. Ich kannte die Besitzungen auf Korsika und ich wußte, daß er seinem Sohn nichts ähnliches vermachen konnte ...«[47]. Die letzten klaren Gedanken des Exkaisers galten zweifelsohne seinem Sohn, der sein ganzer Stolz war und dessen kleine Marmorbüste auf dem Kaminsims im Salon stand.

Der nächste Tag begann dramatisch: Zwischen Dr. Antommarchi und Dr. Arnott kam es zum Streit, da der englische Arzt bei Napoleon eine »Eingießung« (Klystier) machen wollte und Antommarchie der Meinung war, man solle dem Patienten Ruhe gönnen. Sofort erschien der Gouverneur und versuchte, den Streit zu schlichten. Die beiden Ärzte einigten sich darauf, die »Eingießung« zu unterlassen, aber im Konsilium mit den beiden anderer englischen Ärzten kamen sie doch zu dem Entschluß, eine kleine Menge Kalomelpulver zu verabreichen. Trotz des Protestes Antommarchis wurde dem Patienten um 18 Uhr zehn Gran (0,6 Gramm) Kalomel verabreicht. Um 22 Uhr hatte dieses Mittel noch nicht gewirkt und Dr. Arnott wollte diese Dosis wiederholen, doch trat vorher eine reichliche Stuhlentleerung auf. Es kamen »pechschwarze Massen« zum Vorschein[48]. Der pechartige Stuhl war wegen des salzsauren Methämoglobins, das aus dem Magen stammte, schwarz verfärbt. Napoleon hatte hinterher Durst und trank reichlich Pomeranzenblütenwasser. Plötzlich erkannte der Patient seinen Arzt nicht mehr und verwechselte ihn mit den Drs. Baxter und O'Meara, die beide längst nicht mehr auf der Insel weilten. Dann zeigte er auf Dr. Antommarchi und fragte Montholon, was dieser Arzt bei ihm wolle[49].

5. Mai 1821. 2 Uhr morgens. Der Patient lag im Delirium und hatte heftige »nervöse Zuckungen«. Plötzlich stellte sich ein schwerer »konvulsivischer Anfall« ein, der Napoleon aus dem Bett warf. Montholon stürzte herbei und wollte seinen Herrn auffangen, doch beide fielen auf den Teppich vor dem Bett. Wahrscheinlich war dieser »konvulsivische« Anfall der Augenblick des Magendurchbruches (Perforation). Es war der Punkt der exzessivsten Schmerzattacke. Die Perforation konnte nicht vorher stattgefunden haben, denn sonst hätten die Ärzte bei der Obduktion die große Menge Pomeranzenblütenwasser in der freien Bauchhöhle vorfinden müssen.

Nachdem der Exkaiser wieder zu Bett gebracht wurde, war er ruhig, aber nicht mehr bei Besinnung. Um 6 Uhr morgens versammelten sich die auf Langwood weilenden Franzosen im Vorzimmer des Salons. Eine Stunde später ließ Dr. Arnott nach Jamestown Signal geben, daß es dem Patienten schlecht gehe. Dem Gouverneur sandte er folgende Depesche: »Er liegt im Sterben. Montholon bittet mich, ihn nicht zu verlassen. Er wünscht, daß ich ihn den letzten Seufzer aushauchen sehe«[50]. Dr. Antommarchi berichtete, daß Napoleon bis gegen 11 Uhr delirierte und dann ruhiger wurde. Er hatte geschlossene Lippen und starr zur Decke gerichtete Augen, die Nasenflügel zeigten eine starke Bewegung und der Puls hatte eine Frequenz von 112 Schlägen in der Minute. Die Ärzte legten Blasenpflaster auf die Brust und Oberschenkel auf. Erst ab 15 Uhr trat eine Verschlechterung des Zustandes ein und Napoleon bekam, wie Dr. Antommarchi berichtete, ein hippokratisches Gesicht. Von da an war der Puls kaum mehr wahrnehmbar. Um 17.30 Uhr gab Dr. Arnott bekannt: »Es geht ihm schlechter. Seine Atmung ist beschleunigt und wird schwerer«[51]. Um 17.49 Uhr war alles zu Ende.

Aus diesem klinischen Bild und dem Ergebnis der Obduktion geht einwandfrei hervor, daß Napoleons Todeskrankheit Magenkrebs war. Die Frage ist nur: konnte sich aus einem Magengeschwür – an dem der Exkaiser zweifelsohne jahrelang laborierte – Krebs bilden? Um die Jahrhundertwende war man der Ansicht, daß der Magenkrebs die logische Folge eines jahrelangen Geschwürleidens sei. Neuere Untersuchungen aus Japan, dem Land mit der höchsten Magenkrebsrate, bezweifeln dies. Nur zwei bis drei Prozent der Geschwüre entarten bösartig[52]. Die Entstehung eines Magenkrebses ist noch weitgehend unbekannt. Nach heutiger Auffassung spielt eine erbliche Disposition sicherlich eine Rolle, der Konstitutionstyp und vielleicht sogar die Blutgruppe A. Als äußerliche Faktoren kämen noch gewisse Eßgewohnheiten, Nikotin und Alkohol hinzu, die durch bestimmte Lebensverhältnisse ergänzt werden[53]. Sicher ist, daß Angehörige von Magenkrebs-Patienten eine zwei- bis vierfache Wahrscheinlichkeit besitzen, ebenfalls an diesem Leiden zu erkranken. Eine familiäre Belastung ist zweifellos gegeben.

Die Frühsymptome der Krankheit sind uncharakteristisch und daher schwer zu deuten. Sicher ist anfangs das Auftreten eines »Reizmagens« und später eine allgemeine Müdigkeit und Appetitlosigkeit typisch. Die auch heute noch vertretene Ansicht, ein Magenkrebs-Patient müsse eine schwere Gewichtseinbuße erleiden, stimmt nicht. Die Absiedelung von Tochtergeschwülsten (Metastasen) sind vor allem bei Karzinomen in der Gegend des Magenausganges (Pylorus) zu sehen, und zwar metastasieren diese hauptsächlich in die Lymphdrüsen, aber auch in die Leber und in die Lunge und in einem geringeren Ausmaß in das Gehirn[54]. Die von Dr. Antommarchi bei der Sektion der Lunge gefundenen »zahlreichen Cavernen und Tuberkeln« könnten daher Metastasen des Magenkrebses gewesen sein.
Die Engländer verboten ausdrücklich die Sektion des Gehirns des Exkaisers[55]. Da auf der Insel entsprechende Substanzen zur Einbalsamierung der Leiche fehlten, unterblieb eine solche. Das Herz und der Magen wurden in silberne Vasen, die Weinspiritus enthielten, gelegt und vom 1. Chirurgen des 20. Regimentes, Mister Butledge, zugelötet.
Marchand bekleidete nun die Leiche mit Unterwäsche und der grünen Uniform eines Obersten der Jäger der Garde. Obwohl Napoleon den höchsten Dienstgrad der Armee innehatte, trug er zeitlebens nur die Uniform eines Obersten, wobei ihm die Uniform der Jäger am liebsten war. Der Orden der Ehrenlegion und der Kronenorden wurden an die Brust geheftet. Der Leichnam wurde in den Salon gebracht und auf dem Bett aufgebahrt. Sofort strömten Menschen herbei und rissen die durch die Sektion blutig gewordenen Linnen auseinander und trugen sie als Souvenir fort[56].
Am 8. Mai morgens wurde Napoleon in einen einfachen Sarg, der mit Zinn ausgekleidet war, gebettet und ihm sein letzter Säbel mitgegeben. Zu seinen Füßen standen die beiden Gefäße mit dem Herz und dem Magen. Da der Sargdeckel wegen des großen Hutes Napoleons nicht geschlossen werden konnte, wurde der Hut abgenommen und ebenfalls zu den Füßen gelegt. Dieser Sarg wurde in einen Bleisarg gestellt und dieser wieder in einen massiven Mahagonisarg. Hudson Lowe hatte mit Monholon noch eine Auseinandersetzung wegen der Be-

schriftung des Sarges: »Graf Montholon wünschte, daß die Worte ›Napoleon, geboren in Ajaccio am 15. August 1769, gestorben auf St. Helena am 5. Mai 1821‹ auf den Sarg eingeschrieben werden. Ich wünschte, daß das ›Bonaparte‹ nach Napoleon eingesetzt werde; Graf Montholon war dagegen, und daher wurde gar keine Inschrift daraufgesetzt«[57].

Um 10 Uhr las Vignali im Salon die Totenmesse. Über den Bestattungsort wurden sich Engländer und Franzosen bald einig. Eine Meile von Longwood entfernt lag eine kleine Quelle, Torbett's Springs, die Napoleon bei seinen Ausritten entdeckt hatte und wo er öfter weilte. Die Engländer hoben eine dreieinhalb Meter tiefe Grube aus, die mit Steinplatten ausgekleidet wurde.

Um 13 Uhr setzte sich der Trauerzug in Bewegung. Ein Ochsengespann trug den Sarg. Bis Torbett's Springs standen englische Soldaten mit präsentiertem Gewehr Spalier. Hinter dem Sarg Napoleons wurde sein letztes Pferd »Sheik« gesattelt geführt. »Der Sarg wurde unter dem Dröhnen der Salven der Artillerie in den Festungen und mit den Geschützen der Geschwader ins Grab gesenkt. Dann wurde das Grab zugeworfen und in unserem Beisein vermauert ...«[58].

Als Dr. O'Meara in London vom Tod Napoleons erfuhr und seine Stellungnahme zur Todesursache (Hepatitis) bekanntgab, stieg der schon erwähnte Dr. Gooch in London nochmals auf die Barrikaden und beschuldigte die behandelnden Ärzte Napoleons: »... Die Sache ist sehr klar«, schrieb er, »man hat sich vollständig über den Fall Bonaparte getäuscht. Das Quecksilber verschuldete mehr seinen Tod als St. Helena. O'Meara, Stockoe und Antommarchi haben mehr dazu beigetragen als die englische Regierung. Das muß verkündet werden und wäre es nur im Interesse und zu der Information zukünftiger Geschichtsschreiber!«[59].

In völliger Unkenntnis der Sachlage hatte sich im Juli 1821 die Schwester Napoleons, die Fürstin Pauline Borghese, entschlossen, nach St. Helena zu reisen, um ihren Bruder zu pflegen und ihm die letzte Zeit seines Lebens zu verschönern. Am 11. Juli 1821 richtete sie an Lord Liverpool folgendes Schreiben: »Mylord. Der Abbée Buonavita, der soeben nach Rom von St. Helena kommt, das er am 17. März verlassen hat, bringt uns höchst beunruhigende Nachrichten von dem Befinden des Kaisers ... Die Krankheit von denen welcher befallen wurde, ist in St. Helena tödtlich. Im Namen aller Mitglieder der Familie rufe ich daher die englische Regierung auf, eine Veränderung des Klimas für ihn eintreten zu lassen. Wird eine so gerechte Bitte abgeschlagen, so würde dieß soviel als ein Todesurteil seyn. In diesem Fall bitte ich um die Erlaubniß, nach St. Helena zum Kaiser zu gehen und seine letzten Augenblicke mit ihm theilen zu dürfen ...«[60].

Nach all dem, was hier an Dokumenten zusammengetragen wurde, die die Krankheit Napoleons bis zu seiner Todesstunde schildern, sollte angenommen werden, daß der Tod des Exkaisers keine Geheimnisse birgt. Und doch erschienen bis in die jüngste Zeit Berichte, die diesen so natürlich scheinenden Tod wieder in Frage stellen.

Bereits 1823 schrieb Las Cases, daß Napoleon an Langeweile und Untätigkeit gestorben sei[61]. B. Sokoloff versuchte, eine vorhandene Epilepsie ins Spiel zu bringen[62]. Dr. W. Ayer wies nach, daß Napoleons Krankheit, die eine Hepatitis, Dysurie und Hämorrhoiden hervorruft – alles Krankheiten, an denen der Kaiser litt – eine Bilharziose war, die er sich in Ägypten geholt hatte. Die vielen »Tuberkeln», die bei der Obduktion angeblich gefunden wurden, waren nicht Ergebnisse einer durchlittenen Tuberkulose, sondern eher abgelegte Eier dieser Saugwurm-Krankheit[63]. Andere Autoren führten Napoleons Ende auf eine durchgemachte Amöbenruhr mit Bildung eines Leberabszesses zurück[64]. Jedenfalls stützten sich viele Interpreten auf die Mitteilungen des behandelnden Arztes Dr. O'Meara, der von seiner einmal erstellten Diagnose »Hepatitis« nicht abrücken wollte, obwohl sein ärztliches Können und seine Objektivität schon damals angezweifelt wurden. Als O'Mearas Buch veröffentlicht wurde, schrieb Metternich darüber in sein Tagebuch: »Ich habe soeben das Werk O'Mearas zu lesen angefangen. Es liegt darin etwas Wahres, so ungefähr wie ein Kammerdiener über seinen Herrn spricht. In dem, was Napoleon seinem jämmerlichen Biographen gesagt hat, findet sich Großes und Kleines, Wahres und Falsches nebeneinander ... »Und einige Tage später fügte Metternich seinen Aufzeichnungen hinzu: »Ich lese an dem Buch von O'Meara fort.

Gott im Himmel, wie ist der arme Teufel von seinem Herrn betrogen worden ...«[65].

Die Theorien über Napoleons Krankheiten und seinen Tod gehen in die Dutzende. Das Kapitel kann nicht abgeschlossen werden, ohne die Theorie über des Exkaisers Vergiftung mit Arsen zu erwähnen, die vor Jahren weltweit großes Aufsehen erregte.

1955 beschäftigt sich der schwedische Zahnarzt Sten Forshufvud mit den Obduktionsbefunden Napoleons und mit den Aufzeichnungen Louis Marchands. Dabei fiel ihm die abwechselnde Schlafsucht und Schlaflosigkeit des Exkaisers auf. Aus der Toxikologie (Lehre von den Giften) wußte er, daß diese Symptome typisch für eine chronische Arsenvergiftung sind. In Europa war der Giftmord mit Arsenik eine häufige Methode, diese Substanz erhielt auch den Namen »Erbschaftspulver«. Es war insofern ein sicheres Mittel, als es damals chemisch noch nicht nachgewiesen werden konnte. Wenn nun ein chronisch Arsenvergifteter auch noch andere Giftstoffe, vor allem Quecksilber, erhielt, was in vielen damaligen Medikamenten, wie im Abführmittel Kalomel, enthalten war, dann potenzierte sich die Wirkung und führte zum Tod des Individuums. Forshufvud bezeichnete diese Art des Giftmordes als die »klassische französische Methode«, die in alten Literaturstellen immer wieder erwähnt wird. Napoleon erhielt von Dr. Antommarchi Quecksilbereinreibungen und am letzten Tag seines Lebens von dem englischen Arzt Dr. Arnott 0,6 Gramm Kalomel (Quecksilberchlorid)[66].

Sten Forshufvud hat auch den Mörder Napoleons identifiziert: Montholon, der dem Exkaiser jahrelang, auf Veranlassung der Bourbonen, Arsenik ins Essen gemischt haben soll. Als das Erbrechen bei dem Patienten einsetzte, soll dies ein Zeichen gewesen sein, daß die Arsenvergiftung ihr Endstadium erreicht hatte. Nun mußte nur noch eine Quecksilberverbindung verabreicht werden, die den Patienten ins Jenseits beförderte. Forshufvud negiert völlig das jahrelange Magenleiden des Exkaisers und die Erkenntnisse der Obduktion. Ja, er behauptet sogar, daß Napoleon bis zum 22. März 1821 nie an Magenschmerzen gelitten oder erbrochen hatte[69]. Doch hält Forshufvud einen Beweis in Händen, der nicht geleugnet werden kann.

Wenn Napoleon tatsächlich Opfer einer chronischen Arsenvergiftung war, dann müßte sich dieses verabreichte Gift noch nach Jahrhunderten nachweisen lassen, weil Arsen in den Knochen und Hautanhangsgebilden, wie in Haaren, Zehen- und Fingernägeln, gespeichert wird. In früheren Zeiten wurden zum Arsennachweis nach der Marsh'schen Methode 50 Gramm (ca 5000 Stück) Haare benötigt, nach den heutigen Methoden genügt ein Haar[70]. Forshufvud hatte das Glück, ein von Marchand nach Europa gebrachtes authentisches Haar des Exkaisers zu erhalten und es am Gerichtsmedizinischen Institut der Universität Glasgow von Professor Hamilton Smith analysieren zu lassen. Das Ergebnis dieser Analyse vom Juli 1960 sagt folgendes: »Die Probe ergab nach meiner Methode einen Arsengehalt von 10,38 Mikrogramm je Gramm Haargewebe. Dieser Wert zeigt, daß der Betroffene relativ großen Arsenmengen ausgesetzt gewesen sein muß«[71]. Der Normalgehalt des Arsens im menschlichen Haar beträgt 0,8 Mikrogramm pro Gramm Haare.

Das war tatsächlich eine verblüffende Entdeckung, die nicht abgeleugnet werden kann und die die Mordtheorie zu stützen schien. Bei der Untersuchung fiel auf, daß im Haar stellenweise hohe und wieder normale Arsenwerte gefunden wurden. Die Konzentrationen schwankten zwischen 0,35 Mikrogramm und 51,2 Mikrogramm. Forshufvud schloß daraus, daß Napoleon nur zeitweise Arsenik erhielt. Zeigten sich nach Arsengaben Vergiftungserscheinungen, wurde die weitere Zufuhr unterbrochen, fühlte er sich körperlich wohl, setzte die Arsenikzufuhr wieder ein. Um seine Theorie zu stützen, mußte Forshufvud noch mehrere Napoleonhaare analysieren lassen. Er bekam Haare von den Erben Noverraz', eines Begleiters Napoleons in St. Helena, und der Betsy Balcombes, die während Napoleons Exil auf der Insel wohnte. Alle Analysen ergaben die oben angeführten Konzentrationen. Die Methode und die Ergebnisse der Smith'schen Analysen und ihre Genauigkeit sind nicht anzuzweifeln, ebensowenig die ungefähr zehnfach erhöhte Arsenkonzentration in Napoleons Haaren. In der Zwischenzeit sind aber die analytischen Methoden zum Giftnachweis verfeinert worden und es können heute im Millimeterabstand Arsenkonzentrationen im Haar bis auf eine

Menge von 0,1 Mikrogramm bestimmt werden. Voraussetzung für eine derart subtile Meßmethode sind aber bestimmte Kriterien: Mehrere Vergleichspersonen, die Haarlängen müssen gleich sein und die Haare müssen von der Schädelmitte stammen. Außerdem wurde nachgewiesen, daß sich Arsen besonders im Haar anreichert und daher nichts über die tatsächlich zugeführte Giftmenge ausgesagt werden kann. Ferner wurde festgestellt, daß gerade die Haare Arsen auch aus der Luft aufnehmen und speichern können[72].

Ich könnte mir den erhöhten Arsengehalt der Haare Napoleons insoferne erklären, als die »Arsenquelle« nicht die Hand eines gedungenen Mörders war, sondern auf die Umwelt des Exkaisers zurückgeführt werden könnte, der er unterschiedlich oft und lang ausgesetzt war.

Aus allen uns zugänglichen Beschreibungen über Napoleons Lebensgewohnheiten kann der Schluß gezogen werden, daß seine Lieblingsfarbe »Grün« war. Die Seidentapeten in den Tuillerien, die vorher blau waren, ließ er durch grüne ersetzen. Die Livré seiner Diener, seine Uniform, der Bettvorhang, die Bettdecke und der Bettvorleger, alles war in einer satten grünen Farbe gehalten. Es ist nicht beweisbar, aber durchaus möglich, daß Räume in Longwood - um dem Exkaiser eine Freude zu bereiten - mit einer grünen Tapete ausgekleidet wurden. Der englische Chemiker David Jones von der Universität Newcastle upon Tyne war in der Lage, Stücke von Napoleons Tapete in Longwood zu analysieren und entdeckte in ihnen einen hohen, wenngleich nicht tödlichen Arsengehalt[73].

In der damaligen Zeit gab es eine herrliche, leuchtend grüne Farbe, mit der Stoffe und Tapeten gefärbt, aber auch Räume ausgemalt wurden. Es war das »Schweinfurter Grün«. Diese prachtvolle Farbe, unlöslich in Wasser, die durch Licht und Luft nichts von ihrer Leuchtkraft einbüßte, wurde 1800 in Wien entdeckt und von W. Sattler 1814 in Schweinfurt industriell verwertet. Es war damals das Vornehmste, seinen Salon mit dieser Farbe streichen zu lassen oder eine Tapete, die damit gefärbt war, zu verwenden. Die grüne Farbe entstand, indem essigsaures Kupfer durch die arsenige Säure gefällt wurde. Das Ende der wunderschönen Farbe kam erst viel später, nachdem sie viele Tote gefordert hatte und verboten werden mußte. Die Industrie verwendete das »Schweinfurter Grün« weiter und verkaufte es als »Urania« oder »Silesiagrün« als Pflanzenschutzmittel. Nachdem in den einschlägigen Berufen, vor allem bei Winzern, ebenfalls Vergiftungen mit tödlichem Ausgang auftraten, wurde die Farbe endgültig aus dem Verkehr gezogen.

Die Ursache der oft tödlichen Arsenvergiftung war die, daß durch feuchte Mauern (Verbindung mit dem Kalk der Mauern) und durch Fermentreaktionen der Schimmelpilze, welche die arsenigsaure Kupferfarbe zersetzten, Arsenwasserstoff frei wurde, der eingeatmet, zu akuter oder chronischer Arsenvergiftung führen konnte. Damit war das Element Arsen in den Körper eingedrungen; durch Reduktion des Arsenwasserstoffes wurde Arsen in den Knochen und den Hautanhangsgebilden abgelagert und dort nachweisbar.

Folgen wir den Aufzeichnungen des englischen Arztes Dr. O'Meara, der über die Wohnung Napoleons berichtete: »Die Wände waren mit einer grünen Feuchtigkeit und mit Schimmel bedeckt, feucht, kalt beim Anfühlen ... Ich habe nie eine menschliche Wohnung gesehen, die mehr durch Schimmel und Feuchtigkeit wäre entstellt worden ...«[74]. Wenn wir weiter diesem Arzt folgen, gab es in Longwood trockene und feuchte Wetterperioden, das heißt, wochenlang waren die Mauern trocken und frei von Schimmelpilzen, dann waren sie wieder wochenlang, oft monatelang, feucht und konnten ungehindert Arsenwasserstoff an die Zimmerluft abgeben. Durch die wetterbedingte geringe oder vermehrte Arsenwasserstoffproduktion der Farbe lassen sich ohne weiteres die »Gipfel« und »Täler« der Arsenkonzentration in den Haaren erklären.

Wenn sich diese Theorie bestätigen würde, gäbe es natürlich auch keinen Mörder, und Graf Montholon, den Forshufvud als solchen ausgemacht hat, wäre voll rehabilitiert.

Als am 15. Oktober 1840 Napoleon auf St. Helena exhumiert wurde, gab der Generalarzt der französischen Armee, Dr. Remy Guillard, bekannt, daß die Leiche des Verstorbenen außerordentlich gut konserviert war. Forshufvud sah dies als Bestätigung seiner Vergiftungstheorie an, weil sich mit Arsen vergiftete Leichen sehr gut konservieren. Dr. Guillard führte diese Erscheinung allerdings auf die Särge, in denen Napoleon lag, und auf die absolute Trockenheit der Steingruft zurück[75]. Hudson Lowe verlangte nun von Montholon die Offenlegung des Besitzes Napoleons. »... den 10. Mai, ging ich wieder nach Longwood«, schrieb der Gouverneur, »begleitet von Major Corequer, um die Habe die General Bonaparte zurückließ, zu sehen. Das Ganze wurde in seinem Appartement ausgelegt. ...[76].

Da war zunächst der Inhalt eines Kleiderschrankes mit zahlreichen alten Kleidern, dann Bestecke und Porzellan. Das gesamte Silber war schon vor Jahren an die Bewohner der Insel verscherbelt worden, um mit dem Erlös die Küche aufzubessern. Drei kleine Mahagonischachteln waren vorhanden, die dem Sohn Napoleons zu seinem 16. Geburtstag ausgehändigt werden sollten. Montholon beschwor Lowe, diese Schachteln nicht zu öffnen, aus Respekt, wie er sagte, dem letzten Wunsch der Person gegenüber, der sie gehörten. Unter den wenigen Artikeln, die einigen Wert darstellten, befand sich eine Dose aus gehämmertem Gold, auf deren Deckel eine große Kamee angebracht war, die eine Ziege, an Weintrauben knabbernd, darstellte. Diese Dose war ein Geschenk des Papstes Pius VII. an Napoleon. Eine andere Golddose zeigte auf dem Deckel ein großes »N«, das mit einem primitiven Werkzeug eingeritzt war. Trotz des Wunsches Montholons, die Dosen nicht zu öffnen, blickte der Gouverneur hinein. In der ersten Dose lag nur ein Zettel, auf dem mit Napoleons Handschrift geschrieben stand: »Der Kaiser Napoleon bezeugt Zuneigung an Lady Holland und schätzt sie«. Montholon und Marchand waren sehr erstaunt, und der Graf meinte, er hätte den Auftrag, diese Dose an Lady Holland zu senden. Lady Holland war Napoleons Stieftochter Hortense Beauharnais, der er zeitlebens sehr verbunden war. Die zweite Dose enthielt Schnupftabak, die Montholon an Dr. Arnott übergeben sollte.

Die Frage des Gouverneurs, ob sich noch wichtige Schriftstükke auf Longwood befänden, verneinte Montholon. Die wichtigsten Veröffentlichungen wären schon früher, mit Einwilligung der Briten, nach Europa gesandt worden und diese hätte Dr. O'Meara erhalten. Daß dieser, ohne Einwilligung Napoleons, bereits daraus publiziert hatte, wäre dem Exkaiser sehr unangenehm gewesen und hätte dessen Zorn hervorgerufen. Genauso wäre es mit General Gaspard de Gourgaud gewesen, der St. Helena 1818 verlassen und wichtige Unterlagen mitgenommen hatte. Napoleon hat, nach Aussagen Montholons, seit dem vergangen Juli-August überhaupt nichts Wichtiges mehr diktiert[77].

Nun wurde die Abreise der Franzosen vorbereitet, sie segelten mit der »Camel« ab und erreichten am 3. August 1821 England. Bei der Ankunft in London wurde Graf Bertrand von Dr. Francis Burton, dem ehemaligen Arzt des 66. Regimentes in St. Helena, der bei der Obduktion anwesend war, auf die Herausgabe der Totenmaske Napoleons verklagt. Er führte an, daß diese sein Eigentum wäre. Also gab es doch eine »Original-Totenmaske« Napoleons? Der Arzt wollte sich mit Hilfe der Gerichte diese Maske aneignen[78]. Das Gericht lehnte diese Klage ab. Daraufhin bot Dr. Burton den Franzosen 6000 Pfund für die Maske und gab sogar die Einwilligung, daß Dr. Antommarchi eine Kopie anfertigen könnte. Beides wurde abgelehnt, denn Dr. Antommarchi wollte die Maske nach Rom zu Napoleons Mutter bringen.

Wie es dazu kam, daß, durch Zufall entdeckt, die »Original-Totenmaske« von St. Helena plötzlich im Haushalt des Sohnes Napoleons auftauchte und in Österreich blieb, soll später abgehandelt werden.

Als Erzherzogin Marie Louise, die Gemahlin Napoleons, am 19. Juli 1921 in Parma die »Gazetta Piemonte« aufschlug, sprangen ihr die Schlagzeilen entgegen, daß der Exkaiser am 5. Mai 1821 in St. Helena verstorben war. Über die Todesnachricht ihres Mannes war sie nicht entsetzt, vielmehr über seinen letzten Wunsch, ihr sein in Weinspiritus eingelegtes Herz, als Zeichen immerwährender Liebe und zum Andenken, überbringen zu lassen.

Marie Louise wollte mit diesem Mann nichts mehr zu tun haben. Jahrelang hatte sie die Tatsache verdrängt, daß sie eigentlich noch immer die rechtmäßige Gemahlin Napoleons und Mutter seines einzigen legalen Sohnes war. Längst gehörte ihr Herz und ihre Zuneigung einem österreichischen Reitergeneral, mit dem sie seit Jahren in wilder Ehe zusammenlebte und dem sie Kinder geboren hatte. Und nun diese Nachricht, die sie wieder in die Realität zurückholte und sie daran erinnerte, daß sie noch immer mit dem Schicksal des großen Napoleon untrennbar verbunden war.

KAPITEL 2

Napoleons Scheidung von Kaiserin Josephine
Napoleons Brautschau
Die Wahl fällt auf Marie Louise
Schwierigkeiten mit der kirchlichen Trauung
Marie Louise erwartet ihr erstes Kind
Die Geburt ihres Sohnes
Die ersten Lebensjahre des »Königs von Rom«

Erzherzogin Marie Louise, geboren am Mittwoch dem 14. Dezember 1791 um 20.30 Uhr in der Wiener Hofburg, hatte vielleicht berechtigte Gründe, Jahre ihres Lebens zu vergessen oder lieber nicht an sie erinnert zu werden. Ihr wurde von ihrem Vater und ihrer Familie übel mitgespielt, ihr Leben von der Staatsräson bestimmt. Rücksichtslos.
Das Leben ging damals mit weiblichen Mitgliedern eines Herrscherhauses wahrlich nicht zimperlich um. Die Töchter, so erzogen, waren dem Vater unbedingten Gehorsam schuldig. Bei einer Eheschließung wurde weder nach Sympathie oder Zuneigung, noch gar nach Liebe gefragt. »Wir heiraten, um Kinder zu haben, und nicht, um die Sehnsüchte des Herzens zu stillen«, hatte der kluge Kanzler des Kaisers Franz, Clemens Wenzel Metternich einmal gesagt.[1] Bei einer solchen Eheschließung waren nur die Interessen des Staates wichtig, um Macht, Geld und Gut zu festigen und zu vermehren. Daher war entscheidend, so oft wie möglich Kinder zu gebären, denn man konnte nie wissen, wann der Tod im Kindsbett zuschlagen würde.
Es ist unverständlich, daß die Mütter, die selbst nur politische Handelsware waren, ihren Töchtern nicht eine andere Erziehung angedeihen ließen, um endlich diesen Teufelskreis zu durchbrechen. »Ich bin durchdrungen von der Überzeugung«, lesen wir in einer Erziehungsanleitung vom 20. August 1796, »daß es für das wahre Glück unserer Kinder nöthig ist, sie fern von der Welt zu halten ... Ich denke, daß, wenn wir unsere Prinzessinnen streng ohne Bekanntschaft mit Männern halten, sie keine Vergleiche anstellen können, und darum jene liebenswürdig finden und sich an sie anschließen, die Gott ihnen beschieden haben wird«[2].

Marie Louise sah in ihrem Vater nicht nur das Familienoberhaupt, sondern in dem »klaan Mand'l«, wie ihn die Wiener nannten, auch den großen Feldherrn, der Napoleon, diesen Plebejer, den neuen Ursupator Europas, Mores lehren würde. Sie war überzeugt, daß ihr Vater, die Güte in Person, die Bescheidenheit selbst, mit ihr nie so verfahren würde, wie es in anderen regierenden Häusern geschah. Diesem Menschen, seinen Kindern ein Halbgott, seinen Völkern ein strahlendes Vorbild, war solches Handeln nicht zuzutrauen.
Die Tochter des Kaisers empfand schon in jungen Jahren große Abscheu gegen Napoleon. Nicht nur, daß er ihr Land bedrohte; auch die Familie war durch ihn zerrissen. Der Vater im Feld, die Mutter ständig auf Reisen, die Kinder auf der Flucht. Marie Louise klammerte sich an jeden Strohhalm einer Hoffnung, wenn sie schrieb: »Ich wünschte, er [Napoleon] verlöre auch seinen Kopf. Die Leute machen hier schon viele Prophezeiungen über sein Ende, unter anderem will jemand aus der Apokalypse erklären, dass er 1809 in Köln im Gasthofe beym ›Rothen Krebs‹ sterben wird«[3]. Bedauerlicherweise aber stieg Napoleon, entgegen den Weissagungen, nicht im »Roten Krebs« ab, sondern zog als Sieger in Wien in Schloß Schönbrunn ein.
Trotz jahrelanger Abschirmung gelang es nicht, in Marie Louise gewisse Gefühle völlig zu unterdrücken, und es kam, trotz rigoroser Klausur, zum Ausbruch völlig normaler Regungen. Viele Jahre später (1840) gestand sie in ihren Erinnerungen, daß sie zu dieser Zeit in zwei Männer verliebt war: in ihren Onkel Erzherzog Ludwig, den jüngsten Bruder des Kaisers, und in den Bruder ihrer Stiefmutter, Erzherzog Franz von Modena.
In diesen Wochen tauchten die ersten Gerüchte auf, Marie Louise sei dazu ausersehen, mit Napoleon eine Ehe einzugehen [4]. Der Kaiser der Franzosen stand am Zenith seiner Macht. Sein Problem war nun die Erhaltung seines Namens, seiner Familie, seiner Dynastie, und ohne einen legitimen Sohn war das alles in Frage gestellt. Er war von der fixen Idee beseelt, alles was er bisher geschaffen hatte, einem Sohn zu hinterlassen und dem Namen »Napoleon« einen tausend Jahre lang anhaltenden Glanz und Ruhm zu geben. Außerdem, was würde geschehen, wenn ihm etwas zustoßen sollte? Er hatte nicht nur auf dem Schlachtfeld, sondern auch im eigenen Land genug Fein-

de, die ihm nach dem Leben trachteten. Mit viel Glück hatte er bereits mehrere Attentate überstanden.
Seine Gemahlin, Kaiserin Josephine, war, obwohl sie in ihrer ersten Ehe zwei Kinder geboren hatte, nicht mehr imstande, weitere zu gebären. Seit 1807 beschäftigte sich Napoleon immer mehr mit dem Gedanken, sich scheiden zu lassen. In ihrer Verzweiflung machte die Kaiserin den Versuch, Napoleon ein Kind zu unterschieben, doch bemerkte er den Betrug[5]. Die Adoption eines Sohnes seines ältesten Bruders Joseph scheiterte am frühen Tod des Kindes. Auch der Plan, Lucien, seinen jüngsten Bruder, zu einer Ehe mit einer Prinzessin zu überreden und dann den Sohn aus dieser Verbindung zu adoptieren, schlug fehl.
Napoleon blieb also nur die Scheidung von Josephine und eine neue Verbindung mit der Tochter eines regierenden europäischen Hauses. Deutsche Prinzessinnen – davon gab es genug – waren unter seiner Würde. Nur zwei Länder – Weltmächte –, die zur Gründung einer französischen Dynastie in die engere Wahl kamen, waren seiner angemessen: Rußland und Österreich.
In beiden Ländern gab es heiratsfähige Prinzessinnen. Nachdem Napoleon mit Zar Alexander in Tilsit Freundschaft geschlossen hatte, war es das Nächstliegende, daß sich Napoleon an Rußland wandte, denn mit Österreich stand er wieder vor einem neuen Waffengang. Für den Kaiser der Franzosen war es äußerst blamabel, daß er sich bei der Brautwerbung für die russische Großfürstin Anna in St. Petersburg eine Absage holte. So kam für ihn nur noch das Haus Habsburg in Betracht. Dazu war die Fruchtbarkeit dieses Geschlechtes ein Markenzeichen und eine Garantie. Die Mutter der Auserwählten hatte 13 Kinder geboren, die Großmutter 12 Kinder und die Urgroßmutter 16 Kinder. »Das ist gerade der Uterus [Gebärmutter], den ich zum Heiraten brauche!«, rief Napoleon begeistert aus.
Als sich die Gerüchte – Marie Louise würde Napoleon ehelichen – immer mehr verdichteten, öffnete die Kaisertochter ihrer Stiefmutter gegenüber ihr Herz und gestand ihr ihre Liebe zu deren Bruder. Die Kaiserin sah darin nur Komplikationen und veranlaßte die sofortige Versetzung ihres Bruders in die Garnison nach Brünn: Nun suchte Marie Louise ihren Va-

ter auf und erklärte, »Ihnen ein Geständnis zu machen, welches ich in Ihr väterliches Herz lege ...«[6]. Kaiser Franz soll aus allen Wolken gefallen sein, als er diese Eröffnung hörte, und kopfschüttelnd gesagt haben: »Er ist nichts, ich hab' nichts und das Madel hat auch nichts; was soll das für eine Heirat werden?«[7].
Der Gedanke, mit Napoleon irgendwie in Verbindung gebracht zu werden, ließ Marie Louise erschauern und in mehreren Briefen dokumentierte sich ihre Abneigung gegen den korsischen Plebejer, so schrieb sie, daß ihr die Prinzessin leid tue, »die er sich erwählt, denn ich werde bestimmt nicht das Opfer sein ...«[8]. Daraus sprach das absolute Vertrauen zu ihrem Vater, der sie nie zu einer von Politik diktierten Ehe zwingen würde. »Und Papa ist viel zu gut«, heißt es in einem anderen Brief, »um mich in einer so wichtigen Angelegenheit zu etwas zu zwingen ...«[9]. Selbst Metternich war sich nicht sicher, ob es Kaiser Franz über das Herz bringen würde, seine Tochter der Politik zu opfern. Deshalb sagte er zu Schwarzenberg, daß »Seine Majestät niemals ein geliebtes Kind zu einem Entschluß zwingen wird, für den es Abscheu empfindet ... und der Kaiser niemals die Einwilligung zu einer zu katholischen Regeln entgegengesetzten Verbindung erteilen wird ...«[10].
Damit spielte Metternich auf die unklare Ehesituation Napoleons an, wenn es tatsächlich zu einer Scheidung des Kaisers von Josephine kommen sollte. Napoleon hatte Josephine am 9. März 1796 zivilrechtlich und angeblich auch kirchlich geheiratet, obwohl es in diesen Tagen – in Paris herrschte die Revolution – die größte Schwierigkeit gewesen sein dürfte, einen Priester zu finden. Daher wurden nach der Revolution alle Ziviltrauungen auch von der Kirche anerkannt und den kirchlichen Trauungen gleichgestellt. Da bei der kirchlichen Trauung Napoleons sicherlich nicht die tridentischen Vorschriften der Eheschließung beobachtet werden konnten (u.a. dreiwöchiges öffentliches Aufgebot), verlangte der Papst am Vortag der Krönung Napoleons zum Kaiser der Franzosen »vorsichtshalber« eine nochmalige kirchliche Trauungszeremonie, die von Napoleons Onkel, Kardinal Joseph Fesch, vorgenommen wurde, um alle Zweifel an der Rechtsgültigkeit der ersten Eheschließung auszuräumen.

Die Trennung der Zivilehe Napoleons war im Vergleich zur Trennung nach dem kirchlichen Recht ein Kinderspiel. Die Regierung berief einen Senat kirchlicher Richter ein, der die Ehe des Kaisers hätte annullieren sollen. Doch dieses Gremium erklärte sich, wider Erwarten, für nicht zuständig. Es bezog den Standpunkt, daß die Ehe eines gekrönten Hauptes nur vom Papst persönlich aufgelöst werden könnte. Nun war aber das Verhältnis zum Papst nach dessen Gefangennahme durch Napoleon mehr als gestört. Daher brachte die Regierung den Scheidungsakt vor den Officialrat der Erzdiözese Paris, und die sieben ehrwürdigen Kirchenfürsten lösten wunschgemäß die Ehe Napoleons mit Josephine auf[11].

Wenn auch die Handlungsweise Napoleons kaltherzig und brutal erscheint, hat ihm die Scheidung von Josephine seelisch doch sehr zugesetzt. Deprimiert zog er sich nach Trianon zurück. Dies waren die einzigen drei Tage seines Lebens, in denen er absolut nichts tat. Er war nur froh, nicht mehr für die Schulden Josephines aufkommen und ihre Garderobe finanzieren zu müssen. Die letzte Rechnung für 700 Kleider und 524 Paar Schuhe hatte er noch zähneknirschend beglichen.

Nun hatten sich auch die Ansichten von Kaiser Franz gewandelt, und es stellte sich heraus, daß ihm das Glück seiner Tochter sehr wenig, ja eigentlich gar nichts bedeutete. Für ihn war nur wichtig, ob eine katholische Eheschließung für seine Tochter möglich war oder nicht, und was die Verbindung an Vorteilen für Österreich bringen würde, oder, wie sich Metternich konkret ausdrückte: »Durch das Opfer der Erzherzogin so viel als möglich zu erlangen, das muß vor allem uns in Rechnung kommen«[12].

Um eventuelle spätere Zweifel oder Anschuldigungen auszuschließen, holte Kaiser Franz ein politisches und kirchliches Gutachten ein. Das erste Gutachten sprach eindeutig davon, daß die Verbindung für Österreich viel bedeute, denn »die Annäherung an Frankreich, deren Vehikel bloß eine Verbindung zwischen Napoleon und einer Erzherzogin wäre, ist daher in dem jetzigen Augenblick das einzige Mittel unserer Erhaltung ... eine Notwehr gegen die uns bedrohende Vernichtung ... sie ist die wahrscheinliche Bedingung unserer Existenz ...«[13].

Der Erzbischof von Wien, Sigismund Graf Hohenwarth, hatte für die Kirche folgenden beruhigenden Standpunkt vertreten: Wenn Napoleon und Josephine von vornherein gewillt waren, so führte er aus, keine lebenslange Verbindung mitsammen zu schließen, dann »ist die vorgegebene Ehe ganz sicher von jeher und so lange sie so bleibt ungültig, es mag was immer für eine kirchliche Handlung darüber kommen ...«[14].
Nun wäre einer Eheschließung zwischen Napoleon und Marie Louise nichts mehr im Wege gestanden, doch plötzlich gab es ein neues Hindernis: Napoleon war durch die päpstlichen Bullen vom 10. und 11. Juni 1809 wegen seines Vorgehens gegen den Papst exkommuniziert worden. Eine kirchliche Trauung mit einem Exkommunizierten war jedoch ausgeschlossen und die Heirat dadurch wieder in weite Ferne gerückt. Aber auch diese Schwierigkeit konnte schnell aus dem Weg geräumt werden.
Kaiser Franz war zu feige, seiner Tochter die geplante Heirat mit Napoleon mitzuteilen und beauftragte daher die Erzieher seiner Tochter, sie in Kenntnis zu setzten. Tränenüberströmt eilte Marie Louise zu ihrem Vater, um aus seinem Mund zu erfahren, daß diese Pläne nur Gerüchte wären und alles ein Irrtum. Der Kaiser aber hob nur bedauernd die Schultern und sagte, Metternich allein sei der Schuldige, er habe Marie Louise über des Kaiser Kopf hinweg Napoleon versprochen und er könnte nun die Sache nicht mehr rückgängig machen.
Das entsprach natürlich nicht der Wahrheit, aber seit damals haßte Marie Louise den Kanzler bis an ihr Lebensende.
Sie selbst wehrte sich noch – so hat es Napoleon nach ihren Schilderungen aufgezeichnet –, ihre Onkel, die Erzherzoge, drangen aber in sie, diese Verbindung einzugehen. Ihre Einwendungen, daß sie in der Familie über Napoleon bis jetzt nur Schlechtes gehört hätte, beantworteten sie mit einem einleuchtenden Gegenargument: »All das traf zu, solange er unser Feind war, aber heute ist er es nicht mehr!«[15].
Der Ehekontrakt wurde am 7. Februar 1810 unterzeichnet; eine Woche später schrieb Metternich an Schwarzenberg, daß die Erzherzogin in diesem Schritt »ein Mittel sehe, diesem geliebten Vater ihre vollkommene Ergebenheit zu beweisen. Sie ist sich der Wucht dieses Opfers bewußt«[16].
Kaum waren die letzten Hürden überwunden, konnten sich

die offiziellen Stellen beider Länder nicht genug tun, Napoleons Ehe mit Josephine in den Schmutz zu ziehen. Der französische Diplomat Louis Graf Otto sagte, nachdem er die vier Artikel »Über die Ehetrennung« der französischen Nationalversammlung vom 14. und 20. September 1792 studiert hatte, Napoleon sei die ganze Zeit über als Beherrscher der Grande Nation mit einer »Gauklerin, einem Kebsweib« verheiratet gewesen. Die wichtigsten Männer Frankreichs versicherten Fürst Schwarzenberg, dem österreichischen Gesandten in Paris, daß der Ehe Napoleons »jeder nachhaltige Charakter gefehlt habe«. Schwarzenberg folgerte in seinem Schreiben: »Aber dann kann man die Sache nicht anders erklären, als daß der Kaiser Napoleon nie die Absicht hatte, eine wahre Ehe mit der Kaiserin Josephine abzuschließen, sondern daß er gewissentlich Lücken in den Förmlichkeiten offen gelassen, um dafern er keine Kinder von ihr bekäme, das Band wieder aufzulösen, das er nur zum Schein geschlossen«. Der französische Außenminister Champagny versicherte ihm, daß dies die einzig richtige Auffassung sei[17].

Wie Ménéval, der Sekretär Napoleons, berichtete, habe ihm Marie Louise später selbst erzählt, daß sie sich, nachdem ihre Eheschließung mit Napoleon feststand, wie »ein dem Minotaurus geweihtes Opfer« vorkam[18]. Voll Entsetzen schrieb Kaiserin Maria Ludovika ihrer Mutter unter dem 19. Februar 1810: »... Welch eine traurige Nachricht, denn Marie Louise werde Napoleon ehelichen ... Was ich dabei denke und den Zustand meiner Seele kannst Du Dir wohl vorstellen ...«[19]. Und Königin Maria Carolina von Neapel rief entsetzt, daß sie zu all ihrem Unglück nun auch noch des »Teufels Großmutter« werde!

Am 27. Februar 1810 sandte Napoleon seinen Freund Marschall Berthier als Brautwerber nach Wien. Zwei Tage später folgte General Lauriston mit zwei persönlichen Briefen Napoleons, eine Seltenheit, denn der Kaiser schrieb nur ungern private Briefe. Der eine war an Kaiser Franz gerichtet, der andere galt seiner Braut: »Liebe Cousine, die glänzenden Eigenschaften, die Ihre Person auszeichnen, haben in Uns den Wunsch erregt, Ihnen zu dienen und Sie zu ehren. Indem Wir uns an den Kaiser, Ihren Vater, mit der Bitte wenden, Uns das Glück Eurer Kaiserlichen Hoheit anzuvertrauen: Dürfen Wir hoffen, liebe

Cousine, daß sie die Gefühle, die Uns zu diesem Schritt veranlassen, gnädig aufnehmen? Dürfen Wir Uns dem schmeichelhaften Gedanken hingeben, daß Sie sich nicht nur aus Pflicht und kindlichem Gehorsam zu diesem Schritt entschließen? Wenn Eure Kaiserliche Hoheit nur eine Spur von Zuneigung für Uns übrig haben, wollen Wir dieses Gefühl sorgfältig pflegen und es Uns zur höchsten Aufgabe machen, Ihnen immer und in allem angenehm zu sein ... Das ist Unser einziger Wunsch, und Wir bitten Eure Kaiserliche Hoheit, Uns geneigt zu sein. Napoleon«[20].

Einige Tage später schrieb er noch einen Brief: »Ich möchte mich Ihnen zu Füßen legen dürfen – mich, mit meinen Huldigungen, meinen Hoffnungen und allen zärtlichen Gefühlen, die mein Herz erfüllen ...«[21].

Napoleon ließ für seine Braut eine Ausstattung für fünf Millionen Francs anfertigen. Die Tochter des österreichischen Kaisers war ein »Armutschkerl«, wie man in Wien sagen würde. Ihr persönliches Vermögen betrug 18 545 Gulden in Obligationen, 846 Gulden in Wiener Währung und 874 Gulden und 12 Kreuzer in bar[22]. Mehrmals mußte der geheime Kammerzahlmeister Baron Joseph von Mayer den Kaiser mahnen, er möge endlich die offenen Rechnungen für die Ausstattung der Erzherzogin begleichen[23].

In der Hofburg wurde das erste Galadiner abgehalten, und General Lauriston berichtete seinem Kaiser von der Braut. Sie sei entzückend, schön, hätte wunderbare blonde Haare, eine angenehme Jugendfrische, besäße Grazie und sie würde die angenehmste Dame am Hofe in Paris werden. Selbst in unteren Gesellschaftskreisen könne keine gesündere Frau gefunden werden. »Sie erfreut sich immer des besten Wohlseins, und niemals sieht man auf ihrer Haut auch nur die geringsten Unreinheiten. Ich bin überzeugt, ihre Kinder werden frisch und kräftig sein wie sie«[24].

»Diesem großen Bunde huldigen Millionen«, wurde offiziell bekannt gegeben, »in ihm sehen die Völker Europas das Unterpfand des Friedens, nach nun erloschenen Kämpfen die Segnungen der Zukunft«[25]. Nun beruhigten sich die Österreicher nach dem ersten Schock darüber, daß Kaiser Franz seine Tochter an den Franzosen »verschachert« hatte, und sahen in dieser Verbindung nur die guten Seiten. Grün, die Lieblingsfarbe Napoleons, wurde zur Modefarbe in der Monarchie. Die so Gekleideten sahen aus wie Papageien. Die ersten Poeten des Landes und solche, die auf sich aufmerksam machen wollten, veröffentlichten lobhudelnde Gedichte und besangen die Kaisertochter und Napoleon:

»Und Deinem Herzen, Deinem Gemahl sey
Ein deutsches Weib, stets offen das Herz, der Mund
Voll Freundlichkeit, geraden Wandels,
Zärtlich, verschwiegen, in Noth und Tod treu!
Gebier ihm und höre, o Juno, der Völker Wunsch,
Den Erben seiner Krone, bald einen Sohn,
den Geist, die Kraft, das Glück des Vaters
Mit dem Gemüth der Mutter einend ...«[26]

Justinus Kerner schrieb mit bitterem Sarkasmus an seine doch nüchtern denkenden Prager Landsleute: »Die Wiener sind toll wegen der Heirath. Napoleon ist nun ein Gott, man bethet für ihn in den Kirchen; Die Besiegung ist Gewinn; sie betrachten jetzt mit Entzücken die Ruinen von Wien, die zerriebenen Steine der Festungswerke streuen die Kaufleute zum süßen Andenken an den göttlichen Mann in ihre Zimmer als Bodensand, auch sandeln sie die Briefe damit und mischen ihn unter den Marocco«[27].

Am Sonntag, den 11. März 1810, um 17.30 Uhr, fand die Hochzeit per procurationem in der Augustinerkirche statt. Als Pikanterie hatte sich Napoleon als seinen Stellvertreter ausgerechnet den Mann erwählt, der mehrmals auf dem Schlachtfeld sein Feind war: Erzherzog Carl. Vorher hatte der Kaiser der Franzosen dem Erzherzog das Großkreuz der Ehrenlegion verliehen und ihm einen schmeichelhaften Brief geschrieben: »Ich kenne keinen würdigeren Fürstensohn, keinen größeren Feldherrn als Eure Kaiserliche Hoheit. Die zwey mitsammen geführten Riesenschlachten haben mir Ihre Verdienste, Ihren Ruhm zu tief ins Herz geschrieben, als daß ich es der Welt nicht mit dem beweisen sollte, Sie, mein Prinz an der lieben Hand meiner geliebtesten Louise künftigen Kaiserin von Frankreich, an meiner Statt trauen zu lassen. Vollziehen Sie diesen wichtigen Schritt für mich, der Europa Ruhe gewährt; und, indem Sie,

mein Prinz, Louisen die Hand reichen, verschwinde auch Alles, was nicht festen Bezug auf immer währende Freundschaft für Frankreich und Österreich hat. Napoleon«[28].
Napoleon hatte sein Ziel erreicht. Mit dieser Frau an seiner Seite, so glaubte er, würden ihm nun die Tore der europäischen Fürstenhäuser offen stehen und er als Gleichberechtigter anerkannt werden. »Ich habe gezeigt«, sagte er, »daß ich keine Revolution mehr will. Die Fürsten haben es mir zu danken, daß ich den Sturm des revolutionären Geistes, der ihre Throne bedrohte, Einhalt geboten habe. Alle Throne werden stürzen, wenn der meines Sohnes zusammenbricht!«[29].
Marie Louise trat ihre Reise nach Paris am 13. März an. Mit 85 Kutschen ging die Fahrt bei Regen und eisigem Wind, vom Frühling war noch nichts zu spüren, bis Braunau am Inn, wo die Braut den Franzosen übergeben wurde. An diesem Tag sprach Napoleon in Paris Schwarzenberg gegenüber die fast seherischen Worte: »Wir sind nun eine Familie, Kaiser Franz wird dereinst der Beschützer meiner Kinder sein und meine Kinder werden die seinigen beschützen«.[30]
Vier Tage später traf Marie Louise in Braunau ein, und die französische Delegation war auf ihre zukünftige Kaiserin schon sehr neugierig. Die ersten Kommentare waren sehr unterschiedlich. Einigen Franzosen machte sie einen guten Eindruck. Manche störten ihre Aknenarben im Gesicht, manche die zu dick geratene Unterlippe oder ihre nichtssagenden, wasserblauen Augen, oder ihre zu groß geratene Brust. Graf Otto hatte doch geschrieben, daß die Prinzessin groß und gut gewachsen sei. »Ihre Haltung ist vornehm, ihr Gesicht angenehm. Sie besitzt Grazie, sieht sehr sanft und gütig aus ...«[31].
Wo waren all diese Vorzüge?
Eine Frau sah die Erzherzogin natürlich mit ganz anderen Augen: »Ihr Wuchs war normal und wären ihre Schultern und Busen weniger umfangreich gewesen, so hätte sie ein ganz angenehmes Äußeres gehabt, aber was ihr gänzlich abging, war die Anmut; nie besaß davon eine Frau weniger. Sie hatte einen Kalmückenblick ...«[32].
Die Frau des Generals Durant meinte, die Prinzessin sei eine »Beauté du diable. Diese besaß sie ganz ... daß man sie von weitem für eine Familienmutter von 30 Jahren gehalten hätte, so

stark war ihre Büste und Hüften entwickelt ... Das ist nicht die Herrscherin, die Frankreich braucht, noch weniger die Pariser ...«[33]. Und die Frau des Generals Junot sagte, daß die Häßlichkeit der Erzherzogin Marie Louise ihr in den Nächten von Braunau den Schlaf geraubt hätte.
In ihrem letzten Brief von Braunau schrieb Marie Louise ihrem Vater: »Ich versichere Sie, bester Papa, daß ich recht traurig bin und mich nicht trösten kann ...«[34]. Je mehr sie sich Paris näherte, desto größer wurden ihre Ängste, wie wir aus ihrem geheimen Reisetagebuch entnehmen. Noch immer war ihr zukünftiger Gemahl der leibhaftige Gottseibeiuns, bei dessen Namensnennung sie sich bis vor wenigen Wochen noch bekreuzigt hatte.
Dabei gab sich Napoleon die größte Mühe, seiner jungen Frau zu gefallen. Mit höchster Anstrengung lernte er Walzer tanzen. Er ritt viel, um schlanker werden. Er ließ sich vom besten Schneider in Paris einen seidenen Frack anfertigen und kam sich darin sehr komisch vor. Er schrieb schwülstige Liebesbriefe: »Warum bin ich nicht der Page«, hieß es da, »und darf Ihnen den Huldigungseid schwören, kniend, meine Hand in der Ihren? Empfangen Sie ihn wenigstens in Gedanken. Und in Gedanken bedecke ich Ihre schönen Hände mit Küssen!«[35]. Er tat alles, um seiner Braut zu gefallen.
Eine Woche vorher hatte Napoleon seinem Schwiegervater nach Wien geschrieben, daß der Kaiser nie Grund zur Klage haben werde, ihm – Napoleon – seine geliebte Tochter anvertraut zu haben. »Sie wird das Glück Frankreichs, sie wird das meine machen ...«[36].
Napoleon war zufrieden, Kaiser Franz war beruhigt, und auch der Papst hatte wegen Napoleons Ehescheidung keine Schwierigkeiten gemacht; das Verhältnis zum Hl. Stuhl blieb für Österreich ungetrübt. In einem Schreiben des Papstes an Metternich versicherte der Hl. Vater Österreich seiner weiteren Zuneigung. Er dankte für die Anteilnahme des Kaisers Franz an seinem Schicksal, »den Ihr erhabener Herr an Unserer schmerzlichen Lage nimmt, von Seinem Wunsch, zu Unserer Erleichterung etwas beitragen zu können, und den Gebeten, die Er unaufhörlich für das Wohl der heutzutage so unwürdig behandelten katholischen Religion zum Himmel sendet ...«[37].

Der Streit, ob Napoleons Ehe mit Marie Louise, vom kirchlichen Standpunkt aus, gültig oder ungültig war, beschäftigte die Gelehrten fast hundert Jahre lang. Der Erzbischof von Wien hatte noch am 28. Oktober 1809 in einem Schreiben an Metternich erklärt: »So lange mir der Grund der bürgerlichen und geistlichen Behörden in Frankreich, aus welchem sie die Nullität und Ungültigkeit der napoleonischen Ehe erklärt haben, ordentlich überwiesen und authentisch nicht bekannt ist, so bin ich nicht imstande, die bevorstehende Ehe mit der Erzherzogin Louise einzusegnen, um nicht das heilige Sakrament der Gefahr der Nullität, das Brautpaar in eine gefährliche, wankende, vielen Witzeleien, Klügeleien ausgesetzte Lage zu setzen . . .«[38].

Napoleon hatte das Urteil des Pariser Diözesangerichtes nach Wien senden lassen und Graf Otto hatte es Metternich vorgelegt. Ohne daß diese Akte dem Wiener Erzbischof überlassen worden wären, sandte sie Metternich nach Paris zurück. Als Graf Hohenwarth plötzlich Schwierigkeiten machte, die Papiere aber nicht neuerlich aus Paris angefordert werden konnten, gab Graf Otto eine eidesstattliche Erklärung ab, daß das Diözesangericht in Paris die Ehe Napoleons mit Josephine für ungültig erklärt hätte. Mit dieser bestellten Erklärung suchte Metternich den Erzbischof auf, der nach Anhörung des Kanzlers eine »mehr als hinlängliche Beruhigung« fand[39]. Nun erst gab Hohenwarth seine positive Stellungnahme ab.

Der Streit endete mit der Feststellung, daß zwar gewisse tridentinische Formen bei der Eheschließung Napoleons nicht eingehalten wurden oder nicht eingehalten werden konnten, daß vielleicht Napoleon, aber sicher nicht Josephine die Absicht hatte, die Ehe nur für eine Zeit und unter gewissen Voraussetzungen zu schließen. Daher war die kirchliche Annullierung der Ehe unstatthaft und die zweite Ehe Napoleons mit Marie Louise a priori ungültig. Sowohl Kaiser Franz als auch der Erzbischof wurden durch den Trick Metternichs und des Grafen Otto getäuscht. Die Ehe Napoleons mit der österreichischen Kaisertochter war ein »Matrimonium putativum«. Einer solchen Putativehe haftet die Eigentümlichkeit an, daß die ihr entstammenden Kinder legitim sind, obwohl sie selbst ungültig ist, was bei Napoleons Sohn dann der Fall war[40].

Eine weitere Frage, die eigentlich bis heute ungeklärt ist, ist die nach dem Initiator dieser Ehe. Napoleon behauptete bis an sein Lebensende, Metternich wäre der Stifter dieser Verbindung gewesen. Es gab Briefe des Kanzlers, in denen er seine Rolle zugab und dafür als Belohnung den Orden des Goldenen Vlieses erwartete. Er hat diese Briefe später vernichtet und in seinen »Nachgelassenen Papieren« distanzierte er sich von dem Gerücht. Am 12. März 1810 schrieb allerdings Kaiser Franz an Napoleon: »Ich will der Erste sein, Eurer Majestät zu einem Ereignis zu beglückwünschen, das Sie gewünscht haben«[41].
Marie Louise wurde von Napoleon und seiner Familie im Schloß Compiègne erwartet. Voll Ungeduld war er ihr inkognito bis Courvelles, der letzten Pferdestation vor Paris, entgegengefahren. Er näherte sich ihr als einfacher Grenadier, als ihn aber der Stallmeister Audenarde erkannte und »Der Kaiser!« rief, sprang Napoleon zu Marie Louise in die Kutsche und überschüttete sie mit Küssen.
An diesem Abend wurde das gemeinsame Familiendiner abgesagt und Napoleon verschwand mit Marie Louise in ihren Gemächern. Ob er später seine Braut verließ oder bei ihr blieb, ist nicht geklärt. Manche Autoren behaupten, daß er die Nacht bei seiner Braut verbrachte[42]. »Matrimonium consumatum« ist dafür der juridische Ausdruck. In Compiègne hatte Napoleon mit seinem Onkel, Kardinal Fesch, eine Aussprache über die Procurationstrauung in Wien, und der Kirchenmann hatte dem Kaiser zur Konsumation des »Matrimoniums« grünes Licht gegeben.
Aus Compiègne sandte Napoleon einen Brief an seinen Schwiegervater, in dem es hieß: »Sie erfüllt alle meine Hoffnungen und wir hören nicht auf, uns gegenseitig unsere zärtliche Liebe zu beweisen ...«, und Marie Louise fügte diesem Schreiben einen Satz hinzu: »Er hat etwas Einnehmendes und Zuvorkommendes, dem man unmöglich widerstehen kann«[43].
Für ihn gab es momentan nichts Wichtigeres, als sich seiner Gemahlin angenehm zu zeigen. Er brauchte einen Sohn, nur dann könnte seine Dynastie überleben, nachdem alle Versuche mit seiner Familie gescheitert waren. Auch mußte er den Gerüchten, er sei zeugungsunfähig, entgegentreten. Und daß er imstande war, Kinder zu zeugen, hatte er schon bewiesen.

1806 schenkte ihm Eléonore Denuelle de la Plaigne einen Knaben, der den Namen Léon erhielt. Emilie, das Kind von Françoise-Marie Leroy, der späteren Gräfin Brigode, stammte ebenfalls von ihm. Und nun war auch die Gräfin Walewska hochschwanger. Es handelte sich jedoch nicht um ernsthafte Liebschaften, eher vorübergehende Amouren im unsteten Leben eines Soldaten. Später, in St. Helena, sagte der Kaiser einmal zu seinem Gefährten Gourgaud: »Ich glaube jedoch, obwohl ich Marie Louise recht lieb hatte, daß ich Josephine doch mehr geliebt habe ... Ich hätte sie nie verlassen, wenn sie ein Kind hätte zur Welt bringen können ...«[44].
Am 1. April fand die Ziviltrauung statt. Kardinal Fesch hatte seinen Neffen am Vorabend gewarnt, die in Frankreich anwesenden Kardinäle würden diese Zeremonie sabotieren, da sie seine Ehe als ungültig betrachteten. Napoleon wollte diese Nachricht nicht glauben und meinte: »Sie werden es nicht wagen!« Doch dreizehn Kardinäle wagten diesen Schritt des Protestes. Der Kaiser war darüber so aufgebracht, daß er diesen Kardinälen befahl, ihren Purpur abzulegen und Paris zu verlassen. Seit damals hießen diese Kirchenfürsten »Schwarze Kardinäle«. Tags darauf fand die kirchliche Hochzeit im Salon carré im Louvre statt. Napoleons Polizeiminister Joseph Fouché hatte mit den Kardinälen eine eingehende Aussprache und verpflichtete sie, wenigstens bei der kirchlichen Trauung anwesend zu sein, um vor der Braut keinen schlechten Eindruck zu machen. 29 Stühle wurden für die Kardinäle bereitgestellt. Vierzehn wurden besetzt, im letzten Moment wurden die übrigen verwaisten Stühle weggeräumt. Als der Kaiser den Saal betrat, bemerkte er sofort diesen Affront und zischte seinem Adjutanten zu, daß die Kardinäle Consalvi, di Pietro und Oppizioni sofort zu erschießen seien. Nach der Trauungszeremonie, die Kardinal Fesch vornahm, wollte der Kaiser nur noch an Kardinal Consalvi ein Exempel statuieren. Als tags darauf in den Tuilerien die große »Cour« gehalten wurde, an der alle wichtigen Persönlichkeiten Frankreichs teilnamen, erschienen auch sämtliche in Frankreich anwesenden Kardinäle. Als sie der Adjutant dem Kaiser meldete, ließ sie Napoleon aus dem Palast weisen und brüllte, er wolle »von diesen aufgeblähten Pfaffen« nichts mehr wissen.

Als Obersthofmeisterin wurde Marie Louise die Gräfin Montebello zugeteilt. Sie war zehn Jahre älter als die Kaiserin und Witwe des Marschalls Lannes, der bei Aspern schwer verwundet und in Kaiserebersdorf gestorben war. Die Gräfin entstammte bürgerlichen Kreisen. Da Napoleon bald nach der Hochzeit sein altes Leben wieder aufnahm, war Marie Louise fast den ganzen Tag allein, und so war es selbstverständlich, daß sie sich immer enger an die Montebello anschloß und diese schließlich ihre engste Vertraute wurde.
Anläßlich der Hochzeitsfeierlichkeiten weilte auch Metternich in Paris, und Marie Louise mußte den Kanzler ihres Vaters – nach ihren Worten, »ekelhaftesten Gecken, den es je auf Erden gegeben hat« – auf Geheiß ihres Gemahles empfangen. Über diese Audienz berichtete Metternich nach Wien. Nachdem er geschildert hatte, wie gut und schnell sich die Kaisertochter in Paris eingelebt hatte und wie zufrieden sie mit ihrem Gemahl sei, kam er zum wesentlichen Punkt: »Ich habe mich im Verlaufe der Unterredung mit Vergnügen überzeugt«, schrieb er, »daß sie den Charakter des Kaisers sehr richtig erfaßt und jede Furcht vor ihm verscheucht hat. Wenn sie in dieser Weise fortfährt, wird sie in kurzer Zeit in ungezählten Beziehungen den Kaiser leiten. Ihr Einfluß kann für das allgemeine Wohl nur ein glücklicher sein ...«[45]. Entweder wollte Metternich seinem Kaiser nur Schmeichelhaftes sagen, oder aber er war von seinen Ausführungen tatsächlich überzeugt; dann kann man sich nur über diese eklatante Fehleinschätzung der österreichischen Diplomatie wundern. Wie sollte Marie Louise in dieser einen Woche den Charakter Napoleons erfaßt haben? Dachte Metternich tatsächlich an die Möglichkeit, daß Marie Louise Napoleon leiten und beeinflussen könnte? Wer konnte den Korsen überhaupt leiten? Marie Louise sicherlich nicht! Das bemerkte Metternich auch sofort bei der Audienz bei Napoleon. Solange der Österreicher über die Ehe Napoleons sprach, war der Kaiser ein guter Zuhörer. Wollte Metternich das Thema wechseln und über Erleichterungen der Friedensbedingungen sprechen, wurde das Klima eisig und die Unterredung abgebrochen. Schließlich mußte Metternich Kaiser Franz melden, daß er in politischen Belangen keinen Schritt weitergekommen war.

Napoleon unterwarf seine Gemahlin vom ersten Tag an, wie einen Rekruten, einem strengen militärischen Dienstplan. Er selbst arbeitete wie früher, nur schob er jetzt täglich zwei Stunden Privatleben in seinen Tagesablauf ein. Anfangs ging er mit seiner Gemahlin in die Reitschule, da Marie Louise eine schlechte und ängstliche Reiterin war. Er gab ihr Reitunterricht. Obwohl er sein halbes Leben im Sattel verbrachte, war auch er nur ein mittelmäßiger Reiter und hing, wie Augenzeugen berichteten, »wie ein Kartoffelsack« auf dem Pferd.
Ende April 1810 unternahm das Kaiserpaar eine Rundreise durch die nördlichen Provinzen. Die Fahrt ging bis nach Brüssel, wo Marie Louise mit einer heftigen Migräne und Übelkeit eintraf. Sie ging sofort zu Bett, und der Kaiser sandte ihr seinen Arzt Dr. Jouan, der eine Schwangerschaft diagnostizierte. Der Kaiser war über diese Nachricht hocherfreut, aber Marie Louise geriet in Zorn, denn trotz ihrer Einwände und der Mitteilung wichtiger Details war der Mediziner von seiner Diagnose nicht abzubringen. Marie Louise notierte in ihrem Tagebuch, daß dieser Mann mehr Höfling als Arzt sei. Wegen einer vermeintlichen Schwangerschaft der Kaiserin hatte es schon mehrere »Fehlalarme« gegeben. Marie Louise aß, seit sie in Paris lebte, übermäßig viel von den köstlichen Cremetorten, die ihr oft nicht gut bekamen. Der Kaiser war jedesmal überzeugt, sie wäre schwanger, doch Dr. Corvisart deutete die Symptome immer richtig. Daher wurde der Kaiser immer verärgerter und ließ den damals berühmtesten Frauenarzt Frankreichs, Dr. Baudelocque, kommen, der Marie Louise untersuchte und die bisherigen Diagnosen seines Kollegen Corvisart bestätigte. Er verbot der Kaiserin den weiteren Genuß von Cremetorten und auch die von ihr gewünschten heißen Bäder, die unbestreitbar »ein Hindernis ihrer Fruchtbarkeit« wären. Auch Kaiser Franz gab seiner Tochter Ratschläge und befahl ihr in seinen Briefen, daß sie sich schone: »Erhalte dich so und vermeide alles was den wichtigen Zweck hinderlich seyn kann Kinder zu bekommen ...«[46].
Am 6. Mai ging die Reise nach Breda. Mittag war längst vorbei, und der Kaiser ließ noch immer nicht anhalten. Marie Louise wollte wenigstens einen kleinen Imbiß einnehmen, was ihr der Kaiser mit einigen Erklärungen verbot. »Der Zorn über diese

weisen Lehren«, schrieb sie erbost in ihr Tagebuch, »trugen zusammen mit dem Hunger mir eine fürchterliche Migräne ein, daß ich bei der Ankunft in Breda um vier Uhr den Augenblick kommen sah, wo ich nicht weiter könnte, aber der Kaiser, der uns wie Grenadiere behandelte, zwang uns, nach seinem Frühstück weiterzufahren ... «[47]. Die Rückreise ging über Dünkirchen, wo Marie Louise erstmals das Meer sah, das sie mit einem Boot befuhr. Seekrank kehrte sie zurück, und Napoleon sah darin die Bestätigung seiner Vermutung, seine Gemahlin wäre schwanger. Erstmals übte Marie Louise an ihrem Gemahl Kritik. Wenn er schon von ihrer Schwangerschaft überzeugt wäre, dann müßte er doch auf ihren Zustand Rücksicht nehmen und sie nicht rücksichtslos allen Strapazen aussetzen.

Für den 1. Juli hatte der österreichische Botschafter in Paris, Fürst Schwarzenberg, zu einem Gartenfest geladen, an dem das französische Kaiserpaar teilnahm. Der eigens dafür erbaute Gartenpavillon brannte jedoch durch die Hitze tausender Kerzen ab. Das Kaiserpaar konnte sich rechtzeitig in Sicherheit bringen. Der Brand forderte zwanzig Tote, sechzig Personen erlitten schwere Brandverletzungen. Unter den Toten befand sich auch die schwangere Gemahlin des Botschafters, Pauline Schwarzenberg. Anläßlich dieses Vorfalles schrieb Kaiser Franz seiner Tochter nach Paris, und er erwähnte dabei erstmals ihre Schwangerschaft: »... Die Nachricht, die du mir giebst, daß du beim Feuer nicht erschrocken, freut mich sehr, wenn nur der traurige Todesfall der Fürstin Pauline dir nicht geschadet. Die Freude, die ich darüber empfinde, daß es das Ansehen hat, daß du schwanger bist, kannst du dir einbilden wegen der Wichtigkeit der Sache sowohl den Trost deines Gemahls und meiner Liebe für dich. Darum recht gethan nicht zu tanzen und nicht zu reiten, aber auch hüte dich vor allem erschröcken, denn meine verstorbene Frau ist darum ein paarmahl wirklich um ihr Kind gekommen ...«[48].

Die französische Presse nahm die Brandkatastrophe zum Anlaß, gegen Marie Louise eine Pressekampagne vom Zaun zu brechen. Immer öfter las man jetzt, daß die »Österreicherin«, wie seinerzeit ihre Großtante Marie Antoinette, Frankreich nur Unglück bringen würde.

Ende Juli überraschte die Kaiserin ihre Umgebung mit der

Nachricht, auf die Frankreich und Österreich schon warteten, daß sie schwanger sei. Der Brief, in dem sie ihrem Vater eine definitive Mitteilung machte, lautete: »Ich befinde mich recht wohl, obwohl ich mich gar nicht schone, und ich bin doppelt glücklich jetzt, da mich der Arzt versichert, daß ich seit vorigem Monath in der Hoffnung bin. Gott gebe, daß es wahr ist, denn der Kaiser hat eine unendliche Freude darüber ...«[49]. Niemand war glücklicher als Napoleon. Seine Mutter gestand, mit Tränen in den Augen, wie glücklich ihr kleiner Napoleon in seiner Ehe sei. Der Kaiser selbst sprach sich Metternich gegenüber dahingehend aus, daß er erstmals in seinem Leben ein gemütliches Heim hätte, und lobte die Hausfrauentugenden seiner Gemahlin. »Versichern Sie dem Kaiser«, sagte er, »daß seine Tochter das kostbarste Geschenk ist, das er mir machen konnte. Er hat mich über nichts getäuscht. Je mehr ich sie kennenlerne, desto mehr finde ich sie vollkommen und geschaffen für mein Glück ...«[50]. War Metternich in der Beobachtung des kaiserlichen Familienglückes noch optimistisch, daß sich diese Harmonie auch auf die Politik des Kaisers der Franzosen gegenüber Österreich auswirken würde, wurde er bei den nachfolgenden Besprechungen eines Besseren belehrt. Dort wehte ein ganz anderer Wind. Der Kanzler mußte einsehen, daß die Harmonie der Ehegatten zwar im Moment Österreich kleine Vorteile bringen, aber die übrige politische Lage nicht beeinflussen würde. Als Metternich nach Wien zurückkehrte, verfaßte er für seinen Monarchen ein Memorandum mit dem Titel »Österreichs jetzige Stellung in Europa«. Darin führte er aus, daß die Vermählung der Kaisertochter mit Napoleon »den verzweifelten Zustand gänzlicher Zerrüttung unserer inneren und äußeren Kräfte in einen Stand der Ruhe verändert haben... In seiner Vermählung mit einer Erzherzogin liegt eine Garantie für Österreich, welche durch kein Ereigniß ersetzt werden konnte«. Die weiteren Ausführungen entsprachen den neuen Erkenntnissen Metternichs: »Man würde sich aber nicht minder irren, wenn man dieser so glücklichen Verbindung eine Gewalt beilegte, welche sich auf alle Pläne Napoleons erstreckte, oder diese vielleicht gänzlich zu modificiren im Stande wäre. Die Tendenz dieses Monarchen nach Alleinherrschaft liegt in seiner Natur ...«[51].

Erst am 15. August waren sich die Ärzte einer Schwangerschaft Marie Louises ganz sicher und gaben über den Zustand der Kaiserin ein Bulletin aus. »Dieses Ereignis«, so wird berichtet, »das alle Wünsche des Kaisers und des Volkes erfüllte, rief allgemeines Interesse hervor. In den Kirchen ließen die Bischöfe Gebete sprechen und riefen den Segen des Himmels auf dieses Glück herab ...«[52]. Ein offizieller Kurier wurde mit dieser Kunde an den Wiener Hof entsandt. Marie Louise gab ihm einen privaten Brief an ihren Vater mit, in dem es hieß: »Dieser Brief, liebster Papa, soll Ihnen meine Schwangerschaft melden. Ich benutze diese Gelegenheit, um Sie um Ihren Segen für Ihren Enkel oder Ihre Enkelin zu bitten. Meine Freude können Sie sich vorstellen ...«[53].

Die Nachricht von der Schwangerschaft der Kaiserin löste in den Ländern Europas nicht nur Freude aus. In Rußland vernahm man diese Nachricht mit gemischten Gefühlen, denn dort konnten sich die Staatsmänner nicht vorstellen, daß die Festigung dieser Familienbande nicht auch politische Konsequenzen nach sich ziehen würde. Metternich mußte daher sein ganzes Geschick aufwenden, um den russischen Diplomaten Graf Schuwalow davon zu überzeugen, »daß zwischen Seiner Majestät und Frankreich blos eine Familien-, aber weder eine Defensiv- noch eine Offensiv-Allianz bestehe ...«[54]. Metternich hatte nun, nach manchen Träumereien über die Ehe Napoleons, einen völlig realistischen Standpunkt bezogen.

Obwohl das Glück in der Familie grenzenlos schien, mischten sich doch einige bittere Wermutstropfen dazwischen. Napoleon hatte in diesen Monaten mit diversen Frauen seine liebe Not. Im Juni war Josephine, von Navarra kommend, in Paris eingetroffen und hatte mit ihrem Exgemahl einen intensiven Briefwechsel begonnen. Er besuchte sie einmal heimlich in Malmaison. Er hatte Angst, Marie Louise könnte von diesem Treffen erfahren und fürchtete ihre Eifersucht, die sich immer mehr bemerkbar machte.

Die zweite Kalamität Napoleons war sein Verhältnis zur Gräfin Walewska. Schon als die Scheidung des Kaisers publik wurde, traf sie in Paris ein. Sie mußte sich allerdings die Zuneigung des Kaisers in diesen Tagen mit Madame de Mathis teilen. Zwei Tage vor der Hochzeit mit Marie Louise sah Napoleon ein, daß dieser Zustand unhaltbar war und er befahl der Gräfin, Paris zu verlassen. Trotz ihrer Schwangerschaft und trotz des schlechten Wetters trat sie die beschwerliche Reise nach Warschau an. Dort brachte sie am 4. Mai 1810 ihren gemeinsamen Sohn Alexandre Florian zur Welt.

Im November 1810, als Napoleons Glück am Höhepunkt war, kehrte sie nach Paris zurück. Sie wußte es geschickt anzustellen, daß sie bei einem Empfang, den der Großherzog von Würzburg gab, dem Kaiserpaar vorgestellt wurde. Napoleon war, als er ihrer ansichtig wurde, wie vom Blitze getroffen. In einer Sekunde des Alleinseins flüsterte er ihr zu, er werde sie besuchen. Am 30. Dezember wurde die Walewska offiziell Marie Louise bei Hof vorgestellt. Schwarzenberg, der diese Brüskierung bemerkte, berichtete nichts davon nach Wien. In den ersten Tagen des Monats März 1811 rang sich Napoleon zu der Einsicht durch, daß er mit der Walewska brechen müsse. Er befahl ihr, Paris sofort zu verlassen, was sie jedoch ablehnte; sie blieb bis 1812 in der Stadt.

Napoleon beschäftigte sich bereits mit der Zukunft seines Sohnes: er war unerschütterlich in seiner Zuversicht, daß seine Gemahlin ihm einen Sohn und nicht eine Tochter schenken würde. Lange überlegte er, welchen Titel dieser Prinz erhalten sollte. »König von Rom«, meinte Napoleon, wäre wohl ein angemessener Titel. Vorsichtshalber überlegte er aber auch einen weiblichen Titel, wenn – wider Erwarten – ein Mädchen auf die Welt kommen sollte. Diese würde den Titel einer »Fürstin von Venedig« verliehen bekommen.

Eine wichtige Frage war, wer die Erzieherin des neuen Erdenbürgers werden sollte. Die Wahl fiel auf die Frau des Großkammerherren Montesquiou und fand allgemeinen Beifall. Die Gräfin war schon 46 Jahre alt, gottesfürchtig und von einfachem Wesen. Ihr unterstanden zwei Untergouvernanten, die Gräfinnen de Boubers-Bernatre und de Mesgrigny und drei erste Frauen, Soufflot, Darnot und Froment. Dazu wurden drei Wiegefrauen – berceuses genannt –, die Damen Marchand, Legrand und Petit, bestellt. Zwei Garderobefrauen und zwei Garderobemägde vervollständigten den Haushalt. Der »männliche« Teil des Haushaltes war der erste Stallmeister Baron Canisy, zwei Türsteher im grünen Frack mit roter Weste, zwei

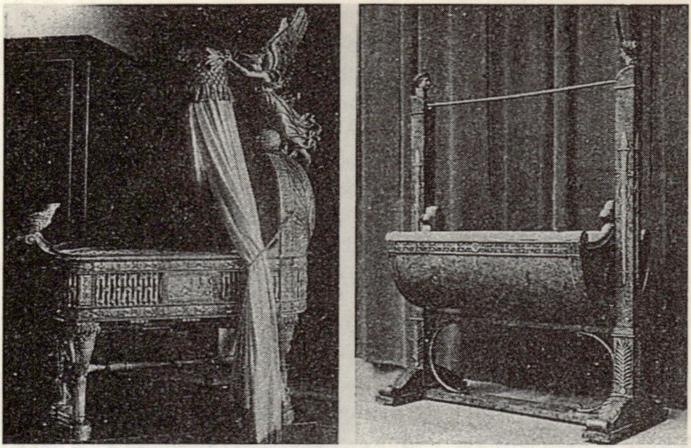

Die zwei Wiegen des Königs von Rom

Garderobediener, vier Kammerdiener, ein Haushofmeister und ein Truchseß. Zwei Ärzte wurden bestellt, von denen einer immer Dienst hatte und eine täglich Visite vornehmen mußte. Dazu kamen zwei Kinderärzte, Dr. Boudoise de la Motte und Dr. Auvity. Als Impfarzt wurde Dr. Husson vom Kuhpockeninstitut berufen. Als Amme war die 24 Jahre alte Frau des Pariser Weinhändlers Marie-Victorine Auchard vorgesehen.
Am 14. Dezember 1810 betrat eine Regierungskommission in der Rue de Mirmesnil No 30 das Wäschegeschäft »Minette«, prüfte eingehend die Waren und kaufte die Babyausstattung: 504 Windeln, 240 Jäckchen, 312 Hemdchen, 144 Taschentücher, 144 Häubchen, 50 Bettunterlagen, 14 Tragkleider aus rosa und blauem Satin, alle mit Brüsseler oder Mechelner Spitzen verziert. Kostenpunkt: 40402 Francs. Eine Wiege aus geschnitztem Ulmenholz mit grüner Seide ausgekleidet, kostete 3000 Francs und steht heute im Napoleon-Reichstadt-Museum in Fontainebleau. Eine zweite Wiege schenkte die Stadt Paris. Sie ist aus goldbronziertem Silber, Prud'hon hat sie entworfen, Rougnat modelliert und die Firma Thomire et Odiot angefertigt. Die Wiege kostete 152289 Francs und steht heute in der Schatzkammer in Wien.

Auch die Frage des zukünftigen Schlosses, in dem der »König von Rom« wohnen sollte, wurde von Napoleon gelöst. Er beauftragte den Architekten Pierre Francois Léonard Fontaine, auf der Höhe von Chaillot das größte Schloß Europas – 500 Meter lange Vorderfront – zu erbauen. Mit dem Aushub der Grundmauern sollte sofort begonnen werden.
Marie Louise erschrak nun über die Aktivitäten ihres Gemahles. Was würde sein, wenn sie keinen Knaben, sondern ein Mädchen gebären würde? Auch sie war, wie die Menschen der damaligen Zeit, überzeugt, daß das Geschlecht des neuen Erdenbürgers einzig und allein Sache der Mutter und nicht die des Vaters wäre. Sie ließ daher heimlich die Hebamme Lachapelle kommen und fragte sie, ob sie eine Methode zur Geschlechtsbestimmung des Ungeborenen kenne. Die Hebamme mußte die Kaiserin enttäuschen, verwies sie aber an die Wahrsagerin Marie Lenormand. Die hatte aber mit der kaiserlichen Familie schon üble Erfahrungen gemacht. Als sie der Kaiserin Josephine die Scheidung voraussagte, ließ sie Napoleon in den Kerker werfen. Daher lehnte sie jetzt eine Wahrsagung ab.
Auch Kaiser Franz war überzeugt, daß er einen Enkel erhalten würde. »Gieb mir einen gesunden, starken Enkel!« hatte er geschrieben[55]. Kleinlaut antwortete Marie Louise: »... Ich befinde mich vortrefflich sowohl wie der kleine König von Rom, denn man ist so fest überzeugt, daß es einer ist, daß, wenn eine arme Prinzessin auf die Welt kommt, sie recht ungehalten wird aufgenommen werden ...«[56]. Kaiser Franz nahm am Verlauf der Schwangerschaft seiner Tochter regen Anteil und sparte nicht mit Ratschlägen. So schrieb er am 10. September 1810: »... Von der glücklichen Fortsetzung deiner Schwangerschaft erwarte ich mit Ungeduld Nachrichten, schone dich nur recht und sündige nicht auf deine Gesundheit, damit du dieselbe glücklich bis zu Ende kriegst, deinem Gemahl und mir den Trost einer gesunden Nachkommenschaft verschaffst ...«[57]
Mit dem näherrückenden Geburtstermin wurde Kaiser Franz immer nervöser. So schrieb er am 21. Februar 1811: »Ich erwarte nun bald Nachricht deiner glücklichen Niederkunft, Gott werd ich dafür bethen ...«[58]. Noch eine Woche vor dem tatsächlichen Geburtstermin erteilte der Kaiser seiner Tochter

gute Ratschläge: »... erwarte ich mit Ungeduld die Nachricht deiner Entbindung«, schrieb er, »die, wie ich hoffe, glücklich vor sich gehen wird ... Was deine Gesundheit anbelangt, so rekommodiere ich mäßige Bewegung bis zur Entbindung und dann schonung besondere die ersten 9 täge; du weißt, ich rede aus Erfahrung ...«[59].
Der 19. März 1811 verlief für Marie Louise wie die bisherigen Tage. Am Nachmittag klagte sie plötzlich über mäßige Kreuzschmerzen. Nach dem Abendessen, nach 19 Uhr, ging sie am Arm Napoleons auf der großen Terrasse der Tuilerien noch ein wenig spazieren; da setzten abrupt Geburtswehen ein. Der Kaiser brachte seine Gemahlin sofort in ihr Zimmer und ließ den Geburtshelfer Dr. Dubois rufen. Alle Personen, die bei der Geburt als Zeugen für die Identität des Kindes anwesend zu sein hatten, wurden verständigt. Es erschienen 22 Personen in größter Gala oder goldstrotzenden Uniformen. Die Hebamme Lachapelle, die Leibärzte Dr. Corvisart und Dr. Bourdier sowie der Leibchirurg Yvan eilten herbei. Da Dr. Corvisart nach der Untersuchung der Kaiserin bekanntgab, daß die Geburt erst in den späten Nachtstunden zu erwarten sei, richteten sich die Versammelten ihr Nachtlager auf den umstehenden Sofas und Sesseln ein. Manche verschwanden heimlich in ein nahegelegenes Restaurant und einige sogar in ein Bordell[60].
Der Kaiser lief aufgeregt zwischen dem Vorzimmer und dem Zimmer seiner Gemahlin hin und her, die ihn immer wieder mit ihren Schmerzensschreien aus dem Zimmer trieb. In den Kirchen von Paris wurde das Allerheiligste ausgesetzt, und die Gläubigen strömten herbei, um die Nacht auf den Knien im Gebet zuzubringen. Von allen Türmen erklangen stundenlang die Glocken.
Gegen 5 Uhr morgens trat ein Wehenstillstand ein, und die Kaiserin schlief erschöpft ein. Napoleon stieg in ein heißes Bad und verblieb dort längere Zeit. Um 6 Uhr morgens gab Dr. Corvisart folgendes Bulletin bekannt: »Gestern abend gegen 8 Uhr stellten sich bei Ihrer Majestät der Kaiserin die ersten Wehen ein. Während der Nacht verminderten sie sich, um dann fast ganz nachzulassen. Im übrigen ist das Befinden Ihrer Majestät vorzüglich«[61].
Kurz danach bemerkte Dr. Dubois, daß das Kind nicht mit dem

Kopf nach unten, sondern quer in der Gebärmutter lag und die Wehen neuerlich, heftiger als zuvor, begannen. Die Fruchtblase sprang und das Fruchtwasser entleerte sich im Schwall. Lassen wir diese dramatischen Minuten Napoleon selbst erzählen, wie er sie in seinen Erinnerungen in St. Helena diktierte:
»Ich stieg ins Bad, als Dubois mit verstörter Miene kam, mich aufzusuchen; er hatte den Kopf verloren ... Ich fragte Dubois: Was nun? Ist sie tot? Wenn sie tot ist, werden wir sie begraben! Worauf Dubois antwortete: Nein, aber die Wasser sind abgelaufen, und das kommt unter tausend Fällen nicht einmal vor. Ich ging mit ihm hinauf; die Kaiserin glaubte, daß man sie für ihren Sohn opfern wollte, doch versicherte ihr die Gräfin Montesquiou, daß sie selbst ähnliche Entbindungen mitgemacht hätte. Sie rief: Ich bin die Kaiserin und man wird vor allem meinen Sohn erhalten wollen! Diese arme, junge Frau war sehr zu bedauern, von ihrer Familie getrennt zu sein; sie hielt sich für verloren ... Ich fragte Dubois, warum er die Kaiserin nicht entbinde. Er zögerte mit dem Bemerken, er wolle es nur in Anwesenheit Dr. Corvisarts machen. Aber was wird er ihnen sagen? Wenn er ein Zeuge oder eine Rückendeckung ist, welche sie suchen, so bin ich hier. Dubois legte nun seinen Rock ab und ging zur Arbeit. Gräfin Montesquiou versicherte der Kaiserin, daß es ihr schon zweimal so ergangen sei und legte ihr nahe, sich so behandeln zu lassen. Andererseits beruhigte ich Dubois, indem ich ihm sagte, daß für einen Mann, der sein Handwerk kenne, es unverzeihlich sei, den Kopf zu verlieren. Daß es hier gar nichts gäbe, was ihn verwiren könnte; er möge sich nur denken, daß er eine Bürgerfrau aus der Rue de Saint-Denis entbinde; daß es in der Natur nicht zweierlei Gesetze gebe, daß ich sicher sei, er werde es bestens ausführen, und daß er vor allem keinen Vorwurf zu befürchten habe. Man stellte mir vor, daß große Gefahr für die Mutter oder das Kind vorhanden sei. Mit der Mutter, antwortete ich ohne Zaudern, werde ich andere Kinder haben. Benehmen Sie sich so, als ob Sie den Sohn eines Flickschusters erwarten würden«[62].
Nach großen Statistiken der Geburtshilfe liegt die Leibesfrucht nur in einem halben Prozent aller Geburten in der Querlage. Als Ursache dieser Komplikation wird eine auffallende

Schlaffheit der Bauchdecke der Mutter oder ein zu enges Becken verantwortlich gemacht[63].
Das Ziel des Geburtshelfers bei einer derartigen Komplikation ist es, durch eine äußere Wendung das Kind in eine Kopf- oder Fußlage zu bringen. In einigen glücklichen Fällen stellt sich das Kind durch die Wehentätigkeit im letzten Moment von selbst in eine Kopflage ein (Selbstwendung). Wartet der Geburtshelfer zu lange, oder stellt sich die Selbstwendung nicht ein, kann es zu einem Vorfall eines Armes oder einer Schulter kommen und das Kind wird im Becken der Mutter eingekeilt (verschleppte Querlage). Die Gebärende versucht nun durch verstärkte Wehentätigkeit dieses Hindernis zu überwinden und dies kann sich bis zum Wehensturm (Tetanus uteri) steigern, der die Gebärmutter zerreißt. Um diese, für die Mutter absolut tödliche Komplikation zu verhindern, mußte sofort mittels Hakeninstrumentes der Kopf des Kindes vom Körper getrennt und das so zerstückelte Kind aus dem Mutterleib entfernt werden. Das alles wußte Dr. Dubois zur Genüge und ihm graute vor dem Gedanken, daß gerade er es sein mußte, den Thronfolger Frankreichs auf diese Weise auf die Welt zu bringen.
Bereits Ende des 16. Jahrhunderts beschäftigte sich der Chirurg Wilhelm Fabricius Hildanus mit dieser damals gar nicht so seltenen Komplikation und propagierte bei der Querlage des Kindes eine äußere Wendung. Das heißt, es wurde mit Händen oder Stäben am Bauch der Mutter so lange hin- und hergeschoben, bis sich das Kind im Mutterleib von der Querlage in eine Kopflage bringen ließ. Ende des 17. Jahrhunderts trat der holländische Arzt van Deventer auf, der sich sehr für diese Art der Wendung des Kindes auf den Fuß oder auf den Kopf einsetzte und heftig gegen die Zerstückelung der Leibesfrucht im Mutterleib polemisierte[64].
Die äußere Wendung des Kindes auf den Kopf oder auf den Fuß war für die Mutter mit großen Gefahren verbunden, von Schmerzen abgesehen, da diese Prozedur, mangels einer Narkose, bei vollem Bewußtsein erduldet werden mußte. War die Wendung auf den Fuß gelungen, war die weitere Entwicklung der Leibesfrucht bis zur tatsächlichen Geburt nicht weniger gefährlich. Die Geburt der Beine und des Körpers stellten kein Problem dar, aber nun blieb der Kopf des Kindes in dem

noch nicht zu seiner vollsten Größe erweiterten Muttermund stecken. Die Gefahr für das Kind ergab sich nun darin, daß durch den Kältereiz am Körper eine Schnappatmung ausgelöst wurde und das Kind Fruchtwasser verschluckte. Daher mußte in so einem Fall der Kopf des Kindes den Muttermund so schnell wie möglich verlassen.
Zu diesem Zweck gab Mauriceau bereits 1668 einen Handgriff bekannt: Der Zeigefinger des Geburtshelfers wurde von unten in den Mund des Kindes eingeführt und von dort ein Zug ausgeübt. Nachdem viele Geburtshelfer ihren Zeigefinger statt in den Mund in die Augenhöhlen des Kindes einführten und damit die Augäpfel schwerstens verletzten, wurde dieser Handgriff wieder verlassen. Wenn dieser Handgriff nicht gelang, oder die Zeit schon drängte, mußte eine Geburtszange angelegt werden.
Napoleon war mit Dr. Dubois in das Zimmer der Kaiserin geeilt. Nun stürzten sich alle anwesenden Ärzte auf die Kaiserin und hielten sie fest, während Dr. Dubois die äußere Wendung versuchte. Marie Louise schrie vor Schmerz und auch aus Angst, weil sie ahnte, daß lieber sie als das Kind geopfert werden würde. Der Kaiser mußte schweißgebadet nach wenigen Minuten das Zimmer verlassen, da ihm übel wurde. Er war mit seinen Nerven am Ende. Er, der sich in einer Schlacht jeder Gefahr aussetzte, der tausende Soldaten sterben sah und über sie hinweggaloppierte, verlor im Zimmer seiner Gemahlin vollends die Nerven.
Die Wendung auf den Fuß war geglückt und nun wurde das Kind bis zum Kopf entwickelt. Da die Zeit drängte, legte Dr. Dubois eine Geburtszange an und brachte so das Kind, das bereits blau verfärbt war, zur Welt. Die ganze Prozedur dauerte 26 Minuten. Es war der 20. März 1811, 9.20 Uhr.
Als Napoleon gemeldet wurde, ein Sohn wäre geboren worden, stürzte er an das Bett der Kaiserin und überschüttete sie mit seinen Küssen. Um das auf einem Teppich wie tot daliegende Kind kümmerte er sich nicht.
Sieben Minuten lag der Prinz da, ohne einen Laut von sich zu geben. Dr. Corvisart hob es auf und schlug ihm fest auf den Rücken. Dr. Dubois flößte ihm Branntwein ein und die Gräfin Montesquiou hüllte es in heiße Tücher. Plötzlich tat der Prinz

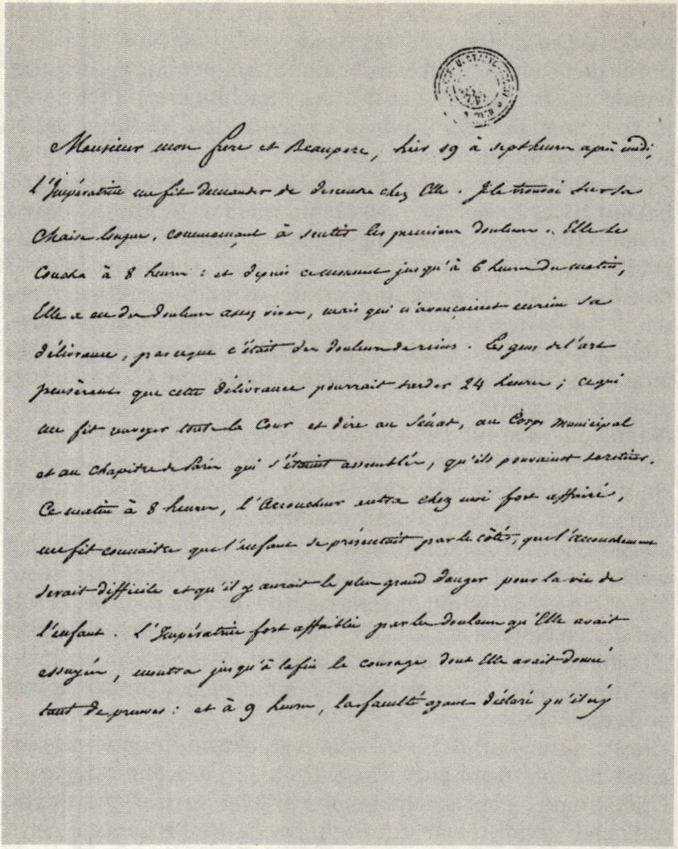
Monsieur mon frère et beaupère, hier 19 à sept heures après midi;
l'Impératrice me fit demander de descendre chez Elle. Je la trouvai sur sa
Chaise longue, commençant à sentir les premières douleurs. Elle se
Coucha à 8 heures: et depuis ce moment jusqu'à 6 heures du matin,
Elle a eu des douleurs assez vives, mais qui n'avançaient en rien sa
délivrance, parceque c'étaient des douleurs de reins. Les gens de l'art
pensèrent que cette délivrance pourrait tarder 24 heures; ce qui
me fit congédier toute la Cour et dire au Sénat, au Corps Municipal
et au Chapitre de Paris qui s'étaient assemblés, qu'ils pouvaient se retirer.
Ce matin à 8 heures, l'Accoucheur entra chez moi fort affairé,
me fit connaître que l'enfant se présentait par le côté, que l'accouchement
serait difficile et qu'il y aurait le plus grand danger pour la vie de
l'enfant. L'Impératrice fort affaiblie par les douleurs qu'Elle avait
essuyées, montra jusqu'à la fin le courage dont Elle avait donné
tant de preuves: et à 9 heures, la faculté ayant déclaré qu'il n'y

Napoleon informiert Kaiser Franz über die Geburt seines Sohnes

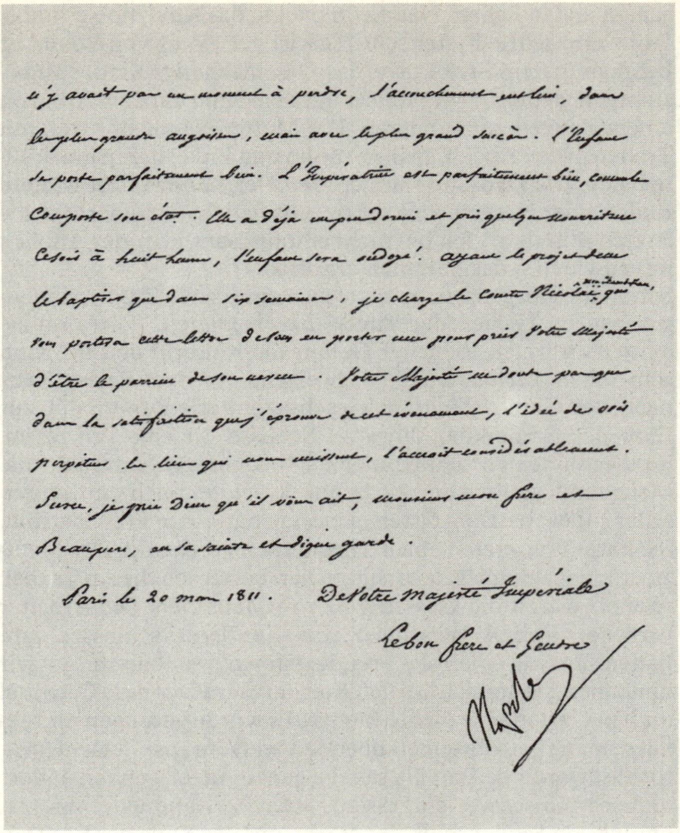

il n'y avait pas un moment à perdre, l'accouchement eut lieu, dans
les plus grandes angoisses, mais avec le plus grand succès. L'enfant
se porte parfaitement bien. L'Impératrice est parfaitement bien, comme le
comporte son état. Elle a déjà un peu dormi et pris quelque nourriture.
Ce soir à huit heures, l'enfant sera ondoyé. Ayant le projet de ne
le baptiser que dans six semaines, je charge le Comte Nicolaï, mon chambellan, qui
vous portera cette lettre de vous en porter une pour prier Votre Majesté
d'être le parrain de son neveu. Votre Majesté ne doute pas que
dans la satisfaction que j'éprouve de cet événement, l'idée de voir
perpétuer les liens qui nous unissent, l'accroît considérablement.
Sur ce, je prie Dieu qu'il vous ait, monsieur mon frère et
Beaupère, en sa sainte et digne garde.

Paris le 20 mars 1811. De Votre Majesté Impériale

Le bon frère et Gendre

Napole

seinen ersten Schrei. Napoleon packte das Kind, hob es in die Höhe und schrie hysterisch: »Das ist der König von Rom!« Er befahl nun dem Erzkanzler, das Geschlecht des Kindes zu bestimmen, dann ging der Kaiser mit dem Kind auf dem Arm von einem Zeugen zum anderen. Die Mutter Napoleons trat, mit Tränen in den Augen, an ihren Sohn und Enkel heran und küßte beide. Die Dynastie war gerettet! Der Kaiser selbst war am Ende seiner Nerven. »Sie schrie entsetzlich«, schilderte er die letzten Stunden. »Ich bin nicht empfindsam, aber der Anblick ihrer Leiden – das hat mich ergriffen!«[65].

Schon im Morgengrauen hatte sich eine große Zahl von Neugierigen im Garten der Tuilerien versammelt. So als ob sie ahnten, in welch tödlicher Gefahr die Kaiserin und ihr Kind schwebten, verharrten sie schweigend vor dem Palast. Kurz nach der Geburt feuerten Geschützbatterien den Salut zur Ehre des Neuankömmlings. 21 Schüsse für eine Prinzessin, hundertundeinen Schuß für einen Thronerben. Laut zählte die Menge mit und als der 22. Schuß krachte, brach ein frenetischer Jubel aus. Die »Österreicherin« hatte ihre Pflicht erfüllt. Sie hatte Frankreich einen Thronerben geschenkt. Der Medizinstudent Poumiès de la Siboustien beschrieb diesen Trubel: »Schon waren die Gassen voll von Menschen. Die Arbeiter verließen ihre Arbeitsstellen, die Kaufleute schlossen ihre Läden. Es war eine tolle Freude, ein wahrer Rausch. Als wir hinkamen, staute sich auf den Kais, auf der Place de la Carousel und im Garten eine dichte Menge. Es wurde gesungen und getanzt, man stieß ohrenbetäubende Vivatrufe aus«[66]. Der Ultraroyalist Baron de Frénilly sah die ganze Angelegenheit anders und schrieb schwer enttäuscht: »Der 22. Kanonenschuß traf uns wie ein Keulenschlag; er schien uns das Ende der Bourbonen zu bedeuten«[67].

Napoleon sandte sofort einen Kurier nach Malmaison, um Josephine die Geburt seines Sohnes anzuzeigen. Sie gratulierte dem Kaiser, der ihr antwortete: »Meine Liebe, ich habe Deinen Brief erhalten; ich danke Dir. Mein Sohn ist kräftig und wohlauf. Ich hoffe, er wird gut gedeihen; er hat meine Brust, meinen Mund und meine Augen. Ich hoffe, er wird seinem Schicksal gerecht werden ...«[68]. Zur selben Stunde schwang sich der Eskadronchef Robelau aufs Pferd, um des Kaisers Brief, in dem

Das kleine Relief zeigt, wie Napoleon seinen Sohn über das Taufbecken hält

er die Geburt seines Sohnes mitteilte, an den Wiener Hof zu bringen[69]. Erzherzog Ferdinand, als Zeuge in Paris anwesend, gab dem Kurier folgende Zeilen an seinen kaiserlichen Bruder mit: »Der Kleine sieht wie das Leben aus und könnte nicht gesünder und schöner sein als er ist«[70]. In Wien traf die Kunde von der Geburt Napoleons Sohn am Abend des 23. März ein. Erzherzog Franz Carl schrieb seiner Schwester nach Paris: »Wenn Du doch die Freude aller Wiener hättest sehen können!« In einem Wiener Salon soll allerdings eine Dame hinter dem vorgehaltenen Fächer gesagt haben: »Bah – der kleine König von Rom! In paar Jahren kommt er vielleicht hierher, um sich aus Mildtätigkeit aufpäppeln zu lassen!«[71].
Am selben Abend wurde die Nottaufe des Neugeborenen vorgenommen. Der Thronfolger erhielt in der Taufe die Namen: Napoleon Franz Carl Joseph. Der feierliche Taufakt sollte sechs Wochen später stattfinden. An diesem Abend schnitten sich auch die Unteroffiziere der Garde ihre Schnurrbärte – ihr Privileg – ab, um aus den Haaren einen Kopfpolster für den kleinen König anfertigen zu lassen.

Dr. Dubois wurde für seine Verdienste zum Baron ernannt und erhielt hunderttausend Francs. Bei der Audienz machte er den Kaiser darauf aufmerksam, daß in Anbetracht der bei der Geburt verwendeten Instrumente eine neuerliche Schwangerschaft der Kaiserin tödlich enden werde. Diese Mitteilung machte auf Napoleon einen nachhaltigen Eindruck. »Das teure Weib«, rief er aus, »was hat sie gelitten! Um diesen Preis wünsche ich mir keine Kinder mehr!«[72].
Kaiser Franz war einer der ersten Gratulanten und schrieb seiner Tochter nach Paris: »Durch den heutigen Kourier schreibe ich dir diese Zeilen um dir von Herzen zu deiner glücklichen Entbindung glück zu wünschen; Jedes Kind hätte mir Freude gemacht, allein die Geburth eines Sohnes macht sie noch größer wegen deinem Glück und Zufriedenheit und jener deines Gemahles ...«[73].
Kurz nach der Geburt vernahm Europa das Gerücht, der kleine König von Rom wäre gar nicht Napoleons Kind, sondern ein unterschobener Bastard. Anlaß zu diesem Gerede war der Geburtszeuge Erzherzog Ferdinand, der Bruder des österreichischen Kaisers, der sich während der Geburt aus unerklärlichen Gründen nicht im Kreißzimmer, sondern in einem anderen Appartement befand. Dieses Gerücht drang bis Hartwell, zum Grafen von Provence, der sich seit dem Tod Ludwigs XVII. nun Ludwig XVIII. von Frankreich nannte. »Da gibt's also ein Kindchen in der Familie Napoleon«, sagte er süffisant. »Ob es nun den Lenden der armen Erzherzogin entsprungen oder durch die Zimmertür hereingekommen ist, kümmert mich wenig. Viele Leute sehen das als Ereignis von großer Bedeutung an, aber ich kann ihre Ansicht nicht teilen. Denn entweder hat Gott die Welt verdammt, dann wird es Bonaparte nicht an einem Nachfolger fehlen; oder aber Gottes Zorn besänftigt sich, dann werden alle Gören der Welt den Zusammenbruch dieses Gebäudes des Unrechts nicht verhindern!«[74].
Am 21. April übersiedelte der Hof nach St. Cloud und Marie Louise fand erstmals Gelegenheit, ihrem Vater einen ausführlichen Brief zu schreiben. »... Sie können sich mein ganzes Glück vorstellen, ich hätte mir nie vorgestellt, daß ich eine so große Freude fühlen werde können«, lesen wir. »Wenn es aber möglich ist, so ist seit dem Augenblick der Geburth meines

Sohnes meine zärtliche Liebe gegen meinen Gemahl noch vergrößert geworden; auch werden mir unvergeßlich seyn, die Beweise von Anhänglichkeit welche er mir diese ganze Zeit hindurch gab, und welche mich noch itzt bis zum Thränen rühren wenn ich daran denke, diese Beweise würden mich, wenn seine guten Eigenschaften es nicht schon vorher bewirkt hätten, auf ewig an ihn fesseln. Der Kaiser trägt mir auf, Ihnen seine Empfehlungen auszurichten, er redet mir recht viel von Ihnen und fragt mich täglich, Dein Vater muß doch eine recht große Freude haben einen Enkel zu besitzen und wenn ich ihm erzähle, daß Sie die Güte haben ihn schon itzt zu lieben, so ist er recht zufrieden. Ich unterfange mich, Ihnen das Porträt meines Sohnes zu schicken. Es sieht ihm sehr ähnlich ohne geschmeychelt zu seyn und Sie werden sicher finden, daß es auch dem Kaiser recht ähnlich sieht. Er ist unendlich stark für fünf Wochen und trägt schon seinen Kopf ohne Polster, wie er auf die Welt kam, wog er 9 Pfund und hatte 20 Zoll in der Länge. Er ist auch recht gesund und ist den ganzen Tag im Garten. Der Kaiser giebt sich erstaunlich mit ihm ab, er trägt ihn auf dem Arm und ist wirklich kindisch mit ihm, er will ihm auch schon zu eßen geben, welches ihm aber übel anschlägt. Sie werden durch die Briefe meines Onkels (Ferdinand) erfahren haben, daß ich über 22 Stunden gelitten habe, aber so schreckliche Schmerzen, daß man sie muß erfahren haben um einen Begriff davon zu haben, die Freude Mutter zu seyn hat mir sie aber so schnell vergeßen gemacht, daß ich gar nichts mehr davon weiß ...«[75]. In Erwiderung dieses Briefes meinte Kaiser Franz: »... Dem Kayser danke für seine Erinnerung und sage ihm viel schönes von mir wegen deinem Sohne küsse in meinem Namen ...«[76]. Ende Juni erschien Fürst Schwarzenberg in Audienz und überreichte dem kleinen Prinzen das ihm von seinem Großvater verliehene Großkreuz des Stephanordens.

Im Mai waren in Paris einige Fälle von Pocken aufgetreten. Ein Ärztekonsilium beschloß, dem Kaiser den Vorschlag zu machen, seinen Sohn gegen Pocken impfen zu lassen. Dr. Husson, der dafür das stolze Honorar von sechstausend Francs erhielt, impfte den Kleinen auf beiden Armen vor versammeltem Hof in St. Cloud. Zwischen 21. und 23. Mai war der Prinz durch die Impfreaktion »beunruhigt«, am 31. Mai lösten sich

die Pusteln. Nach Verabreichung eines Abführmittels – Zichorien- und Pfirsichblütensirup – war der kleine König wieder hergestellt.
In den Glückwünschen zu Neujahr 1812 schrieb Marie Louise ihrem Vater, daß der kleine Prinz schon »Mama« und »Papa« sage und sie recht gut erkenne. Nach ihrem Urteil wurde der Kleine täglich schöner und stärker und hatte schon sechs Zähne. Allerdings machte sie sich über seinen geringen Wortschatz Sorgen, denn der Prinz wollte absolut nicht sprechen lernen. Napoleon störte dies nicht, er war mit seinem Sohn vollauf zufrieden. Stundenlang spielte er mit ihm. »Napoleons Geduld mit diesem Kind«, schrieb der Sekretär, »war unerschöpflich. Sein Wohl und Wehe lag ihm ebenso wie einer Mutter am Herzen«[77].
Jeden Morgen brachte Gräfin Montesquiou der Mutter das Kind, das sie bis zur Morgentoilette behielt. Oft ging sie auch in das Kinderzimmer, nahm sich eine Strickarbeit und setzte sich an die Wiege. Im Laufe des Tages brachte sie ihren Sohn, den ihr die Amme nachtrug, in das innerste Kabinett ihres Gemahles, das niemand betreten durfte. Die Amme mußte zurückbleiben und Marie Louise trug das Kind allein zu seinem Vater und stellte sich dabei sehr ungeschickt an, weil sie Angst hatte, sie könnte ihm weh tun. Napoleon ließ alle Akten fallen und eilte ihr entgegen, nahm ihr das Kind ab und bedeckte es mit stürmischen Küssen. Er setzte sich seinen Sohn auf den Schoß und diktierte, oder er ging mit dem Kind auf dem Arm auf und ab und arbeitete mit dem Sekretär weiter. Dann wieder lagerte er sich mit seinem Sohn auf dem Teppich und spielte mit ihm.
Mit 16 Monaten erhielt der Prinz an einem Globus Geographieunterricht. Zur Einführung in den Religionsunterricht projezierte eine Laterna magica Bilder von markanten Geschehnissen aus der Bibel an eine Wand.
Das Glück in der Familie Napoleon schien grenzenlos. Es war ein Glück wie in einem einfachen Bürgerhaus. Auf die hohe Politik hatte diese Harmonie keinen Einfluß. Am wenigstens für Österreich. Wenn auch der Kaiser »Papa François« schöne Grüße ausrichten ließ und sich immer wieder für Marie Louise bedankte, so gab es doch für Österreich keine politischen Zugeständnisse. Weder wurde eine verlorene Provinz zurückge-

geben, noch ein Gulden Kriegskontribution nachgelassen. Nun genierte man sich in Wien ein wenig. Das Haus Habsburg hatte seinen guten Namen und an Napoleon eine passable Bettgenossin verkauft, aber letztlich nichts dafür erhalten. Metternich, durch mehrere Aussprachen mit Napoleon ernüchtert, ahnte, daß der Friede Europas nicht von langer Dauer sein werde. Dies lag sowohl in der Natur des Kaisers der Franzosen, als auch in dessen Beziehung zum Zaren, die durch die Abfuhr, die Napoleon bei seiner Brautwerbung am russischen Hof erlitten hatte, die ersten Risse zeigte. Der österreichische Staatskanzler schätzte daher die politische Lage sehr richtig ein, wenn er sagte: »Die Idee eines europäischen Friedens ist eine Chimäre. Europa wird das napoleonische Joch abwerfen, sobald dieser Hochzeitstaumel vorüber ist«[78]. Der von Metternich apostrophierte »Hochzeitstaumel« hielt nach übereinstimmender Meinung aller, die in das Leben der Kaiserfamilie Einblick hatten, über ein Jahr an.
Besonders umfassend und eindringlich schilderte dieses Glück der letzte Kammerdiener Napoleons, »Ali II.«, der mit seinem bürgerlichen Namen Louis Étienne Saint-Denis hieß, aus Versailles stammte und dem Kaiser in Treue nach St. Helena folgte. In seinem Nachlaß schrieb er, daß die Zeit zwischen der Geburt des Königs von Rom und der Abreise des Kaisers nach Dresden im Jahre 1812 eine Zeit des größten Glücks in der Kaiserfamilie war. Der Kaiser verehrte, vergötterte und verwöhnte seine »gute Louise« wie am ersten Tag. Sie revanchierte sich mit uneingeschränkter Zuneigung und kindlicher Anhänglichkeit. Sie küßte ihn vor allen Leuten, nannte ihn »Popo« oder »Nana«, was den Hof schockierte. Ihm schmeichelte diese zur Schau gestellte Zuneigung, und er empfahl jedem eine Deutsche zu heiraten, denn diese wären »süß wie die Rosen«. Marie Louise war geistig anspruchslos, sie führte keinen politischen Salon, in dem die Hofschranzen ihre Intrigen spinnen konnten. Sie mischte sich nie in die Arbeit ihres Gemahles ein. Was so gar nicht an die Seite Napoleons paßte, war ihre unbeschreibliche Angst vor den Dingen des täglichen Lebens, da war sie noch ein richtiges Kind geblieben. Daher war es ihr zeitlebens ein Bedürfnis, die starke Männerhand zu suchen und die breite Männerbrust, an der sie Schutz fand. War dies zuerst ihr Vater,

wurde es nun immer mehr ihr Gemahl. Von großer Politik verstand sie nichts. Napoleon fand es daher nicht notwendig, sie in seine Pläne einzuweihen. Sie wäre nur beunruhigt worden[79]. So konnte sie noch am 14. Jänner 1812 einen solch ahnungslosen Brief an ihren Vater richten, obwohl ihr Gemahl schon längst am großen Schachbrett Europas seine Züge und Rösselsprünge durchdachte, plante und vollzog. »Wenn die Witterung so fortdauert, werden wir wieder ein Mißjahr haben«, schrieb sie, »Wie wollen Sie, liebster Papa, daß der Körper sich gut befindet, wenn die Seele krank ist und das kann nicht anders seyn bey allen diesen Gerichten welche seit zwey Monathen herumlaufen ...«[80]. Marie Louise hatte nicht »Gerichte«, sondern »Gerüchte« gehört, daß sich über dem Himmel Europas wieder Gewitterwolken zusammenbrauten. Tatsächlich war der Kaiser voll im Planen. Vor seinem geistigen Auge marschierten schon die französischen Armee-Korps, von den grellen Tönen der Clairons vorwärts gepeitscht.
Auch Metternich erkannte die Zeichen am Himmel und ahnte, daß der Friede Europas nur noch kurze Zeit dauern würde. Am 26. März 1811 überreichte er seinem Kaiser ein Memorandum, in dem er ausführte: »Alles beweist, daß Kaiser Napoleon jetzt den Krieg gegen Rußland zu suchen noch entfernt ist. Nicht minder wahr ist es, daß Kaiser Alexander sich ohne Wissen und Wollen einer kriegerischen Partei überliefert hat; daß er den Krieg herbeiführen wird, weil der Zeitpunkt nahe ist, wo er der Reaction im Innern seiner Staaten, dem Geist seiner Armee nicht mehr wird widerstehen können ... Ich hege kaum mehr die Hoffnung, daß der Ausbruch des Krieges zu vermeiden sein dürfte; geschehen könnte dieß nur durch die Nachgiebigkeiten Napoleons, wofür uns irgend ein früheres Beispiel mangelt ...«[81].
Vier Wochen später wurde der Kanzler in einem Schreiben an den Kaiser Franz schon konkreter. Metternich bezog sich darin auf mehrere Depeschen Schwarzenbergs aus Paris, in denen mitgeteilt wurde, Napoleon hätte dem Botschafter gegenüber Bemerkungen gemacht, daß er sich von Österreich bei einem Krieg Frankreichs gegen Rußland ein »actives Mitwirken« erwarte. Diese Aussagen stünden im Gegensatz zu Bemerkungen Napoleons aus dem Vorjahr, als er von Metternich und

Schwarzenberg eine »bedingte Neutralität« Österreichs verlangte[82].
»Noch drei Jahre und ich bin der Herr des Universums«, äußerte Napoleon in diesen Tagen dem bayerischen General Wrede gegenüber[83]. Er bemerkte nicht, daß sein Stern bereits seit 1806 im Sinken begriffen war. Napoleon sah nur die immense Ausdehnung, nicht aber die ersten Risse in seinem Imperium, das sich von der Ostsee bis zur Straße von Messina, vom Tajo bis zur Trave, von Barcelona bis Lübeck und von Amsterdam bis Ragusa erstreckte und ein Land für 43 Millionen Menschen war.
Napoleon arbeitete jetzt, wo er einen Thronerben hatte und die Nachfolge geklärt war, mit ganz anderen Ambitionen als früher. Er war stolz auf seinen Sohn und wollte ihn unbedingt seiner ersten Gemahlin Josephine zeigen. Nur die gefürchteten Eifersuchtsszenen Marie Louises ließen ihn bisher vor einer solchen Begegnung zurückschrecken. Napoleon schilderte Madame Montesquiou den Wunsch der Exkaiserin, seinen Sohn zu sehen. Die Gräfin wußte einen Ausweg. »Tags darauf«, schrieb sie später, »sandte ich nach Malmaison und ließ Kaiserin Josephine sagen, daß mir ihr Wunsch, den König von Rom zu sehen, bekannt sei, und daß wir am nächsten Sonntag um halb drei nach Bagatelle (dem früheren Haus des Grafen v. Artois im Bois de Boulogne) spazierenfahren würden ...« Am nächsten Sonntag fuhr die Gräfin mit dem Kind dorthin und traf im Haus mit der Exkaiserin zusammen. »Sie ließ uns unverzüglich eintreten«, fuhr die Gräfin fort, »kniete vor dem Kind nieder, brach in Tränen aus, küßte ihm die Hand und sagte: Mein lieber Kleiner, Sie werden eines Tages von der Größe des Opfers erfahren, das Ihnen von mir gebracht wurde ...«[84]. Marie Louise hat von dieser Begegnung nie erfahren.
Die Außenpolitik und die politischen Konstellationen kamen wieder in Bewegung. Napoleon hatte geahnt, daß sein Bund mit dem russischen Zaren nicht von langer Dauer sein würde und ergriff bereits die ersten Maßnahmen. Dem französischen Botschafter in St. Petersburg, Graf Lauriston, war es gelungen, sich in den Besitz der Druckstöcke der russischen Generalstabskarten zu setzen. Allerdings gelang es auch Oberst

Tschernitscheff von der russischen Botschaft in Paris, Michel, einen Beamten aus dem Kriegsministerium, mit 300000 Francs zu bestechen. Michel lieferte die Kopien der Standesliste aller Regimenter, die in einem Feldzug gegen das Zarenreich eingesetzt werden sollten. Am 1. Mai 1811 wurde Michel wegen Hochverrats hingerichtet.
Ende Jänner 1812 wurde es in Paris Gewißheit, daß ein neuer Krieg geplant war. Im Februar sagte Polizeiminister Savary zur Gräfin Kielmannsegg, daß er keinen Krieg wünsche, denn »wenn unsere Maschine zusammenbricht, so muß man ja nicht glauben, daß der Zusammenbruch an der Rheingrenze seinen Abschluß findet.«[85]. Und Talleyrand, das alte zynische Hinkebein, kommentierte auf seine trockene Art: »Er (Napoleon) wird gegen vier unüberwindliche Generale zu kämpfen haben: November, Dezember, Januar und Februar«[86].
Des Kaisers Streitmacht, die er von überall her in Deutschland konzentrierte, zählte 530000 Mann, von denen nur ein Drittel Franzosen waren; der Rest waren sogenannte »Vasallen«. Um diese Riesenarmee bewegen zu können, waren 150000 Pferde und 30000 Wagen notwendig, die tausend Kanonen und Unmengen von Munition und Verpflegung schleppten. Allein 28 Millionen Flaschen Wein und zwei Millionen Flaschen Schnaps wurden nach dem Osten gekarrt.
Der vermehrte militärische Kurierdienst und die vielen Truppenparaden in und um Paris ließen Marie Louise endlich bemerken, daß schwerwiegende und große Dinge in der Luft lagen. Am 15. März 1812 schrieb sie ihrem Vater einen Brief und erwähnte darin, daß es höchst wahrscheinlich Krieg geben werde[87]. Durch den Vertrag vom 14. März 1812 war Österreich gezwungen worden, im Falle eines Krieges Frankreich ein Truppenkontingent von 30000 Mann zu stellen. Die Österreicher nannten diesen Truppenteil verschämt »Auxiliarkorps«. Napoleon hatte gewünscht, daß Erzherzog Carl das Kommando über diese Truppe übernehmen sollte. Carl war klug genug, dieses Angebot abzulehnen; sein Bruder war darüber zutiefst enttäuscht. »Wir haben aufgehört gute Freunde zu sein«, sage Franz zu seinem Bruder[88]. Kaiser Franz ernannte daraufhin Fürst Karl Schwarzenberg, bis dahin Botschafter in Paris, zum Oberbefehlshaber. Napoleon hatte sich von den

Österreichern eine große Begeisterung erwartet und hoffte, Franz würde freiwillig die Truppenstärke erhöhen. Er war der festen Überzeugung, Kaiser Franz würde durch die Heirat seiner Tochter mit ihm in unauflösbare Familienbande treten. Korsische Familientradition, in der Napoleon aufgewachsen war, übertrug er nun auf das österreichische Kaiserhaus. Kaiser Franz war der einzige in der Familie, der anscheinend ähnlich empfand, denn er faßte den Entschluß – zum Entsetzen seiner Gemahlin und Metternichs –, an der Seite seines Schwiegersohnes nach Rußland zu reiten. In einem Brief schilderte die Kaiserin ihrer Stieftochter Marie Louise, welche Mühe sie und Metternich aufbringen mußten, um dem Kaiser diesen abenteuerlichen Plan wieder auszureden[89].
Bevor Napoleon zu seinem neuen Feldzug aufbrach, versammelte er alle Fürsten Europas in Dresden, um Einigkeit und Macht zu demonstrieren. Nach zwei Jahren Trennung konnte Kaiser Franz seine Tochter wieder in die Arme schließen und auch seinen Schwiegersohn »küßte er ganz zärtlich«. Als Überraschung hatte Franz die von ihm in Auftrag gegebenen Recherchen über Napoleons Abstammung mitgebracht. Damit wollte er beweisen, daß seine Tochter nicht einen gewöhnlichen Pleberjer geheiratet hatte, sondern einen Abkömmling eines Geschlechtes, »das, wie er sich durch Einsicht in die Urkunden überzeugt hätte, in Treviso souverain gewesen wäre«[90]. Unhöflich antwortete Napoleon seinem Schwiegervater, daß ihn das überhaupt nicht interessiere, er hätte seinen Adel in der Schlacht von Marengo erhalten.
Napoleon reiste am 28. Mai um 4 Uhr morgens aus Dresden ab. Auf der Fahrt nach Ostpreußen erhielt er von Marie Louise in Thorn einen Brief, in dem sie ihm klagte, daß sie an Übelkeiten leide. Der Kaiser war sofort überzeugt, daß sie schwanger wäre, und war darüber hocherfreut. In der damaligen Zeit konnte auf ein Kind allein keine Dynastie aufgebaut werden. Als sie ihm aber bald darauf mitteilte, daß eine Schwangerschaft nicht vorliege, war er sehr enttäuscht. »Ich sehe zu meinem Kummer«, antwortete er, »daß das, was ich hoffte, nicht der Fall ist. Nun muß man es auf den Herbst verschieben«[91]. In diesem Brief versprach er, daß er in drei Monaten, nach dem Sieg über Rußland, wieder daheim sein werde.

Schon wurden Stimmen laut, daß Marie Louise eine »Rabenmutter« sei, weil sie ihr Kind so lange allein lasse. Dies entspricht aber nicht der Wahrheit, weil sie noch aus Prag, wohin sie sich begeben hatte, ihrer Freundin Viktoria von Creneville schrieb: »Ich werde mich bald von hier losreißen, um nach Frankreich zurückzukehren, ein mir wirklich teures Wesen ruft mich dahin zurück, das allein mich ein wenig über die Abwesenheit seines Vaters hinwegzutrösten vermag ... Der einzige Trost den ich im Augenblick habe, ist mein Sohn, der jeden Tag liebenswerter wird ...«[92].
Marie Louise verließ die Goldene Stadt am 1. Juli und kehrte nach St. Cloud zurück, wo sie ihren Sohn in die Arme schloß. Ihrem Vater schrieb sie über dieses Wiedersehen: »Mein Sohn ist recht wohl und wird täglich schöner und stärker, er läuft nun ganz allein herum und hat 15 Zähne, er redet aber noch nicht, ich habe ihn abgespennt (entwöhnt) gefunden ...«[93]. In St. Cloud erreichte sie ein Brief ihres Gemahles, den er in Witebsk geschrieben hatte: »Ich erwarte Einzelheiten über den kleinen König!«, lesen wir. »Du mußt ihn gewachsen gefunden haben. Man sagt, er sei sehr gefräßig und esse für vier ... Du mußt zeitig in St. Cloud angekommen sein und wirst die Freude gehabt haben, Dir Deinen Sohn entgegengehen zu sehen. Küsse ihn für mich!«[94].
Als der Palastpräfekt Bausset ins Feldlager nach Rußland reiste, gab ihm die Kaiserin ein von Gérard angefertigtes Bild mit, das den König von Rom in seiner Wiege liegend darstellte. Bausset kam kurz vor der Schlacht von Borodino ins Feldlager und er berichtete darüber: »Noch am Vorabend der denkwürdigen Schlacht an der Moskwa hatte der Kaiser inmitten der Sorgen um den schrecklichen Kampf, der beginnen sollte, eine der reinsten und süßesten Freuden seines Lebens, indem er das Bild seines Sohnes empfing ... In seiner Ungeduld befahl der Kaiser die Kiste zu öffnen, die das Porträt enthielt. Das königliche Kind war auf diesem Bild in seiner Wiege liegend, mit Szepter und Reichsapfel spielend, dargestellt. Napoleon betrachtete das liebliche Bild mit einer Rührung, die durch die Entfernung, die ihn von Frankreich trennte, und die Vorbereitungen zu einer Schlacht, die er zwar lange wünschte, deren Nähe aber doch seinen Geist aufregte, verstärkt wurde, und

ward nicht müde, immer wieder von neuem sein Kind zu betrachten. Er befahl darauf seinen Kammerdienern, es vor das Zelt zu tragen und so in die Höhe zu halten, daß die Wachtposten es sehen konnten. Nun eilten alle Offiziere und Soldaten herbei, die sich in der Nähe befanden; um die Neugier der Soldatenmenge zu befriedigen, die immer mehr anwuchs, ließ der Kaiser das Bild auf einen Feldstuhl stellen und während des ganzen Tages blieb es vor seinem Zelt ausgestellt ...«[95].
Am 6. September 1812 fegte ein eisiger Wind durch die Wälder um Borodino. Die russische Armee stand mit 129000 Mann östlich des kleinen Dorfes. Ihr gegenüber die Reste der Grande Armée, 10000 Mann weniger. In der Nacht war der Kaiser mit der Meldung geweckt worden, die Russen würden ihre Lagerfeuer löschen und wahrscheinlich wieder abziehen. Der Kaiser stürzte aus seinem Zelt und brüllte: »Wann soll dieser Scheißkrieg ein Ende finden?« Er stieg zu Pferd und ritt drei Stunden lang die Vorposten ab. Am Morgen kam es zur »blutigsten Schlacht seit der Erfindung des Schießpulvers«[96]. Die verwundeten französischen Grenadiere wurden in das Kloster Kolotzkoi gebracht, wo der Chefchirurg der Armee, Dr. Jaen Dominique Larray, sie in Empfang nahm. In zwölf Stunden amputierte er allein dreihundert Arme und Beine: Nach einem Schluck Branntwein biß der Verwundete in ein Tuch, während ihm eine Extremität abgeschnitten und abgesägt wurde. Das alles ohne Narkose. Allerdings arbeiteten die damaligen Wundärzte mit einer Geschwindigkeit und Präzision, die heute unvorstellbar ist.
Am 15. September ritt Napoleon in Moskau ein. Er bezog Quartier im Kreml. Das Bild seines Sohnes ließ er über dem großen Kamin aufhängen.
Vier Wochen später fielen in Moskau über Nacht sieben Zentimeter Schnee und die Quecksilbersäule fiel weit unter den Gefrierpunkt. Dreiviertel der Häuser der Metropole stand nach einer Brandlegung noch immer in Flammen. Vier Tage später verließ Napoleon Moskau. Die Kälte setzte den Menschen derart zu, daß bald jeder einzelne nur mehr um seine nackte Existenz kämpfte. »Das Mitleid wurde von der Kälte auf den Grund unserer Herzen hinuntergetrieben wie das Quecksilber im Thermometer«, berichtete ein Augenzeuge.[97] Auf einem

Biwakplatz vor Smolensk erfroren in einer Nacht 400 Grenadiere und 10000 Pferde. Vor dieser Stadt erhielt der Kaiser den aus Paris kommenden »Moniteur«. Als Schlagzeile prangte dort die Nachricht, daß General Malet in Paris fast ein Staatsstreich gelungen sei, indem er die Nachricht verbreitete, der Kaiser wäre am 8. Oktober in Moskau gestorben.
Wenn nicht der Kommandant der Pariser Militärdivision, General Hullin, den Verrätern einen Strich durch die Rechnung gemacht hätte, wäre der Umsturz erfolgreich verlaufen. Hullin verhaftete die Köpfe der neuen Revolution und ließ sie standrechtlich erschießen. Eigenartig war bei diesem Putsch, daß sich weder die eine noch die andere Partei um die Kaiserin und ihren Sohn kümmerte. Ahnungslos schrieb Marie Louise ihrem Vater über diese Tage: »Ich bin gar nicht erschrocken über die Unruhe, welche einige thörichte Köpfe gemacht haben, denn ich kenne sehr den guten Karakter des Volkes und seine Anhänglichkeit an den Kaiser, um darüber mich einen Augenblick geängstigt zu haben ...«[98].
Als Herr de Verdun die Kaiserin über den versuchten Staatsstreich aufklärte, antwortete sie ihm naiv: »Was hätten sie mir schon antun können? Ich bin doch die Tochter des Kaisers von Österreich!« Mein Gott, welche Ahnungslosigkeit! Wußte sie denn nicht, daß ihre Großtante Marie Antoinette in diesem Land fast mit denselben Worten und derselben Naivität vor den Pariser Mob getreten war und zur Kenntnis nehmen mußte, daß vor diesen Menschen eine kaiserliche Würde keinen Schuß Pulver wert war? Der Kanzler Cambacérès, der dies hörte, antwortete ihr, entgegen dem Protokoll, sehr schroff: »Meiner Treu, Madame, ich beglückwünsche Euer Majestät, daß Sie die Ereignisse so philosophisch betrachtet, denn Sie wissen ohne Zweifel, daß General Malet die Absicht hatte, den König von Rom ins Findelhaus zu stecken?«[99].
Zeitgenossen, wie etwa Madame Junot, sahen in dieser Gelassenheit und Ruhe der Kaiserin etwas ganz anderes, wenn sie sagten: »Marie Louise ist mutig gewesen, weil sie zu blöd war, um die Gefahr zu ahnen, in der sie und ihr Kind schwebten ...«[100].
An diesem Morgen dachte weder die Kaiserin noch sonst ein Funktionär an die Person, die in diesem Staatsnotstand viel-

leicht auch noch eine Rolle hätte spielen können, nämlich an des Kaisers Sohn. »Ach ja«, erinnerte sich jetzt der Präfekt des Seine-Departements Frochot. »Dieser König von Rom! An den denkt man niemals!«[101].

Der Generalzahlmeister Graf Daru hatte sich nach der Niederschlagung des Putsches sofort auf den Weg gemacht, um Napoleon, den er am 6. November vor Smolensk traf, Bericht zu erstatten. Der Kaiser war nach den Ausführungen Darus erschüttert. Nicht so sehr über den Verrat einiger abtrünniger Offiziere, sondern vielmehr über die Kopflosigkeit mancher Staatsfunktionäre und daß sich niemand in dieser prekären Situation seines Sohnes erinnerte. »Unter all den Militärs und Funktionären, denen mein Tod mitgeteilt wurde«, rief der Kaiser erbittert aus, »hat nicht einer an meinen Sohn gedacht! Der Kriegsminister, der mich seiner Ergebenheit versichert, hat nicht einmal die Stiefel angezogen, um in die Kasernen zu laufen und die Truppen auf den König von Rom vereidigen zu lassen!«[102]. Dem Kaiser wurde aber auch eines klar: Wenn er nicht im Land war, stand seine Dynastie auf mehr als wackeligen Beinen.

Am 5. Dezember abends hatte Napoleon bei Smorgoni seine Armee verlassen und war, ohne Unterbrechung, nach Paris geeilt, das er am 18. Dezember gegen Mitternacht erreichte. Das Wiedersehen des Kaiserpaares schilderte die Palastdame Mademoiselle Durant: »Marie Louise, die seit einigen Tagen traurig und etwas leidend war, hatte sich gerade zu Bett begeben und die Dame, die im Nebenzimmer schlief, wollte das gleiche tun. Sie schickte sich an, alle Türen zu schließen, als sie im anschließenden Salon Stimmen hörte. Im gleichen Augenblick gehen die Türen auf und zwei Herren treten ein, beide in weite Pelzmäntel gehüllt. Die Dame stürzte an die Tür der Kaiserin, um den Eingang zu versperren, als sie in dem einen Herren, der seinen Mantel zurückgeschlagen hatte, den Kaiser erkannte. Durch den Schrei, den sie vor Überraschung ausstieß, wachte die Kaiserin auf. Da sie das Empfinden hatte, daß im anstoßenden Zimmer etwas Außerordentliches vorgehe, sprang sie aus dem Bett und wollte eben auf die Tür zueilen, als der Kaiser sie in die Arme schloß. Es war ein zärtliches Wiedersehen von Liebe und Glück ...«[103].

Nach seiner Rückkehr aus Rußland ließ der Kaiser alle Spielsachen seines Sohnes in vergoldetem Silber herstellen. Selbst das Nachtgeschirr des Kleinen war aus diesem Material. Das Kinderzimmer wurde bis zu einer Höhe von einem Meter gepolstert, damit sich das Kind nicht weh tun konnte. Eine Bibliothek mit viertausend Bänden wurde eingerichtet. Außerdem gab der Kaiser den Befehl, für den Thronerben eine Krönungszeremonie auszuarbeiten. Der Papst persönlich sollte die Krönung des Korsensohnes zum »König von Rom« vornehmen. Auf Drängen des franzosenfeindlichen Kardinals Bartolomeo Pacca widerrief der Heilige Vater am 24. März 1813 die Abmachungen des Konkordates und weigerte sich, »in der Nachkommenschaft des Korsen die kaiserliche Würde zu festigen«[104]. Marie Louise mußte nun auf die Verfassung schwören, denn sie sollte bei Abwesenheit des Kaisers als Regentin fungieren. »Es können aus den Ereignissen Umstände hervorgehen«, sagte Napoleon zu diesem Schritt, »die über das Schicksal des Reiches entscheiden; und in diesem Falle hoffe ich, daß die Kaisertochter sich des Beispieles ihrer Ahnfrau, der großen Maria Theresia, erinnert!«[105].
Napoleon ließ nichts unversucht, Österreich an seine Seite zu ziehen. Marie Louise mußte ständig von ihrem Sohn nach Wien berichten, vielleicht sollten »großväterliche Gefühle« in Kaiser Franz geweckt werden. Am 19. März 1813 schrieb sie: »... Er ist stark wie ein Kind von drey Jahren. Er ist sehr lustig und muthwillig wie Bruder Franz als er klein war ...«[106]. »Mein Sohn küßt Ihnen die Hände«, schrieb sie ein andermal, »heute befindet er sich sehr gut, hat aber gestern Abends ein wenig Fieber nach einem schrecklichen Zorn-Anfall gehabt, denn er ist ein sehr ungeduldiger Patron und er ist dabey äußerst lebhaft, daß man alle mögliche Mühe hat ihm beständig zu folgen. Auch läßt ihm der Kaiser und ich bis itzt alle seine Ungezogenheiten angehen ...«[107].
Kaiser Franz wollte aber von Krieg und Kriegsbündnissen nichts mehr wissen. »Vom Kayser höre ich schon eine Weile nichts«, ließ er seine Tochter wissen, »und die Sache dauert länger, als ich es mir erwartete. Vielleicht kommt ein baldiger, guter und allgemeiner Friede heraus ...«[108]. Später ließ er seine Tochter wissen: »Kann Dir aber nicht verheelen, daß mein ein-

ziger Wunsch ist, daß der für meine Völker und für ganz Europa nachtheilige Krieg bald ein Ende erreiche ...«[109]. Und die Gräfin Montesquiou sprach täglich im Abendgebet dem kleinen König von Rom die Worte vor, der liebe Gott möge seinen Papa zum Frieden geneigt machen, »zum Wohle Frankreichs und von uns allen«[110].

Ganz Europa sehnte sich nach Frieden. Frankreich war kriegsmüde, die riesigen Menschenverluste, die der Feldzug gegen Rußland gefordert hatte, drückten auf die Stimmung. Selbst die Marschälle hatten genug vom Krieg. Nicht so der Kaiser. Der kannte keine Müdigkeit. Durfte sie nicht haben, denn unaufhaltsam zog die russische Armee nach Westen. Zar Alexander fühlte sich als »Retter Europas«. Er schloß mit Preußen ein Geheimbündnis, an dessen Seite England trat. Auch ein ehemaliger französischer General, Jean Baptoste Bernadotte, der 1810 schwedischer Kronprinz geworden war und der Gemahl der verlassenen Jugendliebe Napoleons, Desirée, war, schloß sich dieser Allianz an.

Innerhalb kürzester Zeit gelang es Napoleon, eine neue Armee von 600000 Mann auf die Beine zu bringen. Aber das Gros dieser Soldaten waren nicht mehr die kampferprobten Grenadiere. Die lagen verhungert und erfroren in den Wäldern beidseits der Straße Borodino-Smolensk-Wilna. Die jetzt zu den Fahnen Gerufenen waren noch halbe Kinder, die kaum das Gewehr halten konnten. Der kleine König von Rom blieb von den heraufkommenden Schwierigkeiten noch verschont. Er tobte wie ein Wildfang durch die Zimmer und machte mit Peitschen, Pfeifen und Trommeln Krach. Seine Wutanfälle und Zornausbrüche machten der Familie allerdings schon Sorgen. Um ihm seine Anfälle abzugewöhnen, wurde ihm ein gleichaltriger Spielkamerad beigegeben. Das Experiment mit dem kleinen Albert Froment scheiterte, da sich die beiden blutig schlugen. Als Marie Louise ihrem Bruder Franz Carl von der Spielleidenschaft ihres Kindes berichtete, antwortete er: »Nichts auf der Welt wäre mir lieber, als bey Dir zu seyn, wenn Du Dich mit Deinem Sohn unterhältst, und zu sehen wie er im Zimmer allein herumläuft, wie er spielt, und was er alles anstellt. Ich würde nicht bloß zusehen, sondern mich bald entschlüssen, mit ihm zu spielen ...«[111].

Der patriotische Eifer der Franzosen, besonders der der Pariser Bevölkerung, sank immer weiter und hatte bald den Nullpunkt erreicht. Um die Stimmung zu heben, ließ sich der Kaiser jetzt immer öfter mit seinem Sohn in der Öffentlichkeit blikken. Bei der Parade am 5. März schritt Napoleon, seinen Sohn auf dem Arm tragend, die Front der Grenadiere ab und sagte dabei mehrmals laut, so daß alle es hören konnten: »Er scheint zu wissen, daß alle diese Tapferen zu meiner Bekanntschaft gehören«[112].

Mitte April begab sich Napoleon von St. Cloud aus zur Armee nach Deutschland. Eine vorherige Begegnung mit seinem Schwiegervater in Mainz kam nicht zustande. Am 1. Mai zog Napoleon in Leipzig ein und stieß sofort in die Ebene von Lützen vor. Dort war bereits Marschall Ney in heftige Kämpfe mit den Preußen verwickelt. Der Kaiser setzte sich an die Spitze der bereits zurückflutenden französischen Regimenter und führte sie persönlich nochmals gegen den Feind. Er warf die Preußen über die Elbe, die nur dadurch der völligen Vernichtung entgingen, daß die Franzosen nicht über genügend Kavallerie verfügten.

Vierzehn Tage später ließ Metternich Rußland und Preußen vertraulich wissen, daß Österreich Ende Mai 125000 Mann unter Waffen haben werde. Der Aufforderung Napoleons an Österreich, sich ihm anzuschließen, begegnete Metternich mit dem Hinweis, daß die Monarchie ihr Auxiliar-Korps auf dem Rückzug aus Rußland verloren hätte, ein Aderlaß, von dem sich Österreich nur schwer werde erholen können. Die Donau-Monarchie wolle daher neutral bleiben.

In Paris bestürmte Marie Louise den wieder in die Saine-Metropole zurückgekehrten Fürsten Schwarzenberg, Österreich möge auf sie und ihre Stellung Rücksicht nehmen. Ende April hatte Napoleon einer vertraulichen Depesche aus Wien entnommen, daß sich Österreich bei einem neuerlichen Waffengang Rußland und Preußen anschließen würde. Napoleon geriet darüber so in Zorn, daß er »Papa François, dieses Skelett, das vom Verdienst seiner Ahnen auf den Thron gesetzt wurde«, verfluchte[113]. Erstmals bereute es der Kaiser öffentlich, daß er die österreichische Kaisertochter geheiratet hatte. Welche Dummheit von ihm!

Napoleon erlebte im Feld auch glückliche Augenblicke. Solche Momente gab es, wenn private Post aus Paris eintraf. Eines Tages berichtete Marie Louise, daß der kleine König von Rom zu sprechen anfange. Der Prinz war nun über zwei Jahre alt, als er die ersten Sätze nachplapperte. Begeistert antwortete der Kaiser seiner Gemahlin: »Ich sehe zu meinem Vergnügen, daß mein Sohn zu reden beginnt und die Wörter richtig ausspricht. Alles, was Du mir über seine Wesensart sagst, läßt mich sehr wünschen, ihn zu sehen und ich hoffe, daß er bei meiner Rückkehr schon sehr gut sprechen wird«[114].
Marie Louise hatte sich schon über das Unvermögen ihres Kindes große Sorgen gemacht, doch Kaiser Franz tröstete sie, indem er ihr in seinem Kauderwelsch schrieb: »... daß dein Sohn nicht redet, hat im Grunde nichts zu bedeuten, es kann aber auch daher kommen, wenn man ihm nicht in dem Fall begehren zu müssen, sondern allen jenen Wünschen zuvorkömmt ...«[115].
Anfang Mai wurde Schwarzenberg von Paris abberufen und durch Peter Johann Floret ersetzt. Sofort schrieb Napoleon seiner Gemahlin, sie möge den neuen Botschafter empfangen und ihm sagen, wenn Kaiser Franz weiter »auf das Geschwätz der Kaiserin« (Maria Ludovika) höre, werde er sich großen Mißhelligkeiten aussetzen und es könnte sehr leicht geschehen, daß die Franzosen im September in Wien einzögen; er würde dann die Freundschaft eines Mannes verloren haben, der ihm sehr zugetan sei. Kaiser Franz blieb von dieser Drohung unbeeindruckt. Metternich, der »charmanteste Windbeutel Europas«, wie ihn Napoleon zu nennen pflegte, versuchte noch eine Einigung zwischen Frankreich und Rußland herbeizuführen, scheiterte jedoch mit seiner Mission. Daraufhin begab er sich mit Kaiser Franz in das Hauptquartier nach Jižin in Böhmen.
Nochmals erhielt der österreichische Staatskanzler die Möglichkeit, von Napoleon in Dresden empfangen zu werden, um mit ihm die politische Lage Europas zu diskutieren. Das Gespräch dauerte über neun Stunden und fand am 28. Juni im Palais Marcolini statt. Seitens Napoleons wurde das Gespräch oft so laut geführt, daß es die im Vorzimmer Wartenden verfolgen konnten. Auch in dieser Unterredung beklagte der Kaiser

seine Dummheit, daß er eine österreichische Prinzessin zur Frau genommen hatte. Er stellte Metternich die Frage, ob es Kaiser Franz zulassen würde, seine Tochter um den Thron von Frankreich zu bringen? Metternich erwiderte kühl, daß es erste Pflicht eines Monarchen sei, die Interessen seiner Völker zu wahren, und nicht, auf familiäre Bindungen Rücksicht zu nehmen. Napoleon nickte zustimmend und sagte, nun wüßte er, daß er einen unverzeihlichen Fehler gemacht habe, der ihm den Thron kosten könnte.

Spätabends, es schlug bald die neunte Stunde, beendete Napoleon die Diskussion mit Metternich. Im Hinausgehen aus dem Zimmer klopfte der Kaiser dem Kanzler jovial auf die Schulter und meinte, »Papa François« würde ihm nicht den Krieg erklären und die Waffen gegen ihn erheben. Entsetzt wandte sich Metternich um und sagte zum Kaiser: »Sire, Sie sind verloren! Ich hatte die Ahnung davon, als ich kam, ich nehme die Überzeugung davon mit mir, indem ich von Ihnen scheide«. Berthier, der im Vorraum wartete und Metternich zum Wagen geleitete, fragte den Kanzler, ob er von der Aufnahme durch den Kaiser befriedigt sei. »Ja«, antwortete Metternich, »er hat mir alles auseinandergesetzt. Mit diesem Mann ist es vorbei!«[116].

Nun lag die letzte Hoffnung der Völker Europas auf einer Friedenskonferenz in Prag, die sofort einberufen werden sollte. Marie Louise setzte in diese Konferenz große Hoffnungen, denn sie war überzeugt, wenn es zum Krieg kommen sollte, würde ihr Vater auf der Seite der Verlierer stehen. »Es wäre so schrecklich für mich«, schrieb sie ihrem Vater, »wegen allen denen üblen Folgen, welches es für Sie haben würde!«[117]. Wie im Vorjahr in Dresden, hatte Napoleon die europäischen Fürsten jetzt in Mainz versammelt. Marie Louise mußte nach Mainz kommen, kehrte aber nach einigen Tagen nach Compiègne zurück und ließ ihrem Vater eine neuerliche Warnung zukommen: »Gott gebe«, schrieb sie ihm, »daß kein Krieg werde, dieser Gedanke ist fürchterlich für mich, und wenn je einer ist, hoffe ich, daß Sie nicht Dareinn verwickelt werden, denn ich kann nicht an die Folgen denken, die das für Sie haben wird ...«[118]. Wie zum Trost für den Großvater setzte sie hinzu, daß der kleine Prinz lustig und liebenswürdig sei und schon viel spreche. In Compiègne kam ihr ihr Sohn in einer kleinen Kutsche, die von zwei Schafen gezogen wurde, entgegen. »Es war ein schönes, kräftiges Kind«, so lautete das übereinstimmende Urteil, »dessen Verstand sich auf bemerkenswerte Weise äußerst schnell entwickelte«[119].

Bevor der Kongreß in Prag so richtig eröffnet wurde, war er auch schon geschlossen. Auf keiner Seite bestand mehr der ernste Wille, die Gegensätze mit friedlichen Mitteln beizulegen. Alle waren der Überzeugung, daß nur noch die Waffen die Entscheidung herbeiführen könnten.

Als die österreichische Kriegserklärung Napoleon erreichte, schrieb dieser an seine Gemahlin: »Er (Franz) ist es, der den Krieg gewollt hat, aus maßlosem Ehrgeiz und Habgier ... Von Metternich betrogen, hat sich Dein Vater zu meinen Feinden geschlagen!«[120]. Nochmals machte Marie Louise den Versuch, ihren Vater zu überreden, an die Seite ihres Gemahles zu treten. Wenn er aber schon der Feind ihres Mannes sein müsse, dann könne er nach seiner Niederlage auf ihre Hilfe rechnen. Sie würde in kindlicher Liebe zu ihm alles unternehmen, um ihm zu helfen. »... Ich bin überzeugt«, schrieb sie, »daß dieser Krieg viel Unglück mit sich bringen wird; rechnen Sie aber auf mich, liebster Papa, wenn ich Ihnen je einen Dienst erweisen kann nach den Ausgang der Ereignisse, so werde ich es gewiß thun ...«[121].

Die große Anspannung der letzten Wochen war von Metternich abgefallen. »Der große Augenblick ist gekommen, ma bonne amie«, schrieb er erleichtert seiner Gemahlin. »Die offiziellen Verhandlungen enden heute ohne jegliches Resultat ... Der Kongreß wird heute aufgelöst, und morgen wird eine Auxiliar-Armee von 150000 Russen und Preußen nach Böhmen marschieren, um mit der unsrigen eine Streitmacht von 340000 Mann zu bilden, alle unter dem Befehl des Fürsten Schwarzenberg ...«[122].

Er hatte bis zuletzt den Versuch unternommen, Europa, zumindest aber Österreich, aus einem blutigen Feldzug herauszuhalten. Er war gescheitert. Ihm graute nur vor der nächsten Zukunft. »... Ich erwarte, nichts mehr zu hören als Kanonen, und nichts anderes zu sehen als Gefallene und Sterbende ...«[123].

[illegible] unterzogen wurde [illegible]

[illegible]

[illegible]

[illegible]

[illegible]

[illegible]

KAPITEL 3

Napoleons Niederlagen in Deutschland
Kurzes familiäres Glück in Paris
Neuer Feldzug
Schwierige Erziehung des Prinzen
Die Alliierten vor Paris
Flucht der Kaiserin und ihres Sohnes
Napoleon verzichtet zugunsten seines Sohnes auf den Thron
Marie Louise wendet sich an ihren Vater um Hilfe
Napoleons Sohn wird Prinz von Parma
Heimkehr nach Wien

Die Befürchtungen Metternichs, er würde nur Kanonendonner hören und Gefallene und Sterbende sehen, bewahrheiteten sich. Bereits am 17. August 1813 begannen die Feindseligkeiten. Die französische Armee in einer Gesamtstärke von 450 000 Mann stand entlang der Elbe von Böhmen bis zur Nordsee drei alliierten Armeen in einer Stärke von 370 000 Mann gegenüber. Der kürzeste und kälteste Sommer dieses Jahrhunderts war am 15. August bereits zu Ende gegangen. Im deutschen Mittelgebirge fiel der erste Schnee. Es war bitter kalt und es regnete in Strömen. In den Armeen grassierte die Grippe.

Im alliierten Hauptquartier konnte gerade rechtzeitig ein Eklat verhindert werden, denn sowohl Rußland als auch Preußen hatten sich gegen den gemeinsamen Oberbefehlshaber, den Österreicher Karl Philipp Fürst Schwarzenberg, und seinen Generalstabschef, General Johann Wenzel Graf Radetzky zu Radetz, ausgesprochen. Zar Alexander wollte seine beiden Kandidaten, zwei ehemalige napoleonische Generale, durchsetzen: Marschall Victor Moreau und General Henri Baron de Jomini. Erst ein Ultimatum Metternichs, die österreichische Armee würde wieder abziehen, brachte Schwarzenberg an die Spitze der alliierten Armeen.

Napoleon vermutete, der Hauptverband der Alliierten würde aus dem Osten heranmarschieren, und setzte daher Truppen nach Schlesien in Bewegung. Zugleich machte sich Marschall Oudinot auf den Weg nach Norden, um Berlin einzunehmen. Am 22. August wurden die Franzosen von der alliierten Nordarmee bei Großbeeren vernichtend geschlagen. Der erste Plan Napoleons war damit gescheitert. Nun sahen Moreau und Jomini ihre Chance im konzentrischen Angriff auf Dresden.

Diese Stadt lag nur 54 Kilometer vom Erzgebirge entfernt, wo die böhmische Armee stand. Doch bei diesen Witterungsverhältnissen war es unmöglich, eine Armee rasch über die Pässe des Erzgebirges zu verlegen. »Die Straßen des Erzgebirges muß man gesehen haben, um ermessen zu können, was der Wille des Menschen vermag«, schrieb Metternich seiner Gemahlin.[1]
Am 25. August stand die böhmische Armee vor Dresden und begann die Stadt, in die sich Napoleon zurückgezogen hatte, einzuschließen. Der Kaiser erlitt hier mehrere schmerzhafte Magenattacken, an denen er jetzt immer öfter laborierte, und Schwächeanfälle, die einige Autoren als epileptische Anfälle deuteten.[2]
Tags darauf begann Schwarzenberg um 15 Uhr mit der Beschießung der Stadt. Metternich, der von einer Anhöhe aus das militärische Schauspiel verfolgte, war vom Fall der Stadt in den nächsten Stunden so überzeugt, daß er seine Kutsche bestieg und im Eiltempo nach Teplitz fuhr, um Kaiser Franz die Siegesbotschaft zu überbringen. Noch nie hatte sich Metternich so sehr geirrt wie in diesem Fall!
Die Österreicher blieben vor den Wällen Dresdens liegen. Herbeigeführten russischen Regimentern erging es nicht besser. Dazu begann es wieder heftig zu regnen, das Pulver wurde naß, die Gegend versank im Morast. Marschall Moreau, neben dem Zaren stehend, wurde von einer Kanonenkugel getroffen, die ihm beide Beine zerschmetterte. Beide Extremitäten wurden auf dem Schlachtfeld amputiert, er wurde nach Lauen in Böhmen zurückgebracht, wo er einige Tage später verstarb. Sein Leichnam wurde einbalsamiert, nach St. Petersburg überführt und feierlich beigesetzt. Seine beiden Beine wurden später nach Paris gebracht und dort in einer Gedenksäule eingemauert.
Napoleon hatte im Einschließungsring eine Lücke entdeckt, die General Klenau hätte schließen sollen. Der Kaiser befahl Murat, seinem Schwager, sofort mit der Kavallerie auszubrechen und die Alliierten aufzurollen. Am 27. August wußten der Zar und der preußische König, daß die Schlacht verloren war und überhäuften Schwarzenberg mit Vorwürfen. Während sich die alliierten Befehlshaber, auf Brettern stehend, um nicht im Morast zu versinken, gegenseitig Unfreundlichkeiten an

den Kopf warfen, schrieb Napoleon nach Hause: »Ich habe soeben bei Dresden einen großen Sieg über die österreichische, russische und preußische Armee davongetragen ... Papa François war klug genug, nicht zu kommen ... Ich habe den Fürsten Schwarzenberg und Kaiser Alexander gründlich verhauen. Die Truppen Papa François' waren noch nie so schlecht ausgerüstet, ganz nackt ...«[3].

Als kleines Trostpflaster erhielten die Alliierten die Kunde, daß ein französisches Korps unter Marschall Vandamme bei Kulm und Nollendorf aufgerieben wurde. Eine Woche später errang die alliierte Nordarmee bei Dennewitz über Marschall Ney einen großen Sieg, der den Untergang der französischen »Armée de Berlin« bedeutete. Knapp vier Wochen später schlug die Schlesische Armee unter Marschall Blücher die Franzosen bei Wartenburg an der Elbe und erzwang den Übergang über den Strom. Die Einkreisung der Armeen Napoleons in Sachsen nahm ihren erfolgreichen Anfang. Von Norden, Süden und Osten rückten die Verbündeten auf Leipzig vor. Hier hatte Napoleon seine Hauptkräfte versammelt.

»Die wichtigste Episode des heiligen Kampfes ist erschienen, die entscheidende Stunde schlägt«, hieß es im Tagesbefehl des Fürsten Schwarzenberg an die Truppen vor Leipzig. »Bereitet Euch zum Streite ... Ihr kämpft für eine Sache, kämpft für die Freiheit Europas ...«[4].

Leipzig wurde die bisher größte Schlacht der Weltgeschichte. Sie dauerte drei Tage. Am 19. Oktober ritten um 13 Uhr die siegreichen Alliierten, voran Kaiser Franz, Zar Alexander und König Friedrich Wilhelm III., an ihrer Seite Feldmarschall Schwarzenberg, in die noch brennende Stadt ein. Napoleon war auf der Flucht.

In den letzten Oktobertagen stellte sich ein 30 000 Mann zählender bayerisch-österreichischer Truppenverband unter dem Befehl des bayerischen Generals Karl Philipp von Wrede, in völliger Verkennung der Situation, bei Hanau dem 80 000 Mann starken, abziehenden französischen Heer unter Napoleon zum Kampf. Napoleon errang hier seinen letzten Sieg auf deutschem Boden. Von hier aus hatte der Kaiser seiner Gemahlin noch einen kurzen Brief geschrieben: »Ich habe die Bayern und Österreicher gestern, den 30., in Hanau gut verhauen ... Diese Narren wollten mir den Weg abschneiden. Mein Befinden ist sehr gut und war niemals besser. Adio mio bene, einen Kuß dem König!«[5].

Am 2. November überschritt Napoleon mit nur mehr 60 000 Mann den Rhein bei Mainz, wo eine Typhusepidemie wütete. Rasch fuhr der Kaiser nach Frankfurt weiter. Von dort übersandte er Fahnen und ein Dankschreiben an Marie Louise: »Madame und teure Gattin, ich sende Ihnen zwanzig Fahnen, die meine Armee in den Schlachten Wachau, Leipzig und Hanau erbeutet haben; es ist dies eine Huldigung, die Ihnen darbringen zu können mir lieb ist. Ich wünsche, daß Sie darin ein Zeichen meiner großen Zufriedenheit mit Ihrem Verhalten während der Regentschaft erblicken, die ich Ihnen übertragen habe«[6].

Am 9. November, gegen 5 Uhr morgens, traf Napoleon in den Tuilerien ein und schloß eine tränenüberströmte Marie Louise in seine Arme. Nun war er wieder als Besiegter heimgekehrt, nur daß die politische Lage noch viel schlechter war als vor einem Jahr. Ein großer Trost für den Geschlagenen war das Wiedersehen mit seinem Sohn.

Bereits ab September wurde der Kleine auf Wunsch des Vaters angehalten, Repräsentationsaufgaben zu übernehmen. Er mußte jeden Sonntag Audienzen geben. Würdenträger des Staates erschienen in Galakleidung, knieten vor dem Kind nieder und küßten ihm die Hand. Danach enteilte der Prinz sofort zu seinen Spielsachen, die immer mehr militärischen Charakter annahmen. Besonders stolz war er, wenn er sich seine Uniformen anziehen durfte, die eines polnischen Ulanen, eines Grenadiers zu Pferd oder eines Gardejägers. Seine Mutter hatte dem Vater ins Feld geschrieben: »Er hat eine Passion fürs Militär, und bald wird sein Zimmer statt mit Spielzeug mit militärischem Zubehör angefüllt sein«[7].

Am 24. Oktober 1813 war ein verwegen blickender, einäugiger, österreichischer Reitergeneral in den Burghof in Wien geprescht, der im Leben der Kaiserin der Franzosen und ihres Sohnes noch eine große Rolle spielen sollte. Er sah mit seiner schwarzen Augenbinde eher einem Piraten als einem Offizier ähnlich. Es war FMLt. Adam Graf Neipperg, der von Kaiser Franz ausersehen worden war, die Siegesmeldung von Leipzig

nach Wien zu bringen. Die Tochter Metternichs, Marie, schrieb darüber ihrem Vater: »Welche Scharen! Welcher Jubel! Der arme Mann war selbst so gerührt, daß die Tränen aus seinem Auge floßen. Die Leute drängten sich an ihn heran, küßten seine Sporen und seine Uniform ...«[8].
Marie Louise war zwei Monate ohne Nachricht von ihrem Vater. Nun wurde der Briefverkehr wieder aufgenommen, aber Marie Louise schrieb das, was ihr Napoleon diktierte, und Kaiser Franz das, was Metternich wollte. Eigentlich war es ein Briefverkehr zwischen dem österreichischen Kanzler und dem Kaiser der Franzosen. So schrieb Marie Louise: »... Sie können sich nicht vorstellen, wie traurig mir der Gedanke ist, daß Sie mit dem Kayser, Ihrem Schwiegersohn, in Krieg verwickelt seyn, indeß Sie beyde einen Karakter haben, welcher machen sollte, daß sie stets Freunde seyn sollten.« Über ihren Sohn schrieb sie dem Großvater, daß er sich sehr wohl befinde und liebenswürdig sei: »... er redet ganz geläufig und unterhält mich erstaunlich. Wie froh wäre ich, wenn der Friede bald gemacht wäre und Sie Ihren Wunsch erfüllen würden uns bald zu sehen sowie meinen Sohn«[9].
Es wurde viel von Frieden gesprochen, doch beide Seiten beschuldigten sich gegenseitig, daß der andere ihn nicht wünsche. Marie Louise verstieg sich sogar zu der Meinung, ihr Vater sabotiere das Friedenswerk, denn »bis itzt scheint es, daß man viele Umstände von Ihrer Seite macht«[10].
Napoleon spielte, wie schon so oft, auch hier ein doppeltes Spiel. Während er vorgab, die Angebote der Alliierten zu prüfen und sich für sie langsam zu erwärmen, ließ er bis November 350 000 Rekruten ausheben. Das war ein Vorgriff auf den Jahrgang 1815. Diese ständigen Konskriptionen (Rekrutenaushebung) trugen Napoleon den wenig schmeichelhaften Beinamen eines »Menschenfressers« ein.
Die jungen Burschen leisteten gegen die Konskriptionen immer größeren Widerstand, Akte der Selbstverstümmelung waren an der Tagesordnung. Der Präfekt Stanislaw de Girardin schrieb darüber: »In den Aushebungsbureaus konnte man junge Menschen sehen, die sich alle Zähne hatten ziehen lassen, um nicht dienen zu müssen, andere hatten sich zerstört, indem sie Säuren benutzten oder Weihrauch zerkauten. Ande-

re hatten sich Wunden an Armen und Beinen beigebracht mit Hilfe blasenziehender Pflaster, und um diese Wunden sozusagen unheilbar zu machen, hatten sie sie mit arsenhaltigem Wasser bestrichen. Viele hatten sich was brechen lassen und einige sich die Genitalien mit Säuren verätzt«[11].

Napoleon genoß in den wenigen Stunden seiner Freizeit das Familienleben. Seiner Gattin gegenüber war er zärtlich und zuvorkommend und spielte in jeder freien Minute mit seinem Sohn, den er den Spruch »Schlagen wir Papa François« lehrte. Hortense, die Stieftochter Napoleons, berichtete: »Das Kind wiederholte den Satz so oft und verständig, daß der Kaiser entzückt war und sich vor Lachen schüttelte«[12].

Anfang Dezember entließ der Kaiser seinen Außenminister Bassano und ernannte an dessen Stelle Baron Caulaincourt. Er konnte Napoleon dazu bewegen, über die Metternichschen Friedensvorschläge vom 25. November wenigstens zu diskutieren. Der Kaiser nahm die Einladung zu einem Friedenskongreß an, gewann er doch damit Zeit, seine Armee besser zu organisieren. Am Heiligen Abend 1813 waren 300 000 alliierte Soldaten von Holland bis Basel aufmarschiert.

Der Neujahrstag 1814 wurde in Paris feierlich begangen. Napoleon gab für das diplomatische Korps, das bis auf wenige Mann zusammengeschrumpft war, den obligaten Empfang. Der Kaiser war bester Stimmung. Wenige Stunden nach dem Empfang erhielt er durch den optischen Telegraphen von der Ostgrenze die Meldung, daß Marschall Blücher mit seinen Truppen in den Morgenstunden den Rhein überschritten hätte und in Frankreich eindringe. Die Hiobsbotschaften häuften sich: Bernadotte sei in Belgien einmarschiert und Schwarzenberg setze sich Richtung Westen in Bewegung. An der Seite der Österreicher auch Murat, der Schwager Napoleons. Die Österreicher hatten ihm versprochen, er könne die Krone Neapels behalten, wenn er sich jetzt mit 30 000 Mann am Feldzug beteilige. Napoleon konnte diesem Heer nur 80 000 Rekruten entgegenstellen, die dazu noch schlecht bewaffnet, kaum ausgebildet und mangelhaft ausgerüstet waren.

Napoleon veranlaßte seine Gemahlin, ihrem Vater zu schreiben und die Kriegsgreuel der Österreicher in den besetzten Landstrichen zu schildern. Vielleicht würde Kaiser Franz schwankend werden und seine Truppen aus Frankreich abziehen. Der Brief wurde am Dreikönigstag bei den österreichischen Vorposten zur Weiterleitung an den Kaiser übergeben. Marie Louise führte darin aus: »... Seitdem Ihre Truppen in Frankreich eingefallen sind, bewaffnet sich das ganze Volk ... und dieße Stadt greift ganz zu den Waffen ... ich muß Ihnen gestehen, daß alle Leute dieße Aufführung Ihrer Truppen sehr unanständig gefunden haben ...[13].

Am 23. Jänner ließ Napoleon die Offiziere der Nationalgarde zur Vereidigung in die Tuilerien kommen. Dort inszenierte er vor den 600 Offizieren mit seiner Gemahlin und seinem Sohn einen großen Auftritt. Pathetisch rief er aus: »Für den Fall, daß der Feind sich der Hauptstadt nähern sollte, vertraue ich die Kaiserin und den König von Rom der Tapferkeit der Nationalgarde an ...«[14].

Napoleon verbrachte den nächsten Tag noch unbeschwert im Kreis der Familie. »Es war das letzte Mal, daß er seine Gemahlin sah«, so wird berichtet, »die ihn wenige Monate später gleichgültig und energielos verließ, um den Herrn der Welt mit einem einäugigen Kammerherrn zu vertauschen ...«[15]. Am Abend saßen Marie Louise und Hortense in seinem Kabinett vor dem Kamin, während er persönliche Briefe und Dokumente verbrannte. »Die Kaiserin weinte unaufhörlich«, berichtete Hortense, »und der Kaiser küßte sie entsprechend, um sie zu trösten ... Dann setzte er, indem er seine Frau in die Arme schloß, hinzu: Ich will es nur Papa François wieder einmal besorgen. Weine nicht, ich komme bald zurück ...[16].

Am nächsten Tag brach Napoleon morgens auf und begab sich in sein Hauptquartier nach Châlon sur Marne. Als der kleine König von Rom morgens erfuhr, daß sein Vater wieder abgereist sei, begann er zu weinen und, wie die Montesquiou schrieb, »sogleich zu beten, um Gott um die Erhaltung Seiner Majestät und deren baldige Rückkehr anzuflehen ...«[17].

Zwei Tage später hielt Marie Louise den ersten Brief des Kaisers in Händen, den sie sofort beantwortete: »Dein Sohn war heute morgen reizend«, schrieb sie. »Als ich ihm sagte, daß ich von Dir Nachricht hätte, rief er: Der König sehr zufrieden und zog mich an der Hand, indem er sagte: Gehen wir zu Papa! Er glaubte, Du wärst eingetroffen. Als man ihm erklär-

te, es handle sich um einen Brief, brach er in Tränen aus ...«[18].
An diesem Tag hatte Napoleon bei Brienne, wo er vor dreißig Jahren in die Kadettenschule eingetreten war, mit 25 000 Mann die Preußen angegriffen und in die Flucht geschlagen. Der Kaiser hatte mit einem Blick die Uneinigkeit zwischen Preußen und Österreichern bemerkt und sofort angegriffen. Marschall Blücher mokierte sich ständig über die Langsamkeit der Österreicher. Schon damals war den Preußen der »Kamerad Schnürschuh« suspekt. Schwarzenberg dagegen beschwerte sich bei Metternich über die Preußen. Diese hätten nur eines im Sinn: So schnell wie möglich nach Paris in die Bordelle zu kommen.
Die Briefe Marie Louises und besonders die Berichte über seinen Sohn waren in diesen Tagen Napoleon einzige Lichtblicke. »Dein Sohn ist übrigens sehr nett gewesen«, las er in einem Brief. »Ich solle Dir mitteilen, daß er seinen Spinat ordentlich gegessen hat. Für Dich ist dies nichts Besonderes, für ihn aber ist es ein Ereignis, da er seinem Widerwillen dagegen überwunden hat ...« Mit Bitterkeit setzte sie hinzu: »Seit seiner Geburt hast Du ihn ja so wenig gesehen!«[19].
Marie Louise ließ für ihren Sohn eine Uniform der Nationalgarde anfertigen, mit Dreispitz und einem kleinen Säbel. Beim Kirchgang am 30. Jänner trug er erstmals diese Uniform in der Öffentlichkeit, und als die Menschen ihn erkannten und »Vive le Roi« riefen, fing er zu schluchzen an, zog den Säbel und rief: »Damit werde ich Papa gegen seine Feinde verteidigen!« Marie Louise schrieb dazu: »Ich habe noch nie ein Kind gesehen, das schon so früh eine solche Vorliebe für militärische Dinge hat. Er hat wirklich viel von Dir, aber ich glaube nicht, daß er Dich jemals wird erreichen können«[20].
Am 1. Februar, es tobte ein heftiger Schneesturm, schlug Blücher Napoleon bei La Rothière. Der Kaiser besaß kaum nennenswerte Kavallerieeinheiten, die den chaotischen Rückzug seiner Armee, der für die Zukunft das Schlimmste befürchten ließ, decken konnten. Paris verlor den Kopf, als die Nachricht vom Kriegsschauplatz eintraf. Frauen und Kinder wurden aufs Land geschickt, das Geld in den Gärten der Häuser vergraben. Hunderte Soldaten desertierten und versteckten sich auf Dachböden oder im Heu der Scheunen.

Einige Tage später schrieb Marie Louise an ihren Gemahl: »Seit ein paar Tagen hält sich eine große Menge von Leuten vor den Fenstern Deines Sohnes auf; man will sehen, ob er fort ist oder nicht«. Außerdem sei ihre Schwiegermutter, Madame Mère, »halbtot vor Angst« und befürchte das Schlimmste. Nur der kleine König sei bester Laune und tobe durch die Zimmer. »Es geht ihm ausgezeichnet«, setzte Marie Louise hinzu, »er ist heiter und frisch wie eine Rose, er spielt viel und macht Bewegung«[21]. An diesem Tag sandte der Kaiser seinem Bruder Joseph ein Schreiben, in dem er verlangte, daß bei Annäherung der Alliierten an Paris Marie Louise und der König von Rom in Sicherheit zu bringen seien.
Napoleon rechnete also schon mit dem Ärgsten, doch Marschall Blücher gab ihm ungewollt noch eine Chance. Eigenmächtig und gegen alle Regeln der Kriegskunst, hatte Blücher seine Korps auf einer weit auseinandergezogenen Linie an der Marne stationiert. Zwischen den einzelnen Truppenteilen klafften kilometerweite Lücken. Napoleon hatte in der Nacht von diesem Geniestreich Blüchers gehört und griff am nächsten Morgen sofort bei Champaubert an. Tags darauf bei Montmirail und am 14. Februar bei Vauchamps. Trotz seiner desorganisierten und demoralisierten Truppe konnte Napoleon überall die Preußen schlagen und sich auch noch gegen Schwarzenbergs Korps wenden. Als Metternich von Blüchers Niederlage hörte, rief er wütend aus: »Schwachköpfe, von Champagner trunken. Eine Horde Hirnloser, die glauben, Talent sei nur auf der Schwertspitze zu finden«[22].
Für Napoleon waren diese Tage ein einziger Triumph, und überschwänglich schrieb er nach Paris: »Meine gute Louise! Sieg! Ich habe zwölf russische Regimenter vernichtet, 6 000 Gefangene gemacht, 40 Geschütze und 200 Munitionswagen erbeutet, den Oberbefehlshaber und alle Generale, mehrere Oberste gefangen genommen; ich selbst habe keine 200 Mann verloren. Laß die Kanonen bei den Invaliden feuern und diese Nachricht in allen Theatern verkünden!«[23].
Joseph ließ sofort Militärparaden abhalten. An seiner Seite nahm der knapp dreijährige König von Rom in der Uniform der Nationalgarde teil. Diese militärischen Spektakel regten den Prinzen immer sehr auf. Als der Sieg Napoleons bei Mont-

mirail bekannt wurde, schrieb Marie Louise: »... daß er den ganzen Tag über ein schlimmer Junge war. Wenn es eine Parade gibt, kann man mit ihm nicht fertigwerden, er geht zu spät ins Bett, ist für den Rest des Tages übler Laune und schlägt alle Leute!«[24]. Seine Tobsuchtsanfälle steigerten sich noch, er wurde bei jeder Kleinigkeit aggressiv, stampfte mit den Füßen auf, war herrisch und eigenwillig. Manche aus seiner Umgebung meinten, er sei schon selbstbewußt, dabei war er nichts anderes als ein ungezogener Fratz. Wenn er bei Tisch Gläser und Karaffen mutwillig umwarf, lachte die Tischgesellschaft. »Wenn man sich etwas zuflüsterte, so will er es gleich wissen, und wenn man nichts sagt, wird er böse.« Seine Neugier wurde nie gerügt, seine Erzieher ließen ihm alles ohne Widerspruch durchgehen. »Er entwickelt sich zu einem rechten Wildfang«, schrieb Marie Louise ihrem Gemahl, »aber er hat ein goldenes Herz ... Er ist den ganzen Tag entsetzlich eigensinnig gewesen, wir haben ihm aber nicht nachgegeben und er mußte schließlich gehorchen, nachdem er viele Ungezogenheiten gesagt hatte. Am Abend versprach er brav zu sein; dieses Kind hat wirklich ein gutes Herz«[25]. Es ist die einzige Briefstelle, in der davon die Rede ist, daß dem Prinzen auch einmal Widerstand entgegengesetzt wurde.

Nun erfand der Prinz ein neues Druckmittel: Er wurde krank. Am 19. Februar bekam er leichtes Fieber und einen Schnupfen. Dr. Corvisart untersuchte ihn und gab dem kalten Wetter die Schuld. Sechs Tage später trat die medizinische Fakultät zusammen und stellte fest, daß sich die Erkältung »auf die Brust geschlagen« habe, und verordnete Brechwurzsirup. Doch nun traten Zahnschmerzen auf. Marie Louise berichtete ihrem Gemahl darüber und schrieb: »Dubois möchte den Zahn reißen, aber es wird niemals möglich sein, ihn zu dieser Operation zu bewegen, denn wenn man ihm nur davon spricht, Watte in den Zahn zu tun, stößt er schreckliche Schreie aus!«[26]. Ganz plötzlich waren die Zahnschmerzen verflogen und seine Mutter gab dafür die Erklärung: »Dein Sohn umarmt Dich, es geht ihm gut, und obwohl er gesagt hat, er leide an Zahnweh, sind wir draufgekommen, daß er sich sehr oft beklagt, ohne ernstlich Schmerzen zu haben; seitdem ich ihm aber erklärt habe, daß das Ausgehen sehr schädlich für seinen Zustand sei und man ihm dieses Vergnügen entziehen müßte, ist sein Übel mit einmal verschwunden und heute Abend ist keine Rede mehr davon«[27].

Mit diesem Brief erhielt Napoleon von seiner Gemahlin auch eine Bonbonniere, auf die Isabey den kleinen König, kniend und betend, gezeichnet hatte. Der Kaiser befahl, dieses Bild sofort zu vervielfältigen und überall auszustellen. Als Unterschrift ordnete er an: »Ich bete zu Gott für meinen Vater und für Frankreich«. Pikanterweise ließ er dieses Bild zu den österreichischen Vorposten bringen, die das Geschenk an den Großvater des kleinen Prinzen weiterleiten sollten.

Metternich arbeitete Tag und Nacht an einer politischen Lösung des Konfliktes. Danach sollte Frankreich in den Grenzen von 1792 verbleiben und Napoleon weiterhin Kaiser der Franzosen sein. Im Falle des Todes des Kaisers sollte Marie Louise die Regentschaft übernehmen. Nach der Großjährigkeit ihres Sohnes könnte dann das französische Volk in freier Wahl entscheiden, von welcher Dynastie – Bourbonen oder Bonapartes – es regiert werden wollte. Sofort trat der Zar gegen diesen Plan auf, denn seiner Meinung nach mußte der bewaffnete Kampf gegen Bonaparte bis zu Ende geführt werden. Metternich mußte mit der Drohung, die Österreicher würden ihre Truppen zurückziehen, den Zaren zur Annahme der Friedensvorschläge zwingen. Alexander war Realist genug, um einzusehen, daß er mit Blücher, dem »Marschall Vorwärts«, allein den Krieg nicht gewinnen würde.

Das französische Kaiserpaar war der festen Überzeugung, die Friedensvorschläge der Alliierten seien ein Zeichen der Schwäche. Wie sehr Marie Louise schon eine echte Französin war, zeigen zwei Briefe, die sie ihrem Gemahl ins Feld schrieb: »Es ist wirklich schön, an jedem Tag solche Siege zu haben ... es ist nur ein einziger, den ich noch ersehne und den Du davontragen mußt, das ist der Sieg gegen den Fürsten Schwarzenberg!« Als ihr Napoleon antwortete, er operiere nun gegen das österreichische Korps, schrieb sie begeistert: »Jetzt kommen die Österreicher an die Reihe! Ich hoffe, Du wirst sie schlagen wie die anderen und zwingen, bald einen guten Frieden zu schließen; sie verdienen es, bestraft zu werden!«[28].

Schwarzenberg hatte sich nach den Niederlagen der Preußen

und Russen noch über Zar Alexander und Blücher lustig gemacht, die beide »schäumend vor Champagnerwein wie die Schweine manöverierten«, doch nun ereilte ihn bei Monteru dasselbe Schicksal.
Napoleon veranlaßte Marie Louise nach Eingang des österreichischen Friedensangebotes, ihrem Vater zu schreiben: »Es ist auch keine gute Politik, uns zu einem schändlichen und entehrenden Frieden zu zwingen, welcher nicht dauern könnte«, führte sie aus. »Man ist hier eher bereit zu sterben als solche Conditionen anzunehmen. Stellen Sie sich vor, liebster Papa, wie dann meine Lage wäre. Dies wäre ein schrecklicher Schlag, daß ich ihn sicher nicht überleben werde. Ich bitte Sie, liebster Papa, sich mich und meines Sohnes zu erinnern!«[29]. Kaiser Franz blieb ungerührt und gab ihr den Rat, sie möge mäßigend auf ihren Gemahl einwirken und nicht auf ihn, der immer für einen Frieden gewesen sei.
Der offen zur Schau gestellte Pessimismus der Pariser Bevölkerung machte dem Kaiser Sorgen. Die Landbevölkerung hatte, im Gegensatz zur Stadtbevölkerung, noch ein Nationalbewußtsein. Kein alliierter Soldat war vor den Flinten, Knüppeln und Sensen der Bauern sicher. Der Bürgermeister von Epernay, Jean Moët, öffnete die Sektkeller der Stadt und nach wenigen Stunden wurden zwei betrunkene russische Regimenter von der Bevölkerung hingemetzelt. Der Kardinal von Paris, Jean Soffrein Maury, ordnete an, daß in allen Kirchen der Stadt das Allerheiligste ausgesetzt und mit dem immerwährenden Gebet begonnen werden sollte. Marie Louise wollte sich in der Kirche Saint-Geneviève daran beteiligen. Als Napoleon dies erfuhr, ärgerte er sich, denn die Moral der Bevölkerung würde darunter leiden. Die Menschen müßten ja denken, ihr Schicksal läge nicht mehr in des Kaisers, sondern in Gottes Hand. Er forderte Marie Louise auf, ihr Vorhaben nochmals zu überdenken. Sein Bruder Joseph dagegen bekam vom Kaiser einen Rüffel. »Ich sehe«, schrieb Napoleon, »daß Sie die Kaiserin entmutigen, anstatt ihr ein Halt zu sein. Warum derart den Kopf verlieren? Was sollen diese Miseren und vierzigstündigen Gebete in der Kapelle bedeuten? Ist man in Paris ganz verrückt geworden? Wenn diese Leute erst einmal mit diesen Affenpossen anfangen, muß sich ein jeder von uns vor dem

Tode fürchten. Das alte Wort stimmt immer noch: Priester und Ärzte machen den Tod fürchtenswert!«[30].
Am 20. März beging Napoleon einen katastrophalen Fehler. In einem Brief an Marie Louise teilte er ihr seine unmittelbaren militärischen Pläne mit. Dieser Brief wurde von einer Kosakenstreife abgefangen, zu Blücher gebracht, der ihn sich übersetzen ließ. Der Marschall versiegelte wieder den Brief, legte einen Strauß Blumen bei und sandte ihn an die Kaiserin weiter. Auch Savarys Brief, den dieser aus Paris absandte, wurde abgefangen. Darin beschwor er den Kaiser, sofort in die Hauptstadt zurückzukehren, da royalistische Kundgebungen stattfänden. Als dies der Zar erfuhr, drängte er, sofort auf Paris zu marschieren. Um den Einzug in die Hauptstadt mit seinen befreundeten Monarchen zu umgehen, verlegte Kaiser Franz sein Hauptquartier in den Süden, nach Dijon.
Am 27. März wurde in Paris wieder eine große Militärparade abgehalten. Es war die letzte, an der der König von Rom auf französischem Boden teilnahm. Tags darauf ging in Paris das Gerücht um, der Feind habe bereits Claye und Meaux an der Marne eingenommen. An diesem Nachmittag tagte der Staatsrat. Die Sitzung dauerte bis Mitternacht und es stand nur ein Punkt zur Debatte: Sollen die Kaiserin und ihr Sohn Paris verlassen? Marie Louise war fest entschlossen zu bleiben. Es bildeten sich zwei Lager. Einige gaben ihr recht, die anderen wollten verhindern, daß die Kaiserin und der Thronerbe in Gefangenschaft gerieten. Sie hatte ihrem Vater einen kühnen Brief geschrieben:« ... Die Nation hat viel Muth und Energie besonders die Bauern, welche sehr erzürnt sind, seitdem man sie so mißhandelt hat«, führte sie aus. »Ihre Heere könnten geschlagen werden, denn die Armee des Kaysers ist schöner und stärker als jemals ... Es ist auch Ihr Intereße uns den Frieden vorzuschlagen ... denn sonst könnten Sie in wenigen Monathen genöthigt werden, einen schlechten und nachtheiligen Frieden zu schließen ...«[31]. Welch eine Sprache! Die gute, unterwürfige Louise sprach nun in einem ganz anderen Ton mit ihrem »liebsten Papa«!
Als im Staatsrat noch immer kein Entschluß zustande kam, las Joseph den Brief des Kaisers vom 9. Februar vor, in dem Napoleon genaue Verhaltensmaßregeln festgelegt hatte: »Das Inte-

resse des Landes ist, daß die Kaiserin und der König von Rom nicht in Paris verbleiben, daß das Interesse des Landes von ihren Personen nicht getrennt werden kann und seit die Welt besteht, habe ich noch nie gesehen, daß ein Souverän sich in offenen Städten fangen läßt. Solange ich lebe, hat man mir zu gehorchen ... Wenn ich sterbe, sollen sich mein regierender Sohn und die Kaiserin-Regentin, im Hinblick auf die Ehre der Franzosen, nicht gefangen nehmen lassen, sondern sich mit ihren letzten Soldaten ins letzte Dorf zurückziehen ... Was meine Ansicht betrifft, so wollte ich lieber, daß man meinen Sohn erwürgte, als ihn jemals in Wien als österreichischen Prinzen erzogen zu sehen ...«[32].

Savary und Champagny bestürmten die Kaiserin zu bleiben und zu retten, was noch zu retten war. Der Brief des Kaisers sei sieben Wochen alt und von den Ereignissen längst überholt. Da zog Joseph ein neues Schreiben des Kaisers vom 16. März hervor, in dem Napoleon seine ersten Instruktionen neuerlich bestätigte. Die Sitzung ging nach Mitternacht zu Ende, und Marie Louise schrieb noch ihrem Gemahl. In dem Brief führte sie aus, daß es Wahnsinn sei, wenn sie und der König von Rom Paris verlassen, während hohe Würdenträger des Staates in Paris bleiben würden. Aber sie hätten sich alle dem kaiserlichen Befehl gebeugt. Resignierend meinte sie zum Schluß: »So stelle ich mich unter den Schutz der Vorsehung, überzeugt, daß das ein schlechtes Ende nehmen wird«[33].

Noch in derselben Nacht wurden im strömenden Regen zehn große Reisekutschen bepackt. Die Krönungsinsignien, Juwelen, wertvolles Porzellan, Silber und der Staatsschatz wurden verladen. Dazu 12 Millionen Francs in 35 Truhen. Die goldene Krönungskutsche wurde mit einer großen Plane bedeckt und reisefertig gemacht. Um 11 Uhr vormittags sollte die Abfahrt sein.

Der kleine Prinz wurde, als er hörte, er müsse die Tuilerien verlassen, störrisch und konnte nur mit Gewalt aus dem Palast gebracht werden. Bis auf Talleyrand verließ der Kronrat geschlossen die Stadt. Der alte, schlaue Fuchs ahnte, daß mit Napoleon bald kein Staat mehr zu machen war. Rechtzeitig wollte er die Front wechseln.

Um 15 Uhr traf Marie Louise in Rambouillet ein. Sie wartete

hier zwei Tage auf ein Lebenszeichen ihres Gemahl. Vergeblich. Nun fuhr sie nach Chartres weiter, am nächsten Tag nach Chateau d'un und dann nach Vendôme, wo sie am 1. April eintraf. Am nächsten Tag erhielt sie von Napoleon eine Depesche, daß sie nach Blois weiterreisen sollte. Zur selben Stunde erfuhr sie, daß Paris kapituliert hatte.

Napoleon versuchte noch im letzten Moment, Paris zu erreichen, um persönlich die Verteidigung zu übernehmen. Auf der letzten Poststation vor Paris, in Cour de Frauel, erfuhr er von General Belliard, daß die Hauptstadt schon kapituliert habe. »Vier Stunden zu spät«, schrie der Kaiser enttäuscht. Nachmittags hatte preußische Infanterie den von den Truppen des Marschalls Marmont verteidigten Montmartre erstürmt. Trotz dieser Nachricht wollte Napoleon nach Paris, doch ein Kurier Marmonts brachte Nachricht vom Marschall, der meinte, es sei besser, wenn der Kaiser nicht mehr in die Stadt käme. Die Stimmung der Bevölkerung sei gegen ihn und es habe schon bei der Abreise der Kaiserin unerfreuliche Szenen gegeben. Die Leute hätten die Fäuste erhoben und Napoleon samt seiner Familie zum Teufel gewünscht. Der Kaiser ließ den Wagen wenden und fuhr nach Fontainebleau.

Am 31. März morgens zogen die alliierten Truppen bei strahlendem Wetter in die Hauptstadt ein. Kaiser Franz fehlte. Noch hätte der Thron für den kleinen König von Rom gerettet werden können. Mit seinem Vater waren die Verbündeten fertig, aber anfangs hatte es den Anschein, besonders bei Zar Alexander, als ob die Alliierten einer Regentschaft Marie Louises für Napoleon II. gar nicht so abgeneigt gewesen wären, und auch die Proklamation Schwarzenbergs vor dem Einmarsch der Truppen in die Stadt klang danach. Doch wurde der Zar nach der Begrüßung durch Talleyrand umgestimmt, der in seiner Begrüßungsrede sagte, ganz Frankreich votiere für die Restauration der Bourbonen und wolle von der Familie Bonaparte nichts mehr wissen.

Kaum war der Kaiser in Fontainebleau angekommen, erholte er sich rasch von seinem Schock und begann wieder, Truppen zu sammeln. Er brachte noch 50 000 Mann zusammen, dazu noch das Marmont'sche Korps. Mit diesen Truppen wollte er die Nachschubwege der Alliierten angreifen. Der entsprechen-

de Tagesbefehl wurde von der Truppe begeistert aufgenommen. Da erschien eine Generalsdelegation bei Napoleon. Die Marschälle Lefèbre, Macdonald und Ney waren gekommen, dazu der 60 Jahre alte General de Moncey, der am Montmartre noch in vorderster Linie gekämpft hatte. Sie alle wollten den Kaiser von seinem aussichtslosen Vorhaben abbringen. Die Diskussion wurde immer lauter, bis Michel Ney, »der Tapferste der Tapferen«, aufbrauste und den Kaiser anschrie, daß die Armee nicht mehr marschieren werde. Ebenso laut rief Napoleon: »Die Armee wird mir gehorchen«. Ney schüttelte den Kopf und sagte: »Sire, die Armee gehorcht nur mehr ihren Generälen«. Der Kaiser war wie vom Donner gerührt. Nach langer Überlegung fragte er leise, was er nun tun solle, und wie aus einem Mund sagten die Generäle: »Zugunsten ihres Sohnes abdanken«.[34]
Der Kaiser ließ Caulaincourt kommen und hielt ihm einen Monolog, ein Charakterzug, der bei Napoleon immer stärker hervortrat. »Ich hänge nicht am Thron. Als Soldat geboren, kann ich, ohne zu klagen, wieder Bürger werden«, begann er sein Selbstgespräch, das vom Außenminister überliefert ist. »Lieber will ich auf den Thron verzichten, als einen Schmachfrieden unterzeichnen ... Die Bourbonen allein können sich mit einem von den Kosaken diktierten Frieden abfinden ... sie allein können die Demütigung hinnehmen ... Die Österreicher sind noch so, wie ich sie immer gesehen habe: beschränkt und feige. Als ich noch der erfolgreiche Eroberer war, kamen sie und baten mich, eine Erzherzogin zu heiraten, die Lieblingstochter des Kaisers, sein Herzblättchen, das sie mir anboten. Heute, wo sie unglücklich ist, lassen sie sie im Stich ... Mein Schwiegervater wird die Dinge vielleicht noch in Ordnung bringen ...«[35].
Napoleon, in korsischer Familientradition aufgewachsen, war der festen Überzeugung, »Papa François« und die Österreicher würden ihn nicht fallenlassen. Mit ihrer Hilfe würde er die schwere Krise überwinden können. Und wenn er schon fallen sollte, Kaiser Franz würde wenigstens für seinen Enkel sorgen und ihm das Erbe retten.
Die Marschälle Frankreichs, von Napoleon einst aus Pferdeställen, Backstuben und Kaschemmen geholt und zu den reich-

sten und angesehensten Männern des Landes gemacht worden, hatten ihren Gönner und Kaiser aufgegeben. Die Marschälle Ney und Macdonald eilten mit Caulaincourt und dem Sekretär Rayneval nach Paris zu Zar Alexander, um ihm klarzumachen, daß eine Regentschaft durch Napoleons Sohn das einzige Mittel sei, Frankreich den inneren Frieden zu geben. Bei dieser Unterredung fiel seitens des Zaren erstmals das Wort »Elba«. Alexander ventilierte die Frage, ob nicht Napoleon diese Insel erhalten sollte. Dort könnte er Souverän spielen. Für den Zaren war das Kapitel Napoleon abgeschlossen. Der Kaiser war militärisch entmachtet und damit für die Russen uninteressant geworden. Während der Unterredung erhielt der Zar die Meldung, daß Marschall Marmont zwecks Kapitulation mit Schwarzenberg verhandle. Sofort änderte Alexander seine Meinung und gab der Delegation bekannt, daß er sich weigere, weiterhin über Napoleon oder seine Familie zu verhandeln. So wurden die letzten bescheidenen Aussichten Napoleons II. zunichte gemacht, und Caulaincourt notierte resignierend: »Mit einem Wort, die Souveräne Europas ... machen sich den Verrat einiger Franzosen zunutze, um den Sohn auszuschließen wie sie schon den Vater ausschließen wollten und diese Politik der Koalition ist leider auch, ich muß es sagen, die Politik Österreichs ...«[36].
Mit der Erklärung des Zaren war die Lage Napoleons hoffnungslos geworden. Der Kaiser war daher bereit, seine bedingungslose Kapitulation zu unterschreiben, in der es hieß: »Da die Mächte erklärt haben, daß Kaiser Napoleon das einzige Hindernis für die Wiederherstellung des Friedens in Europa wäre, erklärt, getreu seinem Eid, Kaiser Napoleon für sich und seine Nachkommen dem Thron Frankreichs und Italiens zu entsagen, und daß es kein Opfer gibt, selbst das seines Lebens, welches dem Interesse Frankreichs zu bringen er nicht bereit ist« [37]. Mit diesen Worten verzichtete er für sich und auch für seinen Sohn auf jeglichen Thronanspruch. Nach der Unterzeichnung hatte der Kaiser resignierend zu seinem Außenminister gesagt: »Mein Sohn wird Erzherzog, vielleicht ist das mehr wert als der Thron Frankreichs«[38]. Mit einer Kopie dieser Urkunde wurde Oberst de Galbois zu Marie Louise in Marsch gesetzt, die er zwei Tage später in Blois antraf.

Zur selben Zeit erschien auch der Beauftragte der provisorischen Regierung, Dudon, in Blois und konfiszierte Schmuck, Geld, Staatsschatz, Juwelen und Silber. Selbst vor persönlichen Geschenken des Kaisers an seine Gemahlin, wie der großen Perlenkette, die sie anläßlich der Geburt des Königs von Rom erhalten hatte, machte er nicht halt.
Marie Louise war außer sich. Jeden, der ihr über den Weg lief, fragte sie, was sie tun solle, und jeder gab ihr einen anderen Ratschlag. »Ich weiß nicht, welchen Entschluß ich fassen soll«, schrieb sie, »Ich lebe von Tränen. Ich kann verstehen, daß das Volk in diesem Land Abneigung gegen mich hat, und doch ist es nicht mein Fehler; warum hat mich mein Vater verheiratet, wenn er die Pläne hatte, die er nun ausführt«?[39].
Die Gräfin Montebello gab ihr schließlich den Rat, sich an ihren Vater zu wenden. »Er wird sich rühren lassen«, meinte sie. So sandte Marie Louise an ihren Vater einen Brief, in dem es hieß: »Die Lage der Dinge ist so traurig und so schrecklich für uns. Da ich mit meinem Sohn meine Zuversicht zu Ihnen nehme, ich bin überzeugt, daß Sie meine Bitten gnädig anhören werden, und daß Sie nicht die Ruhe und das Intereße Ihres Enkels und Ihrer Tochter der Habsucht Englands und Rußlands aufopfern werden ... Es ist also in Ihre Hände, liebster Papa, daß ich mein Heil lege, ich bin versichert, daß Sie uns aus diesem schrecklichen Augenblick, welcher mir so viele Sorgen schafft, helfen werden ... Noch einmal, liebster Papa, ich bitte Sie, haben Sie mit uns Erbarmen ... «[40].
Drei Tage später sandte sie nochmals einen Brief an ihren Vater, da sie Angst hatte, der erste könnte ihn nicht erreichen. Zusätzlich schrieb sie aber noch: »Der Kaiser war bereit alle Opfer dem Glücke Frankreichs zu bringen. Er hat dem Thron entsagen wollen unter der Bedingung, daß man seinen Sohn krönen möchte, unter meiner Regentschaft, man hat es ihm abgeschlagen«[41].
Am 7. April war Madame Durant, aus Paris kommend, bei Marie Louise eingetroffen und sie öffnete in einem Gespräch der Kaiserin die Augen über ihre wahre Situation. Sie gab ihr den Rat, sofort nach Paris zu reisen, bevor noch die Bourbonen dort eintreffen würden, um zu retten was noch zu retten sei und ihre Regentschaft anzutreten. Marie Louise war von die-

sem Plan begeistert und wollte mit ihrem Sohn die Reise antreten. Nach einer Unterredung mit Dr. Corvisart und der Gräfin Montebello ließ sie jedoch von diesem Vorhaben ab.
In der Nacht vom 5. zum 6. April entschloß sich Napoleon, alles wieder rückgängig zu machen. Er jagte einen Eilkurier zu Caulaincourt, der in Paris mit dem Zaren verhandelte, und entzog ihm das Pouvoir für weitere Besprechungen. Der Kaiser hatte sich entschlossen, den Kampf fortzusetzen. Er wollte mit den ihm noch treu ergebenen Truppen hinter die Loire gehen und sich dort mit der herbeigeholten Italien-Armee vereinen. Eingeweihte schüttelten über diesen irrealen Plan nur noch den Kopf, und dem Zaren riß endgültig die Geduld. Noch in derselben Nacht verfügte er: Napoleon könne seinen Kaisertitel behalten, Elba würde in Zukunft sein Besitz sein, vierhundert Gardisten dürften ihn begleiten und die französische Regierung hätte ihm jährlich zwei Millionen Francs als Apanage zu überweisen. Die Kaiserin würde Parma erhalten und die Geschwister des Kaisers ansehnliche Pensionen. Und damit basta! Und kein österreichischer Vertreter saß in dieser Nacht am Verhandlungstisch in Paris!
Kaiser Franz hatte, um nicht mit seinen befreundeten Monarchen in Paris einziehen zu müssen, sein Hauptquartier nach Dijon verlegt und aus Sparsamkeitsgründen seinen Marstall nach Wien zurückgesandt. Schwarzenberg, der zwar in Paris anwesend war, aber keine Verhandlungsvollmacht besaß, hatte Graf Széchényi nach Dijon gesandt, um den Kaiser zu bitten, sofort nach Paris zu kommen. In diesen entscheidenden Tagen saßen Kaiser Franz und Metternich untätig in Dijon und wußten nicht, daß in der Zwischenzeit in Paris Weltgeschichte gemacht wurde. Als Széchényi in Dijon eintraf, wollte Metternich sofort in die Hauptstadt aufbrechen, aber da keine eigenen Pferde zur Verfügung standen, mußte er die nächste Postkutsche abwarten, die ihn in drei Tagen – sie erschienen dem Kanzler wie eine Ewigkeit – nach Paris brachte.
Obwohl es schon spät war, als er nach Paris kam, suchte Metternich sofort den Zaren auf, der ihn aber bereits vor vollendete Tatsachen stellte. Dem Kanzler wurde in dieser Nacht klar, daß Österreich nun im Orchester der Großmächte nur noch die zweite Geige spielen würde. In den Morgenstunden sandte

Metternich einen Kurier nach Dijon, der Kaiser Franz folgendes Schreiben überbrachte: »... Euer Majestät kennen den neuerlichen Antrag, welchen der russische Kaiser an Napoleon ergehen ließ (Ausschluß Napoleons und Marie Louises vom Thron Frankreichs und Restauration der Bourbonen). Dieser Antrag wurde durch das Erscheinen dreier Marschälle veranlaßt, welche die Abdication des Kaisers Napoleon unter gewissen Bedingungen antrugen ... Der russische Kaiser wünschte aber, daß ich vor seiner Unterzeichnung dem beigezogen werde, da einer der Artikel ein indepedentes Etablissement für die Kaiserin und den König von Rom enthält ... « Er beschrieb dann den Verlauf einer drei Stunden währenden Sitzung mit französischen Emmissären, dem englischen und dem preußischen Außenminister. »... Ich habe geglaubt«, fuhr er fort, »die Herzogtümer Parma, Piacenza und Guastalla als den geeigneten Gegenstand der Kaiserin zuweisen zu können, worüber alle Teile einverstanden waren. Die Unterzeichnung ist demnach erfolgt ... «[42].
Kaiser Franz vermerkte auf diesem Dokument: »Sie haben in dieser Sache richtig gehandelt, und danke ich Ihnen als Vater herzlichst für Alles, was Sie bei dieser Gelegenheit für meine Tochter gethan haben. Franz m.p.«
Noch am selben Tag ging ein Lagebericht Metternichs an den Kaiser: »... Die hiesige Stadt bietet den Anblick vollkommener Ruhe. Als ich gestern ankam, waren Tausende auf den Boulevards, die Stimmung des Volkes ist ganz für die Bourbonen. Jene der Armee ist die weniger, so lange die Corps beisammen bleiben; sie gehen aber ihrer gänzlichen Auflösung entgegen ... Ich habe heute bei Talleyrand mit dem russischen Kaiser, den Marschällen Ney, Marmont, Lefèbre, dem General Desolle und mehreren Anderen gegessen, welche sämtlich in der exaltiertesten Stimmung gegen den Kaiser Napoleon sind ... «[43].
Als Kaiser Franz die russischen Bedingungen hörte und sah, daß er von seinem russischen Partner vor vollendete Tatsachen gestellt worden war, sandte er seinem Kanzler folgendes Schreiben nach Paris: »... Ich danke für Alles was Sie verfügt haben. Die Hauptsache ist, den Napoleon aus Frankreich, und wollte Gott, weit weg zu bringen. Daher haben Sie recht gehabt, den Abschluß des Tractates nicht bis zu meiner

Ankunft zu verschieben ... Die Insel Elba ist mir aber nicht recht, denn sie ist für Toscana ein Schaden, man disponiert mit Gegenständen Anderer, die meiner Familie taugen, was man in Hinkunft nicht angehen lassen kann, und Napoleon bleibt zu nahe an Frankreich und Europa. Uebrigens muß getrachtet werden zu erhalten, daß Elba, wenn die Sache nicht verhindert werden kann, nach Napoleons Tod zu Toscana komme. Daß ich Mitvormund des Kindes werde für Parma, und daß für den Fall des Todes meiner Tochter und Kindes die selben zukommenden Staaten nicht auf die Napoleonsche Familie reservirt werden. Uebrigens dankt der Vater für Alles, was Sie seiner Tochter gethan haben. Franz«[44].

Napoleon hatte Oberst Gallois, der sich durch herumstreunende Kosakenpatrouillen durchschlagen mußte, zu Marie Louise entsandt und sie aufgefordert, mit seinem Sohn sofort zu ihm zu kommen. Die Kaiserin wollte aufbrechen, doch lehnte der Oberst die Reise wegen der Gefahr durch Kosaken ab. Marie Louise war von der laxen Haltung ihres Vaters derart enttäuscht, daß sie befahl, sein Bild in ihrem Schlafzimmer von der Wand zu nehmen.

Am 8. April morgens erschien Joseph Bonaparte am Bett der Kaiserin und befahl ihr sofort aufzustehen, denn Kosaken seien in der Gegend gesichtet worden. Sie weigerte sich, denn nur ihr Gemahl oder ihr Vater könnten ihr einen Befehl erteilen. Dann überfiel sie aber doch die Angst, sie hatte schon zu viel von den Untaten der Kosaken gehört. In ihrer Verzweiflung schrieb sie ihrem Vater: »... Meine Lage ist schrecklich, ich bin voll Unruhen über die Sicherheit meines Sohnes und die meinige. Czernichef ist mit 3000 Kosaken hier in der umliegenden Gegend und hat eine Mission, daß es ist uns gefangen zu nehmen. Ich bitte Sie also, liebster Papa, uns eine Zuflucht in Ihren Statten (Staaten) zu geben ... Alles was ich wünsche ist irgend wo ruhig leben zu können ... in Ihren Statten und meinen Sohn erziehen zu können. Gott weiß, daß ich ihm sagen werde, nie Ehrgeiz gehabt zu haben ... «[45].

Napoleon hatte wieder einen Kurier nach Blois entsandt, der Marie Louise über alle bedeutenden Vorkommnisse der letzten Zeit und über die Pläne ihres Gemahls aufklären sollte. Sie empfing ihn in ihrem Schlafzimmer im Bett und streckte ihre nackten Beine unter der Decke hervor. Als ihr der Kurier von der erzwungenen Abdankung des Kaisers berichtete und ihr die Mitteilung machte, Napoleon habe sogar einen Selbstmordversuch gemacht, sagte sie plötzlich: »Ach, Sie betrachten meine Beine. Man hat mit immer gesagt, daß sie sehr schön seien«[46]. Das war ihr einziger Kommentar zur Lage Frankreichs und des Kaisers.

Nachmittags erschienen zwei Abgesandte des Zaren, Baron de Saint Aignan und Graf Schuwalow, in Blois und teilten der Kaiserin mit, daß der Zar beschlossen habe, ihren Gemahl nach Elba ins Exil zu schicken, sie aber möge die Regentschaft zurücklegen und Blois verlassen. Damit war die Situation für Marie Louise hoffnungslos geworden.

In ihrer Verzweiflung schrieb sie sofort ihrem Vater: »... es ist für mich und meinen Sohn, besonders für diesen letzteren, ich bin überzeugt, daß Sie ihm nicht die Insel Elba als seine einzige Erbschaft geben wollen. Ich bin überzeugt, daß Sie seine Rechte vertheidigen werden, und daß Sie ihm ein beßeres Schicksal anweisen werden. Alles was ich wünsche ist, daß Sie ihm sehen könnten ... Ich empfehle Ihnen noch einmahl meinem unglücklichen Sohne, ich weiß, daß er nicht mehr auf Frankreich rechnen kann. Ich bitte Sie also wenn es möglich ist ihm einige andere Besitzungen zu verschaffen ...«[47].

Nun zahlte sie den sie begleitenden Soldaten den Sold aus, die Hofleute und Beamten bekamen Gratifikationen. Viele legten fingierte Rechnungen vor und nützten die Gelegenheit, rasch zu Geld zu kommen. Der Exkaiserin Josephine ließ Marie Louise 600 000 Francs zukommen, Joseph und Jérôme Bonaparte erhielten 200 000 Francs. Nachdem alle mit Geld bedacht worden waren, versuchte jeder auf eigene Faust zu verschwinden[48].

Am Karsamstag, den 9. April 1814, brach Marie Louise mit kleinem Gefolge von Blois auf. Bei Beaugeney wurde die Wagenkolonne von Kosaken überfallen und ausgeplündert. Graf Schuwalow mußte energisch einschreiten, damit die Plünderung aufhörte und die gestohlenen Sachen herausgegeben wurden. Gegen Abend erreichte die Kaiserin Orléans.

Napoleon sandte wieder einen Kurier zur Kaiserin. In einem Brief machte er ihr den Vorschlag, sie mögen sich bei Gien treffen, um gemeinsam die Reise nach Südfrankreich anzutreten. Aber sofort kamen ihm Bedenken. Der Kaiser könnte sich doch nicht mit seiner Gemahlin irgendwo an einer Straßenkreuzung treffen und dann wie ein Touristenpaar nach Elba reisen. Das Zeremoniell müsse gewahrt bleiben. Oder sollte sich seine Gemahlin doch zuerst zu ihrem Vater begeben? Sofort sandte er wieder einen Kurier ab, der Marie Louise folgendes Schreiben überbrachte: »... sie möge denselben (ihren Vater) inständig bitten, daß er ihr Toscana verschaffen, oder, falls dies nicht möglich, doch Lucca, Piombino, Massa und Carrara zu den Herzogtümern Parma und Piacenza hinzuschlagen wolle; der Kaiser und die Kaiserin könnten dann einen Teil der Reise nach Italien gemeinschaftlich machen, letztere einstweilen nach Parma gehen, während der Kaiser in Elba Vorbereitungen für ihren nächsten späteren Aufenthalt treffen würde«[49].

Am Ostermontag schrieb Marie Louise drei Briefe ihrem Vater, von denen der zweite erhalten blieb: »Liebster Papa! Ich überschicke Ihnen diesen Brief... um Ihnen die Erlaubniß zu begehren, zu Ihnen zu reisen um Ihnen zu sehen, in dem Orte wo Sie sich itzt befinden. Der Kaiser reiste ab in die Insel Elba, ich habe ihm erklärt, daß mich dieß dazu bringen wird von hier weg zu gehen, bevor ich Sie gesehen habe, und von Ihnen gehört werden haben, was Sie mir rathen... ich bin entschlossen Alles für meinen Sohn zu thun was Sie für nöthig für mich finden werden ... ich weiß, daß Sie uns liebhaben, um nicht auf das ferne Schicksal meines Sohnes und das meinige zu denken. Alles was ich wünsche, ist Ruhe ... Ich bitte Sie also, liebster Papa, sich meiner anzunehmen und mir zu erlauben Ihnen zu sehen, meine Lage wird täglich kritischer und dringender, man will mich von hier wider meinen Willen fortführen, ohne Ihnen zu sehen, und ich verlaße mich ganz auf Ihren Rath ... ich sterbe vor Angst ...«[50].

Der Herzog von Cadore, der Kaiser Franz zwischen Dijon und Paris in Chauceaux getroffen hatte, war in Orléans bei Marie Louise eingetroffen und hatte ihr einen Brief des Vaters ausgehändigt, in dem der folgenschwere Satz stand: »Ich habe meinen Verbündeten das Wort gegeben, nicht ohne sie zu verhandeln und alles gutzuheißen, was sie beschließen würden«[51].

Das war für Marie Louise ein harter Schlag. Von Fontainebleau war der Schatzmeister Napoleons gekommen und verlangte die Aushändigung von zweieinhalb Millionen Francs. Die Kaiserin gab ihm 3,4 Millionen.
Die Umgebung der Kaiserin bestürmte sie, nicht zu Napoleon zurückzukehren, und Dr. Corvisart riet ihr vom ärztlichen Standpunkt aus, von einer Reise nach Elba abzusehen. Das Klima der Insel sei für sie abträglich. Sie sollte lieber die Kur in Aix in den Savoyer Alpen nehmen.
Am 10. April, spät nachts, erreichte Kaiser Franz Paris. Um 2 Uhr morgens hielt Metternich noch Vortrag und führte unter anderem aus, daß ihm der Präfekt des Departements Meuse, Graf Saint-Aulaire, über Napoleon mitgeteilt habe »der seye schon verloren, seine Stunde habe geschlagen, er wolle die Erzherzogin Kaiserin nicht in sein Unglück verflechten; sie solle sich ganz in die Arme Eurer Majestät werfen ... «[52].
Zwei Tage später trafen Fürst Paul Estérhazy und Fürst Wenzel Liechtenstein in Orléans ein. Sie waren von Metternich gesandt worden, um die Kaiserin einzuladen, nach Rambouillet zu kommen, wo sie mit ihrem Vater zusammentreffen könnte. Kaum war Marie Louise im Schloß von Rambouillet, das den Russen jetzt als Hauptquartier diente, angekommen, schrieb sie ihrem Vater und ihrem Gemahl einen Brief und legte sich mit Halsentzündung ins Bett. Im Brief an Napoleon schrieb sie über ihren Sohn: »Er ist wirklich ein entzückendes Kind. Er wird jeden Tag liebenswürdiger. Er hat sich vorgenommen, den Kaiser von Österreich nicht sehr freundlich zu begrüßen und ich fürchte, daß er, was immer wir ihm auch sagen mögen, bei seinem Vorsatz bleiben wird«[53]. Im Brief an den Vater führte sie aus, daß sie sich freue, «nach einer so langen Entfernung Sie wieder zu sehen. Diese Ursache hat mich allein zu dieser Reise bewegen können. Ich hoffe, Sie also bald hier zu sehen und meinen Sohn vorstellen zu können ... «[54].
Am 16. April nachmittags bog die Kutsche mit Kaiser Franz in den Schloßhof von Rambouillet ein. Am Fuße der Freitreppe stand Marie Louise, an der Hand den kleinen König von Rom. Sie eilte ihrem Vater entgegen, hob ihren Sohn hoch und drückte ihn Kaiser Franz an die Brust. Was sollte der Kaiser vor den vielen Zuschauern auch anderes tun, als das Kind küssen?

Diese Szene wurde dahingehend ausgelegt, daß der »gute Kaiser Franz« beim Anblick seines Enkels ganz überwältigt gewesen sei und, während er über sein blondes Haar strich, gesagt haben soll: »Er ist mein Blut!«[55]. Metternich, der das Kind ebenfalls zu Gesicht bekam, schrieb seiner Gemahlin nach Wien: »Der König von Rom, der Prinz von Parma, ist ein sehr hübsches Kind. Er gleicht seiner Mutter wie ein Tropfen Wasser dem anderen und hat nichts von seinem Vater. Er ist ein sehr gutes Kind und in jeder Beziehung liebenswert«[56].
Kaiser Franz hatte noch in derselben Stunde eine längere Aussprache mit seiner Tochter; er machte ihr klar, daß sie nicht zu ihrem Gemahl zurückkehren dürfe, sondern sich für zwei Monate nach Wien in den Schoß der Familie begeben müsse. Nach dieser Zeit sollte sie nach Parma gehen und die Regierungsgeschäfte übernehmen. Von dort könnte sie ihren Gemahl in Elba besuchen. Ihr Sohn, einst König von Rom, für kurze Zeit Napoleon II., sei von jetzt an der Prinz von Parma. Zur Beruhigung seiner Tochter schrieb Kaiser Franz seinem Schwiegersohn einen Brief, in dem er ihm alle neuen Beschlüsse mitteilte: »Es ist ohne Zweifel überflüßig«, schrieb er, »Eure Majestät zu versichern, daß Ihr Sohn als Meiner Familie angehörend betrachtet wird und ich Mich während des Aufenthaltes in Meinen Staaten in der Fürsorge teilen werde, die seine Mutter ihm entgegenbringt ... «[57].
Marie Louise brachte nach dieser Unterredung wohl ihren zärtlichsten Brief an Napoleon zu Papier: »... Sei mir nicht böse, lieber Freund; ich kann wirklich nichts dagegen tun. Ich liebe Dich so sehr, daß es mir das Herz zerbricht. Ich fürchte, Du könntest glauben, dies sei ein Komplott, das ich mit meinen Vater gegen Dich geschmiedet habe ... Ich sehne mich danach, Dein Unglück mit Dir zu teilen, Dich zu umsorgen, Dich zu trösten, Dir nützlich zu sein und Deine Sorgen wegzuzaubern ... Dein Sohn ist hier der einzig Glückliche. Er hat keine Vorstellung von dem Ausmaß seines Unglücks, die arme kleine Seele. Nur Du und er, ihr macht mir das Leben erträglich ... «[58].
Die Trennung des Ehepaares Napoleon und Marie Louise war nicht das Produkt einer plötzlichen, grausamen Entscheidung. Diese Trennung hatte eine längere Entwicklung: Marie Louise war zweifelsohne eine willensschwache Person, die zeitle-

bens über wenig Eigeninitiative verfügte. Daran war vor allem ihre Erziehung schuld. Sie wurde in einem nie in Frage gestellten, unbedingten Gehorsam gegenüber ihrem Vater erzogen, und diesen Gehorsam übertrug sie später auf ihren Gatten. Entscheidend war aber auch die damalige Situation der Frau. Rechtlich und gesellschaftlich gehörte eine Tochter zuerst dem Vater und erst dann dem Ehemann. Fiel dieser aus irgendwelchen Gründen aus, ging das Recht und die Verfügbarkeit wieder auf den Vater zurück. Einige Stimmen drückten das wankelmütige Verhalten der Kaiserin aber anders aus: »Nicht charakterschwach, sondern charakterlos war diese Habsburger Kalbin«, schrieb Helmholtz. »Sie flennte ein paar Tage wie ein Dienstmädchen, das von seinem Liebhaber versetzt wurde, dann verdrehte sie lüstern die Augen begehrlich nach dem einäugigen Kammerherren Neipperg ... «[59].

Nach dem Verlöschen des Glanzes wurde auch die Stimmung der Bevölkerung immer mehr antiösterreichisch; wieder wurde das Unglück, das seinerzeit Marie Antoinette über Frankreich gebracht hatte, heraufbeschworen. Metternich war daher bestrebt, Marie Louise so schnell wie möglich aus Frankreich wegzubringen.

Ja, wenn ihr Vater, der Kaiser Franz, ein richtiger und energischer Mann gewesen wäre, der sich am Verhandlungstisch hätte durchsetzen können, dann wäre für den Sohn Napoleons noch viel zu retten gewesen. »Man muß wissen, daß er Kaiser ist«, schrieb Anna Eynard, Gattin des Genfer Delegierten, »um es zu glauben, denn er ist nur ein Viertel eines normalen Mannes und wirkt, als könnte man ihn leicht umblasen«[60].

In den nächsten Tagen wurden viele französische Bedienstete der Kaiserin entlassen und durch Österreicher ersetzt. Auch der Hofstaat des Prinzen von Parma wurde reduziert. Bei ihm verblieben nur die Gräfin Montesquiou, Madame Soufflot mit ihrer 15 Jahre alten Tochter Fanny, der Kammerdiener mit seinem Sohn Emil, Madame Marchand und Petit, Dr. Corvisart und eine französische Garderobefrau.

Am 17. April empfing Napoleon nach der Morgenmesse die vier alliierten Kommissare, die ihn nach Elba begleiten sollten: den Preußen Graf Walsberg-Truchseß, den Engländer Sir Neil Campbell, den Russen Graf Schuwalow und den Österreicher

FMLt. Freiherrn von Koller, der diese Szene schilderte: »Er trug eine alte grüne Uniform mit goldenen Epauletten, blaue Beinkleider und rote Kappenstiefel; er sah vernachläßigt aus, unrasiert, ungekämmt; Reste von Schnupftabak verunzierten seine Oberlippe und seine Brust«[61]. Nachdem Napoleon am Vortag einen so zärtlichen Brief seiner Gemahlin erhalten hatte, entsandte er Graf Flahault nach Rambouillet, der ihr die Aufforderung überbrachte, sie möge sofort mit dem Sohn nach Fontainebleau kommen und mit ihm gemeinsam die Reise nach Elba antreten. Sie hatte ja einmal geschrieben, sie werde sofort zurückkommen, nachdem sie ihren Vater gesehen habe. Nun nahm sie Napoleon bei ihrem Wort. Vergeblich.

Drei Tage vorher war Caulaincourt zu Marie Louise gekommen, um im Namen des Kaisers einen Teil des Geldes, das sie gerettet hatte, abzuholen. Es waren noch sechs Millionen Francs vorhanden. Sie händigte vier Millionen aus, die restlichen zwei Millionen wollte sie später senden, was sie aber unterließ. Caulaincourt hatte auch einen Brief ihres Gemahles mitgebracht, in dem es hieß: »Leb' wohl, meine gute Louise! Du kannst unter allen Umständen auf den Mut, die Ruhe und die Freundschaft deines Gemahles zählen. Ein Kuß für den kleinen König!«[62].

Am 20. April mittags reiste Napoleon aus Fontainebleau ab. Je weiter die Reise in den Süden ging, um so gehässiger wurde die Bevölkerung. In Avignon warteten vierhundert Menschen eine ganze Nacht lang auf ihren ehemaligen Kaiser, um ihn zu lynchen. Es kam so weit, daß sich Napoleon mit einer österreichischen Uniform und einer russischen Militärmütze verkleiden mußte, um nicht von seinen einstigen Untertanen erkannt zu werden. Daß seine Kutsche bei jeder Dorf- und Stadtdurchfahrt mit Steinen bombardiert wurde, war schon zur Selbstverständlichkeit geworden. Am 29. April setzte der Exkaiser mit der »Victorieuse« nach Elba über.

Zwei Tage nach der Abreise der Kaisers trat auch Marie Louise die Reise nach Wien an. Am 28. April erreichte sie Dijon, von wo sie ihrem Vater einen Brief zukommen ließ: »Ich überschikke Ihnen hier einen Brief an den Kaiser (Napoleon) mit der Bitte ihm ihn zukommen zu lassen. Er muß beunruhigt seyn, keine Nachricht von mir zu bekommen ... «[63]. In dem Schreiben an

Napoleon schilderte sie, wie sehr sich bereits ihr Vater mit seinem Enkel angefreundet hatte: »Er hat sich in Grosbois ausgezeichnet mit meinem Vater unterhalten, der ganz vernarrt in ihn zu sein scheint. Ich bin darüber sehr erfreut, aber glücklicher sein werde ich erst an dem Tage, an dem ich Dich wiedersehen kann«[64].

Auch die Gräfin Montesquiou hatte, mit deutlichen Anzeichen der Eifersucht, dem Exkaiser geschrieben, wie es seinem Sohne erging: »Ich hatte gehofft, daß die unglücklichen Umstände die Mutter dem Sohne näherbringen würden, es hat sich aber diesbezüglich nichts geändert. Die Freundin (Gräfin Montebello) spielt ihre Rolle bis ans Ende ... Ich seufze, bedaure es und werde mich niemals über das Unglück dieses Kindes trösten ... « Sie legte dem Brief eine Haarlocke des »Prinzen« bei. Des »kleinen Königs« wagte sie nicht mehr zu schreiben[65].

Marie Louises Reise führte weiter nach Basel, von wo sie ihrem Vater schrieb, er möge ihre Briefe an Napoleon weiterleiten, da der Briefverkehr der beiden Ehegatten unterbrochen war. Es steht fest, daß die Korrespondenz der beiden immer mehr erschwert und schließlich ganz unterbunden wurde. In Basel hatte sie noch den Brief Napoleons vom 28. April aus Fréjus erhalten. Sofort sandte sie einen langen Brief an ihren Vater, in dem sie ihn aufforderte, sich für die Rechte seines Schwiegersohnes einzusetzen. »Mit ist es sehr unangenehm von Geldsachen Ihnen reden zu müssen«, führte sie darin aus. »Sie wißen, daß ich nicht gern daran denke, ich glaube aber, daß es meine Pflicht als Gattin und Mutter ist ... Der Kaiser hat wenig Geld mit sich, zehn oder zwölf Millionen, die Früchte seiner Sparsamkeit ... eine große Menge silberner Tafelgeschirr, viele Tabattieren mit Brillanten verziert ... Alle diese Sachen sind Eigenthum des Kaisers und meines Sohnes«. Sie bat ihren Vater sich dafür einzusetzen, daß die in Blois beschlagnahmten Wertgegenstände zurückgestellt werden und er möge darauf drängen, daß Napoleon die zwei Millionen Francs Apanage von der französischen Regierung erhalte. Der Kaiser käme in Schwierigkeiten, »wenn Sie, liebster Papa, ihm nicht beschützen und vertheidigen ... der Ihr Schwiegersohn und nicht mehr Ihr Feind ist ...«[66].

Aus Schaffhausen sandte Marie Louise ein Schreiben an Napoleon ab, das ihn aber nicht mehr erreichte. Sie versicherte ihm darin, »daß Du mir in Gedanken stets gegenwärtig bist, daß ich Deine Interessen auf das Beste in Ordnung bringen und Dir alle meine Zärtlichkeit beweisen möchte ...«[67]. Dieser Brief wurde, wie auch ein ärztliches Gutachten Dr. Corvisarts, von Metternich zurückgehalten.

Die Reise sollte über Tirol gehen, doch fürchteten die Regierungsstellen, die französische Begleitung der Kaiserin könnte dort unangenehme Erinnerungen auslösen. Die Tiroler aber bereiteten Marie Louise einen sehr herzlichen Empfang. Nach drei Tagen ging die Fahrt nach Salzburg weiter, und die Kaiserin notierte in ihrem Tagebuch: »Ich kehre zu dir zurück, mein teures Vaterland. Warum hat man mich vom richtigen Weg abgelenkt, mir diese Reise aufgezwungen? Warum setzt man mich all diesen Demütigungen aus, all diesen Vorwürfen, die mir mein Herz macht? Warum hat das Volk von Paris nicht wie die treuen Tiroler die Stränge meines Wagens zerschnitten? Welch herzzerreißendes Verhängnis ist nicht mein Schicksal? Den Händen des Kaisers zu entgleiten und das unglückliche Frankreich so zu verlassen! Gott allein kennt meinen Schmerz. Ach! Meine ohnmächtige Schwäche in diesem Wirbel von Intrigen und Verrätereien!«[68].

Am 20. Mai erreichten Marie Louise und ihr Sohn das Stift Melk. Ihre Stiefmutter Maria Ludovika hatte ihr dorthin einen Brief gesandt, in dem sie schrieb, daß sie sie »in dieser gräßlichen Lage bedaure«, aber der warme Empfang in Wien werde sie trösten. »Sie werden sich hier inmitten von Leuten befinden, die Sie vergöttern und alles tun werden, um ihr Leid zu mildern«[69].

Am nächsten Nachmittag hatte sich vor Schloß Schönbrunn eine große Menschenmenge eingefunden, um die heimkehrende Kaisertochter und ihren Sohn zu sehen. Die Polizei berichtete, daß 230 private Kutschen die Zufahrt zum Schloß säumten. Um 18.20 Uhr bogen die Wagen der Kaiserin, von Hietzing kommend, in den Schloßhof ein. Die in Wien versammelte Kaiserfamilie hatte vor der großen Freitreppe Aufstellung genommen und Marie Louise, mit Tränen in den Augen, begrüßt, »als ob sie«, wie Méneval schrieb, »darüber entzückt wäre, daß sie mit heiler Haut einer Gefahr entronnen sei«[70].

Die Wiener fanden Marie Louises Sohn entzückend; mit seinem mit weißen Federn geschmückten Marschallhut sehe er allerdings lächerlich aus. Und der Polizeibericht sprach davon, daß sich »der kleine Prinz die Sympathien des Publikums so rasch erworben hat, daß nichts so bedauert wird, wie daß der Kaiser Napoleon sein Vater ist«[71].
Die Familienangehörigen waren von diesem blonden, blauäugigen Kind ebenfalls angetan und hoben übereinstimmend hervor, daß es seiner Mutter ähnlich sehe, was diese energisch bestritt. »Ganz und gar nicht«, erwiderte sie, »er gleicht dem Kaiser. Er hat seinen Gesichtsausdruck und seine ganze Art«[72].
Sofort schrieb Maria Ludovika ihrem Gemahl nach Paris, wie ihre Stieftochter und deren Sohn in Wien Einzug gehalten hatten. »... Wenn sie sich nur etwas schonen wollte in ihrer Gesundheit«, führte sie aus, »und nicht so erschröcklich kindisch wäre wie ein Mädchen von 12 Jahren ... Der Louise ihr Sohn ist ein auffallend hübsches Kind; sein Anblick machte mir einen peinlichen Eindruck, da er das Gepräge seines Vaters in sich trägt; ich wollte es wäre ein Mädchen. Seit gestern scheinen die Franzosen nach ihrer Sitte Herren unseres Schlosses und Deiner Länder zu seyn; jedes zweite Wort ist l'Empereur, aber da Gottlob er ein unbedeutendes, unschädlich gemachtes Wesen ist, so hört man das recht gleichgiltig ... «[73].
Erzherzog Johann, der Louises Sohn genau beobachtete, meinte über ihn: »Ein hübscher Knabe, blond, blauäugig, aber des Vaters Gesicht, Blick, Trotz, Geist und Seele ... Wenn er gut erzogen wird, da kann daraus etwas werden«[74].

KAPITEL 4

Marie Louise bricht mit Napoleon
Napoleons Flucht von Elba
Marie Louise tritt die Reise nach Parma
ohne ihren Sohn an
Der Prinz wird Herzog von Reichstadt
Die ersten Bestrebungen in Frankreich,
den Herzog als Napoleon II. zurückzuholen
Schwierige Erziehung Reichstadts

Am Tage ihrer Ankunft in Wien legte Marie Louise die Tagesordnung für ihren Hofstaat fest. Die Etikette fiel, sonst blieb alles wie in Paris. Ihr Haushalt war streng von der übrigen Familie getrennt, mit der sie kaum verkehrte. Méneval schrieb: »Im Allgemeinen hatten wir keinen Anlaß, uns über den Empfang, den man uns bereitete, zu beklagen, aber auch keinen, ihn zu preisen«[1].
Die Wiener brachen in den ersten Tagen wegen der Heimkehr der Kaisertochter in Begeisterung aus. So mancher Amateurdichter war stolz, ein Huldigungsgedicht von sich in einer Zeitung abgedruckt zu lesen:

»Die jüngst zum Friedens-Unterpfand
Erscheint in ihrem Vaterland
Willkommen edle Dulderin!
Wie schwer riß sich Dein kindlich Herz
Wir alle fühlten Deinen Schmerz
Als Opfer sich geweyht
In unsrer Mitte heut
Vom Vaterherzen los
Und Thrän auf Thräne floß!«[2]

So schnell der Enthusiasmus für Maria Louise aufkam, so schnell verflog er wieder und schlug ins Gegenteil um, als die Menschen bemerkten, daß die Kaisertochter nicht nur Französin geworden, sondern auch geblieben war. Schon nach einer Woche brachte sie die Wiener gegen sich auf, als sie erklärte, sie wünsche keine Österreicherinnen in ihrem Hofstaat, da die »Deutschen schlecht riechen«. Die Baronin von Reede berichtete über Marie Louise nach Berlin: »Man ist darüber auch sehr ungehalten, daß sie inmitten ihrer Familie fremde Gebräu-

che, wie den, um 7 Uhr, und zwar allein zu dinieren, daß sie weiters ihre Küche nicht entbehren und eine deutsche Suppe nicht mehr hinunterbringen kann. Man erzählt, sie habe den Kaiser, ihren Vater vor allem gebeten, ihre Schneiderinnen behalten und sich weiter aus Paris beliefern lassen zu dürfen ... «[3].
Baron Hudelist, Sekretär Metternichs, berichtete seinem Herrn nach Paris, daß sich Fürst Trautmannsdorf bei ihm über Marie Louise beschwert habe: »Allgemein bemerkt man, daß sie sich so benimmt und spricht, als ob der Kaiser Napoleon noch in Frankreich regierte ... «[4].
Zehn Tage nach ihrer Ankunft in Wien verließen die Gräfin Montebello und Dr. Corvisart Marie Louise und kehrten nach Frankreich zurück. Die Kaiserin war über die Flucht ihrer Freundin enttäuscht. Vier Tage später sandte Marie Louise folgenden Brief an ihren Gemahl: »Gequält und Dich zärtlicher liebend denn je, verbringe ich ganze Tage damit, darüber verzweifelt zu sein, daß ich Dich nicht sehe ... Dein Sohn ist, im Gegenteil, ungemein fröhlich, sein Befinden ist niemals besser gewesen, er wird von allen Leuten, die ihn sehen, bewundert. Er spricht oft von Dir, er wird verständig, er fragt mich immer wieder wann wir Papa sehen und besuchen werden, ich möchte, daß sein Wunsch sich bald erfüllt«[5].
Nur die alte Königin von Neapel Maria Carolina, die jetzt in Schloß Hetzendorf logierte, war Realistin genug, um Marie Louise und ihrem Sohn die Augen zu öffnen. Als Marie Louise mit dem Prinzen einmal bei ihr zu Besuch weilte, fragte der kleine Prinz, wann er wieder seinen Papa sehen werde. »Nie wieder«, erwiderte die Königin. Da riß Marie Louise ihr Kind an sich, drückte es an die Brust und rief wütend: »Tu le verras, je te le jure, tu le verras!« (Du wirst ihn wiedersehen, ich schwöre es Dir, Du wirst ihn wiedersehen)[6].
In diesen Tagen erreichte Marie Louise die Nachricht, daß Kaiserin Josephine am 2. Juni 1814 in Malmaison an der Halsbräune (Diphtherie), einer damals lebensbedrohenden Erkrankung, gestorben war.
Der kleine Prinz von Parma begann wieder mit seinen Unarten, unter anderem beschimpfte er König Ludwig XVIII., daß er ihm seine Spielsachen weggenommen habe. Als dies dem König zu Ohren kam, zeigte er sich generös und sandte alle

Spielsachen samt der Wiege des Königs von Rom nach Wien. Mitte Juni kehrte Kaiser Franz nach Wien zurück, Marie Louise war ihm bis Sieghartskirchen entgegengefahren. Schon bei der ersten Unterredeung mit seiner Tochter widersetzte sich der Kaiser dem Plan seiner Ältesten, den kleinen Prinzen mit der Gräfin Montesquiou nach Parma vorauszuschicken. Die Anwesenheit des Sohnes des »Herrn Buonaparte«, so meinte der Kaiser, könnte Ludwig XVIII. beunruhigen. Er gestattete Louise nur die Kur in Aix.

In einem Brief vom 22. Juni an ihren Gemahl teilte Marie Louise mit, daß sie am 29. Juni »das Gefängnis von Wien« verlassen werde. Sie war hier tatsächlich völlig isoliert. Sie wurde immer einsamer, und die Menschen um sie verhielten sich immer abweisender. Dazu kamen die Hofintrigen der Bediensteten, die der Kaiserin Ludovika – der »Napoleonfresserin« – alles Negative über Marie Louise zutrugen. Jetzt, da die Kaisertochter wieder allein und auf sich gestellt war, wurde sie unsicher und hilflos und suchte in einer Abwehrhaltung Zuflucht, die ihr prompt als Arroganz und Unfreundlichkeit ausgelegt wurde. Nur Erzherzog Johann, der Intelligenteste des gesamten Habsburgerclans, erkannte das seelische Dilemma seiner Nichte. Über eine Unterredung mit ihr schrieb er:

»Ist sie klug, dann wird sie nach Parma gehen; was will sie hier machen? Bei dem Empfang beobachtete ich die Gesichter; sie fühlts und verbirgts. Die drei Frauen, die Kaiserin, die Königin, die Modeneserin (Maria Ludovika, Maria Carolina und Erzherzogin Beatrice, Mutter der Kaiserin) gegen Alles was napoleonisch; meiner Nichte manch Unangenehmes. Und der Kleine, ein hübscher Knabe ... Ob nicht besser gewesen wäre, ihn statt der schwachen Bourbonen in Frankreich unter einer Regentschaft zu lassen ... An Napoleon hängt sie natürlich ... Es hat mich betrübt, den Gleichmuth meiner Nichte zu sehen; entweder weiß sie sich sehr gut zu verstellen, das glaube ich nicht, oder sie sieht die Trennung temporär an, das ist eher wahrscheinlich. Sie spricht vom Kaiser, von den Dingen ganz glatt ... Sie geht nach Parma ... ich bin froh, dort wird sie Ruhe finden ... Auf alle Fälle wünsche ich einen redlichen, geraden, klugen Mann von Seiten Österreichs an ihrem Hofe, um den Willen und die Rathschläge des Vaters zu insinuieren ...«[7].

Dieser »redliche und kluge Mann« war bereits in der Person des Generals Adam Graf Neipperg gefunden. Der Kaiser unterrichtete seine Tochter, daß er ihr Neipperg als Ehrenkavalier zuteile, der sie auch nach Aix begleiten werde. Der Kaiser faßte die Aufgabe Neippergs genauer zusammen: »Graf Neipperg wird sorgfältig jeden Gedanken einer Reise nach Elba, welcher das für das Wohl einer geliebten Tochter zärtlich besorgte Vaterherz Seiner Mayestät des Kaisers, mit größten Besorgnis erfüllen würde, von der Frau Herzogin von Colorno (Pseudonym Marie Louises) zu entfernen suchen, kein Mittel unversucht lassen, um sie davon abzubringen«[8].
Graf Neipperg entstammte einem schwäbischen Geschlecht und wurde am 5. April 1775 geboren. Sein Großvater war Feldmarschall. Der Enkel genoß eine hervorragende Bildung in der Karlsschule in Stuttgart, die ihn sowohl für den Generalstabsdienst als auch für diplomatischen Dienst befähigte. 1790 trat er in den österreichischen Militärdienst ein und focht in der Rheinarmee. Am 14. September 1794 wurde er im Gefecht bei Doclen schwer verwundet. Durch einen Säbelhieb verlor er sein rechtes Auge und geriet in französische Gefangenschaft. Aus der Gefangenschaft entlassen, kämpfte er sofort wieder auf verschiedenen Kriegsschauplätzen. 1809 wurde er zum Generalmajor befördert. 1810 war er einer österreichischen Delegation zugeteilt, die in Paris über einen Gefangenentausch verhandelte. Bei einem Empfang lernte er Marie Louise kennen. Später war er in diplomatischen Missionen in Neapel und Stockholm tätig. Neipperg war verheiratet und hatte vier Söhne.
Am 3. Juli hatte Napoleon an Marie Louise einen Brief gerichtet, in dem es hieß: »Ich denke, Du solltest baldigst nach Toskana kommen, wo die Heilwässer ebenso gut und sogar gleicher Art sind wie in Aix de Savoie. Das würde viele Vorteile haben. Ich bekäme öfter Nachricht von Dir, Du wärst Parma näher, könntest Deinen Sohn bei Dir haben und gäbest niemand Grund zur Besorgnis. Deine Reise nach Aix bringt nichts als Ungelegenheiten mit sich ... «[9]. Der Brief wurde in Wien so lange zurückgehalten, bis Marie Louise nicht mehr umdisponieren konnte. Sofort schrieb sie zurück: »Ich bitte Dich, recht oft mir zu schreiben, es ist eine der wenigen Freuden, die ich in

diesem Augenblick habe, und glaube vor allem, lieber Freund, an meine zärtliche Anhänglichkeit, niemand liebt Dich und wird Dich so sehr lieben wie ich ...«[10].

Die Bäderreise nach Aix stiftete heillose Verwirrung. Metternich, der gerade in London weilte, konnte es nicht fassen, daß der Kaiser gerade in dem Moment, als Ludwig XVIII. in Paris eintraf, seiner Tochter die Reise bewilligte, die nun ebenfalls wieder französischen Boden betrat. Franz mußte den König besänftigen, der schon wieder um seinen Thron zitterte. Auf der Fahrt nach Aix schrieb Marie Louise aus Meersburg noch ihrem Vater: »Ich bitte Sie, liebster Papa, noch einmal, in meiner Abwesenheit für meinen Sohn Sorge zu nehmen, denn sonsten, wenn ich nicht wüßte, daß er in so guten Händen wäre, so würde ich mich entsetzlich ängstigen«[11].

Napoleon war überzeugt, Marie Louise würde mit seinem Sohn von Aix sofort nach Elba reisen, daher ließ er bereits in der Villa Mulini Zimmer renovieren und einrichten. Bald konnte er ihr mitteilen, daß die Wohnung fertiggestellt sei und er sie im September zur Weinlese erwarte. Über sein Kind sagte er oft zu seinen Getreuen, die ihm auf die Insel gefolgt waren, sein Sohn sei »ein armer Teufel«. Der Kaiser sandte Oberst Theodor Laczynski nach Aix, der nach Beendigung der Kur Marie Louise nach Elba begleiten sollte. Als der Oberst in Aix eintraf, erhielt Marie Louise ein Schreiben ihres Vaters, in dem er ihr befahl, sofort nach der Kur nach Wien zu reisen, da sie während der Dauer des Wiener Kongresses anwesend zu sein habe.

Die Gräfin Montebello besuchte Marie Louise in Aix, und als sie ihre Freundin und den einäugigen General sah, ahnte sie Schlimmes. Kaum war sie wieder in Paris, schrieb sie ihrer kaiserlichen Freundin: »Ich habe nicht aufgehört zu reden und Eurer Majestät in den Ohren zu liegen, um sie vor der Gefahr zu warnen, der ich sie ausgesetzt sah ...«[12]. Und plötzlich hatte es die Kaiserin gar nicht mehr eilig, nach Elba zu kommen. Schon flüchtete sie in die ersten Ausreden, um die Reise zu verschieben oder überhaupt abzusagen. »Wie zufrieden wäre ich«, schrieb sie ihrem Gemahl, »sogleich zu Dir zu kommen, sobald mein Sohn bei mir ist. Ich habe befohlen, ihn hieherkommen zu lassen, als ich einen Brief von meinem Vater

erhielt, der mich bittet, nach Wien zum Kongreß zurückzukommen, da dort über die Rechte meines Sohnes verhandelt werden wird ...«[13].
Napoleon riß nun endgültig die Geduld. Er setzte Kapitän Hurault de Sorbee nach Aix in Marsch, der Marie Louise die Aufforderung überbrachte - der Brief gilt als verloren - sofort nach Elba zu kommen. Sollten die Österreicher Schwierigkeiten machen, sollte sie sich Hurault anvertrauen, der ihr zur Flucht verhelfen würde. Marie Louise unterrichtete Neipperg von diesem Ansinnen Napoleons - und verriet damit ihren Gemahl. Sie sagte Neipperg, sie fühle sich nun wieder ganz als Österreicherin und nicht mehr als Französin.
Die Kur war beendet, Marie Louise trat über die Schweiz verfrüht die Heimreise nach Wien an. Was war der Grund? War es nur der Gehorsam dem Vater gegenüber oder gab es noch Gründe, nicht nach Elba zu reisen? Hatte sie auch vom inzestösen Verhältnis Napoleons zu seiner Schwester Pauline gehört, vom dem in diesen Tagen ganz Europa sprach? Oder war der Besuch der Gräfin Walewska mit ihrem Sohn Alexandre bei Napoleon am 1. September ausschlaggebend?
Marie Louise verlängerte ihren Urlaub in der Schweiz und machte dort einige Bergtouren. Am 27. September wurden Marie Louise und Neipperg beim Besuch der Tellkapelle von einem Gewitter überrascht und mußten in der Nähe im Gasthof »Zur Goldenen Sonne« übernachten. Dort wurde sie seine Geliebte.
Wie sehr und intensiv die innere Abkehr Marie Louises von ihrem Gemahl in so kurzer Zeit vor sich gegangen war, zeigt ein Brief an die Gräfin Montebello, den sie nach der Heimkehr nach Wien verfaßt hatte: »Stellen Sie sich vor«, schrieb sie, »daß mir der Kaiser in den letzten Tagen meines Aufenthalten in Aix Botschaft auf Botschaft gesandt hat, mit der Aufforderung zu ihm zu kommen, ganz allein, nur mit Herrn Hurault, eine kleine Lustreise zu machen, und daß er mir hat sagen lassen, ich sollte meinen Sohn in Wien lassen, er sei dort gut untergebracht, und er brauche ihn nicht; das habe ich etwas stark gefunden und habe offen geantwortet, daß ich im Augenblick nicht kommen könne«[14]. Das Verhalten Marie Louises und das offen zur Schau gestellte Verhältnis zu Neipperg fand in der Fa-

milie keine Kritik. Sie duldete alles, wenn Marie Louise nur ihren Gemahl vergaß.
Die Kaisertochter erlebte nach ihrer Rückkehr eine unangenehme Überraschung. Der päpstliche Nuntius in Wien, Monsignore Severoli, verbreitete ein Dokument des Vatikans, in dem festgestellt wurde, daß die Ehe Napoleons mit Marie Louise ungültig sei, da die Trennung des Kaisers Napoleon von Josephine nicht nach den Regeln des kanonischen Rechtes erfolgt sei. Nun war Josephine gestorben, Napoleon Witwer und der Vatikan forderte Marie Louise auf, eine Erklärung abzugeben, ob sie nun gewillt sei, mit dem Witwer Napoleon eine rechtsgültige Ehe neu einzugehen. In mehreren Audienzen drang der Delegierte des Papstes beim Wiener Kongreß, Kardinal Ercole Consalvi, in Marie Louise, eine solche Erklärung abzugeben. In dem Dokument des Vatikans hieß es: »... Die Nachwelt wird dem ehrenhaftesten und großmütigsten aller Souveräne gerecht werden und dankbar anerkennen, daß er seine Tochter dem Volk geopfert hat. Wenn jedoch das Ungeheuer (Napoleon) unseren guten Glauben mißbraucht hat, so wird man sich fragen, warum man den Skandal fortgesetzt hat, indem man das unschuldig betrogene Opfer noch weiter als Gattin desjenigen hat gelten lassen, den sie nach katholischem Recht ohne Dispens erst jetzt heiraten könnte, wo das Ungeheuer wirklich Witwer und frei ist, eine neue Ehe einzugehen«[15]. Selbst Kaiser Franz war über diese Geschmacklosigkeit des Vatikans entsetzt und forderte Metternich auf, »gegen derlei Benehmen« beim Heiligen Stuhl schärfsten Protest einzulegen[16].
Wütend lehnte Marie Louise das Ansinnen Kardinals Consalvi ab, betonte, sie wolle von Napoleon überhaupt nichts wissen. Diese Erklärung änderte schlagartig das Benehmen ihrer französischen Bediensteten. Ein Ton riß ein, der in den Tuilerien unmöglich gewesen wäre. Eines Abends machte Bausset in Anwesenheit der Kaiserin im Salon Witze und begann ungeniert von den Liebschaften des Kaisers während seiner Ehe mit Marie Louise zu erzählen; er meinte, daß Napoleon jede Dame aus dem Hofstaat der Kaiserin um einen Schal hätte haben können, nur für die Gräfin Montebello wären drei notwendig gewesen. Marie Louise wies ihn scharf zurecht, aber jeder der Anwesenden spürte, daß sich die Zeiten geändert hatten.

Am 18. Oktober beantwortete Marie Louise einen Brief der Montebello, in dem sie schrieb, daß sie ihren Sohn bei der Heimkehr außerordentlich gewachsen und noch schöner angetroffen habe. »Die Haare fallen ihm jetzt in Locken auf die Schultern, und Sie wissen, welch hübsche Farbe sie haben, die Trauerkleider (Maria Carolina war gestorben) stehen ihm dazu ausgezeichnet; ich habe ihm welche mit langen Ärmeln machen lassen, weil ich die Kälte für ihn fürchte. Er spricht auch sehr deutlich und verbringt mehrere Stunden ganz allein in meinem Zimmer«[17].
Es hatte tatsächlich den Anschein, Marie Louise würde sich nun ganz dem Kind widmen und im Beisammensein mit ihm Trost finden. Ihr Sohn war das Einzige, was ihr geblieben war. Am 18. Oktober wurde der erste Jahrestag der Schlacht von Leipzig in Wien mit großen Militärparaden gefeiert. Marie Louise hatte sich mit ihrem Sohn in ihr Zimmer zurückgezogen und den ganzen Tag geweint.
Immer mehr schloß sich jetzt Marie Louise ihrer langjährigen Freundin und Vertrauten, der Gräfin Montebello an, der sie ihr Herz ausschüttete. Von ihrem Kummer und ihrem Sohn zu schreiben, war ihr ein Herzensbedürfnis. Am 20. Dezember hieß es in einem Brief: »... Gestern hat er mich erschreckt, er ist mit der Stirn gegen den Schreibtisch gefallen und hat sich eine große Beule und eine Hautabschürfung zugezogen; ich bin deswegen ganz krank geworden, denn zu dem Schreck kam noch meine Ungeduld, Madame de Brignole und den Grafen Neipperg anhören zu müssen, die mir sagten, daß dies nichts sei und ich aus ihm einen Weichling machen würde, wenn ich fortführe, ihn so zu verhätscheln. Ich habe immer Angst, wenn der Letztere mit ihm spielt; sie treiben solche Dinge miteinander, daß ich überzeugt bin, er wird ihn mir eines Tages zerbrechen. Die beiden sind die besten Freunde ...«[18].
Die Gräfin war durch die ständigen Bemerkungen Marie Louises über den General sichtlich beunruhigt und bat ihre Freundin, das Spiel mit Neipperg abzubrechen, die Sache könnte sonst gefährlich werden, und sie erinnerte Marie Louise daran, daß sie schließlich noch immer die Gemahlin Napoleons sei. Marie Louise beruhigte sie. Einige Tage später unternahm der General einen Selbstmordversuch. Marie Louise warf nun alle

Bedenken und Etikettfragen über Bord und lebte von da an mit Neipperg zusammen. Alle waren froh, daß Marie Louise wieder einen Mann gefunden hatte. Aus ihrem Verhältnis zu Neipperg machte sie kein Hehl, ganz Wien wußte davon. In einem Polizeibericht lesen wir darüber: »Indes traue ich mich zu behaupten, daß dieses Verhältnis zwischen ihm und der Prinzessin nur gute Folgen haben kann, indem er Ascendant über sie gewonnen hat, der sie ohne des Freundes Rat keinen Schritt wagen läßt, und der Charakter des Grafen bürgt dafür, daß dieser Rath nur jener sein kann, den er den Absichten des erlauchten Vaters entsprechend glauben wird«[19].

Am 1. Jänner 1815 schrieb Marie Louise den letzten Brief an Napoleon: »Ich hoffe, daß dieses Jahr glücklicher für Dich sein wird. Du wirst wenigstens auf Deiner Insel sein und wirst noch lange Jahre glücklich für das Glück all jener leben, die Dich lieben und Dir, wie ich, zugetan sind. Dein Sohn umarmt Dich und trägt mir auf, Dir ein gutes Neujahr zu wünschen und Dir zu sagen, daß er Dich von ganzem Herzen liebt; er spricht sehr oft von Dir und wächst heran. Er war in diesem Winter etwas krank, ich habe sofort Frank konsultiert, der mich sehr beruhigt hat, indem er mir sagte, daß es nur ein vorübergehender Fieberanfall sei; in der Tat war er sofort wieder wohlauf. Er fängt an, Italienisch leidlich zu verstehen und lernt auch Deutsch. Mein Vater behandelt ihn mit sehr viel Güte und Zärtlichkeit. Er scheint ihn innig zu lieben, er spielt sehr viel mit ihm ...«[20].

Plötzlich war die schon sicher erscheinende Zukunft Marie Louises wieder in Frage gestellt. Spanien weigerte sich vor dem Kongreß, die Abmachungen von Fontainebleau anzuerkennen, und beanspruchte, von Ludwig XVIII. massiv unterstützt, Parma für die Herrschaft der spanischen Bourbonen. Talleyrand, der Delegierte Frankreichs, sandte seinem König folgende Depesche nach Paris: »Ich muß Eurer Majestät sagen, daß ich darauf den größten Wert lege, weil dadurch der Name Bonaparte für die Gegenwart und für die Zukunft endgültig aus der Liste der Souveräne gestrichen wäre; die Insel Elba gehört demjenigen, der sie besitzt, nur auf Lebenszeit, und der Sohn der Erzherzogin darf keinen unabhängigen Staat besitzen«[21].

Talleyrand war es auch, der dem Wiener Kongreß den Vorschlag unterbreitete, Napoleon nochmals zu deportieren, da er von Elba aus ideale Kontakte zum Festland habe. Er schlug die Azoren als neuen Aufenthaltsort vor. Andere plädierten für Santa Lucia auf den Antillen und erstmals fiel das Wort: St. Helena. Die Briten und Preußen stimmten Talleyrand zu, die Russen hatten keine Meinung, und Kaiser Franz verhielt sich in dieser Runde ganz still. Da es zu keiner Einigung kam, wurde diese Frage vertagt.

Den Franzosen blieb nichts anderes übrig, als ihren Exkaiser auf seiner Insel auszuhungern. Sie verweigerten ihm die zwei Millionen Francs Apanage und warteten. Madame Mère hatte bereits ihre Brillanten verkauft und den Erlös ihrem Sohn zur Verfügung gestellt. Zwischen dem englischen Außenminister und Talleyrand wurde sogar ein Mordkomplett gegen Napoleon geschmiedet. Auch der Mörder, ein Korse namens Bruslart, war schon engagiert.

Metternich erkannte die Gefahr des spanischen Antrages, der Marie Louise Parma streitig machen wollte. Er beauftrage Neipperg, die Exkaiserin davon zu überzeugen, daß sie allein – ohne ihren Sohn – nach Parma gehen müsse, damit sie die Alliierten nicht vor die vollendete Tatsache eines Erbherzogtums stellen würde. Nach langen Kämpfen war Marie Louise mit diesem Plan einverstanden. Sie hoffte, in Parma so viel Vermögen zu erwerben, daß ihr Sohn ein sorgenfreies Leben führen könnte. Die Gräfin Montesquiou war über diese Haltung der Exkaiserin entsetzt. Ihrem Mann schrieb sie nach Paris: »Mein lieber Freund, machen Sie mir die Heimkehr nach Paris nicht zur Pflicht; sie würden mich dadurch in die größte Verlegenheit setzen, und mein Gewissen würde mir mein ganzes Leben lang etwas vorwerfen. Wenn dieses Kind eine Mutter hätte, überließe ich es ihr und wäre beruhigt. Aber sie ist alles eher als das ... Es ist klar, daß ich, käme es nur auf meine Gefühle, Vorteile und Neigungen an, nicht einmal mehr 14 Tage hier bleiben würde ... Wir sind eine kleine Schar, wir, die wir oft an der Wiege weinen ... «[22].

Am 7. März erhielt Metternich um 3 Uhr morgens eine Eildepesche. Da es in der vergangenen Nacht spät geworden war und Metternich noch schlafen wollte, öffnete er sie erst um 6.30 Uhr. Wie elektrisiert sprang er aus dem Bett. Die Nachricht vom österreichischen Generalkonsul in Genua war kurz, aber weltbewegend: »Der englische Kommissär Campbell ging soeben im Hafen an Land, um sich darüber zu informieren, ob jemand Napoleon nach seinem Verschwinden von der Insel Elba in Genua gesehen hätte. Da dies nicht der Fall war, stach die englische Fregatte unverzüglich in See«[23].

Diese Nachricht schlug bei den Alliierten wie eine Bombe ein. Alle, die gestern noch gegeneinander intrigierten, waren in dieser Stunde wieder Freunde. Der Preuße Reichsfreiherr von und zum Stein beantragte für Napoleon die Acht.

Marie Louise, die sich nicht in Wien aufhielt, sondern erst zwei Tage später die Nachricht erhielt, soll in Tränen ausgebrochen sein. Die Alliierten hätten ihr jetzt Parma absprechen können, weil sich Napoleon nicht an die Abmachungen von Fontainebleau gehalten hatte. Er könnte die Herausgabe seines Sohnes fordern und sie zur Rückkehr nach Paris zwingen. Erzherzog Johann sandte ihr zum Trost ein Billet, das mit dem Satz endete: »Meine arme Louise! Ich bedaure Dich. Was ich Dir und uns wünsche ist, daß er sich endlich den Hals bricht!«[24].

Auf Veranlassung Metternichs verfaßte Marie Louise mit Hilfe des Diplomaten Wessenberg ein an ihren Vater gerichtetes Memorandum, das dem Kongreß vorgelegt werden sollte. Darin hieß es: »... In einer neuen, Europas Ruhe gefährdeten Krise, und von neuem Unbill bedroht, das sich über meinem Haupte zusammenballt, kann ich kein sicheres Asyl, keinen wohltätigeren Schutz erhoffen, als den, welchen ich von Ihrer väterlichen Zärtlichkeit für mich und meinen Sohn erflehe. In Ihre Arme, mein teuerster Vater, flüchte ich mit dem Wesen, das meinem Herzen am nächsten steht. Ich vertraue unser Schicksal Ihren Händen und Ihrem väterlichen Schutz an ... Wir werden keinen anderen Willen als den Ihren kennen und sie werden geruhen, all meine Bitten in einem so schwierigen Augenblick mit Ihrer Zärtlichkeit weiterzuleiten ... «[25].

Daraufhin wurde am 13. März 1815 Napoleon in die Acht genommen und außerhalb des Rechts gestellt. Er war vogelfrei. Jeder konnte ihn töten, ohne zur Verantwortung gezogen zu werden.

Den Exkaiser interessierte das nur sehr wenig. In einem einzigen Triumphzug marschierte er von Cannes bis Paris. Ludwig

XVIII. war wieder auf der Flucht. Die französische Presse schrieb: »Der Unhold ist aus seiner Verbannung entwichen ... Der corsische Werwolf ist bei Cannes an Land gestiegen ... Der Tiger hat sich zu Gap gezeigt, Truppen sind ihm entgegengesandt, er endet als elender Abenteurer in den Bergen ... Das Ungeheuer ist wirklich durch Verrat bis Grenoble gekommen ... Der Tyrann war in Lyon, Entsetzen lähmt alle ... Der Usurpator hat es gewagt, sich der Hauptstadt bis auf sechzig Stunden zu nähern ... Bonaparte kommt mit raschen Schritten näher, doch nie wird er Paris erreichen ... Napoleon wird morgen unter unseren Mauern sein ... Seine Majestät ist in Fontainebleau«[26].
Mitte März meldeten die Agenten in Schönbrunn ihrem Vorgesetzten Baron Hager, daß seitens des französischen Personals des Hofstaates von Marie Louise der Plan bestünde, den kleinen Prinzen von Parma nach Paris zu entführen. In der Audienz bei Kaiser Franz am 14. März berichtete Hager, daß die Ankunft des französischen Malers J.L. Davids in Wien das Signal zur Entführung sein sollte. Außerdem wäre Napoleons Meisterspion Charles Schulmeister und der Tänzer Duport auf dem Weg in die Residenz[27]. Auch der schon hier zu Besuch weilende Oberst Anatole Graf Montesquiou, Sohn der Gouvernante des Prinzen von Parma, sollte in diesem Komplott eine Rolle spielen. Als Bestätigung traf nun auch die Nachricht des österreichischen Botschafters in London ein, der englische Ministerpräsident warne die Österreicher vor einer gewaltsamen Entführung des Sohnes Napoleons[28]. Der französische Maler Davids entpuppte sich schließlich als ein biederer Herr David aus Ludwigsburg, der in Wien Geschäfte machen wollte. Trotzdem wurde die Gräfin Montesquiou entlassen und mit ihrem Sohn bei Regierungsrat Kleinschmied interniert. Anatole gelang die Flucht, er wurde jedoch an der Grenze in Lambach vom österreichischen Zöllner Igler erkannt und verhaftet.
Es ist bis heute ungeklärt, ob die Gouvernante tatsächlich die Entführung geplant und in dieses Komplott verwickelt war. Fouché jedenfalls behauptet in seinen Memoiren, daß die Entführung des Prinzen von Parma »versucht wurde und fast gelungen wäre«[29].

Auch der treue Méneval mußte Wien verlassen und kehrte nach Paris zurück, wo er sofort von Napoleon empfangen wurde und von Wien berichtete. Vom Verhältnis Marie Louises zu Neipperg war der Kaiser durch eine Unzahl anonymer Briefe aufgeklärt worden, doch der Kaiser wollte nur wissen, wie es seinem Sohn gehe. Méneval schrieb später in seinen Aufzeichnungen über dieses Gespräch: »Er war von einer stillen Traurigkeit umweht und so resigniert, daß sie mich tief ergriff. Ich fand ihn nicht mehr von jener Siegesgewißheit erfüllt ... es schien, als ob ihn der Glaube an sein Glück verlassen hätte ... «[30].
Baron Hager hatte alle Polizei- und Grenzstellen aufgefordert, besonders wachsam zu sein, da die Gefahr bestünde, »den Kleinen der Frau Erzherzogin zu entführen« und außer Landes zu bringen. Daher der beigegebene Steckbrief des Prinzen von Parma: »Derselbe ist 2 1/2 Schuh (79 cm) hoch und etwas untersetzt. Er hat ein sehr glattes, schön weiß und rot gefärbtes Gesicht, volle Backen, blaue, etwas tief liegende Augen und eine kleine, aufgestülpte Nase mit weiten Nasenlöchern, einen kleinen Mund mit ein wenig aufgeworfenen Lippen, in deren Mitte ein Grübchen befindlich, sehr weiße Zähne, lange lichtblonde Haare, welche am Scheitel geteilt sind und ringsherum in starken Locken bis an die Schultern herabhängen«. Der kleine Prinz trage gewöhnlich den blauen Waffenrock des ihm gehörenden französischen Husarenregimentes. An der linken Brustseite trage er das Großkreuz des Stephansordens und eine kleine Spange mit vier kleinen, goldenen Kreuzen. »Der Prinz spricht heftig und deutet immer mit den Händen herum. Sein Betragen ist sehr lebhaft«[31].
Baron Hager verlangte nun die Entlassung der französischen Bediensteten, die Wien sofort verlassen mußten. Diese Gelegenheit machten sich zwei französische Damen zunutze, indem sie versuchten, den kleinen Prinzen zu entführen. Der Polizeikommissär des Schlosses Schönbrunn, Karl Tapp Edler von Tappenburg, gab später bekannt, daß er von dieser Entführung erfahren habe und den beiden Französinnen nachgefahren sei. Hinter Strengberg soll er sie eingeholt und ihre Kutsche untersucht haben. In einem doppelten Boden des Wagens will er den Prinzen mit einer kleinen Gefährtin und einem Berg

Süßigkeiten gefunden haben. Für diese Tat soll er von Kaiser Franz zur Belohnung zum Inspektor sämtlicher kaiserlicher Lustschlösser ernannt worden sein. Diese Geschichte hat Tapp von Tappenburg kurz vor seinem Tod der Öffentlichkeit bekannt gegeben[32]. Sie dürfte aber nur der Phantasie des Edelmannes entsprungen sein, denn Hager hat nie über einen ernstzunehmenden Entführungsversuch berichtet.

Napoleon hatte auf seinem Marsch nach Paris aus fast jeder Stadt seiner Gemahlin Briefe zukommen lassen, doch wurden die Kuriere abgefangen und die Briefe vernichtet. In diesen Schreiben hatte der Kaiser seiner Gemahlin geschildert, wie triumphal er empfangen werde, und sie unmißverständlich aufgefordert, sofort mit seinem Sohn nach Frankreich zurückzukehren. Aus Paris schrieb er seinem Schwiegervater: »... So erwartet auch die tugendreiche Fürstin mit Ungeduld die ersehnte Wiedervereinigung ... Meine Bemühungen richten sich einzig auf die Festigung des Thrones, den die Liebe meiner Völker mir erhalten und zurückgegeben hat, und darauf, ihn eines Tages dem Kind hinterlassen, das Eure Majestät mit Ihrem väterlichen Wohlwollen umgeben hat«[33]. Dieser Brief wurde dem Kongreß zur Kenntnis gebracht und die Delegierten sollen bei der »tugendreichen Fürstin« in schallendes Gelächter ausgebrochen sein.

Napoleon brauchte seine Familie. Ohne Familie, das wußte der Kaiser, war er nichts anderes als ein entsprungener Häftling. Schon begannen sich in Frankreich antinapoleonische Strömungen bemerkbar zu machen. Die Opposition war diesmal kein politischer Machtblock, sondern wurde von den Frauen des Landes gestellt. Sie ahnten, daß es unter Napoleon wieder rigorose Konskriptionen geben würde; sie wollten nicht mehr zusehen, wie ihre Männer, Brüder und Söhne zu den Fahnen geholt würden. Der Kaiser zog daraus die Konsequenzen und stellte ein Freiwilligen-Heer auf. Er erwartete 250 000 Mann und war enttäuscht, als sich in ganz Frankreich nicht mehr als sechzig Mann meldeten.

Napoleons Rückkehr komplizierte Marie Louises Angelegenheiten, weil der Kaiser alle Verträge, so auch die Vereinbarungen von Fontainebleau, in denen Marie Louise mit Parma belehnt werden sollte, gebrochen hatte. Nur das Zarenreich

stand trotz der veränderten Situation auf Seiten der österreichischen Kaisertochter, alle anderen Länder, einschließlich Österreich, stellten sich gegen sie. Endlich einigten sich am 27. Mai 1815 die Alliierten darauf, daß Marie Louise bis zu ihrem Tode Parma erhalten sollte, aber daraus dürfe sich für ihren Sohn kein Erbrecht ableiten lassen. Er würde also nach ihrem Tod leer ausgehen und seinen Titel als Prinz von Parma verlieren.
Für Marie Louise hätte es nichts Schlimmeres geben können als ein Sieg Napoleons. Er hätte dann auf ihrer Rückkehr nach Paris bestehen können. Lieber würde sie in ein Kloster eintreten, ließ sie ihre Umgebung wissen, als mit ihrem Sohn an die Seine zurückkehren. »Ich bitte Sie, sich ... zu erinnern«, schrieb sie verzweifelt an ihren Vater, »was ich Ihnen den Tag vor Ihrer Abreise gesagt habe, das ist, daß es mir nie mehr auf keinen Fall möglich wäre, nach Frankreich zurückzukehren«[34]. Was ist das für eine Nation, fragte sie, die von Napoleon abfällt, ihn verflucht und freudig den König begrüßt? Nun verflucht sie den Bourbonen und begeistert sich wieder für den Kaiser. Bevor er ins Feld abreiste schrieb sie ihrem Vater: »Ich bete zu Gott, daß er Ihnen bald glücklich zurückkommen möchte machen und Ihre Waffen segnen möchte«[35].
Noch einmal versuchte Napoleon, die Rückkehr seiner Gemahlin und seines Sohnes zu erzwingen, um mit diesem Schritt vielleicht die Österreicher aus der geschlossenen Front der Alliierten herauszubrechen. Er sandte Montrond nach Wien, der mit Metternich verhandeln sollte. Der Staatskanzler ließ den Franzosen keine Sekunde im Zweifel, was die alliierten Mächte mit Napoleon vorhatten. Montrond verließ Wien am 9. April mit leeren Händen.
Am 25. April verpflichteten sich die Völker Europas, außer Portugal und Schweden, eine Armee von einer Million Mann aus dem Boden zu stampfen. König Murat war wieder auf die Seite seines Schwagers getreten, er marschierte bereits in Italien gegen die Österreicher und hatte schon fast den Po erreicht. Graf Neipperg mußte sofort Wien verlassen und übernahm eine Division in Pavia. Zur Entscheidungsschlacht bei Tolentino kam er zu spät, was ihm eine Rüge des Hofkriegsrates eintrug. Kaiser Franz war über den Liebhaber seiner Toch-

ter empört. Neipperg sandte sein Rehabilitierungsschreiben an Marie Louise, die es persönlich dem Kaiser überbrachte. Bei der Kapitulation Murats war Neipperg als Diplomat tätig, doch der Kaiser war mit ihm wieder nicht zufrieden, da er Neapel zu milde Forderungen gestellt hatte. Der Kaiser vermerkte handschriftlich auf diesem Akt, daß er über die diplomatischen Fähigkeiten des Generals seine Zweifel hege. Als Neipperg dies erfuhr, wollte er sofort seinen Dienst liquidieren und in englische Dienste übertreten, was Marie Louise zur Verzweiflung trieb. Sie nützte aber die Gelegenheit und bat ihren Vater, ihr den General zu überstellen, denn er sei für ihr »Hauswesen« äußerst nützlich und unentbehrlich.
Zur Ehrenrettung Neippergs muß gesagt werden, daß ihn keine opportunistischen Überlegungen lenkten. Neipperg wurde von Fürst Schwarzenberg für den Dienst bei der Erzherzogin ausgewählt. Alle späteren Behauptungen, er sei sozusagen »auf Befehl« Louises Liebhaber geworden, entsprechen nicht der Wahrheit. Diese diffamierenden Gerüchte entstammten dem Pamphlet eines unbekannten Autors, das 1842 in Paris erschienen war[36].
Ob der Schritt Metternichs, den er jetzt unternahm, seinem Innersten entsprang und von echter Sorge um die Kaisertochter und ihr Kind getragen war, bleibt dahingestellt. Jedenfalls versuchte der Staatskanzler den Thron Frankreichs für die Tochter seines Herrn zu retten. Er sandte seinen Diplomaten, Baron Ottenfels, nach Basel, der sich mit Napoleons Abgesandten Fleury de Chaboulon traf. Metternich unterbreitete den Vorschlag, Napoleon möge sofort abdanken und sich unter den persönlichen Schutz des Kaisers Franz stellen. Marie Louise und ihr Sohn würden nach Paris zurückkehren, und die Kaiserin sollte bis zur Großjährigkeit ihres Sohnen die Regentschaft wahrnehmen. Metternich war der festen Überzeugung, er könnte den Alliierten seinen Plan schmackhaft machen, so daß sie zustimmen würden. Dies müßte aber, und das war Metternichs Forderung, geschehen, *bevor* der erste Schuß fiel. Napoleon ließ Metternich ausrichten, daß er zu Kaiser Franz kein Vertrauen mehr habe, er würde vorschlagen, erst zu verhandeln, *nachdem* der letzte Schuß gefallen sei. Damit hatte Napoleon für sich und seinen Sohn die letzte Chance verspielt. Es

kam, wie es kommen mußte. Des Kaisers Schachzug, zuerst die Preußen und Engländer in Belgien zu schlagen und sich dann erst gegen die Russen und Österreicher zu wenden, schlug fehl. Waterloo wurde zu seinem Cannae. Er verlor 25 000 Mann an Toten und Verwundeten, 7 000 Mann durch Gefangenschaft, 10 000 Mann wurden nach der Schlacht vermißt. Wie viele von diesen und den Verwundeten noch starben, blieb unbekannt. Im ersten Augenblick schien es, als ob Napoleon eine Schlacht, aber nicht den Krieg verloren hätte. Noch besaß er genügend Truppen, und er entwickelte sofort einen neuen Feldzugsplan. Doch die Notabeln und die Deputierten spielten nicht mehr mit. Nach stürmischen Sitzungen der Kammern verlangten die Abgeordneten die Abdankung des Kaisers. Am 22. Juni 1815 war Napoleon bereit, diesen Schritt zu vollziehen. »Mein politisches Leben ist beendet«, hieß es in diesem Dokument, »und ich proklamiere meinen Sohn als Napoleon II. zum Kaiser der Franzosen«[37].
Vorläufig ging die Macht auf fünf Direktoren über, deren Vorsitzender Fouché wurde. Noch bei der Unterzeichnung der Abdankungsurkunde verfluchte Napoleon seinen Fehler, daß er Fouché nicht schon vor Jahren hatte füsilieren lassen. In der Deputiertenkammer wurde noch immer hitzig über die Frage debattiert, ob man sich für Napoleon II. oder für Ludwig XVIII. entscheiden sollte. Einige Deputierte, wie der General Labedojère, der später dieses Engagement mit dem Leben bezahlen mußte, setzten sich vehement für Napoleon II. ein. Andere Deputierte zweifelten, ob es der Regentin Marie Louise gelingen würde, das französische Volk zu einigen. Der Deputierte Dupin sprach das aus, was insgeheim viele Abgeordnete dachten: »Wenn schon nach seinem eigenen Geständnisse Napoleon I. nicht den Staat retten konnte, wie sollte dies Napoleon II. gelingen? Welche Kraft, welches Ansehen hat dieser vor den Augen der gegen seinen Vater verbündeten Feinde? Welche Macht besitzt er, um uns zu sammeln und um an unserer Spitze zu marschieren? Sind übrigens dieser Prinz und seine Mutter nicht Gefangene? Besteht die Gewißheit, daß man sie uns zurückgeben wird? Und wo ist die Wahrscheinlichkeit, daß deren Rückkehr uns Stärke verleihen wird?«[38]. Fouché setzte diesen Diskussionen schleunigst ein Ende, indem er

Baron Vitrolles, einen ehemaligen Minister Ludwigs XVIII., aus dem Gefängnis holte und ihn zu König Ludwig nach Gent sandte. »Suchen sie den König auf«, schärfte er dem Baron ein, »und sagen sie ihm, daß wir für seine Interessen arbeiten, und wenn wir auch krumme Wege gehen, werden wir schließlich doch zu ihm gelangen. Im Augenblick müssen wir uns zu Napoleon II. bekennen, aber am Ende wird er es sein, mit dem wir uns treffen«[39].

Die Nachricht von der Niederlage Napoleons bei Waterloo erreichte Marie Louise in Baden, wo sie zur Kur weilte. Die Kaiserin Maria Ludovika schrieb ihrem Gemahl ins Feld: »Sie war außer sich vor Freude. Unsere liebe Louise dankt Gott, daß er in Verhaft ist wegen der allgemeinen Ruhe und insbesonders weil sie hofft, ruhig und bald nach Parma ziehen zu können«[40]. Gräfin Scarampi, die Nachfolgerin der Gräfin Montesquiou, wollte Marie Louise ebenfalls von der vernichtenden Niederlage Napoleons unterrichten, doch die Kaiserin fragte sie nur, ob heute das Wetter günstig sei, denn sie wollte am Vormittag nach Schloß Merkenstein bei Vöslau reiten.

In diesen Tagen schrieb ihr ihr Vater aus Paris, und aus diesem Brief ersehen wir, daß Napoleon II. immer noch Chancen auf den Thron gehabt hätte. »Der König wankt, mit Spitzbuben umgeben, auf seinem Thron«, lesen wir, »und wenn ich erkläre, daß du und dein Sohn ihn besteigest, so würde er im Augenblick herunterliegen, allein hievon soll mich Gott bewahren, den unter diesen Deckmantel würden andere regieren wollen, was wir nicht zulassen können, und du samt deinem Sohn könntest das schreckliche Opfer davon seyn. Ich schätze mich daher glücklich, dich bey mir und dann in Parma zu wissen ...«[41].

Kaiserin Maria Ludovika, jetzt am Höhepunkt ihres Napoleon-Hasses, schilderte ihrem Gemahl die Ängste seiner Tochter: »Gott gebe, daß der Napoleon ausgeliefert seye; ich hoffe, daß der russische Kaiser ihn als Geächteten wird zum Tode verurtheilen, denn behält er ihn bloß, so ist niemand beruhigt und am wenigsten unsere Louise, die immer in Bangigkeit vor einer möglichen Erscheinung wäre ... «[42]. Sie meinte auch, um alle späteren Komplikationen zu vermeiden, es wäre das Beste, wenn Napoleons Sohn Priester werden würde.

Über das Schicksal Napoleons kursierten in Europa die wildesten Gerüchte. Der Exkaiser selbst hatte den Wunsch geäußert, nach Amerika auswandern zu dürfen, wo er Farmer werden wollte. Marie Louise fühlte sich doch noch ein wenig mit ihm verbunden und wollte für ihren Gemahl ein gutes Wort einlegen. »Liebster Papa!«, schrieb sie ihrem Vater, »Ich hoffe, daß wir jetzt einen dauerhaften Frieden haben werden, daß Kaiser Napoleon ihn nie mehr stören wird. Ich hoffe, man wird ihn mit Güte und Milde behandeln und ich bitte Sie, liebster Papa, dazu beizutragen; diese ist die einzige Bitte, die ich für ihn wagen darf und das letztemal, daß ich mich um sein Schicksal annehmen werde, denn ich bin ihm Erkenntlichkeit schuldig ...«[43]. Sie wußte noch nicht, daß die Alliierten über Napoleon die Todesstrafe verhängt hatten und der Exkaiser sein Leben allein dem Kaiser Franz verdankte, der die Umwandlung der Strafe in lebenslängliche Verbannung durchsetzte. Metternich ließ Marie Louise nach Baden eine Botschaft zukommen, in der es hieß: »Madame, ich habe versprochen, noch vor meiner Abreise von Wien Euer kaiserlichen Majestät über das Los Napoleons zu berichten. Durch den beigefügten Moniteur ersehen Sie, daß er sich soeben an Bord des englischen Schiffes Bellerophon begeben, nachdem er vergebens versucht hat, die Wachsamkeit der Kreuzer vor Rochefort zu entgehen. Nach einer Vereinbarung zwischen den Mächten wird er als Gefangener in Fort Saint George im Norden Schottlands gehalten werden ... Er wird dort sehr gut behandelt werden, alle Freiheiten genießen, die sich mit der völligen Sicherheit vereinbaren läßt, damit er nicht entweichen kann ...«[44]. Am 2. August änderten die Alliierten ihre Meinung und bestimmten die Insel St. Helena zum Exil. Kaiser Franz benachrichtigte seine Tochter über die Meinungsänderung seiner Verbündeten: »... Napoleon wird nach St. Helena gebracht und jeder der großen Mächte, also auch von mir, jemand hingeschickt, um bey ihm zu bleiben ...«[45].

Nachdem sich alle Restaurationspläne für Napoleon II. in Luft aufgelöst hatten, schrieb Gräfin Montebello Marie Louise einen Brief, in dem sie sich nach dem weiteren Schicksal des kleinen Prinzen erkundigte. Vor allem wollte sie wissen, welche Erziehung er nun genießen würde. Am 2. September antwortete ihr Marie Louise: »Sie fragten mich, was ich meinte, als ich Ihnen sagte: Ich will ihn nach den Grundsätzen meines Vaterlandes erziehen lassen und ich werde es Ihnen erklären: Ich will aus ihm einen ganz und gar loyalen wie redlichen deutschen Prinzen machen; ich will, daß er seinem neuen Vaterland dient, sobald er erwachsen ist ... Seine Talente, seinen Geist und seine Ritterlichkeit werden ihm einen Namen machen müssen, denn der, den er von Geburt an trägt, ist leider nicht schön ... «[46].

Der gesamte Wiener Hof wollte von einer Rückkehr des Prinzen nach Frankreich nichts wissen, obwohl große Teile der französischen Bevölkerung überzeugt waren, Erzherzog Carl werde den Thron Frankreichs für seinen Großneffen zurückzuerobern versuchen. In Paris ging das Gerücht, daß die österreichischen Besatzungssoldaten bereits das französische Exerzierreglement lernten, um – bei der Heimkehr des Prinzen – die Garde stellen zu können. Einige Bonapartisten und napoleonische Generäle nahmen mit preußischen Stellen Verbindungen auf und baten mitzuhelfen, Napoleon II. zu inthronisieren. In Rom wartete Lucien Bonaparte allerdings vergeblich darauf, daß er von Österreich aufgefordert werde, den kleinen Prinzen nach Paris zu begleiten. Wie der Sekretär des Wiener Kongresses, Freiherr von Gentz, in seinem Tagebuch notierte, wäre es tatsächlich seitens Österreich eine delikate Aufgabe gewesen, den Prinzen nach Paris zurückzubringen, und Gentz meinte, für Österreich hätten sich dadurch für die Zukunft vorteilhafte Aspekte ergeben. Unter dem Datum vom 19. Juli 1815 notierte er in sein Tagebuch: »Wenn man bedenkt, zu welcher Höhe Österreich sich erheben könnte, wenn es offen die Interessen des Sohnes Napoleons vertreten wollte, ist man ohne Zweifel erstaunt (und die Nachwelt wird es noch mehr sein), daß ein solcher Entschluß heute nicht einmal unter die wahrscheinlichsten, ja kaum unter die möglichen Chancen gezählt wird«[47].

Bis jetzt wiegte sich Marie Louise noch immer in der Hoffnung, ihr Sohn würde sie nach Parma begleiten und dort auf die Nachfolge seiner Mutter vorbereitet werden. Doch der Brief ihres Vaters vom 6. September raubte ihr endgültig alle Illusionen. »Du kannst nicht besser thun«, schrieb er ihr, »als Deinen

Sohn einige Zeit vor Deiner Abreise nach Italien in die Hände der Männer zu geben, damit Du siehst, wie es geht ... Da ich wünsche, daß Dein Sohn in Wien bleibt, ist für seine eigene Sicherheit nothwendig, denn bis der jetzige Taumel in der Welt sich nicht gesetzt hat, so glaube ich, ihn unter meinen Leuten sicher, die ihm mir zu Lieb gewiß nichts geschehen lassen ...«[48].

Auf der Heimreise aus Frankreich schrieb der Kaiser am 30. September nochmals an seine Tochter: »Eine Sache bitte ich Dich noch, wenn er zu die Männer kommt, beobachten zu lassen, das ist, daß Du seinen Leuten aufbiethest von seiner vorigen Lage mit ihm nichts zu reden ... Gott weiß, ich wünsche, daß er ein redlicher, tugendhafter und braver Mensch werde; daß er die schönsten Anlagen hat, soll er auch zum Glück der ihm anvertrauten Menschen und nicht zum Unglück der Welt heranwachsen ... Umarme ihn in meinem Namen, ich habe von Dir ein hartes Opfer gefordert, daß er bey mir bleibe, allein ich glaub, ihn nur dort sicher, was Du gewiß wünschest daß es seye ...«[49]. Unter dem Ausdruck »zu die (den) Männern geben« verstand der Hof, daß Prinzen ab einem gewissen Alter männlichen Erziehern überantwortet wurden.

Zum Erzieher des Prinzen wurde Moritz Graf Dietrichstein berufen, ein musischer Mann, aber steif, unnahbar und von einer penetranten Pedanterie. In seiner Anwesenheit verging jedem auch das geringste Lächeln. Für den Grafen war es klar, daß aus diesem ihm anvertrauten Kind ein »ganz und gar deutscher Prinz« werden müsse. In seinem Erziehungsplan vom 30. Juni lesen wir: »Es ist notwendig, alles auszuschalten, was ihm an das Dasein erinnern kann, das er bis jetzt geführt hat. Es könnte sein, daß er eines Tages mit Bedauern an das Dasein denkt, das er hätte führen können ... Es scheint mir, daß der Prinz ... als Österreicher der Abstammung nach betrachtet und auf deutsche Art erzogen werden muß ...«[50]. Dazu stand fest, daß niemand in des Prinzen Gegenwart über seine »vorige Lage« sprechen durfte. Nur der Kaiser selbst pflegte auf die Frage seines Enkels, wer sein Vater sei zu antworten: »Dös war kaa Guater!« Das alles war gut durchdacht, aber kein Verantwortlicher rechnete mit der Abwehr und dem Willen dieses kleinen, fünfjährigen Buben.

Die Schreibutensilien des »Prinzen Franzi«

Am 30. Juni 1815 trat Dietrichstein seinen Dienst an. Der Prinz weigerte sich, seinem Erzieher die Hand zu geben und ihn zu begrüßen. Am Abend dieses Tages trug Dietrichstein folgende Zeilen in sein Tagebuch ein: »Indessen berge ich mir nicht das Schwierige meiner Lage, besonders so lange die weibliche Umgebung des Prinzen noch gegenwärtig ist ... Abbé Landi traf mich in Tränen. Ich erfuhr manches Unangenehme, was mich um so mehr überzeugte, daß ich nichts wirken kann, so lange der Prinz nicht in meinen Händen ist ... Lästig bin ich den Weibern und so kann der Prinz keine große Zuneigung zu mir fassen, würde er aber dennoch, so erregte es die Eifersucht der Weiber«[51].

Bereits in der ersten Unterrichtsstunde flossen reichlich Tränen, und Dietrichstein sagte am Ende erschöpft, daß die Faulheit des Prinzen »grenzenlos« sei. Von nun an weigerte sich das Kind auch, die tägliche abendliche Prozedur, bei der ihm vierzig Lockenwickler ins Haar geflochten wurden, weiter mitzumachen, denn er wollte nicht wie ein Mädchen aussehen.

Die Kinderkutsche

Am 7. August 1815 bestieg Napoleon das englische Kriegsschiff »Northumberland«, das ihn mit einigen Getreuen nach St. Helena brachte. Metternich ließ Marie Louise eine kurze Depesche zukommen: »Madame, Napoléon est à bord du Northumberland et en route pour Sainte-Hélène«[52].
Anfang September erhielt der Prinz in der Person des Hauptmanns Johann Baptiste von Foresti einen zweiten Erzieher und Lehrer, dem er ein gewisses Vertrauen, zumindest aber keine Abwehr entgegenbrachte. Bevor Foresti kam, war es Dietrichstein bereits gelungen, Madame Soufflot und ihre Tochter aus Wien zu entfernen. Nur die Damen Marchand, Petit und der Kammerdiener Gobereau mit seinem Sohn Emile blieben vorläufig. Dietrichstein hatte das Glück, daß Gobereau mit seinem Sohn bald nach Parma versetzt wurde. Nach außen hin war »Prinz Franzi« immer sehr höflich und bestach durch sein gutes Benehmen und seinen kindlichen Charme. Seinen Spielkameraden, den fast gleichaltrigen Sohn Dietrichsteins, titulierte er immer mit »Monsieur le comte« oder »Monsieur le comte Maurice«. Auch Victor, der Sohn Metternichs, wurde Spielgefährte des kleinen Prinzen, und Eleonore

Metternich berichtete darüber ihrem Gemahl: »Er war bereits mehrmals dort und der Knirps scheint ihn sehr zu mögen. Zum Abschied sagt er immer: Ich hoffe, Monsieur Metternich, daß sie wieder mit mir spielen wollen. Victor erzählt, er wäre sehr liebenswürdig und artig ... Der Kleine hat vier, fast lebensgroße Pferde und goldenes Spielzeug ... «[53]. Bei diesen Spielen und auch sonst ließ der Prinz bei jeder sich bietenden Gelegenheit die Floskel »damals, als ich noch König war«, zum Verdruß Dietrichsteins, einfließen. Der Erzieher machte sich große Sorgen um die Zukunft des Prinzen und mußte einsehen, daß der Kleine von seiner Vergangenheit nicht loskam. »Ich sah täglich«, schrieb er in einem Brief, »mit welcher Hartnäckigkeit allerlei Erinnerungen aus seinem früheren Leben in ihm wachgeblieben waren. Man sprach mit ihm fast nur von Paris, von seinem Hofstaat und von seinem Kinderzimmer«[54].
Dietrichstein verlangte daher, daß alle noch verbliebenen französischen Bediensteten entlassen und nach Hause geschickt werden. Gehorsam schrieb Marie Louise ihrem Vater, daß sie diesem Befehl nachkomme: »... Onkel Rainer hat mir gesagt ... daß Sie wünschen, daß ich meine französischen Dienstleute entfernen möchte. Um Ihnen einen neuen Beweis meiner kindlichen Liebe und Ergebenheit in Ihren Willen zu geben, habe ich Ihnen dieses Opfer gebracht ... «[55]. Aus allen Kleidern und Wäschestücke ließ Dietrichstein das »N« entfernen und durch ein »F« ersetzen. Alle aus Frankreich eintreffenden Spielsachen, die einen Adler oder ein »N« zeigten, wurden konfisziert. Auch wurde dem Prinzen der Orden der Ehrenlegion und der Orden der Eisernen Krone Italiens abgenommen, er durfte nur den Stephansorden tragen. Der kleine Mann wurde immer abweisender und trotziger; Dietrichstein diagnostizierte dieses Verhalten als Herzlosigkeit.
Marie Louise wartete die Ergebnisse der Pariser Außenministerkonferenz ab, die sich über den Besitz Parmas und die dortige Erbfolge noch immer nicht geeinigt hatte. »Wie ist es möglich, daß man mit so vielen Opfern, die ich bringen mußte und für das allgemeine Wohl gebracht habe«, schrieb sie voll Verzweiflung ihrem Vater, »noch immer nicht zufrieden ist? Zu erniedrigen würde ich mich nie herbeilassen und so noch weniger von dem etwas zurückgeben, was mir ganz Europa einstim-

mig zuerkannt hat – wenn nicht entsprechende Vortheile für mich und meinen Sohn damit verbunden wären ... «[56].
Marie Louise war mit der Erziehung ihres Sohnes sehr zufrieden und sprach sich lobend über Dietrichstein gegenüber ihrem Vater aus: »Jetzt, daß ich Graf Dietrichstein näher habe kennen gelernt, gefällt er mir recht gut und ich kann ihn nur ungemein loben, von dem Eifer und der Mühe mit welcher er sich mit meinem Sohn abgibt ... «[57].
Endlich kam die Nachricht, daß sich die Mächte über Parma geeinigt hatten; Marie Louise erhielt die Bewilligung, nach Italien abzureisen. So sehnsüchtig sie die Nachricht erwartet hatte, so schmerzlich kam es ihr zum Bewußtsein, daß sie nun auf ihren Sohn verzichten mußte. Am 24. Februar 1816 schrieb sie ihrem Vater, der mit seiner Gemahlin in Verona weilte: »Wie angenehm war ich gestern überrascht durch die Ankunft des Grafen Mayalwy, der mir Ihren Brief und zugleich den Befehl überbrachte, mich nach Italien zu verfügen. Im ersten Augenblick dachte ich mir auf die Freude Sie, liebster Papa, wieder zu sehen, endlich zu sagen wie ich Sie liebe und verehre – Erst nach einigen Augenblicken fühle ich den schmerzhaften Gedanken von der Trennung von meinem Sohne, kein größeres Opfer konnte ich weder meinem Wohle noch Ihren Wünschen bringen, ich weiß nicht, wie ich die Kraft bekommen werde es zu ertragen ... «[58]. Am 3. März schrieb sie den letzten Brief an ihren Vater aus Wien, in dem sie immer wieder betonte, daß sie alles ertragen werde und tun wolle, was auch immer er von ihr verlange. Sie müsse aber die Hoffnung haben, daß er ihr erlaube, so oft wie möglich nach Wien kommen zu dürfen, um ihn und ihren Sohn zu sehen. »Ich kann Ihnen nicht sagen«, schrieb sie, »wie viel ich die Tage ausgestanden habe über den Schmerz, meinen Sohn zu verlaßen ... «[59].
Immer wieder erinnerte sie ihren Vater, bei den Verhandlungen die Interessen seines Enkels nicht zu vergessen, »und recht sehr darauf zu dringen, daß endlich bei diesem Friedenstraktat etwas Sicheres über seine Nachfolge festgesetzt ... und bestätigt werden möge – diese Versicherung ist für meine Ruhe und seine Zukunft äußerst nothwendig, also müssen Sie mir vergeben, wenn ich Sie immer mit dem Nähmlichen belästige«[60].
Metternich war in seinem Innersten überzeugt, – und es würde

nicht lange dauern und auch Kaiser Franz würde sich diesen Ansichten anschließen –, daß der Sohn Marie Louises Parma nie werde betreten dürfen, um nicht internationale Konflikte heraufzubeschwören. Auch müßte Marie Louise vor ihrer Abreise ihren offiziellen Titel »Kaiserin der Franzosen«, auf den sie immer noch pochte, ablegen. Dies sollte nicht durch einen offiziellen Verzicht geschehen, sondern durch einen Befehl aus Wien, wenn sie Parma betreten würde. Der neue Titel sollte lauten: »Ihre Majestät, die Erzherzogin von Österreich, Herzogin von Parma, Piacenza und Guastalla«. Metternich schrieb über diesen Fragenkomplex seinem Sekretär Hudelist: »Ich gestehe, daß ich selbst für die Hinweglassung des Majestätstitels gestimmt haben würde, liefe nicht auch eine Infantin von Spanien (Exkönigin Marie Luise von Etrurien) in einer weniger erhabenen, früheren und gegenwärtigen Stellung, jedoch ebenfalls mit einem Majestätstitel versehen, in Europa herum«.
In den Tagen vor ihrer Abreise beschäftigte sich Marie Louise besonders intensiv mit ihrem Sohn und machte längere Ausflüge mit ihm in die nähere Umgebung Wiens. Sie verschwieg dem Kind, daß sie es verlassen würde und ahnte nicht, welch verheerende Folgen ihr Verhalten auf das Kind haben sollte. Als am 7. März ihr Sohn die Augen aufschlug, war die Mutter fort. Alle Familienmitglieder, außer Erzherzog Rainer, meinten, daß Marie Louise sich richtig verhalten hätte. Vielleicht war es für die Mutter gut so, sicher aber nicht für ihren Sohn, der einen furchtbaren Schock erlitt. Nach der Abreise verteidigte Marie Louise ihr Verhalten der Gräfin Montebello gegenüber, indem sie ihr schrieb: »Ich habe grausame Augenblicke durchgemacht, als ich mich von den Meinigen und besonders von meinem Sohn trennen mußte, der mich durch seinen Schmerz sehr bekümmert hat, aber ich hatte die Kraft, von ihnen allen meine Abreise geheim zu halten; ich bin abgereist, ohne Abschied zu nehmen, und war befriedigt von diesem Opfer«[62].
Der kleine Prinz kam über die Trennung von der Mutter lange Zeit nicht hinweg. Er konnte auch nicht verstehen, daß General Neipperg mit der Mutter nach Parma fahren durfte, er aber nicht.
Das Verhalten des Prinzen in der nächsten Zeit war eine typische Abwehrhaltung und Trotzreaktion gegenüber seinen

Erziehern. In der Familie gab sich der kleine Mann wohlerzogen, gesittet und charmant, so daß alle von ihm eingenommen waren. Seinen Erziehern gegenüber aber war er unfolgsam, aufsässig und trotzig und begann die Männer zu sekkieren, wo er nur konnte. Später sagte ein Erzieher, Hauptmann von Moll, »daß alle Mitglieder der kaiserlichen Familie ihn nicht kannten, wie es bei uns der Fall war«[63]. Zuerst schikanierte der Prinz seinen Erzieher Foresti, der bei ihm schlief. Jede Nacht hatte der Kleine die Erscheinung des »Gefangenen Lolo« und konnte sich kaum beruhigen. »Lolo« war eine lebensgroße Puppe, die einen gefangenen Templerritter im Verlies der Franzensburg in Luxenburg darstellte. Als Foresti nicht mehr auf den »Gefangenen Lolo« reagierte, schockte der Prinz seine Umgebung mit einem stark hinkenden Gang. Familie und Ärzte waren bestürzt. Die Untersuchungen verliefen negativ, aber das Hinken besserte sich wochenlang nicht. Als der Prinz bemerkte, daß sein Hinken immer weniger Beachtung fand, wurde er keck und aufsässig. Als ihn Foresti einmal zur Rede stellte, antwortete ihm der Kleine: »Wenn ich einmal erwachsen bin, werde ich meinem Großvater befehlen, Sie in Ketten zu legen, und wenn er mir nicht gehorcht, werde ich mit ihm Krieg führen, aber nicht mit Waffen aus Karton, sondern mit den Italienern!«[64].

Marie Louise bedankte sich mehrmals von Parma aus bei ihrem Vater, daß er sich nun für ihren Sohn verantwortlich fühlte: »... Auch bin ich tief gerührt gewesen, über die Güte mit welcher Sie meinen Sohn aufnehmen«, schrieb sie. »Ich empfehle Ihnen ihn an, liebster Papa, und wenn mir etwas die harte Trennung erleichtert, so ist es nur der Gedanke, daß er bey Ihnen und folglich in den besten Händen ist ...«[65].

Dietrichstein und Foresti büßten bei der Erziehung des Prinzen schon zu Lebzeiten ihre Sünden ab. Der Graf verlangte daher von Marie Louise, daß noch ein zweiter Erzieher eingestellt werden müsse. Er schlug den bisherigen Erzieher der Erzherzogin Leopoldine, den Hofconcipisten und Professor der Geschichte an der Universität Wien, Mathias Edler von Collin, vor. Dietrichstein begründete diesen Schritt: »Der Prinz erfordert mehr als doppelte Aufmerksamkeit. So manche Strebungen einer viel zu frühen Reizbarkeit sollen gemildert, so manche in ihn eingepflanzte Ideen sollen, ohne ihm weh zu tun, oder seinen Charakter mehr als nötig ist zu beugen, allmählich beseitigt werden, seinen Geist nach Gütern streben zu machen, er es in sich selbst zu finden imstande ist; und wenn moralische Ausbildung überhaupt das erste und wichtigste Geschäft jeder Erziehung ist, so ist dieses bei ihm um so wichtiger und zugleich so sehr beschwerlich, weil bei der Richtung, die er bereits empfangen hat, es nur eine sehr angestrengte, nie ermüdende Aufmerksamkeit hierin etwas zustande bringen kann«[66].

Die ärgste Zeit mit dem Prinzen hatte Collin nicht mehr erlebt, da der kleine Mann doch schon etwas manierlicher geworden war.

Obwohl in Gegenwart des Kindes nie von Napoleon gesprochen wurde, erkannten die Erzieher des Prinzen recht bald, daß er genau wußte, wer sein Vater war und welchen Rang er bekleidete. Zu stark waren die Einflüsterungen seiner französischen Gouvernanten gewesen, die ihm von der unvorstellbaren Pracht in Paris und in den Tuilerien erzählt hatten. Voll Sorge wandte sich Dietrichstein in einem Brief an Marie Louise: »Ich habe immer bemerkt, daß man ihm viel von seinem Vater erzählt und aufgetragen hat, darüber nicht zu sprechen. Diese fortwährende und sichtbare Zurückhaltung ist ein Martyrium für einen so frühreifen Geist. Seine Majestät der Kaiser, alle Gefahren dieser Situation erkennend, überdies die Ansicht teilend, daß wir durch Schweigen oder zu sehr ausweichende Antworten das Vertrauen des Kleinen in kurzer Zeit uns verscherzen würden, hat uns ermächtigt, ihm allmählich die Stellung des Vaters und die eigene bekannt zu machen ...«[67].

Der Prinz freundete sich, nachdem Fanny und Emile abgereist waren, nun mit seinem um neun Jahre älteren Onkel, Erzherzog Franz Carl, an, den er 1814 bei der ersten Begegnung als »Gassenjungen« bezeichnet und fortgeschickt hatte. Franz Carl war jetzt 15 Jahre alt und im Flegelalter. Er brachte dem Kleinen allerlei Ungezogenheiten bei, und Erzherzog Rainer schrieb Marie Louise nur andeutungsweise, »daß ihm Ihr Bruder Franz allerley Unarten immerfort lernt ...«[68]. Deutlicher drückte sich Erzherzogin Leopoldine in einem Brief an ihre Schwester aus: »Franz bringt ihm die unmöglichsten Sachen bei. Er hat ihn gelehrt, daß er zu seinen Erziehern, wenn sie ihn

zurechtweisen und ihm dies nicht paßt, scheißen sagen soll. Dietrichstein tadelte ihren Sohn, der ihm darauf die Zunge zeigte und ›scheißen‹ sagte. Er wurde eingesperrt und hat nicht gewagt, bei seinem Großpapa zu dinieren ...«[69].
Anfangs wollte der Prinz nicht die deutsche Sprache erlernen. Er beherrschte nur ein paar Brocken, die ihm sein Kammerdiener Unterschill beigebracht hatte. Nachdem er aber seine Weigerung aufgegeben hatte, erlernte er die Sprache sehr schnell, allerdings mit der Einschränkung, daß er deshalb nicht ein Deutscher sein wolle. Von nun an sprach und schrieb er nur noch in der neuen Sprache und lehnte es künftig hin ab, sich in der französischen Sprache auszudrücken. So sehr sich auch seine beiden Französischlehrer Podewin und Barthélemy bemühten, der Prinz war nicht zu bewegen, auch nur ein französisches Wort zu sagen oder zu schreiben.
Erzherzog Rainer, Bruder des Kaisers und zeitlebens ein großer Verehrer seiner Nichte, berichtete Louise regelmäßig nach Parma. Anfangs war er von seinem Großneffen überhaupt nicht angetan und nörgelte ständig an ihm herum. »Ich glaube«, so schrieb er einmal, »daß aber vorher eine ernstliche Predigt diesem noch nöthig seyn wird, welches gewiß am besten wirken wird ...«[70]. Erst allmählich konnte er sich mit dem Prinzen anfreunden und fühlte sich bald als Stellvertreter der Mutter und verantwortlich für das Gedeihen des Kindes. So schrieb er der Mutter nach Italien: »Ihr Sohn, welchen ich öfter sehe, ist sehr gesund, er wird von Tag zu Tag vernünftiger und liebenswürdiger, er denkt oft an Sie und redet oft von Ihnen, besonders freut ihn der Gedanke, Ihnen fleißig schreiben zu können, wozu ihm Foresti die Hand führen muß ... Ich glaube, daß er Ihnen noch recht viel Freude machen wird ...«. Kurze Zeit darauf konnte er melden: »Ihr Sohn wird immer fleißiger, immer besser, er lernt ziemlich fleißig, er spricht schon viel deutsch, so daß ich glaube, daß er es in kurzem geläufig sprechen wird. Der Kayser hat eine rechte Freude gehabt, ihn so zu finden ...«[71]. Kurz nach Marie Louises Abreise hatte ihr ihr Sohn den ersten Brief – Foresti führte die Hand – in französischer Sprache geschrieben: »Glaubt mir, meine liebe Mama, daß Eure Abfahrt mir viele Schmerzen bereitet, und daß ich Euch ewig lieben und respektieren werde. Ich höre

nicht auf, für Euch zu Gott zu beten und für Eure baldigste Rückkehr in die Arme Eures liebevollen Sohnes«[72]. Und nun schrieb er ihr den ersten Brief in deutscher Sprache: »Meine liebe Mutter. Ich küße Ihnen die Hand und ich liebe Sie recht sehr und hoffe Sie bald zu sehen. Ihr gehorsamster Sohn Franz«[73].

Im Oktober 1816 wurde General Neipperg nach Wien zitiert, Marie Louise ahnte Unangenehmes. Einige Wochen später kehrte er mit der Nachricht von Metternich zurück: Die Pariser Außenminister-Konferenz habe beschlossen, daß Napoleons Sohn keinen Thron in Europa – also auch nicht in Parma – besteigen darf. »Ich verheimliche Ihnen keineswegs, liebster Papa, daß es mich ins Herz trifft, Änderungen zustimmen zu müßen, die die Zukunft meines Sohnes betreffen«, schrieb sie enttäuscht nach Wien. »Um Ihnen jedoch eine neuerliche Bezeugung meiner töchterlichen Liebe zu geben ... stimme ich – unter bestimmten Bedingungen – den mir gemachten Vorschlägen zu, meinen der Erbfolge beraubten Sohn die passendste und vorteilshafteste Etablierung unter österreichischer Oberhoheit zu verschaffen ...«[74].

Aber wenn die alliierten Mächte Österreich, Preußen und Rußland ihr Geheimabkommen vom 31. Mai 1815 – Erbfolge ihres Sohnes in Parma –, schon brachen, dann wollte sie für ihren Sohn wenigstens eine angemessene Entschädigung. Sie verlangte für ihn die Güter des Erzherzogs Ferdinand von Toskana, die dieser in Böhmen besaß. Sollte dies auch nicht möglich sein, dann erwarte sie entsprechende Besitzungen in Österreich, und zwar noch zu ihren Lebzeiten und nicht erst nach ihrem Tod. Außerdem sollte er so lange wie möglich den Titel eines Prinzen von Parma beibehalten dürfen. Erst wenn die Umstände es erfordern sollten, wollte sie für ihn die »schicklichste Titulatur«.

Verzweifelt schrieb Marie Louise im Dezember ihrem Vater: »Die Zukunft des Schicksals meines Sohnes martert mich oft ...«[75]. Metternich versicherte ihr, daß der Kaiser seinen Enkel nie im Stich lassen werde, aber es stehe ihr andererseits nicht zu, Forderungen zu stellen.

In Wien begann sich der gesamte Beamtenapparat in Bewegung zu setzen, denn es mußte streng geprüft werden, wie die

Entschädigung des Prinzen stattfinden und welchen Rang er einnehmen sollte. Diese Überlegungen zogen sich über ein Jahr lang hin. Kaiser Franz teilte 1817 seinen Verbündeten mit, daß er garantiere, daß sein Enkel nicht die Nachfolge seiner Mutter antreten und daß die Entschädigung für den Prinzen allein von Österreich getragen werde. Daraufhin wurde der Prinz im Vertrag von Paris vom 10. Juni 1817 ein für allemal aus der Liste der Souveräne gestrichen. Und Metternich kommentierte diesen Schritt nüchtern in einem Vortrag vor dem Kaiser: »Auf diese Weise wird nicht nur die Existenz des Prinzen gesichert, sondern sie wird für ihn ebenfalls ehrenvoll politisch und in keinem Fall die jetzt bestehende Ordnung der Dinge in Europa gefährden«[76].

Nun traten die Genealogen an und suchten nach Namen für den kleinen »Franzi«. Daß er »Herzog« werden würde, war bald klargestellt, aber welchen Rang er bei Hof einnehmen sollte, verursachte Kopfzerbrechen. Wo stand er bei einem Empfang? Wo saß er bei der Hoftafel? Mit wem und in welcher Reihe zog er bei einem Hofball in den Saal? Das waren große und ernste Probleme. Und von welcher Stadt sollte er Herzog werden? Eine Reihe von Orten wurde vorgeschlagen und wieder verworfen. Darunter waren Titel wie die eines Herzogs von Troppau, von Ratibor, von Podiebrad, von Meran, von Gradisca, von Pütten, von Cilly, zu Eppan und zu Schaumburg. Den geschmacklosesten Titel schlug Metternich vor: Herzog von Buschthierad. Als die Mutter des Prinzen davon hörte, legte sie scharfen Protest ein:»Ich gestehe Ihnen«, schrieb sie an Dietrichstein, »Ich würde vorziehen, meinen Sohn lebenslänglich Prinz Franz Carl nennen zu hören, als in Ihm einen unausgebackenen Herzog zu haben, dessen Name Buschthierad mich wegen seiner Lächerlichkeit beim Öffnen des Hofcalenders erröten machen würde ...«[77].

Im August 1817 schrieb sie ihrem Vater: »Geben Sie ihm, bester Papa, einen Namen und ein Wappen, der ihn in den Rang eines nachgeborenen Prinzen unseres Hauses versetzt und seine Lage für die Zukunft vollkommen sichert ... Nun glaube ich, für die Ruhe und Sorge meines Kindes Alles gethan zu haben ...«[78].

Bereits im Frühjahr 1817 und jetzt wieder im September teilte

1 Napoleon I. und die Erzherzogin von Österreich Marie Louise werden am 2. April 1810 im großen Saal der Tuilerien getraut

2 Für Kaiser Franz war die Vermählung seiner Tochter mit dem Kaiser der Franzosen eine politische Notwendigkeit

3 Marie Louise als Kaiserin der Franzosen

4 Napoleon Bonaparte als König von Italien

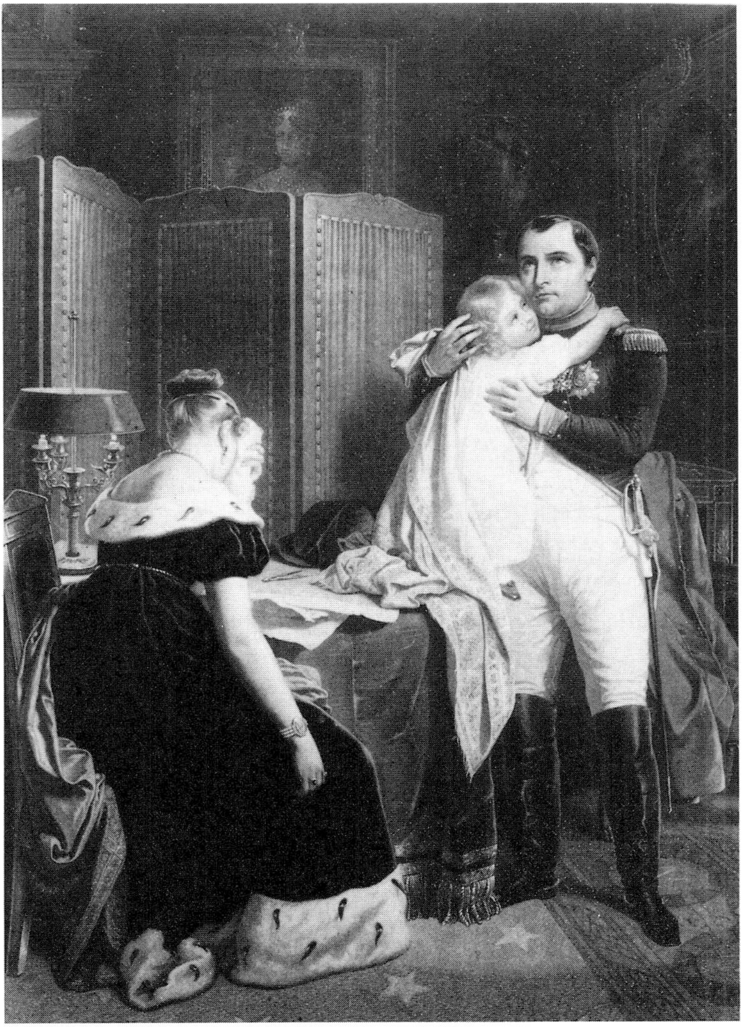

5 Napoleon mit dem König von Rom

6 Marie Louise mit ihrem kleinen Sohn

7 Napoleon Franz im Alter von vier Jahren

8 Modell des von Napoleon für seinen Sohn geplanten Schlosses in Paris

9 In Zivil mit dem Stephansorden

10 Der Herzog von Reichstadt bei ein

rade auf dem Josefstädter Glacis

11 Mit dem Degen seines Vaters

12, 13 Die Leibärzte des Herzogs: M.D. Gölis (links) und Johann Edler v. Malfatti-Monteregio (rechts)

14 Auf dem Totenbett

15 und 16 »Familienvereinigung des österreichischen Kaiserhauses.« Das Bild entstand erst nach dem Tode des Herzogs

Nº

1. Erzherzog Franz Carl.
2. E.H. Anton Victor.
3. S.M. Ferdinand V jüngerer Koenig von Ungarn.
4. J.M. die Koeniginn von Ungarn Maria Anna.
5. E.H. Joseph, Palatin.
6. E.H. Rainer, Vice-Koenig.
7. E.H. Carl.
8. S.M. Kaiser Franz I.
9. J.M. die Kaiserinn Caroline Auguste.
10. E.H[ginn] Marie, Gem. des E.H. Palatin.
11. E.H. Stephan, Sohn des E.H. Palatin.
12. E.H. Albrecht, Sohn des E.H. Carl.
13. E.H. Maximilian von Este.
14. E.H. Johann.
15. E.H. Ludwig.
16. E.H[ginn] Elisabeth, Gem. des E.H. Vice-Koenigs.
17. E.H[ginn] Sophie, Gem. des E.H. Franz Carl.
18. E.H. Heinrich, Sohn des E.H. Vice-Koenigs.
19. E.H. Rainer, Sohn des E.H. Vice-Koenigs.

Nº

20. E.H[ginn] Therese, Tochter des E.H. Carl.
21. E.H[ginn] Adelheid, Tochter des E.H. Vice-Koenigs.
22. E.H[ginn] Hermine, Tochter des E.H. Palatin.
23. E.H. Carl Ferdinand, Sohn des E.H. Carl.
24. E.H. Alexander, Sohn des E.H. Palatin.
25. E.H. Friedrich, Sohn des E.H. Carl.
26. E.H. Ernst, Sohn des E.H. Vice-Koenigs.
27. E.H. Leopold, Sohn des E.H. Vice-Koenigs.
28. E.H[ginn] Marie, Tochter des E.H. Vice-Koenigs.
29. E.H. Franz Joseph, Sohn des E.H. Franz Carl.
30. E.H[ginn] Marie, Tochter des E.H. Carl.
31. E.H. Ferdinand Max, Sohn des E.H. Franz Carl.
32. E.H. Joseph, Sohn des E.H. Palatin.
33. E.H. Carl, Sohn des E.H. Franz Carl.
34. E.H[ginn] Elisabeth, Tochter des E.H. Palatin.
35. E.H. Wilhelm, Sohn des E.H. Carl.
36. E.H. Sigismund, Sohn des E.H. Vice-Koenigs.
37. E.H. Maximilian, Sohn des E.H. Vice-Koenigs.

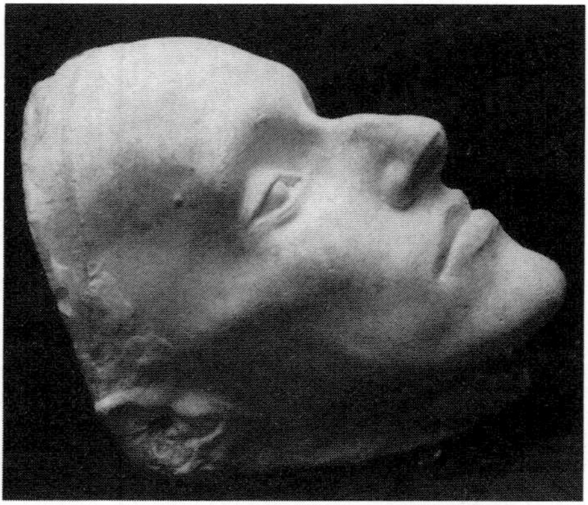

17 Die Totenmaske des Einundzwanzigjährigen

18 Der Herzbecher in der Augustinerkirche

19 Der Sarkophag des Herzogs von Reichstadt wurde 1940 nach Paris überführt

Marie Louise dem Wiener Hof mit, daß sie die Angelegenheiten ihres Sohnes nicht persönlich betreiben könne, da ihre »erschöpften Fonde« eine Reise nach Wien nicht gestatten. Daher erinnerte sie ihren Vater in mehreren Briefen, sich seines Enkels anzunehmen: »... Ich empfehle Ihnen auch, liebster Papa, den Titel und das Wappen meines Sohnen worauf er ebenso wie auch sein Vermögen, sein künftiges Glück und seine ganze Existenz aufbaut ...«[79].
Nun hatte Kaiser Franz selbst einen Titel für seinen Enkel gefunden: Herzog von Mödling. Am 5. März antwortete Marie Louise auf diese Nachricht, daß sie diesen Titel zwar schön finde, aber »diese herrliche Urlaubsgegend« befinde sich leider nicht im Besitz der Habsburger, sondern in dem der Liechtensteiner. Aber wie wäre es mit einem Titel eines »Herzogs von Babenberg«? Metternich legte sofort sein Veto ein und informierte Neipperg: »Dem Prinzen Franz Carl den Titel eines Herzogs von Babenberg bewilligen, hiesse in dessen Person die Dynastie der ehemaligen Souveräne Österreichs wieder aufleben zu machen, denen das erlauchte Haus der Habsburger folgte. Dieser Umstand allein schon macht die Sache unmöglich«[80].
»Da Sie also, liebster Papa, so sind und mir die Wahl laßen«, antwortete Marie Louise, »so schreibe ich Fürst Metternich, um ihn zu bitten, mir den schicklichsten Namen aus den böhmischen Herrschaften auszuwählen ...«[81], und Metternich schrieb sie, »... aber nicht zum Beispiel Buschthierad, was außer in Böhmen kein Mensch auf der Welt auszusprechen vermöchte ...«[82].
Schon im Februar hatte Erzherzog Rainer, nachdem feststand, daß der Prinz die pfalz-bayerischen Güter in Böhmen erhalten sollte, vorgeschlagen, daß ihm der Titel »Herzog von Reichstadt« zuerkannt werden sollte[83].
Der Kaiser und Metternich prüften, und endlich gab der Kaiser seinem Kanzler folgenden Auftrag: »Wegen des Titels glaube ich die Herrschaft Reichstadt als eine der beträchtlichen der in Frage stehenden zu einem Herzogthume zu erheben, weswegen Sie, wenn dagegen kein Anstand obwaltet, das Erforderliche verfügen werden«[84].
So erließ Kaiser Franz am 18. März 1818 folgendes Handbillet: »Die in Böhmen gelegene, vormals pfalz-bayerische, später

Das Wappen des Herzogs von Reichstadt

dem Bruder des Kaisers, dem Großherzog von Toskana, gehörende Herrschaft Reichstadt (Zakopy) samt allen einverleibten oder künftig einzuverleibenden Gütern, wird zu einem Herzogthume erhoben und dem Prinzen Franz Joseph Carl, Sohn Unserer geliebten Tochter, der Erzherzogin Marie Louise, verliehen, der den Titel eines Herzogs von Reichstadt mit dem Prädikat Durchlaucht und ein besonderes Wappen erhält«[85].
Zum Dank schrieb der frisch ernannte Herzog von Reichstadt seinem Großvater den ersten Brief: »Lieber Großvater. Ich bin und bleibe Ihr dankbarer, gehorsamer Franz«[86].
Marie Louise war nun mit dem Erreichten für ihren Sohn, auch wenn ihr Titel und Stellung zu minder schienen – er rangierte hinter dem letzten Erzherzog – doch zufrieden und drückte ihre Befriedigung in einem Brief an die Gräfin Colloredo aus:

»Über das Schicksal und die Zukunft meines Sohnes ist nun auch bestimmt worden. Ich muß sagen, daß ich zufrieden bin. Sie wissen, daß ich niemals Throne und Staaten für mein Kind ersehnt habe, aber ich wünschte, daß er der reichste und liebenswürdigste Privatmann von Österreich sein sollte. Der Vertrag vom 10. Juni hat diesen Wunsch erfüllt und ich freue mich an der tröstlichen Vorstellung, daß ich nunmehr ruhig meine Augen schließen kann, überzeugt, daß nach meinem Tode mein Sohn weder verlassen, noch arm sein wird ...«[87].
In all diesen Jahren war Marie Louise peinlich darauf bedacht, jeden Umgang mit dem bonapartistischen Familienclan zu vermeiden. Alle Briefe an sie von dieser Seite wurden vernichtet oder unbeantwortet gelassen. Seit August 1815 hatte sie von ihrem Gemahl nichts mehr gehört. Jeder ihrer Schritte wurde vor allem von den Franzosen genau überwacht, überall witterten die Bourbonen Verschwörungs- oder Entführungspläne der Herzogin von Parma. Napoleon selbst versuchte, in St. Helena mit dem österreichischen Kommissär, FMLt. Baron Stürmer, bei dessen Eintreffen auf der Insel Verbindung aufzunehmen, um über ihn sein Testament an den Wiener Hof zu senden, was aber abgelehnt wurde. Mit Baron Stürmer kam auch der Wiener Hofgärtner Philipp Welle auf die Insel, der botanische Studien betreiben wollte. Der französische Kommissär Marquis de Montchenie witterte sofort ein österreichisches Komplott, und er fragte, was ein österreichischer Botaniker auf der Insel zu suchen habe, wo es hier doch nichts zu botanisieren gebe. So unschuldig, wie Welle sich gab, war er allerdings nicht, denn er überbrachte Napoleon eine Locke seines Sohnes. Außerdem übergab er General Gourgaud ein Halstuch, das von dessen Familie mit Geheimtinte beschrieben war. Als der Gouverneur der Insel von diesen »Machenschaften« erfuhr, mußte Welle die Insel sofort verlassen.
Der britische Matrose Rodowich schmuggelte eine kleine Marmorbüste des Prinzen auf die Insel, die Sir Hudson Lowe beschlagnahmte und erst nach langwierigen Interventionen dem Exkaiser aushändigte. Jeder, auch Napoleon, war der Überzeugung, daß Marie Louise ihre Hände im Spiel hatte. Napoleon sah darin einen »stillen, jedoch überzeugenden Beweis ihrer unveränderten Zuneigung. Napoleon, der sehr parteyisch für

die Kaiserin ist, war geneigt diese Voraussetzung zu glauben, die an sich unwahrscheinlich war«[88]. Die Engländer und noch mehr die Franzosen fürchteten, Napoleon könnte trotz der lückenlosen Überwachung St. Helena unbemerkt verlassen. Tatsächlich bestanden Fluchtpläne. Im Mai 1816 erhielt der spanische Botschafter in Washington die Nachricht, ein gewisser Carpenter hätte Napoleons Bruder Joseph einen Entführungsplan vorgelegt. Im Winter 1816 entdeckte die österreichische Botschaft in London in der napoleonfeindlichen Zeitung »Anti-Gallican« eine chiffrierte Mitteilung, die sie in Wien entziffern ließ. Tatsächlich handelte es sich um Nachrichten der Bonapartisten an den Exkaiser. Diese Zeitung wurde gewählt, weil eine napoleonfeindliche Zeitung eher St. Helena erreichen würde als eine napoleonfreundliche. Ein General Brayer und ein Oberst Latapin wollten von der Insel Ascension, die nur vier Tagesreisen von St. Helena entfernt lag, eine Entführung des Exkaisers versuchen. Der Oberst wurde rechtzeitig verhaftet. Napoleon selbst lehnte alle Entführungsversuche ab. Er glaubte, bis zu seinem bitteren Ende aushalten zu müssen, um seinem Sohn mit seinem Martyrium einen guten Dienst zu leisten. »Es ist besser für mich, auf diesem Felsen zu sterben«, sagte er immer wieder. »Mein Martyrium wird meinem Sohn die Krone sichern ... wenn ich am Kreuze sterbe ... wird er auf den Thron gelangen ...«[89].
Vorläufig war keine Rede davon, dem Herzog von Reichstadt irgendwo auf der Welt einen Thron anzubieten; und doch waren in Frankreich Bestrebungen im Gange, den Herzog als »Napoleon II.« zurückzuholen und die Bourbonen zu vertreiben. Zuerst lief eine Propagandamaschinerie sondergleichen an. Über Nacht wurde das Land von Napoleonbildern und Devotionalien der Kaiserzeit förmlich überschwemmt. In den West-und Ostgebieten des Reiches bildeten sich Geheimbünde, wie die »Geier Napoleons«, die »Ritter vom Dolch« oder die »Schwarze Nadel«, die alle für die Rückkehr des Reichstadt nach Frankreich eintraten und kämpfen wollten. Es waren also ernstzunehmende Restaurationsbestrebungen im Gange. Ein gewisser General Berton brach mit fünfzig Mann zum Marsch auf Paris auf, um König Ludwig XVIII. zu stürzen. Berton wurde vorher verhaftet. Daraufhin erhoben sich 900 Mann der

Garnison Kolmar unter Oberst Caron, welche die Tuilerien stürmen wollten. Reichstadt hatte seine Anhänger vor allem in den Reihen der Offiziere und Grenadiere, die unter dem Kaiser gekämpft hatten.
Der kleine Prinz in Wien wußte von all dem nichts. Er war jetzt nur an militärischen Dingen interessiert und als er von seinem Großvater eine Landwehr-Uniform geschenkt erhielt, war er so glücklich, daß »man sich keine Vorstellung machen kann«[90]. Er bezog in Uniform sofort Posten vor dem Zimmer des Kaisers und präsentierte vor jedem vorbeigehenden Offizier das Gewehr.
Im Juli 1818 mußte Dr. Barry O'Meara, bis dahin Leibarzt Napoleons in St. Helena, wegen »Kollaboration« die Insel verlassen. Bei der Abschiedsvisite trug ihm der Exkaiser auf, seinen Sohn in Wien zu besuchen. »Wenn Sie meinen Sohn sehen, so umarmen Sie ihn in meinem Namen; er möge nie vergessen, daß er ein französischer Prinz ist«, sagte Napoleon. »Suchen Sie mir zuverlässige Nachrichten zu geben, wie mein Sohn erzogen wird«[91]. Der Arzt machte allerdings keinen Versuch, nach Wien zu reisen.
In der Erziehung des Prinzen gaben sich alle Verantwortlichen die größte Mühe und fanden Zustimmung bei der Mutter und dem Großvater; doch war niemals die Rede davon, aus Reichstadt einen französischen Prinzen zu machen. Collin lehrte den jungen Mann die lateinische und griechische Sprache, Foresti Mathematik und die Grundlagen der Strategie. Professor Baumgartner war für Physik, Chemie und Naturkunde zuständig, Pina und Foresti für die italienische Sprache. Die beiden Franzosen Podewin und Barthélemy mühten sich redlich, dem Prinzen einige französische Sätze zu entlocken. Monsignore Wagner und Hofkaplan Darnaut lehrten Religion. Alle gaben sich große Mühe, doch der Schüler war uninteressiert, und leistete auf seine Art heftigsten Widerstand. Die Lehrer waren mehr als einmal verzweifelt und mußten oft persönliche Kränkungen in Kauf nehmen.
Zu Unterrichtsbeginn war Reichstadt immer voll der guten Vorsätze und erklärte jeden Morgen: »Ah, ich will gut lernen, da ich vernünftig werden muß«. Doch schon nach einer Viertelstunde waren alle Vorsätze verflogen, er wurde unkon-

Eine Zeichnung des Prinzen

zentriert und begann zu weinen. Früher, als noch die französischen Gouvernanten beim Unterricht anwesend waren, bekam er Tobsuchtsanfälle, die zwar die Frauen, nicht aber Foresti einschüchterten. Als der Prinz wieder einmal während der Unterrichtsstunde herumtrödelte, mit dem Sessel schaukelte und umfiel, machte ihn der Lehrer darauf aufmerksam, wie gefährlich so etwas sei. Der Prinz bekam einen Wutanfall und wurde gegen Foresti tätlich. Der packte den Kleinen am Kragen und brüllte ihn an, ob er glaube, ein Weib vor sich zu haben oder einen Mann und Offizier. Dann führte Foresti den Prinzen in eine Ecke und er mußte, mit dem Gesicht zur Wand gekehrt, Strafe stehen. Das traf den Stolz des Kindes sehr hart, aber Foresti hatte in Zukunft vor den Launen seines Schülers Ruhe, ja es entwickelte sich sogar eine gewisse Zuneigung des Prinzen zu seinem Erzieher.

Auf einem Spaziergang mit Foresti kam das Gespräch einmal auf Frankreich, und der Lehrer wurde plötzlich mit der Frage überrascht, wer jetzt in Frankreich regiere. »Ein König«, antwortete Foresti wahrheitsgemäß. »Aber ich weiß«, ließ der

Prinz nicht locker, »daß dort ein Kaiser geherrscht hat. Wer war das«? Foresti antwortete: »Das war Ihr Vater, der infolge seiner unglücklichen Neigung für den Krieg Krone und Reich verloren hat«. Nach einer kleinen Pause bohrte der Prinz weiter: »Ist mein Vater, der so viel Unheil angerichtet hat, ein Verbrecher«? Geschickt zog sich der Erzieher aus dieser heiklen Situation: »Nicht von uns hängt es ab, ein Urteil über ihn zu fällen. Lieben Sie nur weiter Ihren Vater und beten Sie für ihn«[92]. Seit dieser Unterredung schwieg Reichstadt und erwähnte nie wieder seinen Vater, doch Foresti wußte, daß ihn dieses Thema Tag und Nacht beschäftigte. Gegenüber Dietrichstein war der Prinz nach wie vor aggressiv und beleidigend. Voll Verzweiflung schrieb der Erzieher der Mutter nach Parma: »Niemals will ihr Sohn die angenommenen Formen und Gebräuche beobachten. Sein Starrsinn wird niemals aufhören ... Das Gemeine dominiert stets bei ihm, ungeachtet seines guten Betragens in der Gesellschaft; aber außerhalb dieser will er sich jedem anderen Menschen gleichstellen und seinen Standpunkt vergessen«[93].

Um auch nur die geringste Leistung von ihm zu bekommen, wurde ihm immer wieder gesagt, daß seine Mutter demnächst zu Besuch käme. Er selbst war nur von dem einen Gedanken beseelt, seine Mutter wiederzusehen. Sie hatte ihm doch versprochen zu ihm nach Wien zu kommen, sobald es ihre Geschäfte erlaubten. Doch sie kam nicht. Der Prinz wurde wieder abweisend, frech und faul. Aber niemand erkannte die Zusammenhänge, und hier bewahrheitete sich die Erkenntnis der modernen Kinderpsychologie, daß ein schlimmes Kind ein todunglückliches ist.

Vergeblich wartete der Herzog von Reichstadt, daß die Mutter den Sommer 1817 in Wien verbringen würde, doch am 1. Mai dieses Jahres wurde Marie Louise in Parma von einem Mädchen entbunden, das in der Taufe den Namen Albertine erhielt. Die Schwangerschaft und die Geburt gingen in aller Stille vor sich, und das Neugeborene wurde sofort Dr. Rossi in Parma, einer Vertrauensperson der Herzogin, anvertraut. Niemand, auch Kaiser Franz nicht, wußte, was sich am Hofe von Parma zutrug. Erst viel später ahnte der älteste Sohn Neippergs den Kindersegen seines Vaters mit Marie Louise und schrieb darüber: »Ich glaube, daß in den zunächst darauf folgenden zwei Jahren ein anderes Mädchen, Mathilde, wenn ich nicht irre, genannt, zur Welt kam, aber bald darauf starb. Doch weiß ich diese Epoche der Geburt dieses Kindes so die einer oder zweier später folgenden fausses couches (Fehlgeburten) nicht genau zu bestimmen ...«[94]. Am 8. August 1819 wurde Marie Louise von einem Knaben entbunden, der in der Taufe den Namen Wilhelm Albrecht erhielt und ebenfalls bei Dr. Rossi großgezogen wurde.

Im Juni 1818 kam Marie Louise mit Neipperg endlich nach Wien zurück. Zur Freude des Prinzen durfte er ihr entgegenfahren. Als Treffpunkt wurde ein Gasthof bei Theresienfeld ausgesucht. Dort fanden sich aber auch einige Verwandte Napoleons, die in der Nähe wohnten, ein. Sie bewunderten aus einer gewissen Entfernung den Sohn des Kaisers, nahmen jedoch mit ihm keinen näheren Kontakt auf und verschwanden, als Marie Louise eintraf. Der Prinz war selig, als ihn seine Mutter in die Arme nahm. Neipperg gegenüber verhielt sich der Knabe sehr reserviert.

Nach einigen Tagen Aufenthalt in Wien fuhren Mutter und Sohn mit dem Großvater auf dessen Schloß in Persenbeug. Über dieses »Schloß« schrieb Metternich: »Ich bin überzeugt, daß Niemand glauben könnte, wie der Kaiser sich mit so schlichten Einrichtungen begnüge, die weit unter den Bedürfnissen eines reichen Gutsbesitzers stehen ... In dieser Entsagung gefällt sich der Kaiser und genießt vollends das Wenige, das ihm geboten wird. Er nennt ein unansehnliches Schloß mit herumliegenden Feldern sein Eigenthum ...«[95].

Hier ging der Prinz mit seiner Mutter und dem »General«, wie Neipperg in der Familie genannt wurde, auf seine erste Jagd und schoß einen Hasen.

Nach diesem glückseligen Sommer fiel dem Prinzen der Abschied von seiner Mutter besonders schwer und nur ihr Versprechen, im nächsten Sommer wieder zu kommen, konnte seine Tränen trocknen. Nach einer gemeinsamen Wallfahrt nach Maria Taferl trennten sich Mutter und Sohn schweren Herzens.

Im Herbst jagte Reichstadt in Laxenburg, und Erzherzog Ludwig berichtete stolz Marie Louise, daß der Kleine 36 Hasen, Fasane und Rebhühner geschossen habe, und Dietrichstein fügte hinzu, der Prinz habe bewiesen, »daß er nicht feuerscheu ist; das macht ihm alle Ehre, man wird von ihm reden«[96]. Im Frühjahr des nächsten Jahres nahm der Herzog von Reichstadt erstmals an den Hofbällen teil. Diese Feste bedeuteten ihm eine sehr große Freude. In seinen weißen Hosen, weißer Weste und seinem blauen Frack, an dem er den Stephansorden trug, sah er hinreißend aus, und die Wiener Gesellschaft war von dem »deliziösen, angebetetsten Reichstadt« begeistert.

Wie alle Angehörigen des Kaisershauses mußte auch Reichstadt ein Handwerk erlernen. Er entschloß sich, wie sein Großvater und sein Onkel Ferdinand, zum Gärtnerhandwerk. Mit Collin zusammen baute er in seinem kleinen Garten in Schönbrunn ein Blockhaus, das den Namen »Robinsonhöhle des Herzogs von Reichstadt« erhielt. Nun durfte er auch bei Hof bei kleinen Theateraufführungen Rollen übernehmen. Seine Zornausbrüche wurden schwächer und seltener.

1819 inspizierte Kaiser Franz die italienischen Provinzen, und Marie Louise begleitete ihren Vater; von einer Reise nach Wien war in diesem Sommer keine Rede. In Rom wollte Marie Louise ihrer Schwiegermutter ihre Aufwartung machen. Als der österreichische Gesandte bei Madame Mère erschien, um die Audienz vorzubereiten, blitzte er bei der alten Dame ab. »Die Frau, von der sie sprechen«, sagte sie, »kann nicht meine Schwiegertochter sein. Ohne Frage ist sie eine Abenteurerin, die sich mit meinem Namen schmückt. Und Abenteurerinnen empfange ich nicht«[97].

Gegen Ende des Jahres 1819 finden sich in den Rezeptbüchern der Hofapotheke die ersten ärztlichen Verschreibungen für »Serenissimus Duce de Reichstadt«. Bis dahin muß sich der Prinz bester Gesundheit erfreut haben. Bei der ersten Rezeptur handelt es sich um ein »Mundwasser«, verordnet von Hofzahnarzt Dr. Lavran[98]. Ob dieses Medikament, dessen Hauptbestandteil Melissengeist war, gegen Zahnkaries oder Mundgeruch verschrieben wurde, ist nicht feststellbar. Erst ab diesem Zeitpunkt finden sich auch Anhaltspunkte einer langwierigen Affektion der Lunge des Prinzen, da er vom Hofarzt Dr. Habermann laufend verschiedene Brustteemischungen sowie schweißtreibende und fiebersenkende Medikamente bis zum Jänner 1820 verabreicht bekam. Die Lunge des Prinzen war zweifellos ein »punctum minoris resistentiae« (ein Organ geringer Abwehrkraft). Der Prinz war jetzt auch rasch gewachsen, die Lunge blieb eingeengt und für Affektionen prädestiniert, denn seine Brust war »weder breit noch stark«, wie Dietrichstein schrieb[99].

Der Unterricht des Prinzen blieb für die Lehrer weiterhin eine Qual. Er war nicht zu bewegen, auch nur das Geringste zu lernen, oder wenigsten für ein Fach seines Lehrplanes Interesse zu zeigen. In der Familie versprühte er seinen Charme, so daß die diversen Onkeln und Tanten von ihm eingenommen waren, doch in seiner Studierstube herrschte von morgens bis abends Krieg. Im April 1820 steigerten sich Reichstadts Aggressionen gegen die Lehrer derart, daß Dietrichstein in einem Brief an Marie Louise um die Erlaubnis bat, den Prinzen mit der Rute zu züchtigen. Es wäre ein einmaliger Vorgang im Kaiserhaus gewesen, wenn die Prügelstrafe bei einem Kind der kaiserlichen Familie Anwendung gefunden hätte. Die Mutter schrieb sofort zurück, daß ihr »deren Anwendung antipathisch sei«[100]. Kaiser Franz dagegen, der von Dietrichstein ebenfalls informiert wurde, trat für eine »nachsichtslose Strenge« ein[101].

Was mußte die Mutter Louise empfunden haben, wenn sie die zahlreichen Briefe Dietrichsteins las, in denen sich der Erzieher über ihren Sohn beklagte; über seine innere Kälte, seine Herzlosigkeit, seine Faulheit, sein Desinteresse, seine Frechheiten, und nun kam auch noch die Bitte, ihn prügeln zu dürfen. Auf der anderen Seite kamen die vielen Briefe ihrer Angehörigen, die sich mit dem »charmantesten, deliziösten und liebsten« Sohn beschäftigten. So schrieb einmal Maria Anna Caroline, Großherzogin von Toskana, an Marie Louise: »... Ich will Dir doch wenigsten schriftliche Nachrichten von Deinem allerliebsten Sohn geben, den ich recht oft in Wien gesehen und bewundert habe und ich muß gestehen, er ist meine ganze Leidenschaft; außer daß er schön wie ein Engel ist, ist er so gescheit und verständig, daß er wie ein erwachsener Mensch redet ... Ich habe Deinen Kleinen auch auf einem Ball gesehen, wie er die allermeiste Bewunderung erregte ... Ich hoffe Dich künftigen Jahres in Wien zu sehen und einem so lieben Kind

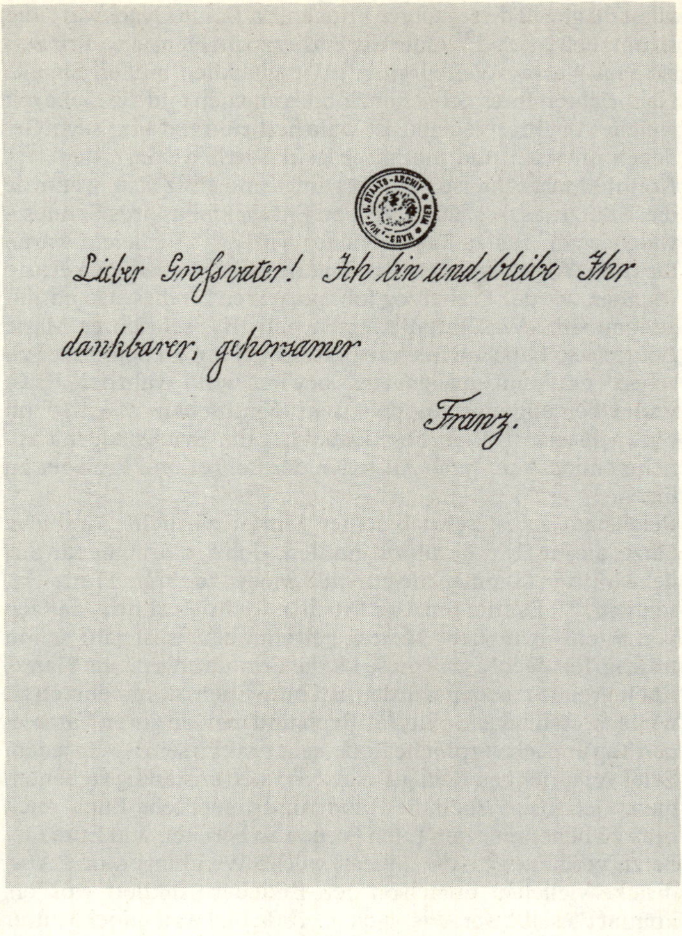

Lieber Großvater! Ich bin und bleibe Ihr
dankbarer, gehorsamer

Franz.

wirst du gewiß dieses Opfer bringen, da Deine Gegenwart ihm so nützlich ist...«[102]. Oder die Erzherzogin Henriette, Prinzessin von Nessau-Weilburg: ... »Wie glücklich müßen Sie alle Nachrichten Ihres lieblichen Sohnes machen und die Liebe mit welcher er Ihrer gedenkt ist wahrhaft rührend und seyn Gedeyen physisch und moralisch geht herrlich vonstatten«![103]. Konnte Marie Louise nicht beruhigt und stolz sein, wenn sie diese Sätze las: »... Die herrliche Entwicklung Ihres Sohnes – welcher von Tag zu Tag lieblicher wird«![104]. Vielleicht waren dies nur Worte verliebter Frauen und Mütter, aber auch ernste Männer, wie der Erzherzog Johann, waren für dieses Kind eingenommen. »Was Ihren Kleinen betrifft«, schrieb er Marie Louise, »so habe ich mich recht erfreuet ihn zu Schloßhof zu sehen – er nimmt an allem zu ... bey ihm wirkt Wahrheit, Ernst und Überzeugung, aus dem sehr Kindischen ist er schon entwachsen«[105]. Wahrheit! Dabei begann Reichstadt mit zunehmenden Alter nach Aussagen der Lehrer und Erzieher zu lügen.

Reichstadt selbst schrieb seiner Mutter zärtliche, kindliche Sätze, die ihr Herz berühren mußten. »Ich denke immer an Sie, liebe Mutter, kommen Sie nur bald wieder zu Ihrem Franz«, lesen wir[106]. »Es sind nur vier Wochen« schrieb er ihr, »daß ich von Euch, meine liebe Mutter, getrennt bin; es ist ganz schön traurig. Ich dachte, daß diese kleine Erinnerung, meine Haare, Euch Freude machen würden, ich bitte Euch, sie annehmen zu wollen ... ich bete für Sie, für Euch und meinen guten Vater jeden Tag und ich verpreche Euch, sehr brav zu sein ...« In jedem Brief verspricht er, fleißig zu sein und sich anständig zu benehmen. »Ich küsse Euch die Hände und verspreche Euch, mich brav zu benehmen, um Euch Freude zu bereiten und Eure Liebe zu verdienen ...«[107]. Waren solche Wendungen und Ausdrücke vielleicht noch von den Erziehern diktiert worden, kommt dieselbe Sprache und die große Liebe zu seiner Mutter auch in den Briefen vor, die er ganz allein an sie richtete und zu Papier brachte. »Ja, meine liebe Mutter, ich fühle alles, was Ihr mir in Euren lieben Briefen sagt, jede Zeile ist in mein Herz gedrungen, das Euch mehr liebt als man es ausdrücken kann und Ihr werdet die Bestätigung sehen«, lesen wir in seinen Briefen. »Ich kann nicht anders, als Euch die Worte wiederholen ... je-

des Glück kommt von Euch, ich werde dessen immer mehr würdiger. Ich bitte Euch, zweifelt nicht daran ...«[108]. Einen sehr ausführlichen Brief sandte Reichstadt seiner Mutter zu ihrem Geburtstag: »... daß ich ihn nicht mit Euch feiern kann, Euch sehen kann, Euch umarmen und auch persönlich zeigen kann, wie sehr ich Euch liebe, durch meinen Gehorsam! Ich spüre sehr tief, was mir zu tun bleibt, um all die Güte, mit der Ihr mich überschüttet, zu verdienen ... ich bitte Euch, nicht an der Wahrheit meiner Gefühle zu zweifeln ... Meine Dankbarkeit wird genauso lebhaft sein wie meine Liebe. Ich bete zu Gott, um mich in meinen guten Entscheidungen zu stärken; ich bete besonders, daß Ihr so glücklich wie möglich werdet und mir die Gnade zuzuteilen, dem beitragen zu können. Unsere Trennung erscheint mir wie ein Jahrhundert; ich denke an meine Fehler, die Euch so viel Schmerzen bereiten, wenn ich sie behalte und ich bin entschlossen, mich zu verbessern ... Ich küsse Euch tausendmal die Hände«[109].
Das Benehmen des Prinzen änderte sich schlagartig, als er erfuhr, daß die Mutter im Sommer nach Wien kommen werde. Tatsächlich erschien sie mit dem »General« und dessen Sohn Gustav, der kaum älter war als Reichstadt. Das Glück des Prinzen war grenzenlos, besonders wenn er allein mit der Mutter Ausflüge in die nähere Umgebung Wiens unternehmen durfte. Die Reisen gingen bis ins Höllental, einem wildromantischen Tal zwischen Rax und Schneeberg. Ganz ungetrübt blieben diese Tage allerdings nicht, da die Mutter ernstlich auf ihn einredete, daß er mehr Eifer im Lernen zeigen und sein Benehmen den Erziehern gegenüber ändern müsse. Der Prinz versprach seiner Mutter alles, wenn sie nur im nächsten Sommer wieder zu ihm nach Wien kommen sollte.
Der Urlaub neigte sich seinem Ende zu, und Marie Louise rüstete zur Heimreise nach Parma. Ihr Sohn durfte sie bis Mariazell begleiten und fuhr allein nach Wien zurück. Dort angekommen, schrieb er seinem Großvater folgenden Brief: »Lieber Großvater! Mit wahrer Freude benütze ich die Gelegenheit der Herannahung Ihres Namensfestes, um Ihnen meine herzlichsten Wünsche darzubringen. Mit vielen Dank bin ich Ihnen nicht für alle Wohltathen schuldig, die mir täglich zu Theil werden! Gewiß soll es auch an meinem Bestreben nicht fehlen,

Ihre väterliche Liebe zu verdienen; meine Mutter hat mich sehr ermahnt, durch Fleiß und gute Aufführung Ihrer Gnade immer würdig zu werden. Ich habe in Gußhause bei Mariazell von ihr Abschied genommen und sie gesund verlassen. Sie hat mir aufgetragen, Ihnen und meiner Großmutter ihren Handkuß zu melden und Hoffnung gegeben das nächste Jahr wiederzukommen, welches mir große Freude machte. Ich bitte mich der Gnade meiner lieben Großmutter anzuempfehlen. Möchten Sie noch recht lang gesund und glücklich bleiben! Gewiß werden Sie viel Freude erfahren an Ihrem gehorsamsten Enkel Franz«![110].
Zu Ende des Jahres 1820 dankte Reichstadt seinem Großvater nochmals für die Güte, die er ihm in diesem Jahr angedeihen ließ, und versprach, durch Eifer sich dieser Zuneigung würdig zu erweisen. »... Ich habe gestern meine erste heilige Beicht verrichtet, und bitte Sie und meine liebe Großmutter zu glauben, daß meine guten Vorsätze von dem ernsten Bestreben unzertrennlich sind, Ihrer Gnaden täglich würdiger zu werden. Gott erhalte Sie noch lang für unser aller Glück, insbesondere für jenes Ihres gehorsamsten Enkel Franz«[111].

KAPITEL 5

Der Tod Napoleons
Das Erbe des Kaisers
Kehlkopftuberkulose, die Ersterkrankung des Herzogs
Reichstadt erfährt von der Ehe seiner Mutter mit Neipperg
Die Enttäuschung über seine Mutter
Die Napoleoniden distanzieren sich von Reichstadt
Vergebliche Versuche des Prinzen, als Napoleon II. nach Frankreich zurückzukehren
Die Chancen des Herzogs bei der französischen Armee
Die politischen Träume Reichstadts zerschlagen sich
Reichstadt und die Frauen
Der Gesundheitszustand Reichstadts verschlechtert sich

Im Jahr 1820 legte der Herzog von Reichstadt seine Abschlußprüfungen in den Normalfächern in Gegenwart des Kaisers ab. Als Marie Louise erfuhr, daß der Großvater bei den Schlußexamina seines Enkels persönlich anwesend war, bedankte sie sich überschwenglich. Am 28. April 1820 schrieb sie: »Ich bin Ihnen auch so dankbar, liebster Papa, daß Sie die Güte hatten, beim Examen meines Sohnes beiwohnen wollten, das ist einer der größten Beweise Ihrer väterlichen Liebe für uns beide und mein Herz fühlt es tief ...«[1]. Die Lehrer des Prinzen, vor allem Dietrichstein, wollten mit den Fortschritten ihres Schützlings vor dem Kaiser glänzen – hing doch davon ihre weitere Karriere ab –, doch bei der schwachen Begabung und der grenzenlosen Faulheit dieses jungen Mannes waren keine Lorbeeren zu verdienen. Im darauffolgenden Jahr sollte Reichstadt mit dem Gymnasialstudium beginnen.

Als Marie Louise am 19. Juli 1821 morgens die Zeitung »Gazetta Piemonte« aufschlug, sprangen ihr die Schlagzeilen entgegen: »Napoleon am 5. Mai gestorben«. Anfangs wollte Marie Louise diese Nachricht nicht glauben, und voll Bestürzung schrieb sie sofort ihrem Vater: »...Durch die Piemontesische Zeitung habe ich zuerst den Tod des Kaisers Napoleon vernommen, dem ich kaum Glauben beymessen konnte, wenn die Details nicht so genau gewesen wären. Heute teilte General Vincent die officielle Nachricht seines Todes dem Neipperg mit ... und Hauptmann Foresti schrieb selbem unterm 14ten diesem aus Wien die gnädigen Befehle, die Sie ihm in Betracht meines Sohnes gegeben hatte. Diesen empfehl ich Ihren immer so zärtlich gegen uns bewiesenen väterlichen Herzen, damit ihm auch von Seiten des englischen Gouvernements im Betreff der Hinterlassenschaft seines Vaters kein Abbruch geschähe.

Wir haben beyde in Kindlicher Hingebung dem Wohl und dem Ruhm unseres Vaterlandes hinlänglich Opfer gebracht. Für mein Kind hoffe ich eine glückliche, seiner Herkunft angemessene Existenz; für mich *Ruhe* und *Friede* ...«[2].

Ihrer Vertrauten, der Gräfin Colloredo, schüttete Marie Louise ihr Herz aus und berichtete ihr von den Komplikationen, die ihr vielleicht jetzt ins Haus stünden. »Ich gestehe«, schrieb sie, »daß mich diese Meldung von seinem Tod ungemein erschüttert hat, obgleich ich niemals ein lebendiges Gefühl irgendeiner Art für ihn gehegt habe. Aber ich kann nicht vergessen, daß er der Vater meines Sohnes ist ...«[3].

Kaiser Franz, immer allen Unannehmlichkeiten aus dem Weg gehend, hatte Hauptmann Foresti beauftragt – Dietrichstein weilte in Würzburg – seinem Enkel die Todesnachricht des Vaters zu überbringen, und zwar sollte er dies in einer ruhigen Minute vor dem Schlafengehen tun. Das Kind, von seinen Erziehern immer als herzlos und kalt hingestellt, zeigte sich tief erschüttert. »Ich sah mehr Tränen fließen«, notierte Foresti, »als ich mir von einem Kind erwartet hätte, welches seinen Vater nie gesehen, nie gekannt hat«[4]. Als Collin am nächsten Tag mit Reichstadt über den Tod des Vaters sprach, brach der Prinz wieder in Tränen aus und Collin an Dietrichstein: »Er hat sehr geweint, sowohl als Foresti, der ihm auf Befehl Seiner Majestät verkündete, als auch den Tag darauf, als ich mit ihm darüber sprach ...«[5].

Als Marie Louise mitgeteilt wurde, wie groß der Schmerz Reichstadts über die Todesnachricht war, schrieb sie ihrem Sohn: »Ich habe gehört, mein lieber Sohn, daß Du sehr betrübt warst über das Unglück, das uns beide trifft, und es ist mir, ich fühle es, ein rechter Trost, an Dich zu schreiben und mit Dir davon zu sprechen. Gewiß hast Du einen ebenso tiefen Schmerz empfunden wie ich, denn Du wärst undankbar, wenn Du vergeßen könntest, wieviel Liebe und Güte er Dir als Kind entgegengebracht hat. Du mußt Dich bemühen, seine Tugenden nachzuahmen und die Klippen, an denen er gescheitert ist, zu vermeiden. Mein größter Trost ist der Gedanke, daß wir beide unter dem Schutz Deines Großvaters stehen, der uns nie im Stich lassen wird. Es liegt an Dir ... die Menschen zufrieden zu stellen welche Dich erziehen, die unendliche Güte verdienen, mit welcher mein Vater und die Kaiserin Dich fortwährend überhäufen ...«[6].

Einige Tage später schrieb Reichstadt seine Mutter: »Liebe Mutter! Ich danke Ihnen für Ihr gnädiges Schreiben, in welchem Sie mir Ihre mütterliche Liebe so sehr zu erkennen geben, um mich über den Tod meines Vaters, wodurch auch Sie tief in Trauer gesetzt wurden, zu trösten versuchen. Sehr bestürzt durch die unerwartete Nachricht und in der größten Betrübniß die ich zu empfinden fähig bin, wagte ich es nicht, Ihnen dieses traurige Ereigniß zu berichten, welches Sie um so mehr hätte schmerzen müssen, wenn Sie es von Seite Ihres Sohnes zuerst erfahren hätten. Von Ihrer mütterlichen Neigung das Glück meines Lebens erwartend, werde ich mich auch bestreben, Ihren mir bey dieser traurigen Gelegenheit ertheilten Ermahnungen die genaueste Folge zu leisten und mein Gebeth mit dem Ihrigen für das Wohl meines seligen Vaters vereinigen. Wie sehr ich meinem Großvater und meiner Großmutter dankbar zu seyn Ursache habe, erkenne ich vollkommen und habe auch bey dieser Gelegenheit neue Beweise erhalten, daß mich beyde wie einen Sohn lieben und für mich Sorge tragen. Da Sie von so traurigen Empfindungen ergriffen, nicht krank geworden sind, ist für mich eine große Beruhigung und der einzige Trost in diesen Tagen der Trauer ...«[7]. Dietrichstein setzte diesem Brief einige Zeilen hinzu, in denen er meinte: »Ihre Majestäten sprachen mit mir viel über den Prinzen, über sein Betragen, das sie zufriedenstellt und über den Eindruck, den der erlittene Verlust auf ihn gemacht hat«.

Der Tod Napoleons war für den Wiener Hof eine äußerst delikate Angelegenheit. Hätte er dazu nicht Stellung genommen und die Sache stillschweigend übergangen, hätte es so ausgesehen, als ob sich das Kaiserhaus der Ansicht des Vatikans, Marie Louise wäre nur die Konkubine Napoleons gewesen, angeschlossen hätte. Auf diese Nachricht mußte reagiert werden. Kaiser Franz holte daher den Rat Metternichs ein.

In einem Vortrag vor dem Kaiser führte der Staatskanzler aus: »Durch die gemeinsame Erklärung der Mächte vom 13. März ist Bonaparte als civiliter mortuus zu betrachten gewesen. Wenn ein ähnlicher Anspruch auf ledigliche Familienverhältnisse keinen Einfluß hat, so stehen Eure Majestät in einer anderen Lage als der Staatsbürger. Eure Majestät können keine Trauer tragen, ohne daß Ihr Hof dieselbe theile. Hier tritt das Individuum in die zweite Linie und das Verhältnis der Monarchie in die erste. In Betreff des Herzogs von Reichstadt ist die Sache verschieden. Dieser steht in der Lage des Partikuliers und Napoleon war sein Vater. Ich finde keine Erinnerung an den Entschluß, daß er die Trauer anlege. Dies dürfte sich aber nie auf seine Bedienung erstrecken«[8].

Das hieß, daß nur Reichstadt und seine beiden Erzieher am Wiener Hof Trauer trugen, aber die Anweisung erhielten, sich so wenig wie möglich in der Öffentlichkeit blicken zu lassen.

Marie Louise reagierte so, wie sie schon vor Monaten Anweisung aus Wien erhielt. Sie gab nur die Todesnachricht ihres Gemahls, nicht aber die Napoleons bekannt: »Del Serenissimo sposo dell' augusta nostra sovrana«[9]. Sie ließ unter Ausschluß der Öffentlichkeit für Napoleon ein Requiem lesen. Auf dem Katafalk fehlte allerdings das kaiserliche Wappen. Nur sie und ihre Dienerschaft trugen eine dreimonatige Trauer.

Kaum hatte sich die Kunde vom Ableben Napoleons herumgesprochen, als auch schon die ersten Gerüchte auftauchten: Napoleons Leichnam würde nach Europa gebracht werden; dann hieß es, die Asche des Verstorbenen und auch sein konserviertes Herz würden seiner rechtmäßigen Gemahlin übergeben werden. Am 4. August schrieb Marie Louise dem Vater von ihren Ängsten: »Mein einziger Wunsch geht dahin, daß man die Asche des armen Seligen nun einmal in Ruhe läßt und auch sein Herz in seiner Gruft verbleiben könne! Ich empfehle Ihnen nochmals meinen Sohn, der in Ihnen einen zweyten Vater gefunden hat ...«[10].

Bereits vier Tage später ließ sich Marie Louise mit Graf Neipperg von ihrem Beichtvater, Pater Neuschel, kirchlich trauen. Endlich hatte dieses »schlamperte Verhältnis« nun auch das Plazet der Kirche. Es war aber auch höchste Zeit, denn Marie Louise war wieder hochschwanger und wurde am 15. August von einem Mädchen entbunden, das in der Taufe den Namen Mathilde erhielt, aber noch im selben Jahr verstarb.

Für Reichstadt war der Tod des Vaters eine große Zäsur. Wurde bisher jede geistige Auseinandersetzung mit Napoleon vermieden, mußten nun Erzieher und Lehrer auf das historische

Phänomen des Exkaisers eingehen. Sicherlich auf den Rat Neippergs hin einigte sich Marie Louise mit Dietrichstein auf folgendes zukünftiges Vorgehen: ».. Ich glaube, es müsse ihm die Wahrheit über seinen Vater gesagt werden«, schrieb sie dem Erzieher, »und indem man stets unterläßt ihm zu erklären, er sei ein schlechter Mensch gewesen, und wenn man von seinen glänzenden Eigenschaften spricht, dem Kind beweisen, daß sein maßloser Ehrgeiz es war, der ihn dazu geführt hat vom schönsten Thron weg in das Gefängnis zu gelangen ... damit mein Sohn niemals auf den Gedanken komme ihn nachzuahmen«[11].

Wie weit bereits die neue Richtung der Erziehung vorangeschritten war, zeigt ein Brief des Prinzen an seinen Großvater: »... Ich bitte Sie daher meine frömmsten Wünsche für ihr fortdauerndes Wolseyn in diesen Zeilen gnädig anzunehmen«, schrieb der Herzog, »und versichert zu seyn, daß ich mich bestreben werde, durch die genaueste Erfüllung meiner Pflichten, die Dankbarkeit, welche ich Ihnen für so viele erwiesenen Gnaden schuldig bin, nach meinen Kräften zu bewähren. Ein so kleiner und unbedeutender Mensch als ich, darf es nicht wagen, Sie in Ihren Geschäften länger zu unterbrechen...«[12]. Aus dem einstigen König von Rom, dann Napoleon II., war ein »so kleiner und unbedeutender Mensch« geworden.

Vielleicht wollte die Familie Habsburg gar nichts anderes aus ihm machen. Der Kaiser selbst war bestrebt, mit seinem Enkel »nur nicht aufzufallen«, denn noch immer wurde der Sohn Napoleons von den alliierten Mächten und besonders von den Bourbonen mit Argusaugen beobachtet. Der französische Geschäftsträger in Wien, Marquis de Caraman, war jetzt schon über den gesellschaftlichen Erfolg Reichstadts besorgt. Er sprach öfter davon, daß niemand der Verführung des Prinzen durch sein gutes Benehmen widerstehen könne. Was würde aus diesem charmanten Jüngling noch alles werden? Sicherlich eine ernste Konkurrenz für die Bourbonen.

Dem Hof und auch der Mutter erschien es wichtig, daß Reichstadt finanziell abgesichert wurde, damit er ein unbeschwertes und standesgemäßes Leben führen könne. Daher erwartete man nach dem Tod seines Vaters ein entsprechendes Erbe für ihn. Schon am 23. Juli 1821, wenige Tage nach dem Bekannt-

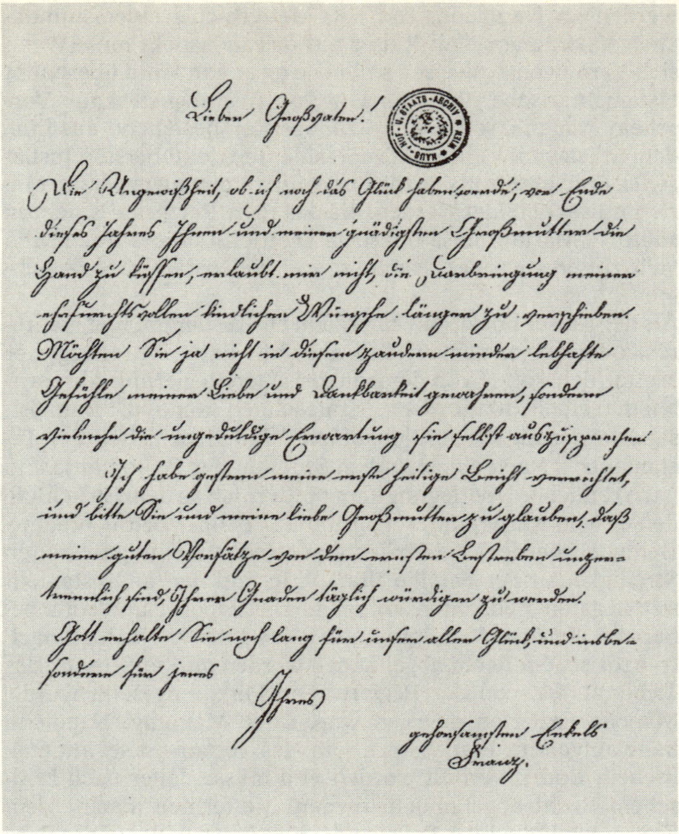

Lieber Großvater!

HAUS- HOF- U. STAATS-ARCHIV WIEN

Die Ungewißheit, ob ich noch das Glück haben werde, vor Ende dieses Jahres Ihnen und meiner gnädigsten Großmutter die Hand zu küssen, erlaubt mir nicht, die Darbringung meiner ehrfurchtsvollen kindlichen Wünsche länger zu verschieben. Möchten Sie ja nicht in diesen Zeilen mindere lebhafte Gefühle meiner Liebe und Dankbarkeit gewahren, sondern vielmehr die unzulängliche Erwartung sie selbst auszusprechen.

Ich habe gestern meine erste heilige Beicht verrichtet, und bitte Sie und meine liebe Großmutter zu glauben, daß meine guten Vorsätze von dem ernsten Bestreben unzertrennlich sind, Ihrer Gnaden täglich würdiger zu werden. Gott erhalte Sie noch lang für unser aller Glück, und insbesondere für jenes

Ihres

gehorsamsten Enkels

Franz.

werden von Napoleons Tod, wies Metternich in einem mündlichen Vortrag vor dem Kaiser auf diesen Aspekt hin. »Wenn sich Vermögen ausweisen sollte«, trug er vor, »und überhaupt testamentarische Verfügungen von Wichtigkeit zum Vorschein kämen«, sollte eine Kommission, bestehend aus ihm, dem Staatskanzler, dem Vizepräsidenten der Obersten Justizstelle, Freiherrn von Gärtner, und einer Vertrauensperson Marie Louises gebildet werden, die das Erbe Reichstadts sichern sollte [13]. Marie Louise übertrug Dietrichstein die Vollmacht, »alle Interessen des Herzogs von Reichstadt wahrzunehmen«[14].

Als der Kaiser hörte, daß Napoleon ein Testament und mehrere Kodizille vor seinem Tod abgefaßt hatte, beauftragte er Metternich, sofort von der französischen Regierung Abschriften derselben anzufordern[15]. Tatsächlich sandte die französische Regierung Obduktionsbefund und Abschriften des Testaments[16]. Nach eingehendem Studium der Dokumente und nach reiflicher Überlegung kam Metternich zu dem Entschluß, den er dem Kaiser am 11. Februar 1822 zum Vortrag brachte. Demnach werde es bei der Testamentsvollstreckung zu großen Streitigkeiten der Familie Bonaparte und den im Testament mit Legaten Bedachten kommen. Die Erben Napoleons beharrten auf dem Standpunkt, daß des Kaisers Nachlaß nach französischem Recht abgehandelt werden müßte. So auch das Tribunal, das von der Regierung in Paris eingesetzt wurde. Manche Experten dagegen waren der Meinung, Napoleon habe aufgehört, Franzose zu sein, das Testament sei auf englischem Boden verfaßt worden und müsse daher nach britischem Recht abgehandelt werden. Metternich machte dem Kaiser den Vorschlag, Reichstadt möge überhaupt auf das Erbe verzichten, denn nach Abzug der Legate und der zu erwartenden Prozeßkosten wäre »an keinerlei Überschuß zu hoffen seyn«. Im Gegenteil, es könnte sogar eine sehr teure Angelegenheit werden[17].

Letztendlich hinterließ Napoleon seinem Sohn keinen Sous, sondern nur wenig wertvolle Souvenirs und politische Phrasen, an denen sich der Sohn erbauen sollte.

Obwohl Marie Louise 1820 ihrem Sohn versprochen hatte, ihn im Jahr darauf wieder in Wien zu besuchen, mußte sie 1821

ihre Zusage wegen einer bevorstehenden Niederkunft zurückziehen. Nun wartete Reichstadt, daß die Mutter im Sommer 1822 kommen würde, doch Marie Louise war wieder schwanger und konnte sich die lange Reise nicht zumuten.
Zu Beginn des Jahres 1822 meldete sich in Parma Monsieur Marchand, ein Gefährte Napoleons auf Sankt Helena. »Madame, der Kaiser hat geruht«, begann sein Brief, »mir den Auftrag zu geben, aus seinen nach dem Tod abgeschnittenen Haaren ein Armband für Eure Majestät und für den Prinzen seinen Sohn, eine Uhrkette machen ...« Er führte weiter aus, daß diese »kostbaren Überreste« unter seiner Aufsicht verarbeitet wurden und er von Napoleon verpflichtet worden sei, diese Andenken persönlich zu überbringen, doch er bekäme keinen Reisepaß. »Diese Ablehnung bekümmert mich um so mehr, als sie mich der Ehre beraubt, Eure Majestät über die Gefühle der Liebe und Wertschätzung zu berichten, die Ihnen der Kaiser bewahrte sowie über den Mut, den er seinem Mißgeschick ständig entgegensetzte«[18]. Der Brief blieb unbeantwortet.
Eine kleine Freude erlebte Reichstadt in diesem Sommer aber doch noch. Kaiser Franz ernannte seinen Enkel zum Feldwebel. Er nahm diesen für einen Prinzen nichtssagenden militärischen Rang sehr ernst. Bei der nächsten Hoftafel erschien er in Uniform und setzte sich ans unterste Ende des Tisches, denn vor ihm, meinte er, würden die anwesenden Generale rangieren.
Ende des Jahres wurde eine Ministerkonferenz der europäischen Mächte in Verona abgehalten. Marie Louise lud den französischen Delegierten Chateaubriand zur Tafel, der aber keine Lust verspürte, mit der ehemaligen Kaiserin zu soupieren. »Sie beharrte darauf und wir gingen hin«, berichtete er. »Wir fanden sie sehr heiter ... Sie sagte ein paar oberflächliche Worte nebenbei auch etwas vom König von Rom. Sie war schwanger, ihr Hof machte irgendwie einen verwahrlosten, verstaubten Eindruck ...«[19].
Kaum war Marie Louise nach Parma zurückgekehrt, erlitt sie eine Fehlgeburt. Im Oktober 1822 tauchte der letzte Leibarzt Napoleons, Dr. Antommarchi, in Paris auf und versuchte beharrlich, eine Audienz bei Marie Louise in Parma zu erreichen. Die Herzogin hatte Angst, der Leibarzt könnte das Herz Napo-

leons mitbringen. Sie wies daher Neipperg an, Metternich zu schreiben, daß sie nicht gewillt sei, dieses Geschenk anzunehmen. Auch dem Vater schrieb sie, daß sie einverstanden sei, »Napoleon auf Sankt Helena bestattet zu wissen«. Sie lehne es aber ab, das Herz des Verstorbenen in Empfang zu nehmen, weil Parma dann »das Ziel von Pilgerfahrten werden würde«[20]. Sie wußte noch nicht, daß Dr. Antommarchi das Herz Napoleons nicht bringen würde, da die Engländer verfügt hatten, daß das Herz des »Generals Bonaparte« auf der Insel zu bleiben hätte.

Mehrere Autoren behaupten, daß Dr. Antommarchi statt dessen die »Original-Totenmaske« Napoleons bringen und sie Marie Louise übergeben wollte[21].

Zur Frage der Totenmaske Napoleons gibt es eine Anzahl von Publikationen, viele Orte in Europa und Übersee pochen darauf, die Original-Totenmaske zu besitzen. Alle Napoleon-Masken, aus welchem Material immer, sehen gleich aus, haben aber mit Napoleon – so wie wir ihn kennen – keine Ähnlichkeit. Nur eine einzige Maske – im Besitz des Archivs der Stadt Baden bei Wien – sieht Napoleon ähnlich, auch stimmen die Schädelmaße des Verstorbenen mit denen der Maske überein. Dr. H. Rollett behauptete, daß er die »Original-Totenmaske« direkt aus dem Haushalt Reichstadts erhalten habe.

Dr. Rollett war Arzt in Baden und behandelte die mit dem Kaiserhaus nach Baden gekommenen Hofbeamten und ihre Angehörigen. Auch der Herzog von Reichstadt verbrachte jährlich einen Teil des Sommers in Baden und wohnte mit seinen Erziehern im »Haus zum griechischen Tempel« in der Bäckerstraße 404 (heute Breyerstraße 7)[22]. Eines Tages erkrankte ein Kind Dietrichsteins und Dr. Rollett wurde zur Visite gerufen. Dort sah er die Geschwister des kleinen Patienten mit einer Gipsmaske »Schifferl« spielen. Sie zogen sie verkehrt an einer Schnur über den Zimmerboden. Dr. Rollett, Naturforscher und Sammler, erkannte sofort, daß es sich um eine Napoleon-Maske handelte. Der Graf bestätigte ihm – so Dr. Rollett – daß es die Totenmaske Napoleons von Sankt Helena sei. Sie wäre in den Haushalt Reichstadt gekommen, er dürfe sie aber auf Befehl von Marie Louise dem Kaisersohn nicht aushändigen, damit er sich »nicht an ihr aufrichte«. Dr.

Rollett bat Dietrichstein, ihm die Maske zu überlassen. Sollte Reichstadt sie einmal beanspruchen, wäre er selbstverständlich bereit, sie dem Herzog auszuhändigen. Die Maske Napoleons, an der Nasen- und Kinnspitze durch das Spiel der Kinder etwas abgeschliffen, wurde 1830 in die Maskensammlung des Arztes eingebracht. Dazu schrieb Dr. Rollett: »Dies ist ein Originalabdruck Napoleons, der direkt aus St. Helena stammt und für den Herzog von Reichstadt bestimmt war ...«[23].
Trotz meiner intensiven Suche im Nachlaß der Erzherzogin Marie Louise, der sehr viele Briefe Dietrichsteins enthält, und ebenso im Montenuovo-Archiv, konnte ich keinen Hinweis finden, daß eine Maske Napoleons, geschweige denn die »Original-Totenmaske«, übergeben oder übersandt worden wäre. Auch in den Memoiren des Leibarztes Antommarchi wird nicht erwähnt, daß er eine Maske – weder in Parma noch in Wien – übergeben hätte. In allen Briefen, die er im Laufe der Jahre nach Parma gerichtet hatte, steht sehr viel über seine Legate und über das achte Codizill Napoleons, aber nichts von einer Totenmaske.
Wann, auf welchem Wege und von welcher Person die Maske in den Haushalt Reichstadts gelangte, entzieht sich unserer Kenntnis. Obwohl diese Maske von Pascal Antommarchi, einem Nachfahren des Leibarztes, als ein »sehr kostbares Stück« bezeichnet wurde, werden immer wieder Stimmen laut, daß es sich bei dieser Maske um keine »Totenmaske«, sondern um eine »Lebendmaske« handle. Die Herstellung einer solchen war ein gern geübter Brauch zu Geschenkzwecken[24].
Das bis heute verschollene – aber dem Inhalt nach bekannte – achte Codizill des Testamentes enthält die Verpflichtung Marie Louises durch den Exkaiser, aus den seinerzeit von ihr in Orléans zurückgehaltenen zwei Millionen Francs Dr. Antommarchi 100 000 Francs und eine jährliche Rente von 6 000 Francs bis zu seinem Ableben auszuzahlen. Zur Bekräftigung seiner Ansprüche veranlaßte der Arzt die Testamentszeugen Montholon und Bertrand, ein diesbezügliches Schreiben an Marie Louise zu senden: »... daß der Kaiser Napoleon, durch ein Codizill, das er wenige Tage vor seinem Ableben mit der Hand geschrieben hat, eine Pension auf Lebenszeit von 6 000 Francs an den Arzt zu geben, der ihn während der letzten Jahre

zu seiner Zufriedenheit behandelt hat. Diese Pension belohnt die sehr rühmlichen Dienste und Behandlungen, die F. Antommarchi der ersten Person Eures Herzens angedeihen ließ ...«[25].

Dr. Antommarchi blitzte am Hof von Parma mit seinem Ansinnen ab. So versuchte er sein Glück am Wiener Hof. Am 15. Juni 1823 erwähnte Metternich in einem mündlichen Vortrag vor dem Kaiser die Ansprüche des Leibarztes: »... Auch haben mir Eure Majestät unterm 3. d.M. einen Brief des Wundarztes Antommarchi eingesendet, wonach derselbe die Erlaubnis, nach Wien zu kommen, nachsucht. Die Absicht Antommarchis ist, ein Werk über die Anatomie des menschlichen Körpers hier auflegen zu lassen; dann auch eine Entscheidung Ihrer Majestät Frau Erzherzogin rücksichtslich der Pension von 6 000 Francs, welche Napoleon auf Ihre Majestät angewiesen hat, zu bewirken ...« Kaiser Franz vermerkte auf diesem Akt eigenhändig: »Und Sie werden Antommarchis Hieherreise nicht gestatten. Franz«[26].

Nochmals kam das Anliegen des ehemaligen Leibarztes bei dem Vortrag Metternichs am 6. August zur Sprache: »... Allerhöchstdieselben werden daraus ersehen«, führte der Kanzler aus, »daß der Dr. Antommarchi erstens eine Summe von 100 000 Francs ausspricht, ferner aber auch die Zusicherung einer Pension von 6 000 Francs erwähnt, die ihm von Ihrer Majestät der Frau Erzherzogin von Parma gemacht worden seyn soll ...«[27].

Da der Arzt weder in Parma noch in Wien etwas erreichte, versuchte er später noch mehrmals sein Glück, zuletzt als er seine Memoiren veröffentlichte. Der Brief an Metternich, dem er ebenfalls ein Exemplar verehrte, ist erhalten: »Ich habe die Ehre, Euch ein Exemplar der Memoiren zu übermitteln, die ich soeben veröffentlicht habe, über die letzten Tage Napoleons... Ich habe auf Euer Wohlwollen gezählt, um Euch zu bitten, die Exemplare, die ich zu den Euren gab, Seiner Majestät dem Kaiser und seinem erlauchten kleinen Sohn (Enkel) zu übergeben ...«[28].

Auch der Herzogin von Parma verehrte er ein Exemplar und hoffte damit, von ihr empfangen zu werden, um ihr seine Anliegen vorbringen zu können. In einem Brief an Neipperg beklag-

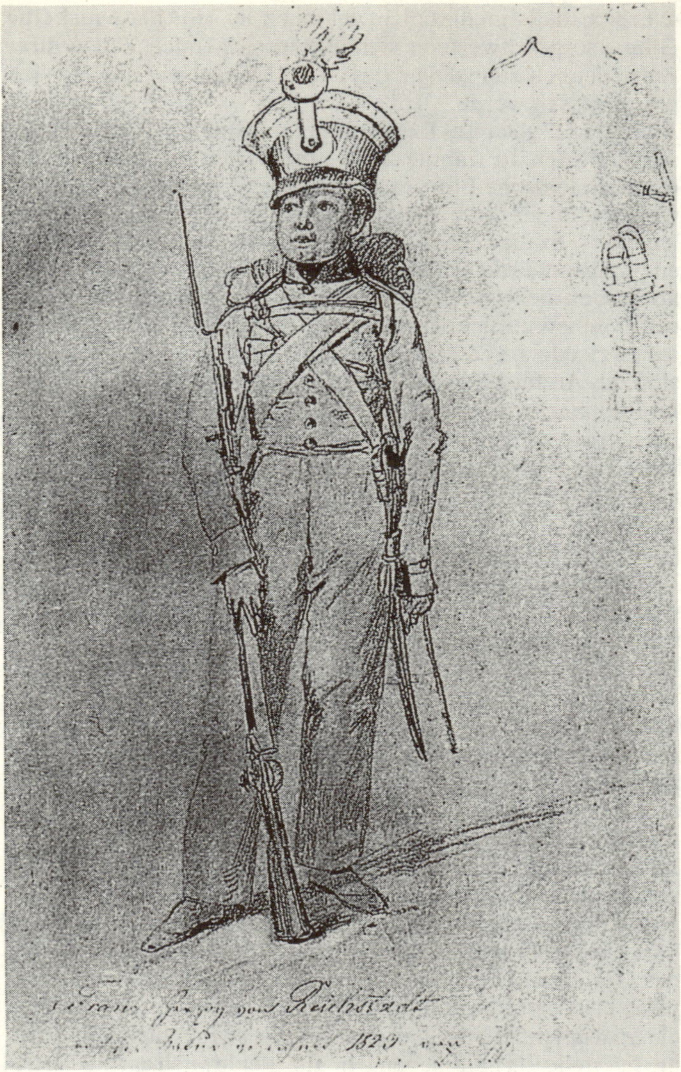

Der Herzog von Reichstadt mit 12 Jahren

te er sich, daß ihm dies nicht gelungen sei. »Sie hatte nicht die Güte«, so beschwerte er sich enttäuscht, »mich Zeuge Ihrer Zufriedenheit zu machen; das ist ein Mangel an Güte, den ich nie vergessen werde ...«[29].
Anfang 1827 gelang es Dr. Antommarchi doch, in Parma einreisen zu dürfen. Er wandte sich sofort an Marie Louise: »... Ich wiederhole meine Bitte an Eure Majestät, sich gütig zeigen zu wollen und mir diese Summe vom Anteil des Erbes auszuzahlen ...«[30]. Er erreichte, daß er wenigsten vom Graf Neipperg empfangen wurde, der aber, wie er sagte, nichts unternehmen könnte, da die Regentin Parma verlassen hätte und erst in einigen Wochen zurückkehren würde. Am selben Abend sah sie der Arzt jedoch in ihrer Loge in der Oper. Ein neuerlicher Vorstoß des Arztes Ende des Jahres brachte wiederum nichts ein.
Im Frühjahr 1823 schrieb Dietrichstein Marie Louise, daß ihre lange Abwesenheit von Wien bereits unangenehm auffalle; es würden Vorwürfe laut, daß sie sich nicht um ihren Sohn kümmere. Die Herzogin nahm sich diese Ermahnungen zu Herzen und brach im Sommer mit Neipperg zur Reise nach Wien auf. Als Reichstadt hörte, die Mutter würde kommen, war er glücklich und freute sich auf die Sommerferien. Noch sieben Jahre später sprach er von diesem Urlaub und sagte, daß dies »die schönste Zeit seiner Kindheit« war.
Die Kaiserfamilie fuhr zuerst nach Baden, dann nach Laxenburg, schließlich nach Persenbeug und Weinzierl. Reichstadt legte über diese Zeit ein Tagebuch an. Dietrichstein, mit dem Prinzen immer unzufrieden, schrieb Marie Louise geringschätzig: »Der Prinz schreibt, was ihm in den Kopf kommt und ohne sich im mindestens um die Grammatik zu kümmern. Dies hier soll ein Tagebuch sein!«[31].
Reichstadt schrieb über sein Leben in Persenburg, so auch, daß einmal die ganze Familie ausgeritten und dabei die Kaiserin vom Pferd gefallen sei und sich den ganzen Arm aufgerissen hätte. Seinem Lehrer Collin teilte er mit: »Ich habe dem Brief des Grafen an Herrn Foresti zwei Zeilen und zwar auf italienisch beigesetzt, darum waren sie im lakonischen Stil, weil ich ein Spartaner bin. Als Spartaner wende ich hier meine Zeit also an: Ich stehe um halb sieben Uhr auf, kleide mich an, bete, frühstücke, springe in Ermangelung einer Peitsche mit einer langen

Pflanze herum im Zimmer; dann beginnen die schweren Kopfarbeiten zur Unterhaltung des Grafen, welche aber leider nicht lange dauern, ich werde zu meiner Mutter gerufen, gehe machmal noch vor Tisch spazieren; endlich wird gegessen, worauf eine Pause erfolgt wegen der Verdauung. Nachmittags werden Spaziergänge, Fahrten, auch zu Wasser gemacht, endlich soupiert man und geht zu Bett ...«[32].

Er schrieb Collin auch, daß ihm seine Mutter sehr viel von Parma erzähle und es sein größter Wunsch wäre, sie dort in den Jahren, in denen sie nicht nach Wien kommen könne, zu besuchen. Die Mutter erzählte ihm aber nicht, daß dort auf sie zwei Kinder warteten, zu denen sie sich wesentlich mehr hingezogen fühlte als zu ihrem Sohn in Wien.

Ihre Kinder, jetzt vier und sechs Jahre alt, mußten von ihr in Parma zurückgelassen werden. Eine Begegnung dieser Kinder mit ihrem kaiserlichen Großvater wäre undenkbar gewesen. Kaiser Franz, der nun von der Existenz der Kinder seiner Tochter wußte, war ohnehin böse und erzürnt. Er duldete lediglich, daß sein neuer Schwiegersohn, »der General«, am untersten Ende seiner Tafel sitzen durfte. Bei jeder Gelegenheit ließ der Kaiser Neipperg seine Aversion spüren, was sich auf dessen Launen nachteilig auswirkte. Neipperg ließ seine Wut an seiner Gemahlin aus, was ihr bittere und tränenreiche Stunden bereitete. Der Urlaub in Österreich war alles andere als eine Erholung.

Am 4. September 1923 fuhr Marie Louise nach Parma zurück. Ihr Sohn war deprimiert, als er beim Abschied erfuhr, daß sie erst wieder in zwei Jahren kommen würde; in Wirklichkeit wurden es drei Jahre. Reichstadt hatte die Mutter bis Wels begleitet, während der gesamten Heimfahrt weinte er. Als er bei Persenbeug vorbeifuhr, zeigte er auf die Fenster, hinter denen die Mutter gewohnt hatte. In Wien angekommen, setzte er sich sofort an seinen Schreibtisch und schrieb nach Parma: »Liebe Mutter! Ich getraue mich kaum von dem Schmerz zu sprechen, den mir die neue Trennung von Ihnen verursacht, weil ich sonst besorgen müßte, gar nicht schreiben zu können. Um Sie nicht selbst auf Ihrer Reise noch mehr zu betrüben, nehmen Sie heute nur die Versicherung an, daß Sie in mir immer den zärtlichsten und dankbarsten Sohn finden werden, daß ich alle

Ihnen genannten Vorsprechungen gewiß erfüllen werde, und daß Ihnen nur Trost und Freude von mir kommen wird ... O, wie kann ich schon nicht die Zeit erwarten, wo ich Sie wieder sehen werde, indeß wann ich den Unterschied von zwey Jahren und zwölf Stunden betrachte, denn in so langer Zeit werde ich Sie wiedersehen, und vor kurzem sah ich Sie noch, so wird mein Schmerz doppelt! ... Wenn ich nur auf das kommende Jahr zu Ihnen kommen könnte, o, dann würde der Schmerz der Trennung nur halb für mich gewesen sein ...« Und Dietrichstein fügte diesem Brief hinzu: »Die Tränen hinderten ihn, sich zu sammeln!«[33].

Bereits am nächsten Tag sandte Reichstadt neuerlich einen Brief an seine Mutter, in dem es hieß: »... Ich kann Ihnen nicht sagen, wie schwer mit die Trennung von Ihnen ankam; auch kann ich nicht von dem Gedanken zurückkommen, daß ich Sie erst in zwey Jahren sehen werde ...«[34].

Am 27. Februar 1823 hatte Reichstadt erstmals vom Hofarzt Dr. Goelis Dower'sche Pulver (Pulvis Ipecacuanhae opiatus) erhalten[35]. Diese Pulver, nach dem britischen Arzt Thomas Dower benannt, enthielten einen Teil Opium, einen Teil Ipecacuanha (Brechwurz) und acht Teile Milchzucker. Sie waren damals das Mittel der Wahl bei der Lungentuberkulose, um den ständigen, quälenden Reizhusten zu stillen[36]. Dazu wurden bei Reichstadt regelmäßig Aderlässe durchgeführt. Von da an erhielt der Herzog von verschiedenen Hofärzten, wie Dr. Staudenheim, Dr. Stürtzenbaum und Dr. Kamerlacher, regelmäßig Medikamente, die bei chronischen Bronchitiden und Lungenleiden angezeigt waren und den damaligen Erkenntnissen der Schulmedizin entsprachen: Malven (Stockrosen), Verbascum (Wollkraut oder Königskerze), Radix liquiritiae (Süßholz) mit Opium gemischt, Hyoscyamin (Bilsenkraut) und immer wieder, jahrelang, Dower'sche Pulver.

Metternich hatte fünf Kinder durch die Lungentuberkulose verloren. 1820 schrieb er in einem Brief: »In meinem Haus starben seit 20 Jahren acht Personen, wovon sieben an der Lunge. Solchen Erfahrungen widersteht man nicht, dem muß vorgebeugt werden«[37]. Der Staatskanzler kannte den Verlauf dieser heimtückischen Krankheit vom Frühstadium bis zum Tod genau. Er hatte daher auch im Falle Reichstadts seine Meinung

und schrieb einmal dem österreichischen Botschafter in Paris, dem Grafen Apponyi: »Ich betrachte ihn demnächst für verloren. Sein Übel ist ein vollkommen ausgesprochenes Lungenleiden und wenn diese Krankheit kein Alter schont, so tötet sie gewiß schnell im Alter von 21 Jahren«[38].
1824 schrieb Reichstadt seiner Mutter nur selten, und Dietrichstein gab dazu jedesmal einen negativen Kommentar. So beurteilte er einen Brief des Herzogs mit folgenden Sätzen: »Der Prinz hat gestern abends seinen Brief ganz allein geschrieben; man merkt es auch. Das Übel ist, daß er glaubt, ihn gut geschrieben und ausgearbeitet zu haben. Seine Faulheit sind noch immer große Kalamitäten ... er schmiert und wiederholt sich«[39]. Wie groß die Sehnsucht des Prinzen nach seiner Mutter war, zeigen einige Stellen seines Briefes vom 5. August 1824: »Liebe Mutter! Eine große Freude ist es für mich, Ihnen zu schreiben, weil ich mir, während ich diese Zeilen auf das Papier niedersetze, vorstelle, ich rede mit Ihnen, ohne Sie zu sehen ...«[40].
Ende November starb Reichstadts Lehrer Collin. Der Prinz war einige Tage verstört und drückte seinen Schmerz in einem Brief aus. Dietrichstein meinte in seinem Kommentar, Reichstadt hätte seinen Lehrer allzu rasch vergessen. »Sein Herz ist kalt und das ist ein Jammer!« meinte der Erzieher Marie Louise gegenüber[41]. Wie falsch der Prinz von seinem Erzieher eingeschätzt wurde, zeigt der Brief Reichstadts an seine Mutter, in dem er ihr über Collin berichtete: »Ich erhielt Ihren gnädigen Brief ... welcher für mich ein lindernder Balsam in dem Schmerz über den Tod des Herrn von Collin war. Je mehr ich an den Verstorbenen denke, desto empfindlicher und größer finde ich den Verlust, welchen ich erlitt. Collin war gewiß einer jener Männer, welche ich am meisten liebe und achte und schwerlich wird er bei mir ersetzt werden könne ... Wie sehr liebte er mich und wieviel habe ich ihm von meinen wenigen Kenntnißen zu verdanken!«[42].
In diesem Jahr heiratete Erzherzog Franz Carl die bayerische Prinzessin Sophie, die nur sechs Jahre älter war als Reichstadt. Der Herzog machte bei der Trauung seines Onkels eine gute Figur und die Brauteltern »waren ganz vernarrt« in ihn. Im darauffolgenden Fasching besuchte Reichstadt nur einen

Kammerball, Dietrichstein schrieb darüber der Mutter: »Der Herzog tanzte mit der Prinzessin Maria von Bayern ganz entzückend eine französische Quadrille und man bewunderte sein gutes Aussehen, seinen Anstand, seine Höflichkeit«[43].
Als Nachfolger Collins wurde Joseph Freiherr von Obenaus als neuer Lehrer berufen.
Im März 1825 schrieb Reichstadt wieder einmal einen Brief in französischer Sprache, der von Fehlern und Germanismen strotzte und damit seine Französischlehrer zur Verzweiflung trieb. In diesen Wochen war auch des Herzogs altvertrauter Religionslehrer Darnaut verstorben.
Marie Louise sollte in diesem Sommer nach Wien kommen, doch sie war zum fünften Mal schwanger, und die Schwangerschaft endete wieder mit einer Frühgeburt. Reichstadt war erschüttert, als er erfuhr, daß die Mutter wieder nicht kommen würde und er das Wiedersehen um ein Jahr verschieben müsse.
Im August schrieb er ihr zu ihrem Namensfest folgenden Brief: »Ihr herannahendes Nahmensfest gibt mir die Gelegenheit meine Herzenswünsche Ihnen darzubringen. Kindliche Liebe, Gehorsam und Verehrung ist der Strauß, den ich Ihnen überreiche ... Vor zwey Jahren feierten wir Ihr Nahmensfest in Weinzierl ... Heute hingegen – doch ich will an diesem für mich so frohen Tag alle traurigen Gedanken verbannen und darin Trost finden, daß ich ihm mit meinen Großältern zubringe, die mir gewiß viel von Ihnen erzählen und mit Ihrem Versprechen, hieher zu kommen, beginnen werden, wo ein junger Philosoph Ihnen dann entgegeneilen wird, der aber indessen, wie man behaupten will, vollauf zu thun hat, um dieses wichtige Studium mit Erfolg zu beginnen ... »Und dann ein wichtiger Satz in diesem Brief: »Sie können nicht glauben, Liebe Mutter, wie sehr es mich erfreut, die Jahre der Kindheit zurückgelegt zu haben, und als Jüngling mich zu fühlen ...«[44].
Er hatte seine Kindheit abgelegt und fühlte sich nun als junger Mann, doch Dietrichstein raubte ihm sofort alle Illusionen und klagte der Mutter gegenüber von der »unerträglichen Gleichgültigkeit« des Prinzen und von seinem Nichtkönnen in allen Unterrichtsgegenständen. Reichstadt, so der Erzieher, könne nicht einmal zwei Zeilen fehlerfrei schreiben.
Im Brief vom September schilderte Reichstadt der Mutter die

Krönung der Großmutter zur ungarischen Königin in Preßburg. Er bedauerte die arme Frau, die an diesem Tag die schwere Krone acht Stunden auf dem Kopf tragen mußte. Zum bevorstehenden Weihnachtsfest 1825 schrieb Reichstadt seiner Mutter: »... Ich wünsche Ihnen alles, was der dankbarste Sohn der besten Mutter nur wünschen kann... Wenn ich versichere, daß es für mich kein Glück ohne das Ihre giebt; daß ich Ihre Abwesenheit nur deshalb ertrage, um mich einst würdig zu zeigen ...«[45].
Für den Sommer 1826 hatte Marie Louise ihre Reise nach Wien angekündigt. Voll Freude sandte der Prinz ihr einen Brief entgegen, in dem er ausführte: »... Sie können nicht glauben, wie ich mich auf übermorgen freue. Der heißeste Wunsch meines Herzens geht jetzt in Erfüllung und ich bin so gewöhnt, seit drey Jahren Ihre Ankunft verspätet zu sehen, daß, wüßte ich Sie nicht schon auf der Reise, ich noch darum zweifeln würde. Sie werden mich sehr erwachsen finden, aber was mich weit mehr erfreuen wird, sind die Fortschritte, die Sie an mir wahrnehmen werden. Ich will auf jeden Ihrer leisesten Winke merken und ihn so schnell befolgen als ich immer nur kann«[46].
Für Reichstadt begann wieder eine glückliche Zeit. Zuerst wurde in Baden Quartier bezogen, dann fuhr die Familie nach Persenbeug. Dort ereignete sich am 24. August abends ein Vorfall, der den Kaiser sehr erboste. Der Ort wurde an diesem Abend illuminiert, und Reichstadt fuhr mit seinem Onkel Erzherzog Ludwig aus. Da trat ein elegant gekleideter Herr an die Kutsche heran und warf ein Päckchen in den Wagen, das Ludwig, ohne daß es Reichstadt bemerkte, auffing. Das Päckchen enthielt eine französische Kokarde und ein Begleitschreiben, in dem es hieß: »Sire, dreißig Millionen Untertanen warten auf Ihre Rückkehr. Kehren Sie nach Frankreich zurück! Ich bringe Eurer Majestät den Stern des Erwachen!« Kaiser Franz reagierte auf diesen Vorfall sehr verärgert und ließ sofort nach dem Unbekannten forschen, doch der war bereits über der Grenze. Später wurde er in Frankreich verhaftet – es handelte sich um den Dekorateur Joseph Romain Doudenil – und zu einer mehrmonatigen Haftstrafe verurteilt.
Am 14. Oktober kehrte Marie Louise nach Parma zurück und hinterließ einen untröstlichen Sohn. Noch am Abend ihrer

Abreise brachte Reichstadt einen langen Brief zu Papier, in dem er sich seinen Kummer von der Seele schrieb. So herrlich und ideal, wie er sich den Urlaub mit der Mutter vorgestellt hatte, dürfte er doch nicht gewesen sein. Die Mutter hatte viel an ihm auszusetzen. Sicherlich redete sie ihrem Sohn, auf Veranlassung Dietrichsteins, ins Gewissen. Er sollte mehr Eifer zeigen, mehr lernen, ja sie stellte ihm sogar andere Jungen als Vorbild hin, was Reichstadt besonders kränkte. In diesem Brief lesen wir: »... Ihnen zu sagen, wie innig der Augenblick der Trennung mich ergriff, nachdem ich fünf so glückliche Monathe mit Ihnen zubrachte. Wie sehr ich entschlossen bin, meine Verheißungen zu erfüllen und wie männlich ich mich bey allen Gelegenheiten betragen werde. Obgleich der Zwischenraum von zwey Jahren, binnen welchem ich Sie wiedersehen werde, sehr lang ist, so bin ich dießmahl doch viel mehr gefaßt, als die übrigen Jahre und zwar durch die Überzeugung, daß Sie mich dann zu meinem Vortheil in pysischem und moralischen, verändert finden werden ... Während Ihrer Abwesenheit in Wien, sah ich mich in Ihrer Gegenwart so oft vor anderen jungen Leuten heruntergesetzt, sogar öfter von Ihnen, Liebe Mutter, zu Recht gewiesen, was in mir den festen Vorsatz erweckte, in alledem anderen gleichzukommen, alle Geschicklichkeiten, die ich bei anderen sehe zu erreichen und wenn möglich zu übertreffen, vor allem aber, mir einen biederen, rechtschaffenen Charakter, Ihren letzten Mahnungen gemäß, anzueignen«[47]. Wieder, wie schon so oft, hatte ihm die Mutter versprochen, in zwei Jahren nach Wien zu kommen. In seinem Innersten war aber der Prinz schon skeptisch. Um alle Mahnungen der Mutter zu erfüllen, beschloß er zu Beginn des Schuljahres, Offizier in der österreichischen Armee zu werden, denn nur in dieser Institution sah er für sich die Möglichkeit, »ein ganzer Mann« zu werden. Außerdem würde dieser Entschluß seiner Mutter gefallen, was ja die Hauptsache war.
Im Fasching besuchte Reichstadt nur einen einzigen Ball, der noch dazu seinen »Schnupfen verschlechterte«. Sein neuer Leibarzt Dr. Staudenheim, Dr. Goelis war gestorben, verordnete sofort eine mehrtätige Bettruhe. Damals dürften die ersten Symptome seiner späteren Krankheit aufgetreten sein.
Im März 1828 berichtete Dietrichstein nach Parma, daß der

Prinz noch immer geschont werden müße, »wegen seines schnellen Wachstums und in Hinsicht seiner Brust ... weil er sich immer nur aus Indolenz vorgeneigt hält, von allen heftigen und zu lange dauernden Bewegungen sowie vor jäher Erhitzung und Abkühlung abgehalten werden müße«[48]. Dieses Leben entsprach nicht den Intentionen Reichstadts. Er entwikkelte sich jetzt zu einem Maniker. Alles geriet bei ihm laut, hektisch, rast- und ruhelos und dabei immer in Opposition. Er war ein von innerer Unrast verzehrter Zögling. Einer seiner Lehrer schrieb: »Er ritt seinen Schabel-Schimmel über Kalksburg in das Tivoli wieder unsinnig, ohne Rücksicht ob ihm jemand nachkommt«[49]. »Schawel« hieß eine Firma in Wien, die englische Pferde importierte. Es verging, so die Erzieher, kein Tag, an dem Reichstadt nicht Pferde kaufen oder tauschen wollte. Nur beim Studium war der Prinz die Ruhe selbst.

Den ganzen Winter 1826/27 über erhielt der Prinz fiebersenkende Teemischungen, am 30. Jänner acht Dower'sche Pulver, am 2. Februar zwanzig dieser Pulver, am 17. Februar wieder acht Stück, am Tag darauf Hyoscyamin (Bilsenkraut), das er stündlich einnehmen mußte[50].

Wie spätere Forschungsarbeiten bestätigten, war ein bestimmter Konstitutionstyp zur Tuberkulose prädestiniert. Vor allem die Astheniker, die hochaufgeschossenen, überschlanken Menschen, fielen dieser Infektion als erste zum Opfer. Damit war nicht gesagt, daß nur Astheniker erkrankten, aber bei den anderen Konstitutionstypen verlief die Infektion harmloser, sie hatten die Chance der Heilung. Der medizinische Fachausdruck für diese Prädestinierten hieß »Habitus phthisicus«[51]. Neben der Konstitution war auch eine besondere psychische Veranlagung für diese Erkrankung notwendig. E. Kretschmer konnte aus der Zahl der geistig-seelischen Reaktionsarten zwei grundsätzlich verschiedene seelische Verfassungen herausarbeiten, die als zyklothymer und schizothymer Menschenschlag bezeichnet werden. Ist dem zyklothymen Menschen eine umgängliche, freundliche, heitere Art eigen, stellt sich der schizothyme als schwieriger Charakter dar: Er ist sprunghaft, reizbar und liebt das Extreme[52].

Dietrichstein wollte Marie Louise wegen des Gesundheitszustandes ihres Sohnes nicht beunruhigen, erwähnte daher nicht die Grundkrankheit, sondern nur, daß Reichstadt ein schwieriger Patient sei und sich weigere, die Anordnungen des Arztes zu beachten. Auch die kaiserliche Familie, besonders die Kaiserin, bagatellisierte das Kränkeln des jungen Mannes und sah im Verhalten der Erzieher nur eine Übervorsichtigkeit und Ängstlichkeit. Mehrere Wochen litt Reichstadt an »kleinen Fieberungen«, wie berichtet wird, »und an einer inneren Irritation des Adamapfels«[53].

Dieser Hinweis – Irritation des Adamapfels – ist für die weitere Betrachtung des Geschehens sehr wichtig. Daraus ist zu schließen, daß der Prinz nicht primär an einer Lungen-, sondern an einer Lymphdrüsentuberkulose gelitten hat. Durch Einschmelzung (Verkäsung) mehrerer Lymphdrüsen wurde Schleim, der reichlich Tuberkelbazillen enthielt, ausgehustet, setzte sich im Kehlkopf fest und rief damit eine Kehlkopftuberkulose hervor. Der weitere Verlauf der Krankheit und die daraus resultierenden Komplikationen werden diese Diagnose bestätigen.

Der Weg in das Schuljahr 1826/27 war von Reichstadt mit guten Vorsätzen gepflastert. Nachdem er erklärt hatte, er wolle unbedingt Offizier werden, dämmerte es ihm langsam, daß er für diesen Beruf viel lernen müße. In einer Audienz Dietrichsteins bei Kaiser Franz erklärte der Erzieher, daß dem Prinzen fast alle Unterrichtsgegenstände schwerfallen würden, besonders aber die Erlernung der lateinischen Sprache; und doch mußte jeder gebildete Mensch damals diese Sprache beherrschen. Dietrichstein meinte, daß auch Napoleon eine große Antipathie gegen diese Sprache gehegt hätte aber wenigstens ein kleines mathematisches Genie gewesen wäre. Der Sohn hätte aber auch von Mathematik keine Ahnung. Kaiser Franz kommandierte daher den Major der Genietruppe Weiss als Mathematiklehrer zu Reichstadt. Weiss predigte dem Prinzen täglich, daß er, wollte er Offizier werden, diesen Gegenstand beherrschen müße. Der Major gab sich große Mühe, doch die Fortschritte seines Schülers bewegten sich in bescheidenem Rahmen. Wie sehr Reichstadt guten Willens und auch einsichtig war, zeigt ein Brief an seine Mutter: »... Mich dem Ziele meiner Ausbildung zu nähern, theils weil ich von der Nothwendigkeit des Lernens durchdrungen bin, theils weil ich die Aussicht auf den weißen Rock jeder anderen vorziehe und ich doch nur zu dieser, durch meine Fortschritte gelangen kann ... um Ihnen in mir die Anfangsgründe eines Charakters erkennen zu lassen, der Sie an jenen meines Vaters erinnert, der für einen angehenden Soldaten, das schönste und bewunderungswürdigste Muster der Beständigkeit, Ausdauer des männlichen ernsten Sinnes, der Tapferkeit, Muthes, Gradheit darbiethet und der nur noch Vaterlandsliebe, Gehorsam und Dankbarkeit zu wünschen übrig läßt, um für den Vollkommensten anerkannt zu werden. Da ich nun noch wenige von diesen Eigenschaften besitze, so wäre es mir nicht angenehm gewesen, jetzt schon eine Offiziersstelle zu erhalten, da ich sie doch nur unwürdig bekleidet hätte, folglich hinter meinen Kameraden zurück geblieben wäre, für mich das unangenehmste Gefühl ...«[54].

Reichstadt gewöhnte sich nun an, phrasenhafte Briefe zu schreiben. Er war kaum in der Lage, zwei Zeilen richtig zu schreiben, und selbst in seine Unterschrift schlichen sich orthographische Fehler ein. Er war nicht imstande, einen kurzen französischen oder italienischen Brief fehlerfrei zu schreiben. Da er schon zu Beginn seiner schulischen Tätigkeit große Schwierigkeiten mit dem Lesen und Schreiben hatte, können wir wohl mit Recht – nach heutigen wissenschaftlichen Erkenntnissen – sagen, daß der Herzog ein Legastheniker (angeborene Lese- und Schreibschwäche bei sonst normaler Begabung) war.

Nur ein Gegenstand fand jetzt bei ihm großes Interesse: die Geschichte. 1828 beherrschte er diesen Gegenstand von den Uranfängen bis zum Westfälischen Frieden. Vor allem aber interessierte ihn die Zeit, in der sein Vater die Geschichte diktierte. Auch für die Jurisprudenz und die Statistik konnte er sich noch erwärmen, doch alle anderen Unterrichtsgegenstände waren eine einzige Katastrophe. Und dieser junge Mann sollte nach den Intentionen der Lehrer und des Erzherzogs Rainer, der sich um die Erziehung des Prinzen sehr verdient gemacht hatte, der neue Prinz Eugen Österreichs werden.

Dietrichstein hat den Prinzen immer wieder gewarnt und ihn gebeten, sich Schonung aufzuerlegen. Er mahnte zur Vorsicht, doch vergeblich. Verzweifelt schrieb der Erzieher der Mutter nach Parma: »Ich könnte mehrere Extravaganzen während des Aufenthaltes in Laxenburg erwähnen, die ich nicht verhindern kann, sobald der Prinz sich im Kreis der Familie befindet. Alles was ich nicht ermüde zu sagen, ist vergeblich, denn er verharrt dabei, das Gegenteil davon zu machen. Seit einiger Zeit ist er auf den Gedanken eines Abhärtungssystems gekommen«[55].

Der Prinz hatte schon im Sommer 1826 im Prater in einem Teich Schwimmunterricht erhalten, den er nun forcieren wollte. Die ständige Krankheitsanfälligkeit in diesem Sommer zwangen ihn jedoch, das Schwimmen wieder einzustellen.

Dietrichstein sah darin eine Chance, den Prinzen mehr in das geistige Leben einzubinden und ihm eine Universalbildung schmackhaft zu machen, wenn er schon in der körperlichen Ertüchtigung zurückstecken mußte. »Ihre Ausbildung muß in jedem Betracht vollendet sein«, predigte er ununterbrochen seinem Zögling, »da Sie dazu bestimmt sind, eine glänzende Rolle im österreichischen Staat zu spielen und aller Augen immer auf Sie gerichtet sein werden«[56].

Reichstadt hatte jetzt nur noch Interesse für die Zeitgeschichte, die sein Vater so nachhaltig geprägt hatte. Er las alles, was über seinen Vater geschrieben wurde, besonders aber die jetzt erscheinenden Memoiren jener Männer, die den Exkaiser nach St. Helena begleitet hatten. Besonders beeindruckte ihn der Bericht des letzten Leibarztes Napoleons, Dr. Antommarchi. Der Prinz war von da an überzeugt, daß auch er, wie der Vater, an der »Flechte« (Hautausschlag) litt, die unweigerlich zu einem Magenkrebs führen werde. Ja, er sabotierte die medizinischen Anordnungen Dr. Studenheims, weil er überzeugt war, jetzt schon an einem Magencarcinom zu leiden.

Reichstadt war 16 Jahre alt geworden. Dies war der Anlaß, daß sich die drei Testamentsvollstrecker Napoleons – Marchand, Bertrand und Montholon – meldeten, um, wie es ihnen aufgetragen war, die Andenken und Gegenstände, die Napoleon seinem Sohn vermacht hatte, zu überbringen. Sie wandten sich daher an die österreichische Botschaft in Paris und baten um die Ausstellung von Reisepäßen. Graf Apponyi sandte die Gesuche nach Wien und Metternich ordnete an, daß eine Einreise nach Österreich nicht in Frage käme, aber die Herren könnten »die ihrer Obhut anvertrauten Gegenstände« bei der Bot-

schaft in Paris abgeben. Es sei nicht die »Absicht des Kaisers dem Sieur Marchand noch anderen Testamentsvollstreckern das Kommen nach Wien zu gestatten«[57]. Die Souvenirs erreichten Wien nie. Nach dem Tod Reichstadts wurden diese Gegenstände zu Napoleons Mutter nach Rom gebracht.
Ende Juni 1827 meldete Marie Louise ihre Ankunft für diesen Sommer. Am 27. August traf jedoch ein Brief ein, in dem sie mitteilte, daß eine Reise nach Wien wegen ihres Gesundheitszustandes abgesagt werden müsse. Für ihren Sohn war diese Nachricht wieder niederschmetternd. Die Mutter kam also nicht und damit mußte er wieder ein volles Jahr auf sie warten. Sofort schrieb er ihr, wie enttäuscht er sei. Er versicherte sie seiner Liebe und schrieb, daß er nicht mehr durch Worte, sondern durch Taten ihre Zuneigung erhalten möchte. »... denn seit meiner frühesten Jugend war ich Ihnen immer mit derselben Ehrfurcht und Liebe ergeben; und höchstens mit der Steigerung, daß ich jetzt den festen Entschluß habe, nur mehr durch die That als durch Worte an den Tag zu legen ...«[58].
Eines Abends wurde der Prinz von einem Unwohlsein befallen, so daß der Arzt gerufen werden mußte. Der Kaiser schob den Anfall auf die Pubertät, in der sich solche Dinge ereignen würden. Dr. Studenheim jedoch diagnostizierte eine »skrofulöse Luftröhrenschwindsucht«. Schon seit Monaten hatte der Prinz an einem trockenen Reizhusten gelitten. Dietrichstein wurde in einem seiner nächsten Briefe an Marie Louise über den Zustand ihres Sohnes schon deutlicher: »Er hat eine skrophulöse Veranlagung«, schrieb er, »der erste Grad der Krankheit, die sich häufig erst im Alter bei Beginn der Pubertät und während des Wachstums zeigt«[59].
Nun könnte doch angenommen werden, daß einem Prinzen jede ärztliche Hilfe zuteil wurde. Fast in allen westlichen Ländern waren schon Vorsorge gegen die Tuberkulose getroffen worden. Nur die Donaumonarchie blieb auf diesem Gebiet untätig. 1814 waren in England bereits eine große Anzahl von Sanatorien, die sich mit der Behandlung dieser Krankheit beschäftigten, errichtet worden. Mit den einfachsten, aber wirkungsvollsten Mitteln, die schon seit der Antike bekannt waren, wurde die Erkrankung bekämpft. Hier wurden hygienische Maßnahmen ergriffen, Freiluft-, Eier- und Milchkuren

verabreicht. Sie alle stützten sich auf die Erfahrungen von R. Morton, der schon vor hundert Jahren diese Art der Therapie zur Heilung der Tuberkulose verwendete[60]. Die medizinische Welt blickte nach Wien und war erstaunt, mit welchem Fatalismus die Wiener ihr tuberkulöses Schicksal, ihre »Wiener Krankheit«, hinnahmen. So ist es zu erklären, daß für den Herzog von Reichstadt nichts getan wurde, was Erfolg bei seiner Behandlung hätte bringen können. Die Unmengen verschiedenster Teemischungen halfen nichts, die Dower'schen Pulver stillten nur seinen quälenden Husten.

Reichstadt mußte im Herbst den Jagden fernbleiben, der kommende Fasching fand ohne ihn statt. Das Jahr über kränkelte er immer wieder, Weihnachten verbrachte er im Bett, im darauffolgenden Februar mußten ihm wegen starker Schmerzen einige Zähne gezogen werden. Kurz vor seinem 17. Geburtstag hatte der Prinz in Anwesenheit des Kaiserpaares die Examina abgelegt. Kaiser Franz sagte nachher, wenn die Mutter im Sommer nicht käme, würde er »einen Exekutionspeloton nach Parma« senden. Nach den Examina stand des Prinzen »Emanzipation« zur Debatte, das heißt, er hätte nun einen eigenen Hofstaat erhalten sollen, und die Erzieher wären entlassen worden. Er wäre somit ein freier Mann geworden. Gegen einen eigenen Hofstaat hatte sich allerdings schon die Außenministerkonferenz 1815 und 1817 ausgesprochen, die Mächte machten dem österreichischen Kaiser ohnehin schon Vorwürfe, daß er seinen Enkel einseitig bevorzuge. Gegen die Emanzipation sprach sich auch Dietrichstein aus, der den Prinzen als völlig unreif bezeichnete. »Ich habe ihm versichert«, schrieb der Erzieher, »er würde nicht mündig sein, bevor er nicht schreiben könne!«[61].

Endlich kam die Mutter aus Italien. Am 1. Juni 1828 traf sie in Stift Melk ein und erwartete dort ihren Sohn. Ein großer, ein Meter achtzig messender, blasser, vornübergebeugter junger Mann trat ein und umarmte sie mit Tränen in den Augen. Sie fuhren gemeinsam nach Wien und von dort zur Sommerfrische nach Baden, wo Marie Louise die Kur nahm. Am Pfingstsonntag wurde Reichstadt in der Badener Frauenkirche gefirmt.

In diesem Sommer kam es auch zu einer Begegnung zwischen

Marie Louise und dem schon erwähnten Arzt Dr. Rollet. Die Herzogin besichtigte die Sammlungen des Arztes. Bei dieser Gelegenheit sah sie auch die Schmetterlingssammlung des Sohnes Rolletts und entzückt rief sie aus: »O, wenn nur mein Sohn sich für derlei interessieren würde!« Dr. Rollett meinte, sein Sohn könnte doch einmal den Herzog aufsuchen und ihm die Sammlung zeigen. Es kam tatsächlich zu einer Begegnung, doch der junge Reichstadt zeigte kein Interesse, »denn er war damals in glühenden (sogar von Kaiser Franz nicht immer abgewiesen) Cäsaren-Träumen verloren«[62].
Reichstadt lebte in Baden sehr zurückgezogen. Jeden Vormittag, oft auch nachmittags, ritt er mit einem Reitknecht aus. Er saß in einem dunkelbraunen Frack zu Pferd, auf dem Kopf einen hohen, schwarzen Filzhut. Er war ein sehr gewandter Reiter und galoppierte von seinem Haus über die Gutenbrunnerstraße ins Helenental.
Die Abende im Kaiserhaus auf dem Hauptplatz verliefen in einer gespannten Atmosphäre. Der Kaiser richtete kaum ein Wort an seinen Schwiegersohn, was dessen Laune nur verschlechterte. Marie Louise notierte in ihrem Tagebuch die Stimmung in der Sommerfrische: »Ich habe mit dem General geplaudert«, schrieb sie, »spielte ein wenig Klavier und sang für mich, was ihn dazu brachte, mir unangenehme Sachen zu sagen. Mein Gott! Wann werde ich einmal sagen können, ein Tag sei ohne Gewitter vergangen. Um Mitternacht war ich in meinem Bett, konnte aber lange nicht einschlafen ...« Dazu kam noch die unerträgliche Eifersucht des Generals, eine solche Szene schilderte Marie Louise ebenfalls in ihrem Tagebuch. »Ich blieb mit meinen Onkel bis 11 Uhr«, notierte sie. »Mein Onkel Ludwig blieb etwas länger ... Da ich weinte, als er fortging, und der General eintrat, bekam ich bittere Vorwürfe zu hören. Er will mir nicht glauben, daß man Freundschaft für Jemanden empfindet, mit dem man seine Kindheit und Jugend verbracht hat ...«[63].
Den Prinzen interessierte nur noch die »Kriegskunst«, sein größter Wunsch war es, endlich den weißen Waffenrock des Offiziers tragen zu dürfen. Dieser heißersehnte Wunsch wurde ihm am 17. August 1828 erfüllt. Der Kaiser ernannte seinen Enkel zum Hauptmann im Tiroler Kaiserjäger-Regiment No.1.

Die drei Sterne auf den Kragenspiegeln machten Reichstadt fast größenwahnsinnig, von da an sprach er Foresti nur noch als »mein Herr Kamerad« an. Doch Dietrichstein holte Reichstadt wieder auf den Boden der Wirklichkeit zurück. Der Erzieher war der Meinung, daß nicht militärisches Können für die Beförderung des Prinzen ausschlaggebend war, sondern nur der Umstand, daß er bei den kommenden Herbstmanövern in Mannersdorf an der Leitha schlecht hätte als Feldwebel agieren können. Zur Beförderung zum Offizier schenkte Marie Louise ihrem Sohn einen Krummsäbel, den einst sein Vater in Ägypten getragen hatte.
Der Sommer ging zu Ende, Marie Louise reiste mit Neipperg ab. Reichstadt begleitete seine Mutter bis Salzburg, wo wieder ein tränenreicher Abschied stattfand. Marie Louise fuhr über Rosenheim nach Italien zurück. Der Herzog sandte ihr von Salzburg aus noch einen Brief nach, in dem er sich erstmals als »Franz Reichstadt« unterschrieb[64]. Er fuhr direkt nach Wien zurück, wo ihn bereits ein neuer Lehrer, Regierungsrat Josef Obenaus, erwartete. Die Mutter mußte in Aglie bei Turin die Reise unterbrechen, da Neipperg einen schweren Herzanfall, den zweiten in diesem Jahr, erlitt. Sie kehrte allein nach Parma zurück, Neipperg folgte ihr am 29. Oktober in einer Sänfte.
Wie zerrüttet das Verhältnis des Kaisers zu seiner Tochter war, zeigt sein Antwortschreiben anläßlich des Ablebens des Generals. Neipperg litt an einer »Herzwassersucht«, die ihn am 6. Februar 1829 das Leben kostete. Marie Louise bat ihren Vater, Trauerkleidung für den Verstorbenen tragen zu dürfen[65].
Die Antwort kam prompt und war niederschmetternd: Trauerkleider dürfen anläßlich des Todes Neippergs nicht getragen werden. Das hieße also, daß sie in bunten Kleidern gehen müsse. Daraus ergab sich aber, daß sie nicht seine rechtmäßige Gemahlin, sondern nur seine Geliebte war. In dem von ihr nach Wien übersandten Testament Neippergs war aber unter Paragraph vier zu lesen: »Ich bin mit der linken Hand mit Ihrer Majestät der Frau Erzherzogin Maria Ludovika, Herzogin von Parma, mit Vorwissen Sr. Majestät des Kaisers von Österreich unseres allergnädigsten Herrn verehelicht ...«[66]. In diesem Testament verlangte Neipperg auch vom Kaiser, für die beiden Kinder aus dieser Ehe zu sorgen, sie zu adeln und ihnen ein

Wappen zu geben. Marie Louise entschuldigte sich bei ihrem Vater für dieses Ansinnen seines Schwiegersohnes, aber sie hätte es nicht übers Herz gebracht, den Schwerkranken zur Änderung des Testamentes zu überreden.

Der Kaiser reagierte umgehend mit folgendem Brief: »Ich habe Deinen Brief vom 18ten erhalten ... Ich kann Dir den tiefen Kummer nicht verbergen den mir eine Lage der Dinge verursacht, gegen den die heute Nichts mehr zu thun ist, die jedoch vor Gott und der Welt nie hätte eintreten dürfen! ... Mit Deinem Sohn habe ich gesprochen und er weiß demnach nur, daß du verheirathet warst ... Um die Kinder hat er nicht gefragt; wenn er es thun wird, so werde ich ihm auch von diesen sprechen, ohne jemals von dem Alter Erwähnung zu machen. Leider wird ihm daselbe in der Länge nicht verborgen bleiben und hierbei läufst Du wie natürlich Gefahr, das dessen heiligsten Gefühle gegen Dich nichts gewinnen können. Außer Allen anderen Beziehungen dieser leidigen Sache lastet mir diese wie ein Stein auf dem Herzen ... Um nun zu enden, sage ich Dir recht aufrichtig, daß Du mich tief gekränkt hast! Ich bin aber Dein Vater und meine Liebe zu Dir spricht Dich von dem frei, wovon sie Dich lossprechen kann ...«[67].

Marie Louise hatte an Dietrichstein geschrieben und gebeten, er möge die »Aufklärung« ihres Sohnes über ihre Ehe übernehmen, denn sie hätte keine Kraft dazu. »Ich habe manche Gespräche mit ihm geführt«, schrieb sie, »die mir beweisen, er würde nicht begreifen und niemals verzeihen, daß man seinen Vater ... vergessen könnte. Ich verüble es ihm nicht und begreife es, da er ihn nur von der guten Seite gekannt hat ...«[68]. Auch dem Vater antwortete sie: »Möge Gott mir ebenso gnädig verzeihen als wie Sie, liebster Papa, meine Reue über meine Vergangenheit hat er oft gesehen ... Ich küße Ihnen auch vielmals die Hand, daß Sie die Gnade hatten, meinen Sohn von meiner Heirath zu unterrichten; auf mir lastet die Zukunft wegen ihm seit langer Zeit schon auf der Seele und Gott gebe, daß er es lange nicht erfahren möge ...«[69].

Sowohl der Kaiser als auch Dietrichstein waren seit jeher der Meinung, dem Herzog sollte reiner Wein eingeschenkt und ihm von der Existenz seiner Geschwister Mitteilung gemacht werden: Am besten wäre es gewesen, die Mutter wäre nach

Wien gekommen und hätte es ihrem Sohn selbst gesagt. Die Herzogin hatte vor dieser Unterredung Angst. Wie immer schob sie wichtige Entscheidungen vor sich her. Sie reiste zwar im nächsten Sommer von Parma ab, aber nicht nach Wien, sondern nach Genf, wo sie für sich und ihre beiden Kinder, Albertine und Wilhelm, ein Schloß mietete. Sie blieb zwei Monate am Genfer See und reiste schließlich direkt nach Parma zurück. So mußte es eines Tages kommen, wie es alle Beteiligten nicht haben wollten. Bestürzt schrieb Dietrichstein im November nach Parma: »... Ich weiß nicht, ob der Prinz darüber mit Neipperg (Gustav) gesprochen hat, aber weder Sr. Majestät der Kaiser noch ich haben ihm das geringste gesagt, und der Prinz hat mich niemals wegen ihrer Existenz oder ihres Alters befragt«[70].

Natürlich war es so. Reichstadt horchte geschickt Gustav Neipperg aus, der tappte in die Falle und sagte dem Prinzen alles, selbst das, wovon Reichstadt noch keine Ahnung hatte. Welche Gefühle diese Nachricht in dem Prinzen auslöste, konnte sich niemand vorstellen. Viel später erzählte Reichstadt einem Vertrauten von dem Abend, an dem dieses Gespräch stattgefunden hatte. »Sie nicht lieben zu können«, berichtete der Freund, »so wie er seinen Vater liebte, war vielleicht die größte Folter seines Herzens. Mir, in dessen Brust er wohl jeden Gedanken niederlegte, selbst mir sprach er nur ein einzigmal und dies im Ton der größten Rührung und Gebrochenheit, seine wahre Gesinnung in dieser Beziehung aus. Wäre Josephine, sagte er, meine Mutter gewesen, mein Vater läge nicht auf St. Helena und ich säße nicht in Wien. Ach, sie ist gut ... aber sie ist kraftlos ... Sie war nicht das Weib, wie es mein Vater verdiente. Er weinte ... verbarg sein Haupt an mir, als zittere er vor den Gedanken, dies gesprochen zu haben. Nicht wahr, fuhr er fort, Sie achten sie nicht, und sah mich mit scheuem Blick an ... Ich antwortete: Kein Mensch vermag mehr. Das Weib, wie er es verdiente, war sie nicht; aber sie war seine Wahl und ist Ihre Mutter ... Wir berührten diesen Punkt nicht mehr. Er sprach nie über General Neipperg ...«[71]. In einem Brief vom 18. Juli 1829 erhob Dietrichstein wieder Klage über Reichstadt und über Schwierigkeiten des Erziehers mit dem Kaiser, der seinem Enkel nichts verweigern konnte und jedesmal seinem Charme unterlag. Statt zu studieren, erreichte der Prinz bei seinem Großvater die Genehmigung, militärischen Dienst zu absolvieren. Er nahm jetzt regelmäßig an Übungen in Mauer teil. Daher, so Dietrichstein, stehe der Prinz dreimal in der Woche um 4 Uhr morgens auf, reite nach Mauer und versehe dort Dienst bei der Truppe, reite dann »stets toll« nach Wien zurück und möchte dort auch noch am Kanonenschießen teilnehmen. Und wo bleibe bei diesem Programm das Studium?

Dietrichstein war bestrebt, noch vor der Emanzipation des Prinzen für ihn die Erzherzogswürde, eine Regimentsinhaberschaft und das Goldene Vlies zu erhalten, doch alles scheiterte am Einspruch der Großmächte. »Mit einem Wort«, klagte der Erzieher in einem Brief an Marie Louise, »alles ist verpfuscht!«[72].

Reichstadt war jetzt ein junger Mann, der sehr elegant wirkte. Seine Toiletten waren immer geschmackvoll, er legte auf Reinlichkeit und auf sein gepflegtes Äußeres großen Wert. Der gute Eindruck wurde nur durch seine schlechte Haltung und seinen gelblichen Teint gemindert. Seine Mahlzeiten waren einfach. Er aß sehr wenig und mußte gedrängt werden, mehr zu sich zu nehmen, doch er antwortete, daß er einen kleinen Magen, wie ein Zwölfjähriger habe, und daher nicht mehr essen könne. Sicherlich haben ihn die Memoiren Dr. Antommarchis in dieser Hinsicht beeinflußt, was er auch zugab. Dazu wurde er noch durch unqualifizierte Äußerungen mancher Laien bestärkt, die die damals schon richtig gestellten Diagnosen der Ärzte bezweifelten. So äußerte sich einmal der Erzbischof Ladislaus Pyrker dahingehend, daß es bei dem Prinzen nicht in der Brust fehle, »wie die Ärzte fälschlich wähnen, seine Krankheit sei die Flechte, wie bei seinem Vater im Magen«[73]. Nur selten trank Reichstadt etwas Wein. Er machte die Nacht zum Tag, dafür schlief er, wenn man ihn ließ, bis in den Mittag hinein. Außer dem Reiten waren alle seine Neigungen von nur kurzer Dauer. Selbst die Jagd und das Tanzen, einst heiß geliebt, gab er nach einer Zeit wieder auf. Er hatte ein hektisches, unbeständiges Naturell.

Der Gesundheitszustand Reichstadts war schon zu Beginn des Jahres 1830 sehr schwankend. Anfang April klagte der Patient über ständige Heiserkeiten und hüstelte fortwährend. Dr.

Staudenheim zog seinen Kollegen Dr. Herpex zur Behandlung hinzu, und beide konstatierten bei ihrem Patienten einen »Schwächezustand des Brustkorbes«. Es wurden weiße »Brustpulver« verschrieben, doch Reichstadt wollte von keiner ärztlichen Maßnahme etwas wissen und erklärte, er sei »unverwundbar«. Wurde ihm der Ratschlag erteilt, er möge beim Reiten eine Transpiration vermeiden, ritt er wie irr in den Prater und wieder zurück, und anstatt sich zu waschen, setzte er sich schweißtriefend in die Loge im Theater. Dietrichstein schilderte in einem Brief an Marie Louise diese Widerspenstigkeit des Prinzen: »Er trotzt den Rathschlägen ebenso, wie den Jahreszeiten«. Er bat die Herzogin, sie möge auf ihren Sohn einwirken, sich den Anordnungen der Ärzte zu unterwerfen und auf seine Gesundheit zu achten. Auf einen Brief der Mutter antwortete der Prinz am 26. Mai: »Mein ganzes Übel bestand in Wahrheit nur aus einem vernachlässigten, hartnäckigen Schnupfen. Ich hatte ein bißchen gehustet was den armen Graf erbeben ließ. Das gute Wetter hat mich geheilt. Staudenheim, ein energischer und geistvoller Mann, ist einer Kolik erlegen. Man hat mir Herrn Malfatti, den Arzt der schwangeren Frauen, geholt. Seine Darlegungen haben mich vollkommen zufriedengestellt. Er sucht den Herd meiner Krankheit nicht mehr im Rachen, es ist eine Irritation der Epidermis, die der Grund dafür ist; man muß sie allmählich stärken; ich habe begonnen, Bäder mit Seife zu nehmen, die wir gegen Salz auswechseln werden. Das bißchen Milch mit Salepwurzel, ein ekelhaftes Getränk, hat meine Leber nach allen Regeln der Kunst gereinigt und die vierzig Krüge Selterswasser, vermischt mit Buttermilch, mit denen ich im Juni beginnen soll, werden meine Kehle kräftigen. Ich hoffe, meine liebe Mama, daß all diese Revolutionen in meiner Physis vorüber sein werden zu der glücklichen Zeit, die mich in Ihre Arme führen wird ...«[74]. Salep war ein verstümmeltes Wort des arabischen »Khus yatus salab«; damit wurden Wurzelknollen verschiedener Orchideenarten bezeichnet. In der orientalischen Medizin wurde Salep als Mittel gegen die Impotenz verwendet, aber auch als Stärkungsmittel bei Kindern und Rekonvaleszenten.

Den Sommer 1830 verbrachte Marie Louise in Wien. Sie fuhr mit dem Dampfboot über die Adria nach Triest – damals eine

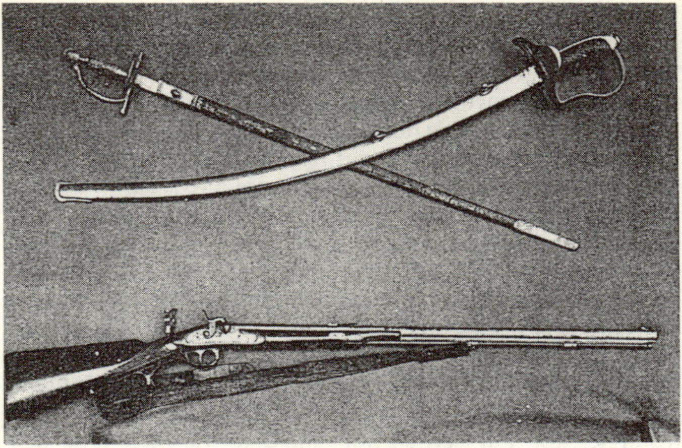

Degen und Gewehr des Herzogs

Sensation – und von dort weiter nach Graz, wo sie ihr Sohn erwartete. Der Prinz lernte in Graz den Korpskommandanten General Alois Graf Mazuchelli kennen, der einst Offizier in der französischen Armee war und unter Napoleon bei Marengo gekämpft hatte. Später trat er in die österreichische Armee ein. Der General wußte dem Prinzen viel von dessen Vater zu erzählen. Am 22. Juni war Reichstadt wieder Gast im Haus des Generals, und an diesem Abend machte er die Bekanntschaft des 34 Jahre alten österreichischen Generalstabsoffiziers Prokesch von Osten, der in den letzten Feldzügen gegen Napoleon gekämpft hatte. Er war Offizier und Diplomat und hatte sich die ersten Sporen im Nahen Osten verdient. Er wurde auch bekannt, als er 1818 in der »Österreichischen Militär-Zeitschrift« einen Artikel über das militärische Genie Napoleon veröffentlichte. In dieser Zeit waren viele militärwissenschaftliche Arbeiten erschienen, die an Hand der Analysen der Schlachten von Ligny, Quatre-Bras und Waterloo beweisen wollten, daß das militärische Können des Kaisers eher unterdurchschnittlich als überdurchschnittlich war. Prokesch von Osten rückte mit seiner Arbeit das Bild Napoleons wieder zurecht.

Diese Bekanntschaft wurde zu einer echten und aufrichtigen Freundschaft, die sich bald so vertiefte, daß der Herzog seinem Freund auch seine geheimsten Wünsche und Pläne anvertraute. Bereits am zweiten Abend ihres Beisammenseins sagte Reichstadt im Verlaufe des Gespräches: »Meine Bestimmung kann keine andere sein, als der neue Prinz Eugen von Österreich zu werden«[75]. Prokesch erwähnte auch, daß durch die Absage der Coburger der griechische Thron verwaist wäre, für den Prinzen eine einmalige Aufgabe. In dieser Position könnte er Österreich nützlich sein und viel für das Land tun. »Der Herzog errieth schnell meine Gedanken und meine Worte zündeten«, notierte Prokesch in sein Tagebuch. Reichstadt war von dieser Idee sofort begeistert.
Sollten die Träumereien des schwach begabten und nur mäßig gebildeten Jünglings über einen neuen Prinzen Eugen als Phantastereien abgetan werden, oder gab es für Reichstadt tatsächlich Möglichkeiten einer erfolgreichen militärischen Karriere? Er begann, im Gegensatz zu den anderen männlichen Mitgliedern des Erzhauses, seine Militärzeit im Range eines Korporals und nicht eines Offiziers. 1826 wünschte sich seine Mutter zu ihrem Namensfest vom Kaiser das Offizierspatent für ihren Sohn, was prompt wegen Unreife des Kandidaten abgelehnt wurde. Als er zwei Jahre später zum Hauptmann ernannt wurde, »war er trunken vor Freude und kaum im Stande, eine Antwort zu stammeln«[76]. Zwei Jahre später avancierte er zum 2. Major und wurde dem »Graf Lamezan Salino, 54. Infanterie-Regiment« zugeteilt. Am 6. November 1830 wurde Reichstadt zum Oberstlieutenant befördert und zugleich zum »29. Linien-Infanterie-Regiment Herzog Wilhelm von Naßau« transferiert[77].
Aus diesem Anlaß schrieb der Herzog dem Kaiser: »Wien, 7. November 1830. So eben erhalte ich durch FMLt. Kutschera die mich beglückende Nachricht, daß Eure Majestät mich zum Oberstlieutenant bei Naßau Infanterie zu befördern geruhten. Ich finde keine Worte, Freude und Rührung auszudrücken, welche diese neue Gnade, dieses neue Merkmal Ihrer väterlichen Liebe in mir erwecken. Zweifeln Sie nie, bester hochverehrtester Großvater, daß ich mich Ihrer Gnade stets würdiger machen und der Erwartung ganz entsprechen werde, zu wel-

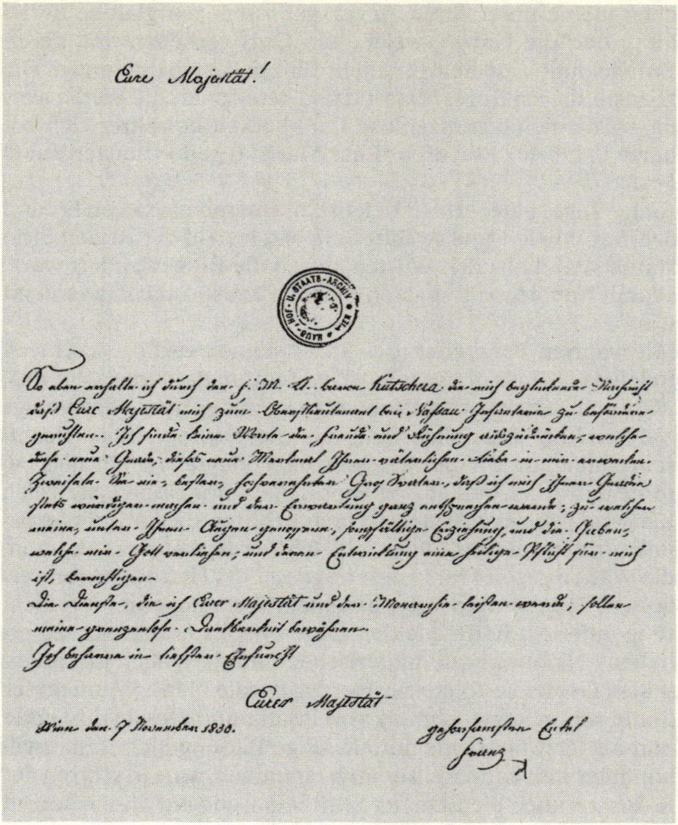
Eure Majestät!

So eben erhalte ich durch den F. M. Lt. Baron Kutschera die mich beglückende Nachricht daß Eure Majestät mich zum Oberstlieutenant bei Nassau Infanterie zu befördern geruhten. Ich finde keine Worte die Freude und Rührung auszudrücken, welche diese neue Gnade, dieses neue Merkmal Ihrer väterlichen Liebe in mir erweckten. Zweifeln Sie nie, bester, liebevollster Großvater, daß ich mich Ihrer Gnade stets würdiger machen und der Erwartung ganz entsprechen werde; zu welcher meine, unter Ihren Augen genossene, sorgfältige Erziehung, und die Gaben, welche mir Gott verliehen; und deren Entwicklung eine heilige Pflicht für mich ist, berechtigen.

Die Dienste, die ich Eurer Majestät und der Monarchie leisten werde, sollen meine grenzenlose Dankbarkeit bewähren.

Ich verharre in tiefster Ehrfurcht

Eurer Majestät

Wien den 7 November 1830.

gehorsamster Enkel

Franz

chen meine unter Ihren Augen genossene, sorgfältige Erziehung und die Gaben, welche ein Gott verliehen und deren Entwicklung eine heilige Pflicht für mich ist, berechtigen. Die Dienste, die ich Eurer Majestät und der Monarchie leisten werde, sollen meine grenzenlose Dankbarkeit bewähren. Ich beharre in tiefster Ehrfurcht Euer Majestät gehorsamster Enkel Franz«[78].

Einige Tage später erhielt Reichstadt von seinem neuen Freund drei mit Wüstensand gefüllte Schachteln. Auf der Begleitkarte stand: »Sand aus den Wüsten, durch die ER gewandert war«. Womit Napoleon in Ägypten, im Sinai und in Palästina gemeint war[79].

Mit wahrem Feuereifer, der leider schnell verflog, warf sich Reichstadt nun auf das intensive Studium der Kriegsliteratur, während Dietrichstein Prokesch gegenüber über »die wenige Verwendung des Reichstadt, der die Orthographie (Rechtschreibung) aufs neue vergessen hat«, klagte[80]. Mehrmals betonte der Prinz, daß er sich »mit Leib und Seele an Österreich hängend gebe; die Armee ist meine Stütze, die kaiserliche Familie, in der nur Carl zählt, nicht. Ich werde, wenn es so kommt, die Waffen gegen Frankreich tragen ...«[81]. Hatte er schon vergessen, daß ihm sein Vater in seinem Testament die Verpflichtung auferlegt hatte, nie den Degen gegen Frankreich zu erheben? Nicht nur auf militärischem, sondern auch auf politischem Gebiet verfolgte der Herzog irreale Pläne. Wenn dieser Mann schon keine Ahnung von Politik und Geschichte hatte und bis jetzt über eine mittelmäßige Bildung nicht hinausgekommen war, dann wird es unverständlich, warum sowohl der Kaiser als auch die Erzieher, statt bremsend auf diesen jungen Feuerkopf einzuwirken, ihn auch noch in seinen abstrusen Ideen bestärkten. Der Prinz selbst äußerte sich Prokesch gegenüber, daß Baron Joseph von Werklein (Nachfolger Neippergs in Parma) und auch Dietrichstein von nichts anderem träumten, als ihn auf einem Thron Europas zu sehen. Daher auch der Plan Reichstadts: »Frankreich gebe ich auf... Aus dem allgemeinen Chaos möchte ich mir Polen zusammenstellen und für mich haben«[82].

Tatsächlich war der Herzog 1828 in Polen im Gespräch gewesen. Bald tauchten Bilder von ihm in polnischer Nationaltracht auf, und sein Konterfei lächelte von Bierkrügen und Pfeifenköpfen herab. Jetzt, wo es in Polen zu gären begann, war er es, der sich in Erinnerung rufen wollte. »Er denkt jetzt«, schrieb Prokesch, »sich zu emanzipieren, kennen zu machen ...«, und sah die beste Gelegenheit darin, nach Karlsbad zu reisen, wo alljährlich die Spitzen der europäischen Gesellschaft zum »Purgieren« versammelt waren.

Im August 1830 traf Prokesch in Freiburg mit Hofrat von Totteck zusammen. Im Verlauf der Unterhaltung meinte der Hofrat, daß Reichstadt der einzige Garant für einen Frieden in Frankreich wäre. Das war Wasser auf den Mühlen Reichstadts. Sofort wurde Polen ad acta gelegt, und der Traum von der Thronbesteigung in Frankreich begann von neuem. »Der Kaiser selbst«, notierte der Freund, »warf dem Prinzen diese Idee hin. Marie Louise und Werklein dafür«[83]. Sofort trafen Prokesch, von Gentz und Dietrichstein zu konkreten Besprechungen zusammen. Gentz machte Metternich den Vorschlag, Prokesch in den Haushalt Reichstadts zu delegieren, um die Zukunftspläne des Prinzen besser zu koordinieren. Der Staatskanzler wehrte entsetzt ab, denn »die beiden zusammen würfen die Welt über den Haufen«[84]. Reichstadt selbst, vor wenigen Wochen noch auf dem Marsch zum neuen Prinzen Eugen von Österreich, dann zu den Thronen Polens und Griechenlands, war jetzt ganz auf Frankreich konzentriert. Obwohl er vor nicht allzu langer Zeit Frankreich kurz und klein schlagen wollte, war er nun wieder schwankend geworden und wollte »nur im Falle den Degen ziehen, daß dieses Land die deutschen Länder oder Italien aufrege ...«[85].

Bestanden in diesen Jahren für Reichstadt tatsächlich Chancen, als Napoleon II. auf den Thron Frankreichs zurückzukehren? Abgesehen von Versuchen einzelner Personen, wie seinerzeit durch Romain Doudenil, hätte der Herzog nur mit Hilfe seiner französischen Verwandtschaft oder ehemaliger napoleonischer Würdenträger auf den Thron gelangen können. Wie verhielt sich nun seine Verwandtschaft und welche Unterstützung ließ sie ihm angedeihen? Joseph Bonaparte, der ältere Bruder Napoleons, war nach der Abdankung des Kaisers nur bestrebt, sich und seine ansehnliche Barschaft zu retten. Am 10. April 1814 hatte er sich in Orléans gegenüber dem Grafen

Montesquiou sorgenvoll geäußert: »Es ist vorbei. Nun ist alles was wir wollen, daß der König von Frankreich uns erlaubt, als private Bürger in Frankreich zu leben«[86]. Ihm war die Flucht nach Amerika gelungen, wo er ein großzügiges Leben führte. Marquis Joseph de Lafayette suchte ihn 1824 auf seinem Landsitz Bordentown auf und berichtete, daß sich in Frankreich eine Liga zur Einsetzung Napoleons II. gebildet hätte; Joseph möge diese Bewegung mit zwei Millionen Francs unterstützen, was dieser wegen Aussichtslosigkeit des Unterfangens ablehnte. Auch eine Madame Fourès machte in den USA für Reichstadt Propaganda und sammelte Geld. Die Juli-Ereignisse 1830, als die Bourbonen vom Thron vertrieben wurden, machten endlich auf Joseph einen gewissen Eindruck, er gab jetzt seinem Neffen Chancen, nach Frankreich zurückzukehren. Im September 1830 sandte er der Deputiertenkammer in Paris ein Schreiben, in dem er erinnerte, daß die Abgeordneten 1815 unter seinem Vorsitz den Sohn seines Bruders zum Nachfolger des Kaisers ernannt hatten, und protestierte jetzt gegen die Berufung eines Mitgliedes aus dem Haus Orléans zum König. In dem Schreiben heißt es: »...Bis die Österreicher Napoleon II. auf Wunsch der Franzosen freigegeben haben, biete ich mich an, mit Ihnen Ihre Gefahren zu teilen und an Ihren Bemühungen und Unternehmungen mitzuwirken und ihm bei seiner Ankunft die Wünsche und letzten Verfügungen seines Vaters zu übermitteln, der als Opfer seiner Feinde auf den Felsen von St. Helena starb«[87]. Zugleich sandte Joseph nach Parma ein Schreiben, in dem er Marie Louise um die Vormundschaft Reichstadts bat. Dieser Brief wurde nie beantwortet. Das war alles, was der ältere Bruder Napoleons für dessen Sohn unternahm.

Der jüngere Bruder, Lucien, ein ängstlicher Mensch, suchte nach längeren Irrfahrten Schutz bei Papst Pius VII., der ihn zum Prinzen von Canino und Grafen von Apolino ernannte. Lucien wollte nur in Frieden leben und beschäftigte sich mit etruskischen Ausgrabungen. Die Restauration seines Neffen interessierte ihn überhaupt nicht.

Genauso verhielt sich Louis Bonaparte, dem von Kaiser Franz in Graz Asyl gewährt wurde, bis er sich in Florenz zur Ruhe setzte. Auch Jérôme Bonaparte suchte Schutz beim österreichischen Kaiser. Er erwarb Schloß Schönau bei Baden bei Wien und investierte sein Geld in Industrieanlagen im Triestingtal. Dabei verlor er den größten Teil seines Vermögens. Später wurde ihm die Übersiedlung nach Triest gestattet, wo er von einem Grafen Cassis-Faraone eine Villa erwarb. 1831 zog er nach Florenz. Daß er seinen Neffen einmal in Schönbrunn besucht haben soll, ist ein Gerücht. Maria Anna Bonaparte, die sich später Elisa nannte, war Großherzogin der Toskana, Fürstin von Lucca und Piombino. Nach der Abdankung ihres Bruders floh sie in das österreichische Bologna, wo sie verhaftet wurde. Nach Internierungen in Brünn und Hainburg durfte sie nach Triest ausreisen. Sie erwarb 1819 ein Gut in Istrien, wo sie den Lebensabend ohne politische Ambitionen zubrachte. Pauline Borghese, die Lieblingsschwester Napoleons, die in Rom lebte, war nur mit der Verschwendung ihres riesigen Vermögens beschäftigt, bis sie Papst Leo XII. aus Rom auswies. Sie starb am 9. Juni 1825 in der Villa Niccolini in Florenz an Unterleibkrebs. Das Schicksal ihres Neffen ließ sie unberührt. Caroline, ebenfalls eine Schwester Napoleons, die mit Joachim Murat verheiratet war und über das Königreich Neapel geherrscht hatte, floh nach Triest, wo ihr Österreich Asyl gewährte, nachdem ihr Gemahl von den Österreichern wegen Hochverrat erschossen und in der Nähe des Schlosses Pizzo verscharrt wurde. Bis heute wird sein Leichnam vermißt. Später mußte Caroline Triest verlassen und wurde in Hainburg interniert. 1817 kaufte sie Schloß Frohsdorf bei Wiener Neustadt. Neun Jahre später siedelte sie sich in Triest an, 1831 zog sie endgültig nach Florenz. Das Schicksal ihres Neffen ließ sie zeitlebens kalt.

Der Stiefbruder von Napoleons Mutter, Kardinal Joseph Fesch, sorgte aufopfernd für Madame Mère, mit der er nach Rom zog. Das Schicksal Reichstadts ließ ihn gleichgültig. Der Sohn der Kaiserin Josephine, Eugène de Beauharnais, immer ein treuer Vasall seines Stiefvaters Napoleon, der sogar 1820 über ein Londoner Bankhaus 12 000 Francs nach St. Helena überweisen ließ, hinterließ nach seinem im Jahre 1824 erfolgten frühen Tod seine Memoiren, in denen aber Restaurationsbestrebungen für Reichstadt nicht erwähnt werden.

Wenn schon Napoleons engste Familie – bis auf einen schwa-

chen Versuch Josephs – sich nicht für die Wiedereinsetzung Napoleons II. engagierte, ist es nicht verwunderlich, daß sich auch aus den Reihen der ehemals höchsten Würdenträger des Kaiserreiches niemand fand, der für die Rechte des Kaisersohnes eingetreten wäre. Gerade von den Marschällen Frankreichs, die dem Kaiser alle Ehren, alle Reichtümer und Titel verdankten, wäre zu erwarten gewesen, daß sie wenigstens den Versuch unternehmen würden, etwas für den Sohn zu tun. Kein Davout, kein Augereau, kein Masséna, kein Lefèbvre, kein Suchet, der sogar ein Verwandter des Kaisers war, kein Kellermann, kein Pérignon, kein Serurier, kein Soult, kein Oudinot, der schon 1814 dem Kaiser klarmachte, er würde Napoleon II. den Gehorsam verweigern, kein Jannot de Moncey, kein Mortier, kein Macdonald, kein Pérignon, kein Jourdan, kein Gouvion-Saint Cyr, kein Marmont, auch nicht der Großadmiral Decrès und wie alle Marschälle und Generäle auch hießen, machten für den Sohn ihres Kaisers auch nur den kleinen Finger krumm. Auch von den ehemaligen höchsten Würdenträgern hörte man nichts Diesbezügliches. Nichts von Cambacérès, von Lebrun, von Caulaincourt, von Lavalette, von Henri Clark und vielen anderen.
Außer der Königin von Holland, Hortense de Beauharnais, die zeitlebens treu zu ihrem Stiefvater, dem Kaiser, hielt und nach dessen Abdankung in einige Restaurationsversuche verstrickt war, gab es nur ganz wenige Würdenträger des ehemaligen Kaiserreiches, die an die Existenz des Sohnes des Kaisers dachten. Doch wie sich herausstellte, war Hortense mehr an der Karriere ihres jüngsten Sohnes Louis Napoléon und nicht an der Reichstadts interessiert. Ein weiterer Getreuer war Arrighin de Casanova, der seit 1819 in Triest lebte. Auch Marschall Grouchy, von Napoleon als Alleinschuldiger an der Niederlage von Waterloo bis an sein Lebensende verdammt, war ein Parteigänger des Kaisers und versuchte mit Marie Louise Verbindung aufzunehmen. Der Inhalt des Briefes ist nicht bekannt, weil Neipperg das Schreiben vom Militärkommandanten von Triest FMLt. von Richter, verbrennen ließ. Auch René von Savary, unter Napoleon Botschafter und Polizeiminister, war in Restaurationspläne verstrickt und so gefährlich, daß ihn die Österreicher, »weil er durchaus imstande ist, sich an die Spitze

der unruhigen Köpfe zu stellen«, in der Festung Theresienstadt inhaftieren wollten[88].
Neben diesen wenigen ehemals einflußreichen Köpfen des Kaiserreiches tauchten auch eine Reihe von Abenteurern und Agenten auf, die sich offen für ihren Kaiser deklarierten und auch Kontakte zu Reichstadt suchten. An erster Stelle sei Karl Piontkowski erwähnt, Offizier in einem polnischen Ulanenregiment, dem Kaiser so treu ergeben, daß er es schaffte, nach St. Helena zu kommen und auf Longwood im Haushalt des Kaisers tätig zu sein. 1816 wurde er von Hudson Lowe von der Insel gewiesen. Über Kapstadt kehrte er nach Europa zurück und wollte Marie Louise aufsuchen, wurde aber in Livorno verhaftet. Die österreichischen Behörden brachten ihn nach Mantua, denn er sei »ein gefährlicher Anhänger der bonapartistischen Sache«[89]. Angeblich hätte er Aufträge des Kaisers an seine Familie überbringen sollen. Außerdem sollte er mit geheimen Zirkeln Kontakt aufnehmen. Er führte eine ausgedehnte Korrespondenz mit der Familie Bonaparte und in ihr rühmte er sich, die Gunst Marie Louises zu besitzen. Das österreichische Kaiserhaus fürchtete, er könnte mit Reichstadt Kontakt aufnehmen. Daher ordnete Kaiser Franz am 29. März 1818 an, Piontkowski sei als Staatsgefangener in die Festung Josephstadt in Böhmen zu verbringen. Ein Jahr später wurde er nach Graz gebracht, nach dem Tod Napoleons ging er frei. Seither war er spurlos verschwunden.
Der ehemalige General Félix Desportes blieb weiterhin ein glühender Anhänger Napoleons. Er wurde nach der Herrschaft der Hundert Tage des Landes verwiesen und emigrierte nach Darmstadt. Er war sehr aktiv und registrierte in den Ländern um Frankreich Gleichgesinnte. In einem Brief an Jerôme Bonaparte vom 30. September 1818 teilte er mit, daß er nicht geglaubt hätte, in Hessen-Darmstadt, Baden, Teilen Piemonts und Kantonen der Schweiz so viele Anhänger Napoleons vorzufinden. Er sammelte zweifelsohne eine Gefolgschaft. Nach seiner Verhaftung in Frankfurt ließ er sich in Prag nieder und fuhr schließlich zu Caroline Bonaparte nach Frohsdorf. Nach Napoleons Tod verschwand er aus den Polizeiakten.
Auch Unbekannte, wie Joseph Lakanal, Madame Mayard, General Lallemand, General Graf Moraud, Honoré Vidale, der

auf Befehl Marie Louises in Parma verhaftet wurde, oder Oberst Planat de la Faye, tauchten plötzlich in bonapartistischen Geheimzirkeln auf oder gründeten welche und setzten für die Restauration des Kaisers und seines Sohnes ihr Leben aufs Spiel. Aber alle verschwanden wieder nach dem Tod des Kaisers in St. Helena.

Bis 1820 observierten Polizeiorgane in verschiedenen Ländern alle Napoleoniden, um eine Konspiration rechtzeitig aufdekken zu können. Außer Joseph Bonaparte verhielten sich alle Familienangehörigen völlig ruhig. Ab dem Todesjahr Napoleons war schon die zweite Generation der Napoleoniden herangewachsen, und die Polizei übernahm einen neuen Personenkreis; aber außer Louis Napoléon, dem Sohn von Hortense, zeigte kein Vertreter der zweiten Generation auch nur die geringsten politischen Ambitionen. Er allein verspürte die Kraft, für das Haus Bonaparte etwas zu unternehmen. »Der Kaiser ist nicht mehr – aber sein Geist lebt!« wurde sein Motto[90]. Er sagte aber auch, daß kein wahrer Franzose den Enkel des Kaisers Franz und Schüler Metternichs als Herrscher haben wolle.

Der schon erwähnte Romain Doudenil erschien 1828 wieder in Wien und wurde in Nußdorf verhaftet. Die Polizei wollte ihn als Geisteskranken internieren lassen. Aber es gab nicht nur selbstlose Phantasten. Ein gewisser Parrot aus Montbeliard ließ im Verein mit dem deutschen Buchdrucker Scherer Proklamationen herstellen, auf denen Napoleon II. Aufrufe erließ. Es war ein gutes Geschäft. Ein gewisser Witt, der sich auch Döring nannte, behauptete, er wäre in Mailand von Metternich persönlich beauftragt worden, in Deutschland und in der Schweiz geheime Zirkel zu gründen, die eine Restauration Napoleons II. betreiben sollten.

Mit Recht verfolgten die Bourbonen jede Spur eines Umsturzversuches und waren sogar bereit, eine halbe Million Francs zu zahlen, um Reichstadt »auszuschalten«. Auch Dr. Antommarchi gab in Parma zu Protokoll, daß ein Attentat auf Reichstadt geplant werde[91].

Im Dezember 1828 traf Jules Barthélemy St. Hilaire mit der angeblichen ungarischen Gräfin Pámalffy in Wien ein. Die Gräfin wurde von der Polizei allerdings als die Frau des Budapester Weinhändlers Pámalffy identifiziert. Barthélemy suchte Dietrichstein auf und übergab ihm sein Gedicht »Napoléon en Egypte«. Ein zweites Exemplar wollte er Reichstadt persönlich überreichen, was Dietrichstein mit der Bemerkung ablehnte der Herzog empfange keine Ausländer. Vier Wochen wartete der Franzose auf die Möglichkeit, mit Reichstadt zu sprechen, dann fuhr er nach Paris zurück. Dort verfaßte er ein aufsehenerregendes Buch »Les fils de l'homme ou souvenir de Vienne par Méry et Barthélemy«, das 1829 erschien.

In diesem Buch behauptete der Verfasser, daß sich der Wiener Hof nicht scheue, den Prinzen systematisch zugrunde zu richten. Reichstadt sei ein Opfer der hohen Politik. Er lebe wie ein Eremit, völlig isoliert, niemand habe zu ihm Zutritt. Von der Geschichte seines Vaters habe er keine Ahnung. Aber der Autor machte seinen Landsleuten Hoffnung, denn er prophezeite, daß der junge Napoleon eines Tages seine Fesseln sprengen werde. Das Buch begeisterte die Franzosen; weniger jedoch ihre Regierung, die das Werk beschlagnahmen ließ. Der österreichische Botschafter depeschierte nach Wien, daß Barthélemy mit seinem Werk weniger den Wiener Hof angreifen wollte, als vielmehr »das Interesse seiner Mitbürger für den Herzog von Reichstadt zu erregen, die Hoffnung und den Mut der bonapartistischen Partei anzustacheln und die französische Regierung unpopulär zu machen gedenken«[92]. Graf Apponyis Vorstellung beim französischen Außenminister Jean Portalis, daß die Beschlagnahme des Buches und die Zensur kein gutes Licht auf Frankreich werfen werde, wurde dahingehend beantwortet: »Ich muß die Existenz einer solchen Gefahr zugeben. Trotzdem erfordert es die Würde der Regierung, nicht länger stillzuschweigen gegenüber verleumderischen Erdichtungen und Grundsätzen, die geeignet sind, die Legitimität zu erschüttern und die öffentliche Ruhe zu stören, insbesondere, wenn diese mit so viel Kühnheit und Verderbtheit wie in diesem Falle, vorgebracht werden«[93].

Barthélemy wurde Ende Juli vor Gericht zitiert und von Richter Menjaud de Dammertin zu zwei Monaten Gefängnis verurteilt. Nach dem Prozeß erließ das Innenministerium an die Präfekten des Landes folgenden Erlaß: »Der Sohn Napoleons gehört weder der Geschichte, noch Frankreich an«.

Die politische Situation hatte sich in Frankreich im Sommer 1830 grundlegend geändert. Die Julirevolution hatte den Nachfolger Ludwigs XVIII. – Karl X. – vom Thron gefegt und statt seiner Louis Philipp aus dem Haus Orléans, dem »Bürgerkönig mit dem Regenschirm«, zur Macht verholfen. Tagelang herrschte Unklarheit, ob es zur Revolution oder zur Restauration kommen werde. In diesen Tagen hätte Reichstadt unbedingt in Paris sein müßen. Vielleicht hätte es niemand gewagt, ihm die Krone streitig zu machen. Viele Franzosen erwarteten, daß Kaiser Franz seinen Enkel in Begleitung des Erzherzogs Carl nach Paris senden werde. Für den Großteil der Bevölkerung war Reichstadt allerdings schon ein Unbekannter, nur noch eine fiktive Erscheinung. Der Herzog von Orléans krönte sich, und damit war diese kleine und letzte Chance für Reichstadt endgültig dahin. Die bonapartistische Propaganda lief allerdings für einen Napoleon II. auf Hochtouren, und die machte den neuen König ängstlich und unsicher. Daher war seine erste Amtshandlung die Erneuerung des Exildekretes aller Angehörigen des Hauses Bonaparte.
Joseph Bonaparte sah jetzt seine Chance gekommen. Er wußte: nur mit Reichstadt konnte ihm eine Rückkehr nach Frankreich gelingen! Er schrieb nach Wien, daß er beabsichtige, mit dem Herzog nach Paris zu gehen. »Ich verbürge mich für den Erfolg des Unternehmens«, schrieb er. »Allein, nur mit der dreifachen Schärpe umgürtet, wird Napoleon II. gekrönt werden«[94]. Auch Lucien wollte nach Wien kommen, um mit Reichstadt nach Frankreich zu reisen, doch bekam er von Österreich keine Einreisebewilligung.
Fürst Franz Dietrichstein, der Bruder des Erziehers Reichstadts, kehrte kurz nach der Julirevolution aus Paris nach Wien zurück und hatte mit dem Herzog eine Unterredung. Er sagte dem Prinzen, daß er in den letzten Tagen in Paris mit Montholon zusammengetroffen sei, der gemeint habe, daß Frankreich heute nicht mehr nach Ruhm, sondern nur mehr nach Freiheit und Gleichheit strebe. »Kann man vom Sohn Napoleons, der am Wiener Hof erzogen ist, die Erfüllung dieses Wunsches erwarten?« fragte Montholon seinen Gesprächspartner. »Wenn der Name Napoleon bei den letzten Ereignissen auch oft genannt wurde, geschah es nur in Erinnerung an sein Mili-

tärgenie. Wie viele Stimmen riefen aber wirklich nach Napoleon II.?« und Dietrichstein fügte hinzu: »Man sagte, Sie würden freundlich aufgenommen werden ... Das ist wahrscheinlich richtig, aber niemand denkt im Ernst an eine Wiedergeburt des Kaiserreiches. Während der Regierungszeit der beiden letzten Bourbonen waren Sie für viele Franzosen Napoleon II. Seit der Julirevolution jedoch sind Sie nur noch der Herzog von Reichstadt«[95].

Auch Metternich war der festen Überzeugung, daß eine Restaurierung des Kaiserreiches in Frankreich unter Napoleon II. ins Reich der Utopie gehöre. »Meiner Meinung nach«, sagte er, »würde er nach Verlauf von sechs Monaten am Rande des Abgrundes stehen. Kaiser Franz liegen seine Grundsätze, seine Pflichten gegen seine Völker und das Glück seines Enkels zu sehr am Herzen, er würde solche Kombinationen nie unterstützen ... Ohne Bonaparte Bonapartismus machen, geht nicht an ...« Fast resignierend fügte er hinzu: »Die großen Männer setzen sich nur selten in ihren Erben fort«[96].

Kühn und mutig dagegen handelte Gräfin Napoléone Camerata, eine Nichte Napoleons. Sie schrieb keinen Brief und gab kein Gesuch ab, sondern fuhr einfach von Italien nach Wien. Graf Lützow, österreichischer Botschafter im Kirchenstaat, hatte sie als exaltierte, aber völlig harmlose Frau nach Wien avisiert. So gelang ihr die Reise in die Residenz. Dort angekommen, entwickelte sie sofort ihre Tätigkeit. Einem Bericht Dietrichsteins zufolge war es ihr auch gelungen, am 11. November 1830 Reichstadt vor dem Haus seines Lehrers Obenaus zu treffen und ihm die Hand zu küssen. Dabei rief sie pathetisch aus: »Wer kann mich hindern, die Hand meines Souveräns zu küssen?«[97]. Sie hatte auch einen Diener des Herzogs bestochen, dem sie einen Brief – nach anderen Autoren zwei Briefe – zukommen ließ. Reichstadt soll sehr geschwankt haben, den Brief durch Prokesch beantworten zu lassen. Schließlich kamen ihm Zweifel, und er verbot seinem Freund darauf zu reagieren.

Metternich war es von Anfang an klar, was die Camerata in Wien bezweckte; er ließ sie daher von der Polizei aus der Stadt weisen. An Graf Lützow schrieb er: »Frau von Camerata hatte sich nichts geringeres vorgenommen, als den Herzog von Reichstadt zu überreden, daß er fliehe, und sich an die Spitze der Anhänger der Familie Bonaparte stelle. Beschämt zu sehen, daß alle ihre Schritte zu nichts geführt hatten, und gezwungen, Wien zu verlassen, wollte Frau Camarata wieder zu ihrem Gatten, noch zu ihrem Vater zurückkehren; sie erklärte, wenigsten für den Moment sich in Österreich niederzulassen und begab sich schließlich nach Prag«[98].

Sie wollte sich in der Goldenen Stadt ankaufen, was ihr aber verwehrt wurde. Vielleicht hatte sie Prag deshalb gewählt, weil in Wien das Gerücht umging, die erste Garnison Reichstadts würde Prag sein. Als dies aber nicht eintraf, verließ die Gräfin Böhmen und kehrte nach Italien zurück. Am 29. November 1830 wurde Reichstadt General Graf Hartmann als militärischer Berater zugeteilt. Prokesch notierte über ihn: »Hartmann, ein äußerst untertäniger, süß-freundlicher Mann; ein braver Hauptmann oder Oberst ohne jede höhere militärische oder andere Bildung: Ein Geschöpf des FZM Baron Kutschera ... Am ersten Abend hatte der Prinz sein Urteil über Hartmann fertig. Dieser bekam eine Furcht vor dem Herzog, daß er kaum aufzublicken wagte. Dieser behandelte ihn sehr gut; er achtete in ihm den Soldaten und gab ihm Muth dadurch, daß er ihn über die Détails des Regimentsdienstes zu Rathe zog ...«[99].

Hartmann war bereits nach kurzer Zeit über seinen Posten unglücklich und bat den Kaiser mehrmals um Rückversetzung zur Truppe. An Marie Louise schrieb er einmal verzweifelt: »Man könnte nicht einen jungen Menschen von 20 Jahren nicht wie einen Buben von sechs behandeln, obwohl dies buchstäblich nothwendig gewesen wäre ...«[100].

Am 10. November hatten die Belgier das holländische Joch abgeworfen und einen souveränen Staat proklamiert, der unter der Herrschaft eines Königs stehen sollte. Wieder war ein Thron für Reichstadt zu gewinnen, der sich für diesen Gedanken sofort erwärmte und Pläne zu schmieden begann.

Am 6. Dezember erreichte Wien die Nachricht, daß in Polen Aufstände ausgebrochen seien. »Reichstadt träumt nichts anderes, als König von Polen zu werden«, notierte Prokesch in seinem Tagebuch. »Mit dem Herzog von Reichstadt soupiert; Möglichkeiten, ihn auf den Thron von Frankreich oder auf jenen von Polen zu bringen, besprochen. Er auch zu den kecksten Mitteln bereit!«[101].

In einer Abendgesellschaft am 27. Dezember, so vermerkt Prokesch, ereiferte sich Molly Gräfin Zichy für den hübschen Jungen, der ihrer Meinung nach unbedingt König von Polen werden sollte. Metternich, der anwesend war, erklärte lachend: »Ein für allemal ausgeschlossen von allen Thronen!« Am Höhepunkt dieser politischen Auseinandersetzungen trat etwas ein, was den Prinzen so in Anspruch nahm, daß er Gott sei Dank die Throne Polens und Frankreichs vergaß. Erstmals in seinem Leben war Reichstadt verliebt. Seine Auserwählte war Nadine Gräfin Karolyi, eine geborene Kaunitz. Prokesch machte dem Prinzen heftige Vorwürfe und protestierte gegen diese Gefühle, die Reichstadt ganz in Anspruch nahmen und ihn seine hochgesteckten Ziele vergessen ließen.
Erst in der Neujahrsaudienz 1831 wurde der Prinz wieder an seine politischen Ambitionen erinnert, bei der der Kaiser zu ihm sagte: »Wenn das französische Volk dich verlangen würde und die Alliierten es zugäben, so würde ich nichts dagegen haben, dich auf dem Thron Frankreichs zu sehen«[102]. Reichstadt begeisterte sich wieder für seine Pläne, fürchtete aber sein stürmisches Wesen, seine Ungeduld, und stellte sich erstmals die Frage, ob er für diese schweren Ämter nicht noch zu jung sei. Am 27. Jänner nannte Metternich den Herzog von Reichstadt öffentlich einen »Komödianten«[103]. Vier Tage später hatten Großvater und Enkel nach dem Souper eine Unterredung, von der Reichstadt aufgewühlt zurückkehrte. »Der Kaiser spricht ihm ganz in dem Sinne«, schrieb Prokesch in sein Tagebuch, »als wenn er im Hintergrunde den Thron von Frankreich für ihn als gewiß ansähe; hält den Krieg für sehr möglich; wünscht, daß in Frankreich alles querüber gehe, um Orléans durch Reichstadt ersetzen zu können ...«[104]. Allgemein gab man dem »Bürgerkönig« keinerlei Überlebenschance, Kaiser Franz schon gar nicht.
Vor seiner so heiß herbeigesehnten, aber noch immer nicht erfolgten Emanzipation wurde der Prinz offiziell in das Wiener Gesellschaftsleben eingeführt. Er trat erstmals, wie die Wiener Klatschmäuler berichteten, »strahlend vor Schönheit und Jugend«, bei einem Empfang des englischen Botschafters Lord Cowly an die Öffentlichkeit. Doch noch immer stand er unter der Fuchtel seines Erziehers, der hinter ihm herwieselte und

ihm Ratschläge erteilte. »Sie reden zu wenig«, zischte er ihm zu, oder »Sie sind zu verträumt«. Und immer wieder ertönte das Kommando, das der Prinz seit Jahren mehrmals täglich hörte: »Halten Sie sich gerade!« Auf diesem Empfang wurde Reichstadt Marschall Fréderic de Marmont vorgestellt, den er eisig begrüßte. Marmont war nach Wien gekommen, um eine eventuelle Rückkehr des Prinzen zu ventilieren. Prokesch verhandelte mit ihm. Reichstadt verhielt sich dem Marschall gegenüber sehr reserviert, hatte er doch über dessen Rolle bei der Verteidigung von Paris gelesen. Er warf ihm Verrat an seinem Vater vor. Daraufhin soll der alte, hartgesottene Krieger in Tränen ausgebrochen sein. Trotz allem war Marmont von Reichstadt begeistert und verfluchte die Stunde, in der Marie Louise mit ihrem Sohn Paris verlassen hatte. Wäre sie geblieben, die Geschichte hätte eine andere Richtung genommen. Marmont beschwor Prokesch, dafür zu sorgen, daß Reichstadt niemals seinen Degen gegen Frankreich erhebe. Die Österreicher sollten dem Prinzen eine solide militärische Ausbildung angedeihen lassen, und dann könnte weitergesehen werden. Reichstadt möge sich nur vor Weibern und Intrigen in Acht nehmen. Kurz darauf gestand Reichstadt seinem Freund, daß er sich an einem Abend maskiert hatte und mit dem österreichischen Diplomaten in Neapel, Moritz Graf Esterházy, bei Gräfin Karolyi eingedrungen sei. Heute bereue er diesen »tollkühnen Versuch«.

Im Jänner dieses Jahres kam es in Korsika zu einer Aufstandsbewegung, deren Ziel es war, die Insel autonom zu machen und ein Königreich zu errichten. Auch hier war Reichstadt im Gespräch, die Krone zu tragen. Der Herzog war zwar geschmeichelt, aber für seine Intentionen wäre dies »freilich ein häßliches Königreich«, auf das er wenig Wert lege. Dietrichstein schrieb Marie Louise besorgt über die Pläne ihres Sohnes: »Dieser Gedanke macht den Prinzen lachen. Aber Alles was geschieht, was gesagt wird und was er in seinem Kopfe wälzt, erhitzt natürlich seine Phantasie«[105].

Seit Neippergs Tod griffen in Parma wieder Willkür und Korruption um sich. Am 12. Februar 1831 murrten die Bewohner Parmas lautstark, und die in Modena ausgebrochene Revolution griff auf das Herzogtum über. Diese Revolution war weit von Vereinigungsbestrebungen Italiens entfernt, auch wollten die Parmesanen ihre Herzogin nicht vertreiben oder eine Republik ausrufen. Die Leute waren einfach unzufrieden und begehrten Änderungen. »Es fing zwischen 6 und 7 Uhr abends ein fürchterliches Geschrey an auf dem großen Platz«, schrieb Marie Louise ihrem Vater, »zog sich durch alle Gassen bis auf den Palast, wo man zwar Vivat für mich rief, aber gegen Werklein und die Autoritäten Abscheulichkeiten sagte und man es nie enden machen konnte, daß man die Truppen und die Dragoner gegen sie schickte ...«[106]. Erstmals in ihrem Leben erlebte Marie Louise, daß eine Deputation vor ihr im Audienzsaal stand und nicht devot Befehle entgegennahm, sondern Forderungen stellte. In ihren Augen waren das nicht Abgesandte »ihres Volkes«, sondern Anarchisten und Revoluzzer! Die Delegierten sahen ihre Herrscherin entschlossen und unerbittlich. Sie lehnte jede Art von Zugeständnissen kategorisch ab, denn sie würde sonst gegen ihre Ehre und gegen ihren Eid auf die Verfassung verstoßen. Stolz meldete sie ihrem Vater ihre Kaltblütigkeit, bat aber doch vorsichtshalber um ein österreichisches Truppenkontingent.

Am 19. Februar kam die Kunde von den Aufständen in Parma nach Wien. Im Tagebuch Prokeschs ist über diesen Tag zu lesen: »Nachrichten aus Parma; die EH von dem Volke gefangen gehalten. Reichstadt ganz erschrocken hierüber, eilt zum Kaiser mit der Bitte, seiner Mutter zu Hilfe eilen zu dürfen. Dietrichstein glühend für diesen Plan, den der Kaiser (aus Furcht vor Frankreich, wie er selbst gesteht) verwirft ...«[107].

Die unbeugsame Haltung seiner Mutter flößte dem Sohn Achtung ein und begeistert schrieb er ihr am 20. Februar: »Die Freude, die mir Ihre Befreiung aus den Händen der Rebellen, Ihre Reise nach Piacenza und die Treue Ihrer Truppen bereitete, kann nur noch mit dem Stolz verglichen werden, den mir Ihr entschlossene, männliche Haltung einflößt. Sie glänzt herrlich und einzig in unserer sturmbewegten Zeit ...« Eine Woche später zollte der Herzog seiner Mutter nochmals seine Achtung: »Der Kaiser rühmt Ihre Haltung während der letzten Ereignisse, und er strahlt, so oft er zu mir von einer Mutter spricht, die ich immer gewiß verehrt habe, auf die ich aber in dieser Stunde desto stolzer bin ...«[108].

In diesen Tagen notierte Prokesch in seinem Tagebuch eine Unterredung mit Reichstadt, der ihm erzählte, der Kaiser und er hätten besprochen, wie der Prinz über Parma auf den französischen Thron gelangen könnte: »Der Kaiser hält das letztere für möglich und bespricht die Wirkung, die sein Erscheinen an der französischen Grenze machen würde. Reichstadt erklärt, daß er nur auf den Ruf der französischen Armee und nicht mit den Bajonetten der Alliierten gehen würde ...«[109].
Konnte Reichstadt in die französische Armee überhaupt Vertrauen haben? Hatte er stichhaltige Informationen über den Geist des jetzigen französischen Heeres oder gab er sich hier wieder nur einem Wunschdenken hin? 1815 standen noch 100 000 Mann der kaiserlichen Armee mit 500 Geschützen entlang der Loire bereit, für ihren Kaiser und seinen Sohn zu kämpfen und zu sterben. Es war die erste Aufgabe der siegreichen Alliierten und der heimgekehrten Bourbonen, diesen Truppenkörper sofort zu demobilisieren. 15 000 Offiziere wurden entlassen. Einige Offiziere, die sich vehement für den Kaiser einsetzten, wurden zum Tod verurteilt. So wurde am 19. August 1815 Oberst Comte Charles La Bédoyère hingerichtet, elf Tage später General Constantine Faucher, am 27. September General Régin Mouton-Duvernet in Lyon und General Chartran in Lille. Auch wurde eine Schwarze Liste aufgelegt, die alle Militärs aufführte, die verhaftet und ausgewiesen werden sollten. Darunter waren hochdekorierte Truppenführer, die jahrelang als Helden der Feldzüge gefeiert worden waren, wie Oberst Baptiste Drouot, Baron Pierre Cambronne, Belliard, Berton und de Belle.
Im August 1820 versuchte Oberst Jacques Fabvier mit dem 2. und 5. Garderegiment einen Putsch. Ein Jahr später wurden Oberst Pierre Caron in Kolmar und der ehemalige General Berton wegen Hochverrats verhaftet. 1822 wurde Sergeant Boirès hingerichtet. Viele Unruhen in der Armee gingen vom Reserveheer aus, in dem nun die Veteranen der ehemaligen kaiserlichen Armee dienten. Um die neue Armee von politischen Einflüssen fernzuhalten, wurde 1824 das Reserveheer aufgelöst. Immer wieder gab es Schwierigkeiten, vor allem mit den Veteranen aus der Kaiserzeit. Die Regierung traute diesen Männern jederzeit Umsturzversuche zu. Bis 1824 waren die

Unruhen in der Armee von Offizieren und Unteroffizieren, die noch unter Napoleon gedient hatten, ausgegangen. Ab diesem Jahr dienten schon viele Soldaten in der Armee, die die Kaiserzeit nicht mehr bewußt miterlebt hatten. Es gab zwar in allen Rängen eine latente Opposition, die Stimmung der Truppe war antibourbonisch, aber nicht mehr probonapartistisch. 1830 brachte die neue Armeepolitik Marschall Soult's einen liberalen Zug in das Heer. Die alten napoleonischen Offiziere waren in dieser Zeit fast alle in den Ruhestand versetzt worden. Unter der Herrschaft der Bourbonen begannen die aristokratischen Familien, ihre Söhne wieder die Offizierslaufbahn ergreifen zu lassen. Diesmal war es das Großbürgertum, das seinen Söhnen verbot, diesen Beruf zu ergreifen. Daher rekrutierte sich das neue Offizierskorps aus den Schichten des Kleinbürgertums und des Bauernstandes. Niedrige soziale Schichten stellten die neuen Offizierskader, diese waren überwiegend gegen jede Art von Monarchie und votierten eher für die Errichtung einer Republik [110].

Wenn also Reichstadt 1831 »auf einen Ruf der französischen Armee« wartete, war er wieder in seinen Gedanken und Plänen weit von der Realität entfernt. Er hatte keine Ahnung, welche Veränderungen in dieser Armee von 1815 bis 1831 vorgegangen waren.

Die Schwierigkeiten in Parma konnten mit Hilfe österreichischer Bajonette bereinigt werden. Die Stellung der Herzogin in ihrem Land war gefestigter denn je. Ihre Haltung hatte allgemein Bewunderung ausgelöst. Erstmals in seinem Leben empfand Reichstadt seiner Mutter gegenüber Reue über seine Kälte und Teilnahmslosigkeit an ihrem Schicksal. Am 25. Mai 1831 schrieb er ihr einen Brief, in dem er vieles gutzumachen versuchte, was ihr Verhältnis seit Jahren belastete:

»... Sie, der ich Alles in meinem Dasein verdanke«, führte er aus, »die Sie immer so viel Liebe für mich hatten, selbst in den Augenblicken, da meine Kälte und Gefühllosigkeit ein so empfindsames Herz wie das Ihre verletzen mußten. Glauben Sie mir, daß ich diese fatalen Irrtümer oft genug bereue ... kann eine Mutter wie Sie eine größere Befriedigung haben, als die, durch Ihre Liebe der Schutzengel Ihres Sohnes zu sein ...« [111].

Während der Wiener Hof gebannt nach Parma blickte, vollzog

sich in Polen ein Drama. Die Aufständischen wurden bei Grochow vernichtend geschlagen; der Traum Reichstadts, König von Polen zu werden, war endgültig ausgeträumt. Aber das störte den jungen Mann keineswegs. Für ihn war Polen erledigt, jetzt wollte er Kaiser der Franzosen werden. Noch eine neue Möglichkeit gab es für ihn: Die Aufständischen in Modena wollten ihn zum König eines ge- und vereinten Italiens proklamieren. Erstmals kam es zwischen Reichstadt und seinem Freund Prokesch wegen dieses Fronten- und Gesinnungswechsels zu schweren Auseinandersetzungen.
Metternich mußte einschreiten. Nach Aussagen von Gentz sah der Staatskanzler schon in dem Gedanken, Reichstadt würde Kaiser der Franzosen werden, einen Akt des Hochverrates. Für Metternich wurde dieser wetterwendische junge Mann immer mehr Anlaß zur Beunruhigung. »... Der Junge ist ein Krebsschaden am System des Fürsten«, schrieb Gentz. »Nicht absichtlich verstümmelt, wie behauptet wird, sondern vernachläßigt, vergessen wurde der Prinz von dem Fürsten. Jetzt, zwanzig Jahre alt, tritt er plötzlich dem Fürsten unter die Augen und dieser haßt in ihm alles. Was er an ihm verschuldet; daß er sich jetzt um ihn bekümmern muß, reicht allein schon hin, um den Prinzen ihm unangenehm zu machen ...«[112].
Reichstadt begann nun in Wien mit seinem Truppendienst. Graf Hartmann hatte vom Kaiser genaue Instruktionen erhalten, wie er den Prinzen zu beaufsichtigen hätte. Ursprünglich war ja Prag als erste Garnison ausersehen gewesen, doch Dietrichstein erhob dagegen »wegen dieser bewegten Zeiten, wo ganz Europa von einem revolutionären Fieberschauer geschüttelt wird«, Einspruch[113]. Hier in Wien konnte der Prinz, unter den Augen des Großvaters, besser abgeschirmt werden. Angeblich, so berichtete Prokesch von Osten, nützte Kaiser Franz jetzt die Anwesenheit seines Enkels, um immer öfter mit ihm über Politik zu reden und dem Jungen die unmöglichsten politischen Flausen in den Kopf zu setzen. Allerdings äußerte Reichstadt seinem Freund gegenüber, daß er kein Abenteurer sei und nicht zum Spielball der Parteien werden dürfe. »Klar muß es in Frankreich sein, bis ich den Fuß dahin setzen kann«[114]. Er wollte wissen, was das französische Volk von ihm dachte. Mit Spannung horchte er überall herum, ob die Franzo-

sen nach ihm verlangen[115]. Tatsächlich herrschte im Oktober 1830 in Paris eine Tendenz, Reichstadt den Thron anzutragen, doch der Prinz wartete auf den Ruf der gesamten Nation, der nie erscholl. Zwischen dem Herzog von Reichstadt und Frankreich stand jedoch immer Metternich, der nie die Absicht hatte, Reichstadt tatsächlich nach Paris gehen zu lassen. Österreich hätte politischen Selbstmord begangen, wenn es Napoleons Sohn als Instrument der Wirren und des Umsturzes gegen Frankreich eingesetzt hätte. Wir können daher sicher sein, daß sich der Kaiser ganz den Ansichten seines Kanzlers angeschlossen hatte und keinen anderen Standpunkt bezog.

Um so unverständlicher sind daher die Aufzeichnungen von Prokesch, der die Ansichten des Kaisers durch Reichstadt erfahren hatte. So lesen wir in den Tagebuchaufzeichnungen Prokeschs von einer Unterredung des Kaisers mit seinem Enkel am 3. Dezember 1831, in der der Prinz sagte, wenn sein Vater noch leben würde, ginge er sofort nach Paris. Der Kaiser soll ihn dafür sehr gelobt und ihm gesagt haben, wenn er ihn auch nicht offiziell unterstützen dürfe, mit Geld könnte der Prinz rechnen. Oder: Wenn die Franzosen nach ihm riefen, würde er ihn gerne auf dem Thron Frankreichs sehen[116]. Derartige Zusagen oder Ansichten kann Kaiser Franz seinem Enkel unmöglich gemacht haben. Eher dürften diese Aussagen als Wunschträume der beiden jungen Leute anzusehen sein. Als Gegenbeweis wird die Anordnung des Kaisers an General Hartmann, den Herzog von Reichstadt betreffend, angeführt: »Gesetzlich von dem angeborenen Vaterland getrennt, hat der Herzog aufgehört, Franzose zu sein. Hierdurch ist dessen Verhältnis zu den Gliedern des regierenden Hauses, sowie jenes zu meinen Unterthanen genau bezeichnet ... Sie haben demnach stets Ihr Auge auf die Umgebungen des Herzogs zu richten und diese Sorge auf dessen Kontakt insbesonders mit Fremden auszudehnen. Unter erborgten Larven werden sich ihm im Verlaufe der Zeit sicher Menschen zu dem Herzog zu drängen trachten, deren Absichten nicht lauter sind. Auf solche Menschen haben Sie von ferne bereits ihr Augenmerk zu richten ... und mit dem Herzog denselben auf jeden speziellen Fall aufmerksam machen ...«[117].

Reichstadt dagegen schwadronierte weiter von seinen hoch-

fliegenden Plänen. Selbst eine konkrete Regierungsform hatte er schon im Auge: »Abends bei Reichstadt«, notierte Prokesch, »der mir seine Seele über Religion und politische Zweifel öffnet, sich als reinen Deisten (Freidenker) und Anhänger einer konstitutionellen Monarchie, mit Bedingungen des Diktators in Krisen erklärt ...«[118]. In diesen Wochen des Spätherbstes wurde Reichstadt immer unruhiger, bis er am Abend des 13. Dezembers seinem Freund Prokesch gestand, daß er im Begriffe sei, heimlich nach Frankreich zu fliehen.
Zum Glück kam dem Prinzen etwas dazwischen. Seine erste, große Liebe zur Gräfin Karolyi war im Laufe des Jahres abgekühlt. Jetzt beichtete der Prinz seinem Freund, daß er mit Gustav Neipperg heimlich die Hoftheaterschauspielerin Therese Peche besucht habe und er beabsichtige, ein Liebesverhältnis mit ihr einzugehen.
Über die Liebesabenteuer des Reichstadt ist sehr viel geschrieben worden. Außer mit diesen beiden Damen hatte der Herzog auch noch platonische Verhältnisse mit Louise Gräfin Almássy, mit Lulu Thürheim und angeblich ein intimeres Verhältnis zu seiner angeheirateten Tante, der Erzherzogin Sophie, die am 18. August 1830 ihren ersten Sohn, Franz Joseph, geboren hatte. So oft es Reichstadt die Zeit erlaubte, verkehrte er bei ihr, und die Hofbediensteten munkelten bereits hinter vorgehaltener Hand über die beiden, zumal Sophie kein Kind von Traurigkeit war.
Im Journal der Aja des kleinen Franz Joseph, der Baronin Luise von Sturmfeder, wurde der Herzog am 19. Oktober 1830 erstmals erwähnt.
»Gestern war auch der Herzog von Reichstadt da«, schrieb sie. »Auf einmal sagte er: ›Dies wird ein recht kriegerischer Fürst werden‹. Ich fragte wieso, da sagte er, ›er ist im Zeichen des Löwen geboren, er wird von einem Fräulein erzogen, welche den Sturm im Leibe hat und drittens wächst er unter der Trommel auf, denn unter seinen Fenstern ist die Wache. Bei der Trommel aufzuwachsen ist angenehm, aber es gibt auch Menschen, welche die Trommel sind, auf welche geschlagen wird. Dies ist nicht angenehm‹. Er ist voll Verstand und Witz und sein Äußeres angenehm ... Ich finde aber, daß er immer gelber wird und daß er nicht gesund sein kann ...«[119].

Ein weiteres Gerücht, das sich bis heute gehalten hat, besagt, daß das Verhältnis Reichstadts zu Sophie nicht ohne Folgen geblieben sein soll. Der Herzog wurde als Vater von Sophies Zweitgeborenem genannt. Dieses Kind, Ferdinand Maximilian, stellte nämlich einen völlig neuen Typus in der Familie der Habsburger dar, und es findet sich nicht die geringste Ähnlichkeit mit anderen Familienmitgliedern. »Seltsam wirkt er«, so wird berichtet, »in der Gegenüberstellung zu jedem seiner Brüder«[120].

Ein weiteres Liebesverhältnis, das sogar Dichter inspirierte, soll Reichstadt mit der damals berühmtesten Tänzerin der Welt, Fanny Elßler, gehabt haben. Eingeweihte aber bestreiten ganz entschieden, daß hier intimere Gefühle eine Rolle gespielt haben. Gentz, 1829 bereits 66 Jahre alt, begann in diesem Jahr mit der noch nicht zwanzig Jahre alten Tänzerin ein Liebesverhältnis, das er minutiös in seinem Tagebuch schilderte[121]. Auch Prokesch erwähnte immer wieder die gemeinsamen Abende, die er im Haus Gentz-Elßler verbringen durfte. Die Freundin der Tänzerin, Betty Paoli, dementierte in ihren späteren Aufzeichnungen ganz energisch eine engere Beziehung zwischen Reichstadt und Elßler[122].

Es ist daher sehr glaubwürdig, was der Herzog seinem Freund Prokesch am Abend des 10. Oktober 1831 versicherte: »Er sagt mir, er habe noch kein Weib berührt. Ich halte ihn fest an diesen Grundsätzen«[123]. Auch diese Ansicht des Vertrauten, und gerade sie, entsprach ganz dem Moralbegriff nicht nur der einflußreichen katholischen Kirche, sondern auch der damaligen Erziehung, nach der jede sexuelle Betätigung die Mannes- und Schaffenskraft schwäche, so daß für größere Aufgaben die Energien fehlten.

Auch spätere Angaben aus Herrscherhäusern konnten daher nur ein Gerücht sein und nicht der Wahrheit entsprechen, wenn man schrieb, »daß man den armen jungen Herzog von Reichstadt absichtlich logeworden ist, indem man ihn ein möglichst schlechtes Leben leben und in schlechter Gesellschaft verkehren ließ, da seine Existenz für die österreichische Regierung damals sehr hinderlich war ...«[124].

Das gesamte Liebesleben Reichstadts scheint eine Erfindung seiner Zeitgenossen gewesen zu sein. Auch Moll äußerte sich

später diesbezüglich, »die Krankheit des Prinzen hat die Folgen verhindert, welche ohne Zweifel uns wieder Kopfzerbrechen verursacht haben würde ...«[125].
Reichstadts Regimentskommandant, Prinz Gustav Wasa, charakterisierte ihn als einen schwärmerisch veranlagten jungen Mann, der sich in einen gesteigerten Enthusiasmus geflüchtet hatte: »Er begeistert sich für das Kühne, Außerordentliche und Überraschende, das eine wahre Zauberkraft auf ihn ausübt... Er hat ein feuriges Temperament und einen äußerst aufgeweckten Charakter ...«[126]. Diese Beschreibung läßt sich ohne weiteres auch auf die amourösen Abenteuer Reichstadts anwenden, der ständig und intensiv für das weibliche Geschlecht schwärmte, ohne aber engere Bindungen einzugehen. Wenn wir die kommenden Lebensmonate Reichstadts betrachten, so muß vom Standpunkt des Mediziners gesagt werden, daß sein Verhalten und seine psychische Verfassung bereits in ganz typischer Weise durch seine Krankheit, die Tuberkulose, geprägt waren. Gerade bei der tuberkulösen Infektion kommt es durch die Toxine der Tuberkelbazillen zu tiefgreifenden Veränderungen des Enzymstoffwechsels der Hirnsubstanz und zu einem typischen Verhalten der Kranken im Sinne eines »psychoorganischen Syndroms«, wie es von dem Schweizer Psychiater E. Bleuler beschrieben wurde[127].
Der 14. Juni 1831 war für Reichstadt ein Freudentag. An diesem Tag wurde endlich seine »Emanzipation« erklärt und er aus der Obhut Dietrichsteins entlassen. Noch einmal schrieb der Erzieher an Marie Louise: Er sehe den Prinzen fast noch jeden Tag und mache sich große Sorgen bezüglich der Gesundhat seines Zöglings, auch glaube er, daß ihm der militärische Dienst eher schaden als nützen werde[128].
Einige Wochen vor der Emanzipation gab es wieder einen Restaurationsversuch des Herzogs in Frankreich. General Montholon, der jetzt in Bern lebte, erschien bei dem österreichischen Gesandten Graf Bombelles. Er machte dem Grafen den Vorschlag, er würde Reichstadt nach Frankreich bringen, nur müßte sich Österreich mit diesem Schritt loyal erklären und den Herzog als Regenten Frankreichs anerkennen. »Ich bin von Mauguin beauftragt zu fragen«, führte Montholon aus, »ob ich unter irgendeinem angenommenen Namen behufs

Unterredung mit Metternich einen Paß nach Wien erhalten könnte, um die Intentionen des Ministers für den bevorstehenden Fall der Proklamierung Napoleons II. kennen zu lernen«[129]. Montholon führte weiter aus, daß Mauguin, ein Mann der äußersten Linken, seit 1823 Präsident mehrerer Geheimgesellschaften, die Europa in Angst und Schrecken versetzten, doch sei sein Republikanismus nichts anderes als eine raffinierte Tarnung. Im Grunde wolle er das Kaiserreich wiederherstellen, für dessen Errichtung er die Hilfe Österreichs benötige. Kurze Zeit später wiederholte Montholon bei Graf Bombelles sein Angebot und gab folgende schriftliche Erklärung ab: »Herr Mauguin beauftragt mich, Ihnen bekannt zu geben, daß, wenn die österreichische Regierung zustimmt, Napoleon II. herauszugeben und ihn an die französische Grenze zu führen, er im selben Moment von hunderttausend Nationalgardisten aus der Bourgogne und von Lyon empfangen und ihm von der Kammer die Diktatur für fünf Jahre übertragen werden wird. Um diesen Preis bietet die Partei dem Kaiser von Österreich die Krone von ganz Italien, sowie jene von Polen an und für den Fall, als der Kaiser dies wünschen sollte, die Wiederherstellung Deutschlands als einer Monarchie unter der Herrschaft des kaiserlichen Szepters«[130]. Metternich entlockte dieses Angebot nur ein süffisantes Lächeln. Hirngespinste!
Am 14. Juni 1831 wurde Rittmeister Johann Karl Freiherr von Moll von einem Salzburger Kavallerie-Regiment Reichstadt als Ordonnanzoffizier zugeteilt. An diesem Tag wurde der Herzog auch seinem Regiment vorgestellt. Sein Dienst in der Alser-Kaserne sollte am 16. Juni beginnen. Am Vorabend durchsuchte Dietrichstein die Wohnung Reichstadt nach verdächtigen Papieren. Als er eine versperrte Lade entdeckte, befahl er seinem ehemaligen Zögling, diese zu öffnen. Er fand viele Briefe, die Frauen betrafen, von Gustav Neipperg und Moritz Esterházy. Außerdem noch Briefe der Gräfin Karolyi an den Herzog. Der Erzieher verlangte, daß diese Schriftstücke sofort und in seiner Gegenwart verbrannt wurden. Das war seine letzte »Tat« bei Reichstadt. Die »öffentliche Anerkennung« – schließlich hatte er den Sohn Napoleons erzogen – blieb aus. Seine Enttäuschung war groß; ihm wurde, wie er sagte, gedankt wie »einem Lakaien«.

Reichstadt politische Pläne traten nun gegenüber den militärischen in den Hintergrund. Die Flügel des »Aiglon«, wie er von seinen wenigen Anhängern zärtlich-ehrfurchtsvoll genannt wurde, waren erlahmt und trugen ihn nur bis in die Kaserne der Alser-Vorstadt. Dort hatte er auch eine kleine Wohnung zur Verfügung. Von hier aus schrieb er seiner Mutter und schilderte ihr seinen Kasernenalltag: »Ich kehre schweißgebadet zurück, da wir eine erstickende Hitze haben und unsere Uniformen dem Sommer nicht angepaßt sind. Man ist allgemein mit meinem Bataillon zufrieden, das einen wirklich erstaunenden Eifer für so junge Soldaten zeigt, die für gewöhnlich nur die Plackerei des Dienstes sehen. Mein Befinden ist gut; ich habe meine Lebensweise etwas geändert, da ich täglich um 4 Uhr aufstehen und mehr, als ich gewohnt war, reiten muß ...«[131]. Er lebte mit den Offizieren des Regimentes in der Kaserne und nahm sofort ihre Eigenheiten, auch das Schuldenmachen, an. Die Anstrengungen des Kommandierens und der Staub des Kasernenhofes waren Gift für seinen kranken Kehlkopf. Immer öfter versagte ihm die Stimme. Im Tabakrauchen sah er ein probates Heilmittel für seine strapazierten Stimmbänder, was die Sache natürlich noch mehr verschlechterte. »Er hat seit vier oder fünf Tagen nicht mehr exerziert, um seine Stimme zu schonen, die aber dadurch nicht klarer geworden ist«, schrieb Dietrichstein besorgt der Mutter nach Parma. »Ich erfahre, daß Malfatti ihm ein Heilmittel verschrieben hat, aber ach! die berühmte Medizin flößt mir kein Vertrauen ein. Die Luftröhre ist der schwache Punkt des Prinzen; sie bereitet mir lebhafte Sorgen ...«[132]. Am 29. Juli war Reichstadt so weit hergestellt, daß er mit fester Stimme das Ehrenbataillon für den Trauerkondukt für den verstorbenen General Salins kommandieren konnte.

Der Truppendienst Reichstadts währte jedoch nicht lange. Nachdem im Sommer in Ungarn die Cholera ausgebrochen war, konnte es nur eine Frage von Wochen sein, bis sie auch die Residenz erreichen würde. Dem Kaiserhaus wurde der Vorschlag gemacht, Wien zu verlassen und sich in Sicherheit zu bringen. Der Kaiser lehnte dieses Ansinnen ab, befahl aber, daß er mit seiner Familie und mit allen wichtigen Männern des Reiches in Schloß Schönbrunn, das von Militäreinheiten hermetisch abgeriegelt wurde, interniert werde. Am 14. September notierte die Fürstin Melanie Metternich in ihrem Tagebuch, daß ihrem Gemahl vor dieser Maßnahme graute, als er jedoch seine Suite im Schloß besichtigte, war er zufrieden und meinte, er könne es dort einige Wochen aushalten[133]. Der Kaiser befahl auch, daß sein Enkel die Kaserne verlassen und nach Schönbrunn übersiedeln müsse. Diese Maßnahme erboste Reichstadt ganz besonders und voll Zorn schrieb er seiner Mutter: »Der Wille des Kaisers, der mich ruft, rettet, wie ich weiß, meine Ehre, er vermag aber nicht mein Gewissen zu beruhigen, und der Gedanke, einer Gefahr welcher Art immer zu entfliehen, wenn meine Pflicht mich ruft, empört mich!«[134].

Baronin Sturmfeder berichtet, daß zwischen Reichstadt und dem kleinen Erzherzog Franz Joseph eine innige Freundschaft begann. Am ersten Geburtstag des Kleinen gingen der Kaiser, Thronfolger Ferdinand und Reichstadt im Schloßpark spazieren und besuchten auch den Tierpark. Ende September begann der Maler Johann Endler das berühmte Bild, das Reichstadt mit Franz Joseph und der Prinzessin von Salerno darstellt, zu malen. Während der Quarantäne in Schönbrunn verkehrte jetzt die Familie viel intensiver miteinander als früher. Das Leben war sicher nicht einfach, das ganze Schloß stank entsetzlich, da zweimal täglich alle Zimmer mit kochendem Essig »ausgeräuchert« wurden und jeder ein Essigfläschchen besaß, an dem ständig gerochen werden mußte. Es durfte nur abgekochtes Wasser, in das eine geröstete Semmel eingebröckelt war, getrunken werden. Alle Briefe, die nach außen gingen, wurden mit Nadeln perforiert und über einer Kerze geräuchert. Daher sind alle Briefe und Dokumente aus dieser Zeit schwarzbraun verfärbt und mehrfach durchstochen. Baronin Sturmfeder beschrieb das Familienleben im Schloß; unter anderem berichtete sie über Reichstadt: »Nachmittags kam der Herzog von Reichstadt. Er scherzte mit der Erzherzogin, welche er häufig Mutter nannte, dann sagte er zu mir gewendet, mich zähle er der Zahl der Schwestern bei. Er erbat sich von der Erzherzogin die Erlaubnis, in zwanzig Jahren der Hüter ihres Sohnes sein zu dürfen ...«[135].

Am 16. September durfte der Herzog Schönbrunn verlassen und zur Truppe zurückkehren. Zwei Tage später traten in der

Alser-Kaserne neuerlich einige Cholerafälle auf, Reichstadt mußte sofort in die Quarantäne nach Schönbrunn zurück. In dieser Zeit verschlechterte sich der Gesundheitszustand des Herzogs sehr rasch. Das seit Jahren bestehende ständige Räuspern und Hüsteln wurde von einer schleimigen Expektoration abgelöst. Dr. Malfatti verordnete Hustensäfte und Lindenblütentee.

Hier sei das Gutachten Dr. Malfattis angeführt, das er bereits 1830 auf Veranlassung des Kaisers erstellt hatte. Es besagte, daß Reichstadt aufgrund einer falschen Diagnose jahrelang falsch behandelt worden war. Schon 1824 war Dr. Malfatti Metternich aufgefallen, der in seinen Memoiren festhielt: »Wir haben hier einen vortrefflichen Arzt, Italiener von Geburt ...«[136]. Wahrscheinlich kam Dr. Malfatti durch Protektion des Staatskanzlers an den Hof und wurde so auch der Leibarzt des Herzogs von Reichstadt. Malfatti war kein Scharlatan und einer der wenigen Hofärzte, die sich nicht nach den Launen ihrer hohen Patienten richteten, sondern energisch ihre Meinung vertraten. Das Gutachten Dr. Malfattis zeigt, daß der Arzt einwandfrei die schwache Veranlagung der Lunge und des Kehlkopfes Reichstadts erkannte, ja sogar den Ausbruch der Kehlkopftuberkulose ahnte. Anfangs stand für den Arzt, beeinflußt von der Erkrankung Napoleons, die »Flechte« (Hautausschlag) im Vordergrund, deren Auftreten er der Erkrankung »Dyscrasie des Hauptsystems« zuschob. Da die Erkrankung des Respirationstraktes noch nicht so im Vordergrund stand, wollte er durch eine Leberbehandlung zuerst diese Krankheiterscheinung angehen, zumal damals in der Medizin die Ansicht vorherrschte, die »Flechte« sei ein Vorstadium einer Krebserkrankung. Das Gutachten vom Juli 1830 lautete:

»Aus den vorausgegangenen Leiden des Herzogs ist über das derzeitige Befinden folgendes zu sagen:

1. Da durch einen zu raschen Wachsthum ein solches Mißverhältnis in der körperlichen Entwicklung Sr. Durchlaucht entstand, daß man nebst dem allgemeinen Schwächezustand für jenen insbesonders der Brust besorgt seyn mußte.
2. Da die Folge dessen Sr. Durchlaucht leicht catarrhalischen Affektionen und dem Reizhusten unterworfen war, welche hauptsächlich auf die Luftröhre und auf die Bronchien sich

festsetzten. Die Dauer und Frequenz dieser Localleiden flößte den früheren Ärzten mit vollem Recht große Besorgniß ein; deshalb trinkt der Prinz auch dermahl Selterswasser nur mit Milch.

3. Nebst der verspäteten Entwicklung der Brustorgane, als Ursache dieser Erkrankung, glaube ich, eine zweyte annehmen zu müssen und zwar in einer Discrasie des Hauptsystems. Ich fand nämlich an verschiedenen Stellen des Körpers besonders an den Oberarmen und am Nacken die Haut so beschaffen, wie selbe nur bey beginnender Flechten zu seyn pflegt; ja sogar die Hände Sr. Durchlaucht bieten solche Erscheinungen dar, welche dem ausgestandenen Gefrör allein nicht so leicht zugeschrieben werden können. Zweckmäßig fortgesetzte Bäder, wie die angefangenen Soolenbäder, werden hierauf günstig einwirken. Diese Beschaffenheit der äußeren Häute, welche sich so leicht auf die inneren Membranen, und besonders auf jene der Bronchien und der Luftröhre fortgesetzt, kann auch bei dem Prinzen die Anlage zu dem Leiden dieser Organe bedingen. Aller Wahrscheinlichkeit nach ist diese Discrasie der Haut aus erblich väterlicher Anlage zu dem Leiden entstanden ... Nichtsdestoweniger muß beydes, solang die Entwicklung des Prinzen nicht vollendet ist, nicht einen Augenblick lang außer acht gelassen werden; weil jede zustoßende Krankheit in dieser Epoche des Werdens nicht nur für die Gegenwart sondern auch für die Zukunft bedeutend und gefährlich werden kann; um so mehr, als der Prinz noch keine gewöhnlichen Hauterkrankungen als Masern, Scharlachfieber überstanden hat. Die Schädlichkeiten, welche Sr. Durchlaucht am meisten vermeiden muß, sind hauptsächlich große Anstrengungen, besonders des Sprach-Organs, Erhitzungen, Erkältungen, vorzüglich bey stürmischer Witterung mit Diätfehler. Die Sorgfalt, den Prinzen gegen diese für ihn sehr nachtheiligen Einflüssen zu verwahren ist um so nötiger, weil sein trauriges Temperament ihn leicht zur Vernachlässigung der genannten Rücksichten verleiten kann. Ich werde es mir daher besonders angelegen seyn lassen, den Prinzen bey Eintritt der kalten Witterung eigens zu beobachten und zu sehen, ob und wie die geschilderten Symptome im Herbst

hervortreten und welche Lebensart und ärztliche Behandlung darnach eingerichtet werden müssen. Wien den 4. July 1830 ...«[137].

Noch während der Kontumaz in Schönbrunn erkrankte Reichstadt an einem fieberhaften Katarrh. Die Erkrankung muß um den 10. Oktober aufgetreten sein, denn am 2. November teilte er seine Krankheit der Mutter mit und schrieb, daß er seit drei Wochen zu Bett liege: »... Ein starker fieberhafter Katarrh hat mich gehindert, Euch an Eurem Festtag zu schreiben, wie ich es wollte. Meine Gesundheit hat ein wenig unter der Müdigkeit des Sommers gelitten und meine Brust verspürte besonders die Anstrengungen, die ich machte, um mein Bataillon zu kommandieren. Ich huste seit drei Wochen und ein starkes Fieber, das nur einen Abend dauerte, brachte mich in die Arme von Malfatti, der mich bestens pflegt. Es ist nicht die Cholera, man fürchtet diese Krankheit nicht mehr in Wien ...«[138]. Am 16. November konnte der Herzog endgültig Schönbrunn verlassen und in die Alser-Kaserne zurückkehren.

Ende Dezember 1831 gab der Hof mehrere Jagden, an denen Reichstadt noch teilnahm, obwohl ihm das kalte Wetter sehr zusetzte und sich sein Husten verschlimmerte. Am 9. Jänner 1832 hatte Reichstadt Dienst und führte die Burgwache. Die Wachablösung mittags, immer ein feierliches militärisches Schauspiel mit Musik und Zuschauern im Burghof, wurde von Baronin Sturmfeder beschrieben, die mit ihrem kleinen Schützling Franz Joseph zusah: »Eine Menge Leute hatte sich versammelt«, schrieb sie, »um ihn zu sehen. Er schien sehr in Anspruch genommen von seinem Dienste und suchte, so kam es mir vor, seinen Vater in der Art, den Hut zu tragen, zu imitieren. Da ich nicht gut sehe, nahm ich sein hübsches Gesicht nicht aus und so glaubte ich wahrhaftig einigemal, den Vater zu sehen, wie er auf den Schlachtbildern dargestellt ist ...«[139].

Prokesch notierte unter dem 13. Jänner 1832 in seinem Tagebuch, daß er abends den Herzog aufgesucht und diesen in einer sehr depressiven Stimmung, ja sogar in einem lebensüberdrüssigen Zustand vorgefunden habe. Der Prinz fühlte sich an diesem Abend elend[140].

KAPITEL 6

Die letzten Monate Reichstadts
Marie Louise wird nach Wien gerufen
Das Ärztekonsilium gibt dem Herzog keine Überlebenschance
Der Todeskampf beginnt
Das Ende des Prinzen
Das Urteil des Kaisers über seinen Enkel
Der Obduktionsbefund
Das Erbe des Herzogs
Die Bestattung des Prinzen in der Kapuzinergruft

Am 16. Jänner 1832 fiel in Wien die Quecksilbersäule auf Minus 18 Grad, ein scharfer, kalter Wind fegte über den Josephsplatz. Der Herzog von Reichstadt kommandierte eine Trauerparade für den verstorbenen General von Siegenthal. H. Rollett, der in Wien Medizin studierte und der vor einigen Jahren dem Prinzen seine Schmetterlingssammlung in Baden gezeigt hatte, war Zeuge dieser militärischen Feier. Der Herzog stand mit gezogenem Säbel vor der Front des Ehrenbataillons und gab das Kommando für die Salve. Mitten im Ruf versagte Reichstadt die Stimme, er konnte nur noch einen krächzenden Laut von sich geben[1]. Bald darauf hörte Rollett, daß der Prinz gestorben war.
So schnell, wie es Rollett beschrieb, kam das Ende des Herzogs jedoch nicht, aber von diesem Tag an begann für den jungen Mann ein Martyrium. Schon in letzter Zeit hatte er sehr schlecht ausgesehen, über kalte Hände und Füße und plötzlich einsetzende Schweißausbrüche geklagt. Von Moll darauf angesprochen, erklärte der Prinz immer wieder, daß er sich ausgezeichnet fühle und ihm nichts fehle.
Am 21. Jänner fand in der französischen Botschaft eine Ballveranstaltung statt, an der Reichstadt nicht teilnahm und sich entschuldigen ließ. Zwei Tage später, nach dem Mittagessen, überfiel ihn ein heftiger Schüttelfrost, der von nun an täglich auftrat und immer heftiger und anhaltender wurde. Er mußte dem militärischen Dienst fernbleiben. Sechs Tage später lag er, als Prokesch ihn abends besuchte, hochfiebernd zu Bett. Dr. Malfatti war an sein Krankenlager geeilt und erkannte sofort die Schwere der ausgebrochenen Krankheit. Wie Prokesch anmerkte, plädierte der Mediziner für die Verlegung des Prinzen in den Kurort Bad Ischl, oder, noch besser, in eine klima-

tisch günstigere und wärmere Region, wobei sich Neapel und Umgebung anbot. Es entspricht nicht den Tatsachen, daß politische Gründe einer Verlegung des Prinzen nach dem Süden entgegenstanden, sondern einzig die Schwere der Krankheit ließ eine sofortige Transferierung des Patienten nicht zu.
Das Fieber, der Schüttelfrost, die vermehrte Expektoration hielten unvermindert an und schwächten den Prinzen, der fast den ganzen Tag ruhen mußte.
Prokesch verabschiedete sich von seinem Freund am 30. Jänner; eine militärisch-diplomatische Mission führte ihn nach Italien. Zum Abschied schenkte er Reichstadt einen bunten Wahabitenmantel und ein Paar türkische Pantoffel. Nachdem Prokesch gegangen war, sagt Reichstadt zu Rittmeister Moll: »Ich bin froh, wenn Sie bleiben«. Und Moll in seinem Tagebuch weiter: »Alles dies wurde mit Weichheit und Herzlichkeit gesprochen ... so daß ich in dem Augenblick alle frühere Behandlung und niedrige Zumutungen vergaß ...«[2].
Der Zustand des Prinzen hielt bis Ende April 1832 unverändert an. Stundenweise fühlte er sich wohler, einige Male versuchte er auszureiten, mußte aber aus Erschöpfung den Ritt vorzeitig abbrechen. Nur noch kurzdauernde Kutschenfahrten kamen in Betracht.
Marie Louise wurde später der Vorwurf gemacht, daß sie nicht sofort an das Krankenlager ihres Sohnes geeilt sei. Diesem Vorwurf gegenüber muß sie in Schutz genommen werden, denn sowohl Dietrichstein als auch Dr. Malfatti klärten sie anfangs nur ungenügend über die Schwere der Erkrankung ihres Sohnes auf. Beide verbreiteten in ihren Briefen einen verantwortungslosen Optimismus und stellten die Krankheit nur als halb so schlimm hin. Dazu schrieb der Arzt, daß er für die völlige Heilung ihres Sohnes garantiere. So ist es verständlich, daß die Mutter am 18. Februar Dietrichstein schreiben konnte: »Ich betrachte meinen Sohn als ganz geheilt und danke Gott, daß er sich trotz seiner Unvorsichtigkeit ohne großen Schaden aus der Affaire gezogen hat«[3]. Am 5. Mai triumphierte sie nach einem Bericht Dr. Malfattis: »Dank dem Himmel, daß seine Lunge frei ist!«[4]. Voll Freude über diese guten Nachrichten sandte sie ihrem Vater folgendes Schreiben: »Ich war so niedergeschlagen und so betrübt und unruhig über den Gesundheitszu-

stand meines Sohnes, dass ich nicht den Muth hatte, Ihnen, liebster Papa, mit den Klagen meines bedrängten Herzens zu belästigen. Itzt, da der Himmel mir die Gnade schenkt, daß es wieder besser geht, kann ich nicht umhin, Ihnen tausendmahl die Hände zu küssen, für alle Gnade, welche Sie ihn während seiner Krankheit haben, und Sie zu bitten, lieber Papa, die Güte zu haben, sie ihm fortzusetzen; der Gedanke, daß Sie so gütig sind, so väterlich für ihn zu sorgen, ist meine einzige Ruhe in meiner Abwesenheit, welche in diesen Umständen mir doppelt schwerfällt ...«[5].

Die Menschen in der Hofburg, die Reichstadt sahen, beschrieben den Zustand des Prinzen jedoch anders: »Dieser arme Zögling sieht gar übel aus. Ich glaube, man hat Ursache, für seine Gesundheit besorgt zu sein«, trug Baronin Sturmfeder am 13. März in ihr Journal ein[6]. Und die Fürstin Metternich schrieb unter dem 20. April in ihr Tagebuch: »Der Kaiser, sagt Clemens, er habe über den Herzog von Reichstadt eine Consultation abhalten lassen und die Ärzte hätten einstimmig dessen Lage für hoffnungslos erklärt. Er spucke bereits Stücke von der Lunge aus und könne nur noch einige Monathe leben. Der Wille Gottes geschehe! Uns aber erscheint das Los dieses Prinzen beklagenswerth, dem es nicht an Talent, Geist und Genie fehlt!«[7].

Wenn der Sohn also gar nicht so krank war, konnte Marie Louise ruhigen Gewissens in Parma bleiben, wo ihre Anwesenheit dringend erforderlich war, und vor mütterlichen und verwandtschaftlichen Gefühlen rangieren immer noch dynastische und politische. »Wenn Sie, mein lieber Graf, wüßten, wie sehr ich wünsche nach Wien zu reisen, so würden Sie mich bedauern«, schrieb die Herzogin an Dietrichstein, »aber ich kann nicht ohne eine absolute Notwendigkeit und dies, weil die Stimmung noch immer so schlecht, die politische Lage in Italien derart ungewiß und kritisch ist, daß meine Abreise froissieren würde, was man unbedingt vermeiden muß. Andererseits haben wir die Cholera vor den Toren, und wenn ich in diesem Augenblick abreise, würde es einen erbärmlichen Eindruck machen. Dies ist, was die Welt nicht bedenkt ...«[8].

Der Kaiser begab sich Anfang Mai nach Italien. Am 15. Mai berichtete ihm Hartmann, »daß das Befinden des Prinzen die

ersten Tage, wo eine angenehme Witterung die Bewegung zu Pferd und im offenen Wagen gestattete, merklich besser war, daß der Prinz bis auf eine bedeutende Mattigkeit... etwas Husten, gallische Entleerungen sich wohl befand ... Die Aerzte bey besserer Witterung vom Landaufenthalt und endlich von Bad Ischl viel halten, in welche Letzteres der Prinz Ende Juny abgehen soll, bereits die Wohnung bestellt und auch aus Eurer Majestät Privatcasse zu diesem Zweck einen Vorschuß von Dreytausend Gulden ... erhalten habe ...«[9].
Vor seiner Abreise nach Italien hatte der Kaiser für seinen Enkel noch eine Überraschung bereit, die dem Prinzen die größte Freude bereitete. Reichstadt wurde am 5. Mai 1832 zum Oberst befördert. Hartmann sandte folgendes Schreiben an Kaiser Franz: »Eurer Majestät erlauchter Enkel, der Herzog von Reichstadt, haben mich beauftragt Allerhöchstdemselben seinen unterthänigsten Dank für dessen Beförderung zum zweyten Obersten zu Füssen zu legen, daß er in selben erneut einen Beweis der Gnade und Liebe mit gerührtem Herzen anerkennt, mit denen Ihn Eure Majestät von seiner zarten Kindheit an, zu beglücken geruhen. Er versuchte mehrmalen schon selbst Allerhöchstdenselben schriflichen Dank hierfür zu zollen, doch gestattete ihm seine gegenwärtige Körperschwäche nicht die Erfüllung dieser Theuren Pflicht ...«[10].
Am 22. Mai meldete Hartmann, daß der Zustand Reichstadts gestatte, die Osterbeichte abzulegen und »Nachmittags beginnt der Prinz den Landaufenthalt in Schönbrunn«.
Um diese Zeit klangen die Briefe Dietrichsteins, die er nach Parma sandte, nicht mehr so optimistisch, sondern sorgenvoller und ernster. Marie Louise entschloß sich daher, nach Wien über Triest aufzubrechen, da sie dort ihren Vater vermutete, mit dem sie zusammentreffen wollte. Da sich der Kaiser verspätete, verlor sie wieder einige Tage in Triest. Am 3. Juni schrieb sie ihrem Vater: »... Von Graf Dietrichstein fand ich hier zwey Briefe ... welcher mir schreibt, daß seit dem 27ten das Fieber beynahe meinen Sohn nicht verlassen hat und daß an dem 29ten er im Schatten im Garten nach Hause mußte. Er ging auf den Kaninchenberg wo er warme Kuhmilch, abwechselnd mit Eselsmilch trinkt. Man hat ihm Blutigeln an den Hemerrhoiden gesetzt. Sein Husten und sein Auswurf ist sehr häufig.

Er wird immer mägerer und sein Aussehen ist elend und matt. Und bey dem Fieber zeigen sich die gewißen rothen Streifen auf Wangen, die mit einem Brust oder Lungenleiden verbunden sind. Malfatti wünscht auch itzt schon, daß ich komme und nach allen diesen Briefen bin ich wieder so unruhig, daß ich so unglücklich, weil in mein Herz so wenig Hoffnung eindringen kann ...«[11].

Auch Hartmann rapportierte dem Kaiser regelmäßig über den Zustand seines Enkels. Am 28. Mai hatte er geschrieben, daß sich der Aufenthalt Reichstadts in Schönbrunn eher günstig ausgewirkt hätte, das Fieber sei nicht mehr so hoch, aber länger anhaltend, der Auswurf etwas geringer. Der Prinz begänne jetzt eine Kur mit Eselsmilch, einem alten Volksheilmittel bei der Schwindsucht. Dazu werde ihm Selters- und Marienbader Wasser verabreicht. Einige Tage später berichtete er, daß Reichstadt einige Blutegel an den Schläfen angesetzt wurden. »Geruhen Eure Majestät«, schrieb Hartmann, »aus diesem unterthänigsten Bericht die leider betrübende Schlußfolgerung zu ziehen, daß der Gesundheitszustand des Prinzen bedenklicher, jedoch Alles angewendet wird, was menschliche Kräfte vermögen.«[12].

Gerade an diesen Tagen traten in Paris Ereignisse ein, die Reichstadt wieder in den Blickpunkt des Interesses rückten. Hortenses Sohn, Charles Louis Napoléon, versuchte mit einigen Getreuen einen Putsch, um König Louis Philipp zu stürzen. Napoléon wollte bei dieser Gelegenheit Reichstadt nach Paris holen, verlangte aber vorher von Österreich Garantien, ihn zu unterstützen. In diesem Brief lag eine Beilage, die Reichstadt hätte unterschreiben und zurücksenden sollen. Sie lautete: »General! Ich kenne Ihre Gefühle für mich, ich bin gerührt von der Anhänglichkeit, die Sie und tapfere Franzosen dem Andenken meines Vaters bewahren. Ich werde glücklich sein, wenn ich diesen eines Tages meine ganze Erkenntlichkeit werde beweisen und dartun können, daß das Glück Frankreichs mein teuerstes Ideal bildet«[13].

Am 6. Juni war anläßlich der Trauerfeierlichkeiten für den verstorbenen General Lamarque in Paris ein Aufstand ausgebrochen, der brutal niedergeschlagen wurde. Reichstadts Zustand aber war zu diesem Zeitpunkt bereits so schlecht und fortge-

schritten, daß er von den Plänen seines Cousins nichts mehr mitbekam. Reichstadts politische Ambitionen hatten sich in nichts aufgelöst. Es war noch gar nicht so lange her, daß er eines Abends zu Prokesch gesagt hatte: »Nachdem der Versuch, die königliche Linie der Bourbonen auf dem französischen Thron zu erhalten, mißlungen war, war der Sohn des von ganz Europa anerkannt gewesenen Kaisers, der Sohn der Erzherzogin Marie Louise, den Mächten nicht eine gerechtere Gewähr, als der Sohn des Egalité? Und wenn sie genötigt waren, der Revolution dieses Zugeständnis zu machen, wissen sie nicht selbst, daß es vergeblich ist?«[14]
Am Mittwoch, den 6. Juni, begann Moll sein Tagebuch zu führen. Mit großer Genauigkeit berichtete er darin über das weitere Krankheitsgeschehen bei Reichstadt. Er begann diesen Tag mit der Schilderung einer heftigen Auseinandersetzung, die zwischen dem Herzog und seinen Ärzten stattgefunden hatte. Dr. Malfatti und Dr. Wührer verweigerten morgens dem Prinzen einen Teller Suppe. Statt dessen verordneten sie drei Gläser Marienbader Wasser. Reichstadt war so erbost, daß er aufstand und befahl, seinen Wagen vorzufahren, er gedenke eine Spazierfahrt zu unternehmen. Daraufhin genehmigten die Ärzte die Suppe. »Sie wissen selbst nicht, was sie wollen!« fuhr sie der Prinz an. »Sie ziehen mich herum, schwächen mich, daß ich mich vor Mattigkeit nicht rühren kann und kurieren mich nicht!«[15].
Die folgende Nacht wurde durch ständige Hustenanfälle gestört, Moll fand den Prinzen am nächsten Morgen »matt und übel aussehend«. Trotzdem fuhren sie aus und besuchten bei Kalksburg das Gasthaus »Zum rothen Stadl«. Doch Reichstadt interessierte sich kaum mehr für irgendetwas. Nicht einmal die Pferde und Wagen fanden sein Interesse. Im Lokal schleppte er sich ein paar Schritte herum, aß ein weiches Ei und ließ sich vorlesen. Auf der Heimfahrt mußte Moll auf der rechten Seite des Herzogs sitzen, da Reichstadt auf dem linken Ohr nichts hörte. Um 15 Uhr kamen sie nach Schönbrunn zurück, der Herzog mußte vor Erschöpfung sofort das Bett aufsuchen. Abends kam Malfatti zur Visite und teilte mit, daß neuerlich ein Ärztekonsilium zusammentreffen werde. Tatsächlich erschienen die Doktores Wührer, Vivenot und Türckheim. Sie

waren mit der Behandlung des Falles durch Malfatti einverstanden, gaben aber Reichstadt nicht mehr die geringste Überlebenschance. Auch Moll glaubte, der Herzog werde den kommenden Sommer nicht überleben.
Die Nächte wurden jetzt zu einer Qual. Kaum legte sich der Prinz zurück, begann er zu husten. An Schlaf war kaum zu denken. Trotzdem fuhr Reichstadt am Samstag, den 9. Juni, mit der Kutsche nach Haimbach. Auf der Fahrt dorthin lebte er förmlich auf und schwärmte von seinem Winteraufenthalt in Neapel. Er gab Moll den Befehl, seine Kutsche für die lange Reise überholen zu lassen. In Haimbach angekommen, war Reichstadt kaum imstande, zwanzig Schritte zu gehen, so erschöpft war er. Er saß ermattet auf einer Bank, träumte vor sich hin und von den großen Städten, die er noch besuchen wolle. Dann sagte er, daß er 1815 hier gewesen sei. Der Stallmeister Charles habe ihn zu sich auf den Sattel gesetzt und sei mit ihm und der Herzogin über die Felder geritten. Plötzlich wechselte er das Thema und sagte, daß seine Erziehung völlig mißraten sei, weil jeder seiner Erzieher aus ihm etwas anderes habe machen wollen. Der Mißerfolg habe aber auch seine guten Seiten gehabt, denn nun wisse er, wie er einmal seine Kinder erziehen werde. Sollten es ihm seine Finanzen erlauben, werde er eine Stiftung ins Leben rufen, so etwas wie das Institut Mendon, von dem sein Vater so schwärmte. Er habe im Buch von Las Cases gelesen, daß sein Vater beabsichtigt habe, ihn mit anderen Prinzen dort erziehen zu lassen, »dazu berufen, verschiedene Throne einzunehmen und verschiedenartige Nationen zu leiten, hätten sich diese Kinder gemeinsame und ähnliche Ideen angeeignet«[16]. Dann ließ Reichstadt einige unschöne Bemerkungen über Hartmann fallen und sagte, daß ihm der General schon deswegen unsympathisch sei, weil er ihm etwas befehlen dürfe. Moll fügte hinzu, daß Hartmann von dieser Möglichkeit viel zu wenig Gebrauch gemacht hatte. Als sie gegen Abend nach Hause kamen, erhielt Moll die Verständigung, Marie Louise würde zwischen 16. und 20. Juni in Wien eintreffen. Reichstadt erklärte, ohne jegliche Krankheitseinsicht, daß es ihm gut gehe, »mein Kopf ist frei, mein Unterleib in Ordung (Eselsmilch und Marienbader Brunnen hatten Durchfälle erzeugt), jetzt habe ich nur noch mit dem verdammten Husten zu thun»[17].

Baronin Sturmfeder hatte in diesen Tagen an ihre Angehörigen einen Brief geschrieben, aus dem hervorging, wie ernst die Kaiserfamilie den Zustand Reichstadts beurteilte: »... aber ich war in Gedanken bei diesem armen Herzog von Reichstadt, von dem es hieß, daß er seinem Ende zugehe ... Meine hohen Herrschaften waren sehr erregt, man sprach stets davon, ihn versehen zu lassen, aber man wüßte nicht, wie anfangen ...«[18].
Am Donnerstag, den 14. Juni, fand wieder ein Ärztekonsilium statt und Moll notierte: »Sie sagen, daß die letzte Krise die imminente Gefahr gebannt hätte. Dieselbe wäre ohne Zweifel die Entleerung eines Lungeneitersackes gewesen. Malfatti fürchtet als einziger Arzt einen Blutsturz«[19].
Auch Hartmann berichtete dem Kaiser von diesem Tag. Er schrieb, daß sich der Husten verschlimmere und daß Blut im Auswurf sei. Malfatti habe gesagt, wenn nicht bald eine Besserung eintrete, sollte der Prinz die Sterbesakramente gereicht bekommen, ansonsten sollte zugewartet werden, um den Herzog nicht aufzuregen. Die Ärzte hätten festgestellt, daß die Verschlimmerung auf ein »Bersten eines Lungengeschwüres« zurückzuführen sei. »Die Behandlung von Herrn Malfatti in Allem und Jedem gebilligt, jedoch wieder einstimmig erklärt wurde, daß der Prinz sich in einer äußerst bedenklichen Lage ... befindet, daß man sich kaum einer Hoffnung zu seiner Herstellung hingeben könne ...«[20].
Wie aus dem Brief der Baronin Sturmfeder hervorging, überlegte die Familie, wie Reichstadt die Sterbesakramente ohne Aufregung erhalten könnte. Sophie fand sich bereit, dem Prinzen zuzureden, mit ihr die Sakramente zu empfangen. Am 17. Juni besuchte sie ihn und bat ihn, nächste Woche mir ihr zusammen die Sakramente zu nehmen. Diesen Wunsch konnte ihr der Prinz nicht abschlagen. Sofort wurde der Burgpfarrer Wagner verständigt, der sich noch an diesem Abend nach Schönbrunn begab, aber von Reichstadt nicht empfangen wurde. Am nächsten Vormittag war Wagner wieder im Schloß und wurde bei dem Prinzen vorgelassen. Als Wagner eintrat, raunte der Herzog Moll zu: »Wie der mich secciert!«[21].
Tags darauf erhielt Dietrichstein einen Brief Marie Louises, in dem sie ihm mitteilte, daß sie später als geplant nach Wien komme, da sie mit Lungenentzündung in Triest zu Bett liege.

Auch Kaiser Franz gab Metternich von der Erkrankung seiner Tochter Nachricht: »Meine Tochter war bereits entschlossen, nach Wien abzureisen, und reiset wirklich heute Nach Mittag; zu meinem Leidwesen fürchte ich, daß sie auch eine Kandidatin der Lungensucht ist, denn sie hat auch einen Fieber und hustet, wowon ich Sie aber nichts zu sagen bitte. Seit dieser meiner Entschliessung ist meine Tochter krank geworden, so daß ich nicht weiss, wann sie von hier wird abreisen können ...«[22]. Moll vermerkte unter diesem Datum in seinem Tagebuch eine ganz andere Version: »Ich höre heute, daß die Erzherzogin vielleicht am 19. von Triest habe abgehen können; die nächsten Briefe werden uns darüber aufklären. Dem Vernehmen nach wäre die Lungenentzündung das ostensible Übel; das wahre sei eine fausse-couche (Abortus) von einer Schwangerschaft, welche seit April unzweifelhaft ist. Der Vater aber sei nicht der bekannte Zoze oder Zote (Zode, der Erzieher ihres Sohnes), sondern ein neues Individium ... Vermutlich ist die ganze Geschichte erlogen, und weil die Fatalität sich ein paar Mal zugetragen, so wird bei jeder Krankheit der Erzherzogin-Mutter etwas ähnliches supponiert ...«[23]. Moll irrte, denn nicht Herr Zode war ihr damaliger Günstling, sondern Marchese Sanvitale, der nach Triest gekommen und mit ihr nach Wien reisen wollte. Stundenlange Spaziergänge in der Hafenstadt mit ihm ließen sie ihre Reise immer wieder verschieben, so daß ihrem Minister endlich die Geduld riß und er Sanvitale nach Parma zurückschickte.
Am 20. Juni empfing Reichstadt die Sterbesakramente. Als der Burgpfarrer in das Krankenzimmer trat, stöhnte der Herzog auf und sagte: »Der alte Seccator ist schon wieder da!« Nach der Zeremonie wurde Reichstadt von Dr. Malfatti magnetisiert, was dem Prinzen eine gewisse Erleichterung brachte. Tags darauf schrieb Baronin Sturmfeder an ihre Angehörigen: »Der arme Herzog von Reichstadt ist schwer leidend. Man erfährt nur wenige Details über seinen Zustand, der so verzweifelt ist, daß man ihn gestern versehen ließ ... Er ist ein so interessanter junger Mann ... Daß ich ihn so sterben sehen muß, in der Blüte seiner Jahre! Man sagt, daß seine Vorliebe für den militärischen Beruf ihm den Tod gebracht habe, da er sich diesen Winter verdorben hat durch zu großen Diensteifer ...«[24].

Die Nacht von Mittwoch auf Donnerstag, den 21. Juni, verbrachte Reichstadt schlaflos, von heftigen Hustenanfällen geschüttelt. Er expektorierte reichlich Eiter mit Blut vermischt. Morgens war der Herzog mißlaunig, fluchte und schrie herum. Samstag mittags besuchte ihn sein Onkel, der Thronfolger Ferdinand, mit dem er sich ruhig unterhielt. Als der Besuch ging, war Reichstadt stockheiser. Abends wünschte sich der Prinz erstmals den Tod. Er wollte so nicht weiterleben. »Er wird bis zum letzten Augenblick auf seinem verschlossenen und mißtrauischen Wesen beruhen«, notierte Moll[25].
Am Sonntag traf Marie Louise in Begleitung der Gräfin Scarampi um 18 Uhr in Schönbrunn ein. Der Prinz schlief um diese Zeit. Die Herren seiner Begleitung wurden der Herzogin vorgestellt. Endlich wachte Reichstadt auf, und die Mutter konnte an sein Bett treten. Über diesen Augenblick berichtete Moll: »Als der Prinz seine Mutter eintreten sah, richtete er sich im Bett auf, sie fielen sich um den Hals und die Erzherzogin sagte mit Emotion, daß sie da sei, um während der Krankheit die Stelle der Krankenwärterin zu versehen, er möge sie bei Tag und Nacht rufen lassen, ihr hingegen auch unumwunden sagen, wenn er allein sein wolle ...«[26]. Hartmann dagegen schrieb dem Kaiser über die Begegnung der Mutter mit ihrem Sohn: »Das Wiedersehen war für beide höchste Personen, nur zu erklären, angreifend; doch fühlten sich Ihre Majestät beruhigt, den Prinzen gesehen zu haben und Höchstderselbe war heiter und alles verkündete, daß das Wiedersehen seiner erlauchten Mutter wohlthätig auf ihn gewirkt hatte ...«[27].
Doch schon nach wenigen Tagen empfand Reichstadt die täglichen Besuche seiner Mutter als lästig. Am 29. Juni schrieb Marie Louise ihrem Vater einen langen Brief und schilderte die Situation ihres Sohnes: »... Als ich vorgestern Abend hier ankam, hatte ich mir ein schreckliches Bild seiner Veränderung gemacht, da ich ihn ein bißchen besser, als ich es erwartete, fand. Der Himmel gab mir die Kraft ihm nicht meinen Schmerz zu zeigen und dieß machte ihn heiter. Die Nacht war unruhig, weil er viel hustete, gestern stand er nicht auf ... heute war die Nacht sehr gut, er schlief beinahe beständig, hustete beinahe nicht und ist sehr heiter heute; was er expectoriert ist auch viel weniger schlecht. Es ist ein großer Schmerz für mich

ohngeachtet dieser Beßerung ich mir keine Illusionen machen darf, wenigstens danke ich Gott für die Linderung, die er meinem armen Kranken schenkt ...» Allerdings setzte sie diesem Brief einen Nachsatz hinzu: »Malfatti findet ihn immer sehr bedenklich, macht sich aber immer selbst Illusionen«[28].
Auch Baronin Sturmfeder teilte ihren Angehörigen die schreckliche Lage Reichstadts mit: »Seit ich Euch das letztemal geschrieben habe, ist der arme Herzog so schlecht gewesen, daß man nicht geglaubt hat, daß er die Nacht überleben wird können. Vor einigen Tagen saß er auf seinem Balkon. Da erblickte ihn mein Kleiner und hatte eine große Freude, daß er ihn entdeckt hatte. Er hat schon das Aussehen eines Toten, leidet entsetzlich und vom Gesundwerden ist keine Rede mehr ...«[29].
In den vergangen Tagen hatte Reichstadt mit der Mutter seine Reise nach Neapel besprochen. Am Freitag, den 29. Juni, verhandelte er mit Marie Louise über die Pensionen für seine Angestellten. Schon einmal hatte der Prinz Rittmeister Moll seiner Mutter empfohlen. »Ich erinnere Sie«, führte er aus, »falls Sie jemals in der Lage wären, etwas für ihn zu thun, an dem mir zugeteilten Baron von Moll; er hat Geist, Kenntnisse, einen festen Charakter, ist verschwiegen und unternehmend. Ich liebe Ihn!«[30]. Marie Louise lehnte aber die Zahlungen der Pensionen aus der Staatskasse Parmas sofort ab. Auch von den Gütern Reichstadts in Böhmen war kein Heller zu erwarten. Jemand machte den Vorschlag, die Pretiosen Reichstadts aus der Schatzkammer belehnen zu lassen und mit diesem Geld die Pensionen zu zahlen. Schließlich war die silberne Wiege des Prinzen, die ihm einst die Stadt Paris geschenkt hatte, und eine sicherlich große Anzahl von Diamanten und Brillanten sein persönliches Eigentum. Der Gedanke, die Wiege belehnen zu lassen, wurde wieder verworfen; es hätte doch einen zu schlechten Eindruck gemacht. Gegen die Belehnung der Pretiosen sprach sich die Mutter aus, weil sie die Steine besitzen und später fassen lassen wollte. Endlich kam jemand auf die Idee, den Wert der Edelsteine schätzen zu lassen. Die Gesichter wurden immer länger, als die Schatzkammer mitteilte, Reichstadt besäße weder Diamanten noch sonst etwas[31].
Ab dem 2. Juli trat eine leichte Besserung im Zustandsbild des

Patienten auf. Die Expektoration hatte sich verringert und Moll schrieb, daß der Arzt optimistisch sei, doch er selbst blieb skeptisch: »Malfatti plaudert eine Quantität Hoffnung vor, sagt, der Prinz sei abends nicht irritiert, sondern ganz normal, Reden die uns nicht irre machen, welche aber die Erzherzogin in Hoffnungen wiegen, die nicht realisiert werden können ...«[32].

Dietrichstein teilte er in einem Brief mit: »Wir kommen nicht vorwärts, sondern schreiten rückwärts; die außerordentliche Hitze hat alle meine Pläne zerstört«[33].

Am 4. Juli fühlte sich Reichstadt so gut, daß er nach dreizehn Tagen erstmals wieder das Bett verließ und sich einige Stunden auf einen Balkon setzte. An diesem Abend stellte sich bei dem Prinzen eine akute Harnverhaltung ein. Moll mußte ihn beim Urinieren stützen, und nach starken Krämpfen ergoß sich plötzlich ein Schwall Eiter aus der Harnblase.

Durch das ständige Aushusten tuberkulösen und eitrigen Schleimes – in einem Tröpfchen Sekret sind ca. 20 000 Tuberkelbakterien enthalten – kam es auch zum Befall und zur Entzündung des Gaumens, der Mundschleimhaut und der Zunge, worauf die Schleimzellen des Gewebes sofort mit einer vermehrten Schleimproduktion antworteten. Moll beschrieb diesen Zustand sehr anschaulich und drastisch: »Den ganzen Vormittag litt ich an fortgesetzten, durch den fürchterlichen Geruch hervorgerufenen Übelkeiten, an einem körperlichen Unbehagen; die Übelkeiten waren derart heftig, daß ich bisweilen fürchtete, meinen Dienst aufgeben zu müssen ... Und gegen Mittag kam wieder ein sichtbarer Supurations-Paroxysmus; der Auswurf war gering, ging aber leicht von statten, nur war der Kranke wie überhaupt in den letzten Tagen nicht mehr imstande, ihn aus den Mund zu spucken und ich kann das Eklige der Operation, welche wir vornehmen mußten, um den Eiter, welcher im ganzen Munde und Zunge festsaß und eine zweite Eiterung erzeugte, nicht mit Worten beschreiben; jede dieser Operationen brachte mich einer Übelkeit nahe ...«[34].

Erzherzogin Sophie wurde am 6. Juli um 6 Uhr morgens von einem Knaben entbunden, der in der Taufe den Namen Ferdinand Maximilian erhielt. Am nächsten Tag erhielt Reichstadt von Metternich Besuch, der versprach, er werde sich in

Neapel für den Herzog um ein Quartier umsehen. Bei dieser Unterredung machte sich der Prinz große Vorwürfe, daß er vor Jahren bei einer Jagd in Holitsch den Thronfolger Ferdinand angeschossen hatte. Später wird Metternich in einer Depesche an den Kaiserbesuch über den Krankenbesuch bei dessen Enkel berichten: »Es war ein herzzerreißender Anblick; ich erinnere mich nicht, jemals ein ärgeres Bild der Zerstörung gesehen zu haben. Er war nicht mehr zu retten und die Autopsie wird beweisen, daß ich mich nicht über sein Grunduebel getäuscht habe ...«[35].

Zwei Tage später wurde der Herzog in einer Sänfte, die aus der Hofburg erst herbeigeschafft werden mußte, erstmals in einen separierten Teil des Schönbrunner Schloßparkes getragen. Am Mittwoch, den 11. Juli, verließ Dietrichstein den Prinzen. Er begab sich nach München zu seiner Tochter, die vor ihrer ersten Entbindung stand. An diesem Tag bemerkte Moll beim Umbetten des Herzogs dessen stark geschwollene Beine, obwohl er »nur mehr Haut und Knochen ist«. In den nächsten Tagen brichtete Moll: »Der Kopf kann sich nicht auf den Schultern halten, sondern zittert paralytisch«[36]. Nach einem Hustenanfall schrie Reichstadt plötzlich verzweifelt aus: »Ich krepier! Mir hilft nichts mehr!« Bis zu diesem Tag war er immer im Garten, wo ihn die Mutter besuchte, doch der Prinz meinte, die Besuche seien sinnlos, weil er sie wegen seiner Taubheit nicht mehr verstehe. Er hustete jetzt etwas weniger, aber wenn ein Anfall kam, mußte er sofort hochgerissen werden, sonst wäre er vor Schwäche an Schleim erstickt.

Am Montag, den 16. Juli, hatte Reichstadt seine Stimme gänzlich verloren und konnte sich nur durch Zeichen mit seiner Umgebung unterhalten. Er war so verzweifelt, daß er sich stundenlang mit der Faust gegen die Stirn schlug. Dr. Malfatti setzte mehrere Blutegel am Hals an, um dem Prinzen wieder seine Stimme zurückzugeben. Am nächsten Tag konnte Reichstadt wieder flüstern. Die Zunge und die Mundschleimhaut waren eine einzige, mit zähem Eiter bedeckte Wunde. Moll und Standeisky wischten das stinkende Sekret mit Tüchern immer wieder ab. Der Geruch des Eiters war so ekelerregend, daß Moll hinterher aus dem Zimmer stürzen mußte, um zu erbrechen. Reichstadt bot einen erbarmungswürdigen und grauenhaften

Anblick. »Sein Körper ist nur noch ein Skelett«, schrieb Moll an diesem Tag in seine Aufzeichnungen[37]. Die Fürstin Metternich notierte in ihrem Tagebuch: »Der Herzog von Reichstadt ist schon seit gestern Abend ohne Bewusstsein«[38].
Nicht nur seine nächste Umgebung und die Angehörigen des Hofstaates bedauerten den Prinzen, sondern der Zustand des Patienten war Grund ehrlicher Anteilnahme der ganzen Stadt. Wie immer in solchen Fällen, empfahlen verschiedene Menschen altbewährte Rezepte und Behandlungsmethoden. Der Kaiser hatte angeordnet, daß alle Vorschläge den Hofärzten vorzulegen seien, die diese Empfehlungen prüfen mußten. Es hätte unter den Vorschlägen doch ein »Wunderrezept« sein können. Nebst den bekannten Therapien wurden auch die kuriosesten Vorschläge gemacht. So wurde der Genuß von lebenden Schnecken, mit zwei beginnend und auf 64 Stück steigernd, empfohlen. In der Hofburg wurde ein Rezept einer Suppe abgegeben, von der alle zwei Minuten ein Kaffeelöffel voll – Tag und Nacht und das zwölf Tage hindurch – zu nehmen gewesen wäre.
Freiherr von Maréchal, Minister in Parma, der mit der Herzogin nach Wien gekommen war, hatte an diesem Tag mit Moll eine längere Unterhaltung, während der sich der Minister über seine Herrin kein Blatt vor den Mund nahm und Klagen gegen sie erhob. So sagte er, die erste Sorge Marie Louises, als sie nach Wien kam, war weniger ihr Sohn, als vielmehr das Zusammenkaufen verschiedenster Dinge – drei Kisten voll – für ihre diversen Liebhaber, Accoucheure, Hebammen und Kindsweiber. Er sagte auch, daß die Kinder der Herzogin in Parma »mit der elendsten Erziehung heranwachsen«[39].
Die Baronin Sturmfeder berichtete in einem ihrer Briefe über die Stimmung, die in Schönbrunn herrschte: »... Sonst ist viel Betrübnis im Schloß. Der arme Herzog ist in einem elenden Zustand, immer zwischen Leben und Tod. Er leidet grausam, er soll aussehen wie ein Greis. Er tut mit gar so leid ...«[40]. Am 20. Juli berichtete Hartmann dem Kaiser: »... Die Schwäche und Abmagerung nimmt täglich zu, die Eßlust aber dergestalt ab, daß man dem Erlauchten Patienten nur mittelst vielem Zureden bewegen kann, etwas Speise zu sich zu nehmen. Gestern Abends hat der Prinz bedeutender als seit langer Zeit und mit

vieler Anstrengung bösartigen Eiter ausgeworfen in Folge dessen war etwas Erleichterung und eine ruhige Nacht eingetreten, jedoch scheinen die Kräfte noch bedeutender geschwunden und ich muß Eure Majestät unterthänigst bitten, Sich gnädigst darauf gefaßt zu machen dem Prinzen in äußerst bedauernswerther und erschreckender Lage zu finden ...«[41].
Unter dem Datum des 21. Juli trug Prokesch, in Italien weilend und in Unkenntnis der Vorgänge in Schönbrunn, folgende Sätze in sein Tagebuch ein: »Rom. Die Fürstin Gabrieli holt mich zu Napoleons Mutter Lätitia; sie wohnt in ihrem Palast am Veneziaplatz; ihr Sekretär Robaglia und zwei Damen, die eine Korsin ... sind anwesend, die 84 jährige Frau sitzt auf dem Sofa, empfängt mich gerührt und setzt mich zu sich. Sie spricht gebrochen französisch, ist fast ganz erblindet und seit ihrem Fall vor zwei Jahren lahm. Mit Rührung und Interesse hört sie an, was ich ihr über Reichstadt sage; ist entzückt über das Lob, das ich ihm erteile; findet große Ähnlichkeit in seinen Eigentümlichkeiten mit jenen seines Vaters: ›Auch der Kaiser lernte als Knabe schwer, begriff nur langsam und die Lehrer verzweifelten oft an ihm‹. Sie erzählt, wie sie den Kleinen zum letzten Mal in Blois gesehen und umarmt; wie sie auch Marie Louise geschrieben und von ihr keine Antwort erhalten; wie sie auch an Reichstadt geschrieben, ohne Antwort; ersucht mich, ihn innigst zu grüßen, ihm zu sagen, er sei ihr von allen Verwandten ans Herz gewachsen; er solle den letzten Willen des Vaters achten; seine Stunde werde kommen und er werde den Thron Frankreichs besteigen. Sie zeigte mir seine Büste, neben der seines Vaters stehend ... sie klagte viel über Marie Louise und bat mich zuletzt, den Segen an Reichstadts statt zu empfangen und ihm zu überbringen ... Sie ließ Napoelons Haare suchen, um sie mir zu geben, fand sie nicht und versprach mir, abends ihr Portät für den Prinzen mitzugeben, auf dessen Rückseite ihres großen Sohnes Haare wären«[42].
Dieser Tag begann für Reichstadt mit einem Anfall schwerster Atemnot, in einer etwas ruhigeren Minute flüsterte der Prinz, dies komme von einer Irritation der Lunge und er fügte plötzlich hinzu, »Ich will den Tod, nur den Tod!«. Nur mühsam ließ sich der Kranke von Moll und dem Kammerdiener Kolb beruhigen. Neue Aufregung gab es wieder, weil die Funktion der

Harnblase versagte. Nachdem ihm Moll geholfen hatte, sank Reichstadt in die Kissen zurück und flüsterte dem Rittmeister zu: »Zu was müssen sie sich wohl brauchen lassen! Es sind schlechte Tage, die sie bei mir haben«. Moll mußte wegen des penetranten Eitergestankes, der im Zimmer schwebte und an dem Kranken haftete, mehrmals das Zimmer verlassen. Dann sprach Moll mit Reichstadt über die bevorstehende Reise nach Neapel; der Patient beruhigte sich und schlief erschöpft ein, nachdem er um 8 Uhr morgens von einem heftigen Schüttelfrost und Fieberanfall geschwächt worden war. Gegen Mittag las ihm Moll aus Spindlers »Ewiger Jude« und d'Arlincourts »Les Rebelles« vor. Es war die letzte Lektüre Reichstadts. Um 12 Uhr mittags wiederholte sich der Fieberanfall, dann kam die Mutter zu Besuch. Mit großer Überredungskunst gelang es Moll, den Prinzen dazu zu bringen, daß er ein weiches Ei und einige Löffel Gerstensuppe zu sich nahm. Jede Berührung der Mundschleimhaut und jeder Schluckakt verursachten dem Kranken Höllenqualen. Um 16 Uhr trat nochmals hohes Fieber auf. »Der Auswurf war gering«, berichtete Moll, »ging leicht von statten und war der Kranke nicht mehr im Stande, ihn aus den Mund zu spucken ...,«[43]. Um 17 Uhr kam die Mutter wieder zu Besuch. Der Prinz war nicht mehr fähig zu sprechen, sondern nickte nur noch mit dem Kopf.

Abends kam Dr. Malfatti zur Visite und fand den Puls des Kranken sehr schwach. Er gab dem diensthabenden Arzt Dr. Nikerl die Anweisung, bei auftretenden Komplikationen sofort Umschläge und Vesicatoren (blasenziehende Pflaster) anzuwenden. Marie Louise blieb bis 21 Uhr bei ihrem Sohn. Der Arzt magnetisierte mehrmals den Patienten. Plötzlich stellte Reichstadt Moll die Frage, ob der Wagen für die Reise schon fertig sei. Als Moll dies verneinte und sagte, der Sattler Koller hätte noch keine Zeit gehabt, begann der Prinz, so gut es ihm seine Kräfte erlaubten, zu toben. Ein sofort einsetzender Hustenanfall zwang ihn zur Ruhe. Endlich schlief Reichstadt ein, röchelte aber sehr stark. Moll blieb bis 1.30 Uhr morgens, dann ging er ins Nebenzimmer und legte sich auf ein Sofa. Die Krankenwache hielt Kammerdiener Lambert.

»Sonntag, 22. Juli 1832. Um 3/4 auf 4 Uhr wurde ich von dem Kammerdiener schnell geweckt mit der Meldung, daß es mit

dem Prinzen zu Ende gehe«, beginnt die Eintragung unter diesem Datum in Molls Tagebuch. »Ich sprang zum Prinzen und finde ihn höchst agitiert und kreischend: ›Ich gehe unter! Ich gehe unter!‹. Wir rissen ihn in die Höhe und die Beklemmung schien durch die plötzliche Erschütterung nachzulassen; allein, gleich darauf stellte sie sich wieder ein ...« Dr. Nikerl und Moll standen am Bett des Kranken und hielten ihn aufrecht; der Prinz schien sich einen Moment lang zu sammeln, keuchte schwer, griff plötzlich nach dem Arm Molls, preßte ihn krampfhaft mit der Hand, während er mit der anderen auf seine Brust schlug und mit großer Anstrengung hervorkeuchte: »Umschläge! Vesicatore!«. Dies schienen seine letzten Worte zu sein. Nachdem er sie ausgesprochen hatte, wurden seine Augen starr, wie bei einer tiefen Bewußtlosigkeit drehten sich die Augen nach oben. Moll, der vom Ende des Prinzen überzeugt war, ließ Hartmann, Erzherzog Franz Carl, Standeisky, Maréchal, Malfatti und einen Priester rufen. In diesem Augenblick flammte im Körper des Herzogs noch ein Lebensfunken auf und er rief: »Meine Mutter rufen!«
Moll eilte zum Appartement Marie Louises, weckte die Gräfin Scarampi, die die Herzogin verständigen sollte. Er eilte sofort zu Reichstadt zurück. Nach wenigen Minuten erschien die Mutter. »Sie zitterte krampfhaft und ergriff meinen Arm, um sich zu stützen«, schrieb Moll. »Am Bette angekommen, blieb sie am Fuße des Bettes stehen und sah den Kranken an, ohne ein Wort vorbringen zu können. Der Prinz erblickte sie und nickte zweimal mit den Augen, wie er jeden Kommenden auch erkannte und drückte mir die Hand, als ich die seinige ergriff ...« Der Schloßgeistliche wollte eintreten, doch Hartmann verweigerte ihm den Zutritt, um den Kranken nicht aufzuregen. Er war überzeugt, Reichstadt würde nur eine vorübergehende Krise durchmachen. Moll bestand aber auf der letzten Ölung. Als diese Zeremonie vorbei war, fragte der Geistliche den Kranken, ob er vorlesen oder vorbeten sollte. Der Prinz nickte bei der zweiten Frage. Der Priester legte ihm die Hand auf die Stirn und begann laut zu beten. Marie Louise war übel geworden, sie wurde in einen Sessel gesetzt, erholte sich aber rasch und kniete am Ende des Bettes wieder nieder. »Die Agonie war sanft und ruhig, sie hatte im Ganzen etwas

Die Sterbeszene wurde vom Zeichenlehrer Kolbe festgehalten.

über eine Stunde gedauert. Wenige Minuten nach 5 Uhr warf der Prinz den Kopf zweimal hin und her, ohne schmerzhafte Zuckungen; der Atem stockte, die Lippen bewegten sich nicht mehr. Malfatti und ich standen auf und traten zu dem Bett – der Prinz hatte geendet! Die Erzherzogin erhob nach einer Weile das Haupt und hörte Malfatti, der die Stirn befühlt hatte, mir sagte, daß die Lebenswärme gewichen sei. Sie wollte aufstehen, fiel aber wieder auf die Knie. Maréchal und Hartmann führten sie weg ...«[44].

Sofort nach Bekanntwerden des Todes des Prinzen stürzten Verwandte und Bedienstete des Schlosses herbei, schnitten dem Herzog die Haare ab und nahmen aus dem Sterbezimmer als Souvenirs alles, was nicht niet- und nagelfest war, mit. Über diese Pietätlosigkeit berichtete Foresti Dietrichstein nach München: »Gar viele Haare von dem Verstorbenen wird Ihnen de Jonge nicht übergeben können. Er sagte mir, daß der arme Prinz in wenigen Augenblicken, ehe man sichs versehen konnte, beinahe aller seiner Haare beraubt worden ist. Es haben ihn nähmlich in den ersten Stunden nach seinem Hinscheiden eine Menge Menschen besucht, die sich entweder gar nicht genierten, oder denen man nichts verwehren konnte... Ich glaube sogar, daß der Prinz niemals so viele Locken auf dem Kopf gehabt hat, als diesmal bittende Parteyen sich eingestellt haben. Wenn ich nur denke, welche Menge Menschen mich um so etwas gebeten haben, mich, der ich nicht ein Härchen von ihm mehr bekommen konnte. Nicht einen Partezettel, nicht eine Traueransage, gar nichts mehr habe ich erlangen können. Ich weiß nicht, welche die Begünstigten waren, aber weiss ich nicht, wer die Schere so leicht an den Kopf des armen Verstorbenen ansetzen konnte... Es ist alles wie weggeblasen, ich sehe keine ordinären Stöcke, keine Peitschen mehr...«[45]. 1865 sandte eine gewisse Maria Klier, geborene von Kappler, aus Prag Charles Louis Napoléon ein Büschel Haare, die angeblich von Reichstadts Kopf stammen sollten, doch der Cousin lehnte dieses Geschenk ab.

Nach dem Hinscheiden Reichstadts machte sich Moll sofort auf den Weg nach Linz, wo der Kaiser weilte. Marie Louise gab ihm einen Brief an den Vater mit. »Mein armer Sohn«, hieß es darin, »ist in diesem Augenblick 5 Uhr und 10 Minuten verschieden. Der Himmel hat meine Bitten erhört und hat ihn sanft einschlafen lassen...«[46]. Auch Metternich gab Moll einen Brief an den Kaiser mit, in dem es hieß: »Für Eure Majestät ist es ein Glück, daß der Herzog, welcher nicht zu retten war, vor Allerhöchst Ihrer Ankunft geendet ist. Er hat Eure Majestät einen herzzerreißenden Anblick erspart. Ich habe ihn kürzlich besucht und ich erinnere mich nicht, jemals ein größeres Bild der Zerstörung gesehen zu haben«[47].

Moll wurde von Kaiser Franz mit den Worten empfangen: »Sie haben uns eine schlechte Nachricht gebracht«. Mit Tränen in den Augen fuhr der Kaiser fort: »Ich hatte gehofft, meinen Enkel noch zu sehen, und obschon mir die Hoffnungslosigkeit seiner Lage bekannt war, hatte ich doch gehofft, ihn noch beim Leben zu finden«. Moll entgegnete dem Kaiser, daß Reichstadt in den letzten Wochen so viel gelitten habe, daß der Tod eine Erlösung war. Ja, es wäre ein Glück gewesen, wenn er drei Wochen früher den Tod gefunden hätte. Viel von seinem furchtba-

ren Martyrium wäre ihm dann erspart geblieben. Der Kaiser erkundigte sich, ob Reichstadt als Christ gestorben sei, »denn ich frage nicht umsonst, denn es war nicht sehr seine Sache«. Moll konnte den Kaiser diesbezüglich beruhigen. Dann kam der Großvater näher auf seinen Enkel zu sprechen und sagte: »So betrübend sein Hinscheiden sei, so könne man nicht sagen, ob derselbe nicht für ihn und für die Monarchie ein Glück gewesen. Sein unglücklicher Charakter habe Grund gegeben, alles Üble zu fürchten; so lange er, der Kaiser, gelebt haben würde, wäre nichts zu befürchten gewesen, aber meinen Kindern hätte er viel Verdruß machen können; er hatte politische Gesinnungen, die ganz pervers waren und von denen man nicht schließen konnte, wo er sie her hatte«.
Moll entschuldigte Reichstadt mit dessen labilem Charakter und seinen sprunghaften Ideen. Franz fragte, da doch Moll seinen Enkel am besten gekannt hatte, welche Ideen der Herzog eigentlich gehabt habe. Moll antwortete ehrlich auf diese Frage: »Majestät, eigentlich gar keine, denn er habe jene dieser Stunde in der folgenden wieder geändert«[48].
Montag abends wurde der Leichnam Reichstadts in Schönbrunn von den Ärzten Dr. Semlitsch (k.k. Hofchirurg), Dr. Malfatti (Leibarzt), Dr. Wierer (k.k. Hofarzt), Dr. Edler von Sticker (k.k. Hofarzt), Dr. Rinna (k.k. Hofarzt) und Dr. Zangerl (k.k. Schloßarzt und Aktuar) obduziert. Standeisky machte Moll nach seiner Rückkehr mit dem Obduktionsbefund bekannt: »Der Kopf völlig gesund, das Hirn sehr gut konformiert, die Luftröhre ganz korridiert, der Brustkasten viel zu eng für die Größe der Lunge und ungefähr wie jener eines Kindes; die Rippen, waren durch den Mittelbrustknochen (welcher bei Erwachsenen die Breite von zwei Fingern beträgt, bei dem Prinzen aber kaum einen kleinen Finger breit, auch nicht Knochen, sondern wie bei Kindern Knorpel war) nach einwärts auf die Lunge gedrückt. Diese hatte sich nie beim Atemholen ausdehnen können und hatte sich in diesem Zwange ganz an den Brustrippen verwachsen; aus dem Mangel eines Raumes entstanden Lungenknoten und endlich die Lungeneiterung... Der Magen war klein wie der eines 12jährigen Knaben ... Der Unterleib war vollkommen gesund ... Die Knochen im Allgemeinen als schwach und unausgebildet anerkannt. Es war also

der ganze Körper ein unreifes, aufgeschossenes Gebilde, welches nicht die Kraft gehabt hatte, sich auszubilden und in allem mangelhaft geblieben war ... ein verlängertes Leben wäre doch nur von kurzer Dauer gewesen ...«[49].
Der Obduktionsbefund hat meine im vorigen Kapitel geäußerte Diagnose bestätigt. Zuerst die Konstitution und der Habitus des Prinzen (asthenischer Typ), der für eine tuberkulöse Affektion anfällig war. Dann primär nicht die Lungen-, sondern die Lymphdrüsentuberkulose, die hier als »Lungenknoten« angesprochen werden. Durch Einschmelzung (Verkäsung) wurde dieses tuberkulöse Material ausgehustet und infizierte, durch Ansiedlung der Tuberkelbakterien auf der Schleimhaut, Luftröhre und Kehlkopf, so daß sich das klassische Bild der Kehlkopftuberkulose entwickeln konnte. Übergreifen und Durchbruch mit Gefäßverletzung (blutiges Sputum) von den Hilusdrüsen auf das Lungengewebe selbst mit eitriger Exudatbildung und schließlich Verwachsung des Rippenfelles. Sekundäre Infektion, durch ständiges Aushusten tuberkulösen Materiales, der Zunge und der Mundschleimhaut. Durch Einbruch der Tuberkelbakterien in die Blutbahn kam es außerdem zur Infektion der Nieren im Sinne einer Nierentuberkulose (eitriger Harn). Der Obduktionsbefund bestätigte ferner die richtige Diagnose der Ärzte und die bereits im ersten Konsilium geäußerte Befürchtung, daß die Situation des Prinzen hoffnungslos sei.
Nach der Obduktion bekleideten der Kammerdiener Lambert und der Büchsenspanner Titz den Leichnam mit der weißen Oberstenuniform der »Nassau«-Infanterie und betteten ihn in einen Sarg, der mit rotem Samt ausgekleidet war. Um 23 Uhr wurde der Sarg auf eine Sänfte gehoben, die, von zwei Mauleseln getragen, in die Hofburgkapelle gebracht wurde. Dort wurde Reichstadt aufgebahrt. Vor dem Katafalk standen sein Wappen, das silberne Gefäß, das sein Herz, und ein kupferner Kessel, der seine Eingeweide enthielt. Zu beiden Seiten des Katafalkes hielten Offiziere der deutschen und ungarischen Leibgarde die Ehrenwache.
Am Todestag hatte die Fürstin Metternich nur einen Satz in ihr Tagebuch eingetragen: »Der Herzog von Reichstadt ist um 4 1/2 Morgens gestorben«. Am Dienstag, den 24. Juli, schrieb

sie: »Clemens erhielt ein güthiges und rührendes Schreiben von Marie Louise, die ihm einen Waschtisch zum Geschenk machte, welcher Napoleon gehörte und den die Prinzessin Pauline Borghese dem Herzog von Reichstadt vermacht hatte. Clemens wird dieses Andenken nach Königswart schicken, dessen Museum dadurch neue Zierde erhält«[50].
Baronin Sturmfeder schrieb anläßlich des Todes Reichstadts folgenden Brief nach Hause: »Ihr werdet schon aus den Zeitungen das traurige Ereignis erfahren haben. Die blendende Erscheinung des jungen Herzogs ist ausgelöscht, tot ist er in der Blüte seiner Jugend, ausgestattet gewesen mit so vielen Fähigkeiten, schön, liebenswürdig und doppelt interessant, sowohl durch seine Stellung als durch seine eigene Persönlichkeit ... die drei, vier letzten Tage konnte man die Beschreibung seiner Qualen beinahe nicht mehr anhören und selbst seine Mutter hatte mir vor ein paar Tagen gesagt: Ich bin nicht Egoistin genug, um die Verlängerung seiner Leiden zu wünschen! Sie weinte, als sie das sagte. Gegen Abend war es so, daß man auf alles gefaßt war ...«[51].
Eine Woche später erreichte Prokesch die Todesnachricht seines Freundes in Bologna. Er eilte sofort nach Wien und hatte mit Moll eine längere Unterhaltung, in der Moll die letzten Wochen des Leidens Reichstadts schilderte. »Nach seiner Versicherung bewies die Öffnung des Leichnams meines unglücklichen Reichstadt, daß er nicht länger leben konnte ... Er hoffte fast bis zum letzen Augenblick auf Rettung, wenige Monate ausgenommen. Er litt ungemein und standhaft ... Seine Mutter hatte er ziemlich gleichgültig empfangen ... Armer, unglücklicher Junge! – Er starb zu Schönbrunn im Schlafzimmer seines Vaters ...«[52].
Dr. Meyer, k.k. Hofmedicus, erhielt als Honorar sechs Dukaten in Gold, Dr. Malfatti in Anerkennung seiner Verdienste eine goldene Tabatiere im Wert von 2 000 Gulden. Dr. Raimann wurde von Marie Louise ein Brillantring übergeben. Die »Hofapotheken-Individuen« Martin und Pfefferkorn erhielten für die Zubereitung der Medizinen für den Prinzen je 100 Gulden [53].
Der akademische Bildhauer Franz Klein, ein bis dahin ziemlich unbekannter Künstler, erhielt den Auftrag, dem Herzog von

Die Totenmaske des Herzogs von Reichstadt

Reichstadt die Totenmaske abzunehmen. Die Totenmaske wurde nicht sofort abgenommen, sondern erst nach der Obduktion. Dadurch erreichte man Züge wie bei dem Lebenden, weil das Ödem, das durch die Agonie aufgetreten war, wieder verschwunden war und sich die Gesichtszüge geglättet hatten. Alle, die Reichstadt kannten, fanden, daß die Maske mit den Gesichtszügen des Lebenden völlig übereinstimmten. Graf Sales war von dieser Maske begeistert: »Endlich die Original-Maske selbst, in welcher sich noch Augenbrauen und Wimpern und Barthaare befinden, zu einer halben Figur benützt, welche des Herzogs von Reichstadt Durchlaucht, auf seinem Krankenlager ruhend vorstellt ...«[54]. Insgesamt hat Klein vier »Original-Totenmasken« hergestellt. Diese Masken sind bis heute erhalten geblieben: Eine Maske befindet sich im »Musée Carnavalet« in Paris, eine ist im Besitz des Grafen von Paris, die dritte wird im »Musée lorrain de Nancy« aufbewahrt und die vierte Maske befindet sich im Stadtarchiv in Baden bei Wien. 1857 bot ein gewisser Klein aus Brunn in Bayern Napoleon III. eine Totenmaske Reichstadts an. Ob dieser Klein ein Verwandter des Bildhauers Klein war und ob dies die Maske war, die sich im Besitz der Grafen von Paris befindet, konnte nicht verifiziert werden[55].

Bereits fünf Tage nach dem Tod des Herzogs war Metternich damit beschäftigt, über Reichstadt eine Biographie zu verfassen. Mit dieser Aufgabe betraute er Montbel, einen Exminister Karls X. Um Material zu sammeln, ließ der Staatskanzler Fragebogen an Freunde und Erzieher des Herzogs verteilen. Die Fürstin Metternich trug unter diesem Datum folgende Zeilen in ihr Tagebuch ein: »... Bei diesem Anlass erzählt mir Clemens einige sehr bemerkenswerte Thatsachen über ihn (Reichstadt). Der Kaiser liebte ihn, immer fand er ihn geistreich und lustig und war gern in seiner Gesellschaft. Als der kleine Prinz acht bis zehn Jahre alt war, sagte er zum Kaiser: Ich erinnere mich, daß ich in meiner frühesten Kindheit Pagen hatte, man nannte mich König von Rom; warum denn Großvater? Der Kaiser erwiderte: Dies ist ein Titel, mein Kind, den man verlieh, wie dies bisweilen geschieht. Du wirst, siehst du, auch von meinen Titeln sprechen hören; du bist König von Rom, wie ich König von Jerusalem bin; das Eine ist so wenig wahr wie das Ande-

re« [56]. Montbel muß rasch gearbeitet haben, denn fünf Monate später notierte die Fürstin: »Pepi Esterházy kam nach Tisch und brachte uns das Buch Montbels über den Herzog von Reichstadt. Ich las es Clemens vor; es ist sehr interessant«[57]. Nach dem Tode des Herzogs wartete alles gespannt auf die Eröffnung der Verhandlung über das Erbe des »reichsten Privatiers des Kaiserreiches«, wie ihn einst die Mutter in einem Brief an ihren Vater titulierte. Das Erbe war eine einzige Enttäuschung, nachdem sich schon einige Tage vor seinem Tod durch die Mitteilung der Schatzkammer herausgestellt hatte, daß er nur der Besitzer seiner Wiege, aber nicht von Diamanten war. Seine Güter in und um Reichstadt hatten bis zu seinem Ende noch keinen Heller abgeworfen und gingen jetzt in den Privatbesitz des Kaisers über. Den Waschtisch seines Vaters erhielt Metternich, Prokesch den Säbel, den Reichstadt getragen hatte. Das Hofmeisteramt stellte als Hinterlassenschaft sicher: Kupfergeräte und Geschirr im Wert von 1 387 Gulden, eine Kellereinrichtung von 45 Gulden. 22 Flaschen Wein der Marke »Riversaltes« und 22 Flaschen »Muscat Lunel« im Wert von 94 Gulden. »Die übrigen Weine, da es unbedeutende und für den Allerhöchsten Hof nicht geeignete Qualitäten waren, wurden von der Commission ... an Private verkauft. Erlös 630 Gulden«. Der Erlös des bescheidenen Erbes betrug genau 2 156 Gulden[58].
In Wien wurde der tote Herzog von Reichstadt sehr betrauert. Die Wiener hatten Mitleid mit dem armen Prinzen, und sein langes, furchtbares Sterben rührte ihre Herzen.

»Kein Blick der sich nicht senkt tränenschwer,
als in Schönbrunn die Totenglocke klagte:
Der schöne Herzog Reichstadt ist nicht mehr ...«[59]

Erst nach dem Tode des Prinzen begriff Österreich, welche Rolle er international hätte spielen können. »Jetzt, dass der arme Prinz im Grabe liegt«, schrieb Foresti an Dietrichstein, »möchte man ihn haben, oder wenigstens seinem Namen einige Wichtigkeit beilegen ...« Resignierend setzte er hinzu: »Ich bin ganz Ihrer Meinung, dass es für den Prinzen besser ist, in eine ruhige Welt hinübergegangen zu sein; seine ganze Stellung war so erkünstelt, so gezwungen, so widernatürlich, sein Cha-

rakter so zweifelhaft und unbegreiflich, die Gefahren für ihn so gross, dass seine Zufriedenheit ein wahres Wohlergehen hier unten für ihn ganz unmöglich war. Andererseits aber ist der Verlust für den Staat viel grösser, als man es allhier zu fühlen scheint, ein solches Unterpfand gegen den Muthwillen und gegen die Anmaßungen des Auslandes bekommen wir niemals wieder in die Hände ...«[60].
Auch die österreichische Armee war durch den Tod Reichstadts betroffen und um eine Hoffnung ärmer. Als Reichstadt in ihre Reihen eintrat, war das Offizierskorps überzeugt, ihren kommenden, siegreichen Feldherrn unter ihren Fahnen zu haben, weil das militärische Genie Napoleons in seinem Sohn weiterleben würde. Prokesch gab in einem Brief die Stimmung der Armee wieder: »Die Armee hat in ihm ihre schönste Hoffnung, die Monarchie einen schützenden Zauber die Welt vielleicht den Halt- und Schlußstein eines dauernden Baues von Frieden und Ordnung verloren«[61].
Graf Apponyi medete dagegen aus Paris, daß die Kunde vom Tod Reichstadts keine Emotionen hervorgerufen habe: »Der Tod des Herzogs von Reichstadt hat hier nur wenig Eindruck gemacht. Und dieser Prinz ist viel aufrichtiger in Wien als Enkel des Kaisers beweint worden, denn hier als Sohn Napoleons«[62].
Eine so nebensächliche Angelegenheit war das Sterben Reichstadts für Paris doch nicht. Viele Reisende berichteten, daß fast alle Geschäfte Bilder des Herzogs in ihre Auslagen stellten. In den Zeitungen der Hauptstadt erschien eine Flut von Nachrufen und Gedichte über seinen Tod. Sofort entstanden mehrere Theaterstücke, die das traurige Schicksal vom Sohn Napoleons behandelten. Im ersten Augenblick schien es, als ob die bonapartistische Partei Frankreichs ihren größten Schlag erlitten hätte. Aber alle irrten, die glaubten, daß es durch den Tod des Kaisersohnes zur Auflösung der Partei kommen würde. Unter dem Druck der Ereignisse wandelte sie sich in eine liberale Partei um und fand damit in großen Teilen der Bevölkerung Anhänger, da die Franzosen im Kaiserreich stets einen Beschützer liberaler Ideen erblickten. Der führerlosen Partei war ein neues Haupt in der Gestalt eines jungen Mannes – Charles Louis Napoléon – erwachsen, der behauptete, in Liebe und

Verehrung zum Kaisersohn erzogen und aufgewachsen zu sein. Noch am 12. Juni 1832 hatte er Reichstadt geschrieben, daß er am liebsten zu ihm eilen und ihn pflegen möchte und hoffe, daß dieser Brief in seine Hände gelange. Metternich fing dieses Schreiben ab. Er erkannte rechtzeitig die Ambitionen und die Gefährlichkeit dieses jungen Mannes und ließ daher dem französischen König am 21. Juni 1832 folgende Warnung zukommen: »Am Tage des Verscheidens des Herzogs wird er sich berufen fühlen, sich an die Spitze des französischen Staates zu stellen«[63]. Der Staatskanzler sollte recht behalten.

Es wäre nicht das Sterben eines Prominenten gewesen, hätten sich nicht wieder die tollsten Gerüchte und Spekulationen um dessen Tod gerankt. In Paris kam das Gerücht auf, Reichstadt wäre von Angehörigen des Wiener Hofes vergiftet worden. Ein Monsieur Arnault behauptete in der »Revue de Paris«, der Herzog hätte insoferne Selbstmord begangen, da er sich beharrlich weigerte, die ihm verschriebenen Medizinen einzunehmen, und sich den Anordnungen der Ärzte widersetzte. Die Version von der Vergiftung war so verbreitet, daß der König von Bayern den österreichischen Gesandten bei einem Empfang im September 1832 laut und taktlos zur Rede stellte, ob es der Wahrheit entspräche, daß Reichstadt einem Giftanschlag zum Opfer gefallen sei. Einige französische Autoren behaupteten, daß Dr. Malfatti auf Befehl des Kaisers seinen Patienten vergiftet hätte. Andere schrieben, daß Prokesch, auf Metternichs Befehl hin, dem Prinzen eine vergiftete Melone reichen mußte. Später wurde der Hofzahnarzt Carabelli verdächtigt, Reichstadt durch Arseneinlagen in dessen Zähne vergiftet zu haben [64]. Metternich wurde überhaupt als der Hauptschuldige ausgemacht, weil er dem Prinzen bereits im zartesten Alter syphilitische Ballettmädchen zuführte, an denen Reichstadt zugrunde gegangen sein soll: »An der schmalen lotharingischen Brust und jugendlicher Unbedachtsamkeit ist er gestorben«, lesen wir. »Als der Enkelsohn groß geworden ist, da haben die schönen Mädchen ihm viel zu schaffen gemacht«[65]. Derselbe Autor behauptete, die bereits »alternde« Fanny Elßler – sie war damals 20 Jahre alt – hätte den Prinzen sexuell ruiniert. Auch Baron de Bourget, seine Mutter war eine Gräfin Festetics und hatte Reichstadt in ihrer Jugend gekannt,

schrieb: »Ma mère reprochait à son entourage d'avoir plutôt encouragé qu' arrêté le prince dans la voie de certains excès auxquels sa santé ne devait pas resister«[66].
Abgesehen davon, daß sich bei einem Tod, den ein Prominenter erleidet, immer Zeitgenossen finden, die die skurrilsten Gerüchte in die Welt setzten, dürfte der Erzieher Obenaus durch geheimnisvolle Andeutungen und Aussagen Forestis Dietrichstein gegenüber dazu beigetragen haben, die Spekulationen über den Tod Reichstadts erst richtig anzuheizen. Obenaus schrieb: »Der Prinz starb am 22.7.1832 um halb 5 Uhr früh in Schönbrunn an der Lungenschwindsucht, Folge des - - - von Obenaus mehrmals prophezeiten - - -«. Was bedeuten diese Gedankenstriche? Da Obenaus nie einen unsittlichen Lebenswandel des Prinzen bemerkte oder beschrieb, können sich diese Auslassungen nur auf die Tätigkeit der Ärzte beziehen, die Reichstadt behandelt hatten. Und zwar, nach seiner Meinung, falsch behandelten. Foresti hatte am 2. August 1832 diesbezüglich an Dietrichstein geschrieben: »Es ist ja traurig zu sehen, wie die beiden Kirchenlichter Wiens, so beharrlich auf das Dasein einer Krankheit bestanden, welche nicht vorhanden war und dagegen die ableugneten, welche sich doch mit so sprechenden Symptomen ankündigte ...» Und in einem Brief an seinen Bruder ließ er die fast höhnische Bemerkung einfließen: »Immer die Leber, die so oft besprochene Leber«, die bei der Obduktion als völlig normal angesprochen wurde[67].
Montbel hat Dr. Malfatti, als er seine Biographie zu schreiben begann, auf diese Diskrepanz hin angesprochen, und der Arzt hat sich mit folgenden Argumenten verteidigt: Als er Leibarzt des Prinzen wurde, standen die Symptome der »Flechte«, als Ausfluß eines Leberleidens und eines Hämorrhoidalleidens im Vordergrund. Das war zu einer Zeit, als die krankhaften Erscheinungen des Kehlkopfes und der Lunge noch weit von einer ernsten Situation entfernt waren. Diese Verteidigung stimmt mit seinem Gutachten über Reichstadt, für den Kaiser angefertigt, voll überein. Später hat Dr. Cabanès den Obduktionsbefund überprüft und stellte daraufhin eine einwandfreie Diagnose: Tuberkulose[68].
Es wäre auch nicht das Sterben eines Prominenten gewesen, wenn die Nachwelt dem Toten nicht auch einige illegitime Kin-

Hof-Ansage.

Dinstag den 24. Juli 1832, vor 5 Uhr Nachmittags, haben die k. k. geheimen Räthe, Kämmerer und Truchseßen in der Kapuziner-Hofkirche, zum feierlichen Begräbniß weiland Seiner Durchlaucht, Franz Joseph Carl, Herzogs von Reichstadt, in der Hoftrauer zu erscheinen.

Die Zufahrt ist von Seite der Dorotheer- und Plankengasse an die Kapuzinerkirche, von wo die leeren Wagen an dem fürstlich Schwarzenbergischen Hause hinab durch die Schwanengasse und Kärnthnerstraße, bey der Salvator-Apotheke durch das Kupferschmidtgässel wieder auf den Neumarkt fahren, und sich dort rückwärts des Brunnens aufstellen.

Die Abfahrt geschieht wieder von der Kirchenthüre durch die Schwanengasse, oder, sobald alle Hofwagen vorbey sind, gegen die Augustiner zu.

Mittwoch den 25. Juli, Nachmittags um 5 Uhr, ist die Vigil, und am darauf folgenden Tage, Vormittags um 11 Uhr, das Seelenamt in der Hofburgpfarrkirche, wozu der Hofstaat, in schwarzer Kleidung, erscheinet.

der angedichtet hätte. Im Fall Reichstadts war es nicht anders. Klara Ludwig, geborene Wendt, gab in Chemnitz bekannt, daß ihr Mann, der Schneidermeister Bonaparte Ludwig, am 17. Dezember 1900 im 68. Lebensjahr verstorben sei[69]. Dieser Schneidermeister, dessen Mutter eine Gräfin von Reitzenberg gewesen sein soll, gab sich zeitlebens als Sohn Reichstadts aus. In Wurzbachs »Biographisches Lexikon« (Bd. XXV. S. 191) wurde ein Lehrer aus Warnsdorf in Sachsen angeführt, der als legitimer Sohn Reichstadts ausgewiesen wurde. Der Lehrer richtete an die sächsische Botschaft in Wien ein Gesuch und bat um die Ausstellung eines Geburtsscheines. Dabei unterschrieb er sich mit »Prinz Eugen Joseph Napoléon«. Nach den Angaben Wurzbachs soll Reichstadt auf einem Schloß bei Debreczen (Ostungarn) mit einer ungarischen Gräfin eine Ehe eingegangen sein, der ein Sproß, der besagte Lehrer, entstammen soll. Nun ist aber Reichstadt nachweislich nicht über Preßburg hinausgekommen.
Die Begräbnisfeierlichkeiten für Reichstadt fanden am 27. Juli statt. Die Trauerzeremonie war so, wie sie einem Erzherzog

von Österreich zustand. Baronin Sturmfeder, die Reichstadt kurz vor Schließung des Sarges in der Hofburgkapelle noch sah, meinte, der Prinz habe im Tod seinem Vater frappant ähnlich gesehen, aber die schwere Krankheit und das lange Leiden hätten ihn derart gealtert, daß man glaubte, einen Greis vor sich liegen zu sehen.

An diesem Tag um 14 Uhr fuhren Hartmann, Moll und Standeisky mit dem silbernen Herzbecher des Prinzen in einer Hofkutsche in die Augustinerkirche, wo die Patres das Gefäß in Empfang nahmen und es in der Loreto-Kapelle zu den Herzen der anderen Habsburger stellten. Dann fuhren die Erzieher zurück, holten den kupfernen Eingeweidekessel und brachten ihn nach St. Stephan, wo dieses Gefäß in den Katakomben bestattet wurde.

Um 17 Uhr wurde der Sarg geschlossen, eingesegnet und in den Schweizerhof gebracht und dort in einen Prunkleichenwagen gestellt, der von sechs Rappen gezogen wurde. Unter militärischem Geleit ging die letzte Fahrt Reichstadts durch den Burghof über Michaelerplatz und Augustinerstraße zu den Kapuzinern auf den Neuen Markt. An den Trauerfeierlichkeiten in

Der Leichenkondukt von Schönbrunn in die Stadt

der Kirche nahmen alle in Wien weilenden männlichen Angehörigen des Kaiserhauses, an der Spitze Kaiser Franz, teil.
Nach der Zeremonie in der Kirche wurde der Sarg in die Krypta der Habsburger gebracht, wo er vom Pater Guardian übernommen wurde. Nochmals wurde der Sarg zur Identifikation des Toten geöffnet. Moll schrieb über diesen Augenblick in sein Tagebuch: »Wir hatten zum letzten Mal Gelegenheit den Prinzen zu sehen. Er war seit dem Hinscheiden merklich verfallen. Die Nase hatte ganz die Form seines Vaters angenommen, dem er auch sonst sehr glich ... Mit der Schließung des Sarges hatten wir auch den letzten Abschied genommen ...«[70].
Der Sarg wurde mit zwei vergoldeten Schlüsseln versperrt. Ein Schlüssel verblieb bei den Kapuzinern, der andere wurde in der Schatzkammer deponiert. Dieser Sarge wurde in einen großen Kupfersarg gestellt, der 2,30 Meter lang, 85 Zentimeter breit und 80 Zentimeter hoch war. Gesamtgewicht über 800 Kilogramm. Er stand auf sechs Füßen, an jeder Seite waren drei Handgriffe angebracht. Der Sarg war glatt und genietet, auf dem Deckel trug er ein Kreuz als Verzierung; eine kupferne Platte war am Fußende angebracht, die folgende Inschrift trug:

> »Aeternae memoriae ios car. Francisci ducis Reichstadiensis Napoleonis Gall. Imperatoris es mar Ludovicae Arch. Austr. filii nati Parisiis XX. Mart. MDCCCXI in cunnabilis regis Romae nomine salutati Aetati omnibus ingenia corporisque ditibus florentem procera statura vultu iuveniliter decors singulari sermonis comitate militaribus studiis et laboribus iure intentum phtisis tentavit tristissima mors rapuit suburbane Augustorum ad pulchrum fontem prope Vindobonam XXII. iulii MDCCCXXXII«

Diese Inschrift war das einzige Dokument des Herzogs in Österreich, das seine Abkunft und seine Titel öffentlich einbekannte, was bisher wohlweislich und schamhaft verschwiegen wurde: Daß er der Sohn Napoleons, des Kaisers der Franzosen und seit seiner Geburt der »König von Rom« war.
Reichstadts Sarg, der im Laufe der Jahre eine grünliche Patina angesetzt hatte, war Ziel vieler Reisender aus Parma und aus Frankreich, die nach Wien gekommen waren. Sehr oft schmückten Gebinde aus Parmaveilchen seinen Sarg.

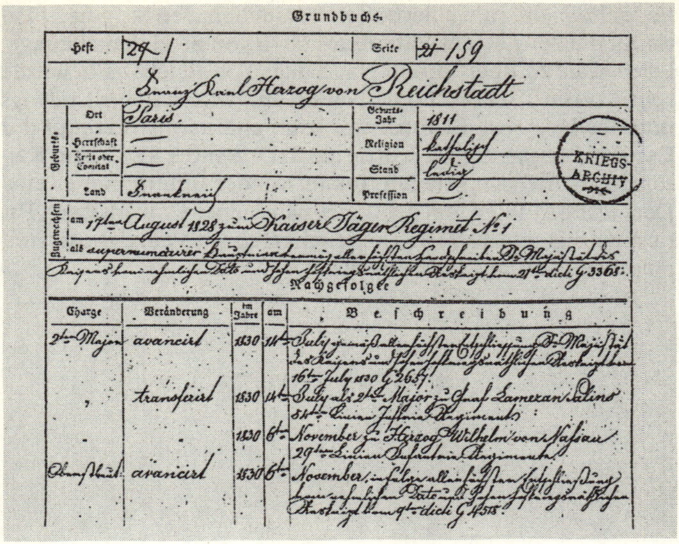
Grundbuchs-
Heft 27 1
Seite 21 159
Franz Karl Herzog von Reichstadt
Geburts-
Ort Paris
Herrschaft
Kreis oder Comitat
Land Frankreich
Geburts-Jahr 1811
Religion katholisch
Stand ledig
Profession
KRIEGS-ARCHIV
Zuwachsen
am 17ten August 1828 zum Kaiser Jäger Regiment No 1
als
Nachgefolgte
Charge
Veränderung
im Jahre
am
Beschreibung
2ter Major
avancirt
1830
14te
July
16te July 1830 G 265
transferirt
1830
14te
July als 2ter Major zu Graf Lamezan Salins
54ten Linien Infanterie Regiment
1830
6te
November zu Herzog Wilhelm von Nassau
29ten Linien Infanterie Regiment
Oberstleut.
avancirt
1830
6te
November
dicti G 4515
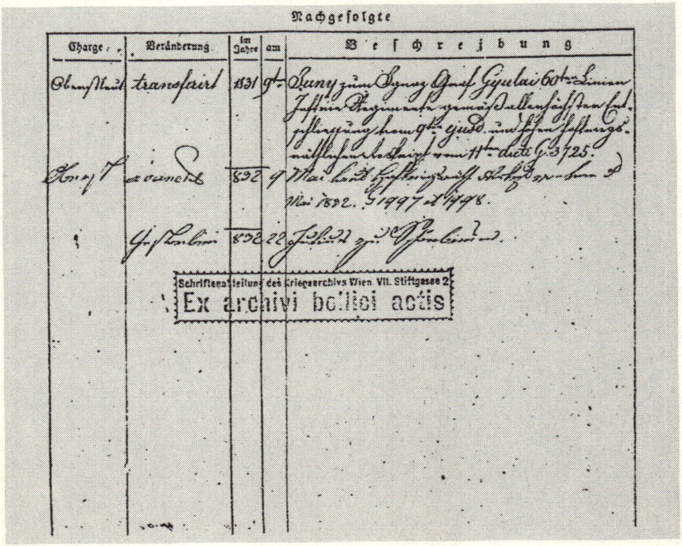
Nachgefolgte
Charge
Veränderung
im Jahre
am
Beschreibung
Oberstleut.
transferirt
1831
9te
Juny zum Ignaz Graf Gyulai 60ten Linien
Infanterie Regiment
dicti G. 3725.
Oberst
avancirt
1832
9
Mai
Mai 1832. G 1997 et 1998.
gestorben
1832
22
Juli 1832 zu Schönbrunn.
Schriftenabteilung des Kriegsarchivs Wien. VII. Stiftgasse 2
Ex archivi bellici actis

Es fehlte nicht an wiederholten Versuchen, den Sarg nach Paris, an die Seite seines Vaters, der 1840 von St. Helena heimgekehrt war, zu überführen. Nach dem Tod Reichstadts wurde sein Cousin Charles Louis Napoléon, dritter Sohn Ludwigs und der Hortense Beauharnais, zum anerkannten Haupt der Dynastie. Dieser Sproß wurde am 2. Dezember 1852 zum Kaiser der Franzosen gekrönt. Immer wieder unternahm er eine Demarche in Wien, um den Leichnam seines Cousins nach Paris zu bringen. Alle Versuche scheiterten am Veto des österreichischen Kaisers Franz Joseph.

KAPITEL 7

Auf Hitlers Befehl wird der Sarg Reichstadts nach Paris überführt
Theorien über die Absicht dieses Unternehmens
Dokumente aus dem Deutschen Außenamt von 1940
Augenzeugenbericht aus der Kapuzinergruft in Wien
Die Beisetzung Reichstadts in Paris

Nach menschlichem Ermessen hätte der Herzog von Reichstadt auf ewige Zeiten in der Kapuzinergruft in Wien an der Seite seines Großvaters und seiner Mutter seine letzte Ruhe gefunden. Es war unvorstellbar, daß plötzlich jemand auftreten und die Totenruhe stören könnte. Noch nie war ein Habsburger aus dieser Krypta entfernt worden. Und doch trat das Unvorstellbare ein.
Nach dem siegreichen Feldzug der Deutschen Wehrmacht 1940 in Frankreich, der mit der Kapitulation der französischen Armee endete, wollte Adolf Hitler eine Geste der Versöhnung – so die offizielle Version – setzen und ließ den Sarg Reichstadts nach Paris schaffen, wo der Sohn Napoleons an der Seite des Vaters im Invalidendom beigesetzt wurde. Eine andere offizielle Version – es gab auch offiziöse, von denen hier noch die Rede sein wird – lautete, daß Hitler den Herzog von Reichstadt zum hundertsten Jahrestag der Heimkehr des Leichnams Napoleons aus St. Helena nach Paris überführen ließ. Die Anordnung Berlins an den damaligen deutschen Gesandten von Dörnberg lautete: »Der Führer hat bestimmt, daß zum hundertsten Jahrestage der Überführung der Gebeine Napoleons nach Paris die Gebeine des Sohnes, des Herzogs von Reichstadt, von der bisherigen Ruhestätte in Wien nach Frankreich überführt und an der Seite seines Vaters beigesetzt werde ...«[1]
Auch die amtliche Deutsche Presseagentur Berlin gab ein ähnliches Statement am 14. Dezember 1940 ab: »Anläßlich der 100. Wiederkehr der Überführung Napoleons von St. Helena nach Paris, hat der Führer Marschall Pétain mitgeteilt, daß er sich entschlossen habe, die sterblichen Überreste des Sohnes Napoleons ... dem französischen Volk zur Beisetzung im Invalidendom zu übergeben. Marschall Pétain hat dem Führer sei-

nen und des französischen Volkes Dank für diese großmütige Geste zum Ausdruck gebracht ...[2].
Die damals gleichgeschalteten Zeitungen des Reiches sprachen von einer »ritterlichen Geste des Führers«, der dem französischen Volk den Sohn Napoleons zurückgegeben hat, den es seit fast hundert Jahren fordere, der ihm aber immer wieder vorenthalten wurde. »Jetzt erst«, so hieß es, »ließ der Führer den Traum der Franzosen Wirklichkeit werden«.
Frankreich war in diesem Jahr von den Deutschen gedemütigt worden wie nie zuvor in seiner Geschichte. Marschall Pétain hatte die Kapitulation Frankreichs vollzogen, neuer Ministerpräsident des von den Deutschen nicht besetzten französischen Territoriums wurde der den Besatzungsmächten genehme Pierre Laval. Gerade in diesen Dezembertagen 1940 kam es innerhalb der französischen Regierung über den politischen Kurs Lavals zu schweren Auseinandersetzungen, auf die Pétain in seiner Antwortnote an Hitler Bezug nahm. Als der Marschall von Berlin verständigt wurde, der Sarg Reichstadts würde nach Paris gebracht werden, sandte er Hitler folgendes Dankschreiben:

> »Herr Reichkanzler, mir liegt daran, unverzüglich auf Ihre Botschaft zu antworten und für die edelmütige Absicht zu danken, die Sie leitet. Indem Sie heute der Invalidengruft die sterbliche Hülle des Herzogs von Reichstadt zuführen, haben Sie dem Ruhm unserer Waffen eine Ehre erwiesen, die das Herz aller Franzosen rühren wird.
> Diese Geste zeichnet sich eindringlich in den Cyclus einer loyalen Zusammenarbeit zwischen unseren Völkern ein. Sie kennzeichnet die Wege des Edelmutes, auf denen sie sich immer begegnen können.
> So wie in Montoire beseelt mich diese Absicht. Ich will diese Zusammenarbeit mit jedem Tag wirksamer gestalten. Herr Pierre Laval, der sich an meiner Seite zu Ihrem glühenden Verfechter gemacht hat, besitzt heute im Lande nicht mehr genügend Vertrauen und Autorität, um sie zu einem guten Ende zu führen. Seine Arbeitsmethoden und seine Geisteshaltung, die Beziehungen, die er in gewissen politischen Kreisen aufrecht erhalten hat, machen seine Per-

son vielen Franzosen zu verdächtig, als daß nicht das Werk, dem er sich gewidmet hat, darunter tatsächlich Einbuße erleidet.
Ich habe daher beschlossen, mich von ihm zu trennen und mit Unterstützung eines neuen Ministers ... die Politik zu verfolgen, die wir, Sie und ich, vor 6 Wochen ins Auge gefaßt haben.
Ich habe Wert darauf gelegt, daß Sie der Erste sind, der von diesem Entschluß unterrichtet wird, den ich durchaus nicht ohne lange Überlegung gefaßt habe ...[3].

Erst im Hochverratsprozeß gegen Pétain nach dem Kriegsende klärten sich die deutschen Vorbereitungen zur Beisetzung Reichstadts. Der deutsche Botschafter bei der französischen Regierung, Otto Abetz, überbrachte Pétain nebst dem Brief Hitlers die mündliche Einladung, der Marschall und Laval mögen am 15. Dezember nach Paris kommen und an den Beisetzungsfeierlichkeiten teilnehmen[4].
Bereits am 11. Oktober 1940 erging vom OKW (Oberkommando der Wehrmacht, Kommandostab I c) an den Militärbefehlshaber in Frankreich folgendes Schreiben: »Zur Vororientierung für Militärbefehlshaber und Botschafter Abetz werden durch OKW, Abtlg. Ausland, Kapitän z. S. Brückner, folgende Punkte bekanntgegeben: 1. Es ist beabsichtigt, den Sarg des Herzogs von Reichstadt von Wien nach Paris zu überführen. 2. Führer ist einverstanden, wenn deutscher General am 15. 12. General Huntzinger bei Kranzniederlegung begleitet. 3. Reden und Kundgebungen sind nicht gestattet. 4. Es ist nichts dagegen einzuwenden, daß anläßlich der Kranzniederlegung ein deutsches Ehrenbataillon gestellt wird. Nähere Anweisungen folgen.«[5]
Daraufhin wurde am 13. Dezember durch den Chef des Kommandostabes, Oberstleutnant i.G. Dr. Speidel, das Programm für den 15. Dezember erstellt: »Am 15. 12. 1940, 0,05 steht ein Zug der 14./IR 81 vor dem Ostbahnhof Paris zur Übernahme des Sarges bereit. Dazu die Lafette eines Flakgeschützes. Um dieselbe Zeit wird der Sarg von 16 Soldaten dieser Kompanie unter Führung eines Offiziers vom Waggon zur Lafette getragen und festgemacht. Die anwesende Truppe steht still. Bei der

Übernahme des Sarges sind anwesend: Generalleutnant Schaumburg, Gesandter von Dörnberg, Generalkonsul Schleier. Nach Verladung fährt Zug ... zum Invalidendom. Der Zug der 14./IR 81 marschiert vor dem Invalidendom außerhalb des Hofes auf und zieht die Lafette mit dem Sarg vor die Front. Die bisherigen Sargträger des Zuges heben den Sarg ab und tragen ihn bis zum Gitter zwischen die beiden Ehrenposten. Dort werden die Gebeine des Herzogs von Reichstadt durch Botschafter Abetz an den Beauftragten der französischen Regierung übergeben ... Nach der Übergabe wird der Sarg von der französischen Gendarmerie übernommen und in den Invalidendom getragen ... Am 15. 12. 1940, 12 Uhr trifft Marschall Pétain mit Gefolge zur Kranzniederlegung am Grabmal Napoleons I. vor dem Invalidendom ein. Er wird unter militärischen Ehren vom Militärbefehlshaber Frankreich empfangen. Hierzu steht 11.45 Uhr ein Ehrenbataillon mit Musikkorps ... vor dem Invalidendom. Um 12 Uhr trifft Marschall Pétain am rechten Flügel des Ehrenbataillons ein ... In dem Augenblick, in dem Marschall Pétain den Wagen verläßt, läßt der Batls.-Kommandeur präsentieren, Musikkorps spielt den Präsentiermarsch, der Batls.-Kommandeur meldet das Bataillon dem Marschall Pétain. Hierauf schreitet Marschall Pétain die Front des Ehrenbataillons ab ... Nach Abschreiten des Ehrenbataillons begeben sich Marschall Pétain und Gen. d. I. von Stülpnagel in den Invalidendom ... Das deutsche Gefolge bleibt am Eingang zum Vorhof zurück ... Bei Wiedererscheinen des Marschalls Pétain nach der Kranzniederlegung erweist das Ehrenbataillon Ehrenbezeugung durch Präsentieren ohne Spiel. Die Kraftwagen von Marschall Pétain, Gen. d. I. von Stülpnagel, Botschafter Abetz, Ministerpräsident Laval, General de la Laurencie sind in dieser Reihenfolge durch Kommandatur so heranzuziehen, daß der Weg von Treffpunkt des Marschalls Pétain mit dem Gen. d. I. von Stülpnagel bis zum Ehrenbataillon durch die französische Polizei hinreichend gesichert wird (Attentatsgefahr!) ... Die Teilnahme als Zuschauer ist allen Angehörigen der Wehrmacht verboten«[6].

Am 14. Dezember wurde das Protokoll geändert: »Laut Anordnung des OKW findet ein Abschreiten des Ehrenbataillons durch Marschall Pétain nicht statt. Marschall Pétain wird durch den Militärsbefehlshaber in Frankreich vor der Mitte des Ehrenbataillons empfangen. Der Befehl vom 13. 12. 1940 ist daher ... abzuändern«[7]. Das OKW hatte im letzten Augenblick an Gen. d. I. von Stülpnagel depeschiert: »Führer wünscht nicht, daß Marschall Pétain die Front des Ehrenbataillons abschreitet, sondern Gen. d. I. von Stülpnagel soll vorher eintreffen und die Front allein abschreiten ...«[8].

Doch tags darauf erschienen in Paris weder der Marschall noch Pierre Laval, sondern nur der französische Admiral und ehemalige Oberbefehlshaber der französischen Flotte, Francois Darlan, als Abgesandter der Vichy Regierung. Was war geschehen?

Pétain hatte Hitler in seinem Dankschreiben bereits darauf aufmerksam gemacht, daß er Laval entlassen hatte, und in Vichy, dem Sitz der Regierung, war es am 13. Dezember zu einer schweren politischen Krise gekommen. Abetz meldete Hitler, daß der Marschall zu Laval kein Vertrauen mehr habe, er fahre zu häufig nach Paris und er, Pétain, erfahre nicht, was er dort tue. Laval wurde nicht nur entlassen, sondern auch verhaftet und auf seinem Besitz Châteldon unter Hausarrest gestellt. Abetz, der gegen die Entlassung Lavals schärfsten Protest einlegte, berichtete auch, daß Pétain nicht nach Paris reisen werden, weil er fürchte, Laval könnte ihn dort mit Hilfe der Deutschen zu irgendwelchen politischen Zusagen und Handlungen erpressen[9].

Über die Presseabteilung des Auswärtigen Amtes Berlin wurde noch am 13. Dezember ein Sonderbericht der DAZ über die Bedeutung des nächsten Tages für das französische Volk veröffentlicht. Geschickt wurde dieser Anlaß für Zwecke der nationalsozialistischen Propaganda und zur Manipulation der Volksmeinung ausgenützt. In diesem Artikel heißt es:

> »Die klassische Fassade des Invalidendoms mit der vergoldeten Bleikuppel steht gegen den grauen Pariser Himmel ganz allein ... Der Porphyrsarg Napoleons steigt aus der Tiefe wie eine Vision, auch er freistehend ringsum, ein vollkommenes Denkmal für den kompromisslosen Willen des Einen gegen eine Welt. Die zwölf Genien, in deren Mitte der edel geformte Sarkophag in Augenhöhe aufragt, scheinen

mit ihren unirdischen Blicken den Stein und drinnen den Bleisarg zu durchdringen. Als wollten sie das innerste Geheimnis des Toten erforschen ... Barrès hatte dieses Geheimnis rein französich-nationalistisch zu deuten versucht und dabei noch nicht viel anders empfunden als ein Royalist ohne König. Die Action Francaise wiederum, die nichts mit dem kaiserlichen Erbe zu tun haben wollte, traf sich in der antibritischen Gesinnung mit dem Testament des Gefangenen von St. Helena. Die Todfeindschaft gegen England war im Negativen das stärkste Vermächtnis des großen Korsen ... Das geschriebene Testament Napoleons von 1821, vor seinem Tod in der Verbannung, war nicht an das französische Volk allein gerichtet. Es galt seinem Sohn und in ihm dem Traum von einem kommenden Europa. Der Sohn der Marie Louise, den Metternich unter dem Namen eines Herzogs von Reichstadt zum Habsburger hatte machen wollen, starb als Jüngling im Exil und wurde in der Kapuzinergruft der Wiener Hofburg beigesetzt ... Das Schicksal will es, daß in dem Augenblick, da sich Napoleons Rückkehr zum hundertsten Male jährt, der säkulare Kampf gegen England um Europa auf seinem Höhepunkt angelangt ist. Die Franzosen verstehen nach 40 Jahren britischer Entente, nach Dünkirchen, Oran und Dakar die Tragödie von St. Helena tiefer denn je zuvor. Die siegreichen Soldaten des Führers, die in diesen Monaten das Grab im Invalidendom besuchen, fühlen unwillkürlich, wie an diesem Ort heroische Vergangenheit und kämpferische Gegenwart sich begegnen. Die Stunde des Gedenkens am 15. Dezember 1940 steht nicht mehr im Zeichen eines romantischen Napoleonkultes. Die große Erschütterung der Völker, die der sterbende Bonaparte kommen sah, ist Wirklichkeit geworden. Im Endkampf gegen England erhält Europa durch den deutschen Sieg sein kontinentales Gesetz«[10].

Nachdem der Sarg Reichstadts tagelang auf den Stufen des Altars im Invalidendom, mit einer riesigen Trikolore bedeckt, gestanden war, wurde er in die Rotunde zu Füßen seines Vaters gebracht, erst später wurde er an der Seite seines Onkels Joseph in der gleichnamigen Kapelle bestattet. Die großzügige

Geste Hitlers hatte nur auf einige Franzosen einen positiven Eindruck gemacht. Einige Franzosen dankten Hitler für seinen Schritt zur Versöhnung. Hier ein Brief eines ehemaligen Offiziers, Ritter des Ehrenlegion, aus dem 1. Weltkrieg:

»Führer! Ich weiß nicht, ob mein Brief bis zu Ihnen kommen wird, aber ich versuche wenigstens, Ihnen denselben zukommen zu lassen, denn ich bereits bei mehreren Gelegenheiten die Absicht hatte, Ihnen zu schreiben, so kann ich der sich nun bietenden Gelegenheit nicht widerstehen: Die Heimkehr der Asche des Herzogs von Reichstadt nach Frankreich! Ich weiß, daß Ihnen unser Marschall im Namen Frankreichs seinen Dank ausgesprochen hat, aber dies ist eine offizielle Geste, und ich denke, daß es vielleicht gut ist, wenn ein einfacher Untertan selbst Ihnen sagt, was er empfindet, da er überzeugt ist, daß viele Franzosen denselben Eindruck haben.
Als ich erfuhr, daß auf Ihre persönliche Veranlassung die Asche des Jungen Adlers nach Frankreich überführt worden war, zur Jahrhundertfeier der Überführung jener seines Vaters, des ruhmreichen Frankreichs, als ich erfuhr, daß auf Ihren Befehl der Sarkophag während der gesamten Fahrstrecke von höheren Offizieren Ihrer schönen und wertvollen Armee bewacht wurde, als ich erfuhr, daß ein deutsches Bataillon das von einem General kommandiert wurde, einen Kranz Rosen auf dem Grabe unseres Kaisers niedergelegt hat, kamen mir die Tränen in die Augen. Und warum? Weil ich den Wert Ihrer Gefühle verkannt hatte? Weil ich nicht an die Schaffung des Großen Reiches glaubte? Nein, nicht deshalb, denn schon seit langem stand ich Ihren Ideen nahe und habe selbst seit 20 Jahren gekämpft, erst gegen die Gegner Mussolinis, dann gegen die Ihren ... Ich habe geweint, weil mir diese Handlungsweise, von einem Sieger kommend, erhaben erschien, weil Sie somit eine ruhmreiche französische Vergangenheit ehren, jene des Mannes, der zu seiner Zeit versuchte, was Ihnen gelingen wird, dessen bin ich sicher, und ich habe geweint, weil ich, der bereit war, alle Folgen aus einer von den meisten Franzosen verdienten Niederlage zu tragen, in dieser Ihrer Geste

den schlagenden Beweis sehe, daß, wenn Frankreich will, es noch einen guten Platz an Ihrer Seite erhalten wird in dem neuen Europa, das Sie bauen wollen und das Sie bauen werden.
Unser würdiger und Ehrwürdiger Marschall soll nicht zögern zum Verständnis zu bringen, was das neue Deutschland ist, und was an seiner Seite Frankreich sein kann. Daß alle jene, die nicht folgen wollen, Sanktionen – selbst den strengsten – unterworfen werden, dann werden wir geistig und moralisch schnell gesunden, aber diese Gesundung muß eintreten, bevor Ihre edle Armee unseren Boden verläßt. Glauben Sie, Herr Kanzler, daß viele Franzosen geweint haben, als sie Ihre großmütige Veranlassung erfuhren. Gaston Bronner, Montigny-les Gourmeilles«[11].

Wir kennen nun die offizielle Version dieser Überführung Reichstadts nach Paris. War es tatsächlich eine ritterliche Geste des Siegers gegenüber dem Besiegten? War es ein erster Schritt einer sich anbahnenden Versöhnung der beiden Völker, die sich innerhalb von siebzig Jahren dreimal in einem mörderischen Krieg gegenüberstanden? Oder war diese Handlung Hitlers nichts anderes als ein übler Propagandatrick, mit dem er ein ganz profanes Geschäft bezweckte? Die letzte Theorie ist erwähnenswert, wenn auch nie bewiesen.
Offiziös hörte man aus Berlin, daß Hitler mit diesem Geschenk an die Franzosen nicht nur zur Versöhnung beider Völker beitragen, sondern die Gunst des französischen Oberbefehlshabers General Maxime Weygand gewinnen wollte, nachdem er ihm in den ersten Junitagen des Jahres 1940 die alles entscheidende Niederlage beigebracht hatte.
In diesen Dezembertagen wurde nämlich deutscherseits der Stammbaum Weygands publik gemacht. Die deutsche Propaganda stützte sich auf das Gerücht, daß die platonische Liebe Reichstadts zu seiner angeheirateten Tante Erzherzogin Sophie doch nicht so platonisch war, sondern ein echtes Liebesverhältnis mit Folgen gewesen sein soll. Die Frucht dieser Verbindung soll Erzherzog Ferdinand Maximilian gewesen sein, der später Kaiser von Mexiko wurde und dessen Abenteuer in der Neuen Welt 1867 vor einem Exekutionspeloton in

Queretaro endete. Bevor der Erzherzog nach Mexiko abreiste, soll er ein Verhältnis mit einer Elsässerin namens Weygand gehabt haben. Dieser Verbindung soll ein Sohn entstammen, der am 21. Jänner 1867 in Brüssel das Licht der Welt erblickte und auf den Namen Maxime getauft wurde. Eine unbekannte, hochstehende Persönlichkeit hat einen ansehnlichen Betrag für die Erziehung und zukünftige Offizierslaufbahn gezahlt. Da Ferdinand Maximilian seit dem 12. Juni 1864 in Mexiko residierte und das Land bis zu seinem gewaltsamen Tod nie mehr verlassen hat, ist ein Zusammenhang mit dem Geburtsdatum des Kindes unglaubwürdig.

Eine andere Theorie, die ebenfalls Erzherzog Ferdinand Maximilian als Sohn Reichstadts auswies, stammt von dem bekannten »rasenden Reporter« Egon Erwin Kisch, der den 2. Weltkrieg als Emigrant in Mexiko verbrachte. Dort studierte er an Hand von Dokumenten das Leben des Kaisers Maximilian und seiner Gemahlin Charlotte von Belgien, die 1840 in Laeken bei Brüssel geboren wurde und sich mit dem Österreicher 1857 vermählte. Sie verließ 1866 Mexiko, um für ihren Gemahl in Europa politische Missionen zu erfüllen.

Kisch ging in Mexiko den Gerüchten nach, die dort kursierten. Danach soll Charlotte, bis dahin kinderlos, durch einen Liebestrank aus dem Pilz Teyhuinti berauscht und mißbraucht worden sein. Die Folge war eine Schwangerschaft. Das Rauschgift aus dem Pilz sollte zwar den Körper kräftigen, doch soll es auch die Ursache des später auftretenden Irrsinns Charlottes gewesen sein[12]. Als bei ihr während einer Audienz beim Papst ein Anfall einer akuten Katatonie (agressive Form der Schizophrenie) ausbrach, sollen die vatikanischen Ärzte bei ihr eine Schwangerschaft festgestellt haben[13]. Sie wurde nach Schloß Miramar bei Triest gebracht. Sie soll am 21. Jänner 1867 in Brüssel von einem Knaben entbunden worden sein. Das Kind soll dem Brüsseler Advokaten Weygand übergeben worden sein, der ihm auch seinen Namen gab.

An dieser Theorie stimmt fast nichts, da sich heute noch die Aufenthaltsorte samt den dazugehörigen Daten der Europareise Charlottes rekonstruieren lassen.

Am 8. August 1866 betrat Charlotte in St. Nazaire europäischen Boden. Dem Geburtstermin Weygands nach zu schließen, muß die Kaisern zu diesem Zeitpunkt fast auf den Tag genau im vierten Monat schwanger gewesen sein. Zwei Tage später kam sie nach Paris und hatte dort zehn Tage lang Unterredungen mit Napoleon III. Am 20. August reiste sie von Paris nach Miramar, wo sie bis 18. September blieb. An diesem Tag verließ sie Triest, fuhr mit der Kutsche nach Marburg, von dort mit der Eisenbahn nach Villach, nahm dort wieder eine Kutsche und reiste über Lienz, Brixen nach Bozen. In dieser Stadt weigerte sie sich erstmals, Speisen anzunehmen, weil sie fürchtete, sie könnten vergiftet sein. Am 26. September erreichte sie Rom. Sie stieg in der »Alberga d'Italia« ab und wurde in mehreren Audienzen vom Papst empfangen. Schließlich kam es bei einem dieser Empfänge zum akuten Ausbruch eines katatonen Anfalles mit allen seinen bekannten und peinlichen Vorfällen. Der Leibarzt Charlottes, Dr. Karl Bohuslávek, und die Leibärzte des Papstes konstatierten eine »Tobsucht mit Hang zur Imbezilität (Schwachsinn)«, aber keine Schwangerschaft. Erst am 15. Oktober gelang es der Begleitung der Kaiserin mit Hilfe ihres Bruders, des Grafen von Flandern, sie dazu zu bewegen, Rom zu verlassen und nach Miramar zu reisen. Dort wurde sie vom ehemaligen Leibarzt Maximilians, Dr. Jilék, in Empfang genommen, der bei der Untersuchung aber auch keine Schwangerschaft feststellen konnte. Aus Wien wurde Professor Dr. Riedel, ein bekannter Irrenarzt, angefordert, der mit zwei stämmigen Irrenwärtern eintraf. Da das Schloß zu viele Fluchtmöglichkeiten und auch Gelegenheiten zu Selbstmordversuchen bot, wurde die Kaiserin im sogenannten Gartenpavillon im Schloßpark interniert. Zur Therapie ihres Zustandes wurde die Kaiserin mehrmals täglich in kaltem Wasser gebadet, erhielt Kopfgüße mit Eiswasser, dazu wurden ihr täglich Blutegel in den Nasenlöchern gesetzt. Sowohl die Ärzte als auch die Irrenwärter hätten zu diesem Zeitpunkt und bei diesen Prozeduren unbedingt eine Schwangerschaft feststellen müssen. Im Juni 1867 erschien Charlottes Schwägerin, die Erzherzogin Marie Henriette, mit einem belgischen Irrenarzt in Miramar, konnte Charlotte aber erst anfangs des Jahres 1868 so weit bringen, daß sie mit ihr nach Brüssel abreiste[14]. Das war also ein Jahr nach dem ominösen Geburtstermin des Kindes Maxim.

Egon Erwin Kisch stützt sich bei seiner Theorie auch noch auf das Gerücht, daß Maximilian zeugungsunfähig gewesen sein soll, was aber auch nicht der Wahrheit entsprach. Es ist sicher, daß Maximilian mit der Frau seines Gärtners Concha in seinem Sommerhaus in Cuernavaca einen Sohn gezeugt hat. Dieser junge Mann lebte später in Paris und verschwand in den ersten Kriegstagen des Jahres 1914 aus dieser Stadt. Er hatte aber mit dem späteren General Weygand nichts gemein.
Ein deutscher Ahnenforscher, der 1940 von der Theorie Kisch's nichts wissen konnte, gab die erste Theorie bekannt, die Hitler aufgriff. »Offiziell hieß es, Hitler wolle durch diese Geste (Rückgabe der sterblichen Überreste Reichstadts an Frankreich) das französische Volk versöhnen, so ganz nebenbei wurde aber von Berlin aus bekanntgegeben, daß Hitler damit auch den General Weygand, der somit ein Nachkomme des Herzogs von Reichstadt und damit auch einer Napoleons sei, gewinnen wollte«[15].
Das Wegschaffen des Sarges Reichstadts aus Wien, eine »Überführung« wäre dafür ein zu hoch gestochener Begriff, fand am Mittwoch, den 12. Dezember, mittags statt. Erst am Sonntag, den 15. Dezember, wurden die Wiener über diesen Vorgang aufgeklärt. »Die Kapuzinergruft, die sich für uns Wiener auf dem Neuen Markt befindet«, hieß es in einer Wiener Zeitung, »in Wirklichkeit aber die Orientierunstafel ›Tegetthoffstraße 2‹ trägt, war in der Mittagsstunde des Donnerstags (in Wirklichkeit Mittwoch) der Schauplatz eines seltenen Ereignisses, das sich trotz seiner Bedeutung in aller Stille vollzog und das nur wenige Zeugen gefunden hat ... Die wenigen Menschen, die sich um diese Zeit in nächster Nähe der Kapuzinergruft befanden, eilten herbei und bildeten ein kurzes Spalier, die Hände stumm zum letzten Gruß erhoben. So mancher von ihnen mag die Größe des Augenblickes geahnt und vielleicht auch gefühlt haben, daß er an der Wende eines lokalhistorisch bedeutungsvollen Vorganges stand, aber niemand wußte, daß Napoleons einziger Sohn, der Herzog von Reichstadt, Wien verläßt, um zurückzukehren in französische Erde ... Jetzt erst ließ der Führer den Traum der Franzosen Wirklichkeit werden. Der Abschied des Herzogs von Reichstadt von Wien erfolgte in vornehmer Stille und fast unbemerkt von der Stadt, in der er so

lange ruhte ... Der vierspännige Leichenwagen, der ... seinen Weg durch die Tegetthoffstraße nahm, um auf dem kürzesten Weg den Westbahnhof zu erreichen ... mag wohl von den Fußgängern auf dieser langen Strecke bemerkt worden sein, aber keiner von ihnen dürfte sich dessen bewußt gewesen sein, daß er Napoleons unglücklichen Sohn begegnet war, der jetzt in seine Geburtsstadt Paris zurückkehrt, die so lange schon auf ihn gewartet hatte ...«[16].

Wie diese »vornehme Stille« tatsächlich aussah, darüber hinterließ uns ein Augenzeuge aus dem Convent des Kapuzinerordens einen Bericht. Pater Werner Weinrother notierte in seinem Tagebuch die Vorfälle am Mittwoch, den 12. Dezember 1940. Während seines Frühstücks hörte er das Gerücht, daß SA- und SS-Männer in der Kaisergruft wären und sich am Sarg des Herzogs von Reichstadt zu schaffen machen. Er eilte die Treppe zur Gruft hinunter und traf vor dem Sarg des Herzogs acht Männer der Wiener städtischen Bestattungsanstalt in ihren schwarzen Uniformen und einige SA- und SS-Männer. Da er feststellen mußte, daß der Pater Provinzial und auch der Pater Guardian nicht im Haus waren, lief er auf dem schnellsten Weg ins Erzbischöfliche Palais und ließ sich bei Kardinal Dr. Theodor Innitzer melden, der ihn auch sofort empfing. Als der Pater mit seinem Bericht geendet hatte, gab Innitzer den Rat, die Patres sollten gegen diesen Vorgang schärfstens protestieren, auch wenn dieser Protest, nach Meinung Innitzers, vergeblich sein würde. Pater Werner eilte sofort in die Kapuzinerkirche zurück, wo er auf Pater Provinzial und Pater Guardian stieß. In der Zwischenzeit hatten die Männer mit größter Anstrengung den Sarkophag Reichstadts bis zum ersten Treppenabsatz geschafft. Anwesend waren nun auch ein General der Wehrmacht, Regierungspräsident Delbrügge in einer schwarz-blauen Uniform (Deutsche Diplomatenuniform?) und der stellvertretende Polizeipräsident von Wien, Dr. Kaltenbrunner. Pater Guardian bat Delbrügge, eine Einsegnung des Sarges vornehmen zu dürfen, was dieser mit der Begründung, so etwas sei nicht notwendig und außerdem dränge die Zeit, ablehnte. Als der Pater Provinzial einwarf, so eine Handlung sei in der katholischen Kirche aber üblich, gab Delbrügge seine Zustimmung. Nun liefen die Patres in die Sakristei, holten Chorhemden und Weihwasserkessel und begannen auf dem obersten Treppenabsatz mit der kirchlichen Zeremonie. Danach schafften die Männer den Sarg auf die Straße und verluden ihn mühsam in den Prunkleichenwagen der Wiener Bestattung, der von vier Rappen, die mit schwarzen Federbüschen geschmückt waren, gezogen wurde. Ein einsamer »Schupo« (Schutzpolizist) hatte die Aufsicht, einige Passanten blieben neugierig stehen, hatten aber keine Ahnung, was hier vorging.

Während des Mittagessens erfuhr Pater Werner, was sich am Morgen dieses Tages abgespielt hatte. Pater Provinzial las die erste Messe und bemerkte, daß der Gestapobeamte Ebenhardt in der ersten Bank vor dem Altar saß. Nach Ende der Meßfeier erschien Ebenhardt in der Sakristei und teilte dem Pater mit, daß er sofort mit ihm zur Gestapo auf den Morzinplatz kommen müsse. Eigentlich hätte er den Pater schon gestern abend holen sollen, doch der Befehl kam erst um 22 Uhr und Ebenhardt sei nicht zu Hause gewesen. Pater Provinzial bat Ebenhardt, sie mögen auf den Pater Guardian warten, der mit der Zelebration seiner Messe ebenfalls gleich fertig sein würde, denn Pater Guardian solle auch auf den Morzinplatz mitkommen. Ebenhardt war damit einverstanden. Zu dritt fuhren sie mit dem Auto der Gestapo auf den Morzinplatz, wo sie von einem Dr. Ebner in Empfang genommen wurden. Der forderte sie auf, mit ihm in das Regierungsgebäude auf den Ballhausplatz mitzukommen. Die beiden Patres hatten keine Ahnung, was mit ihnen geschehen würde oder welche Vorwürfe gegen sie erhoben würden; jedenfalls ängstigte sie die Situation sehr. Die Patres wurden sofort vom Regierungspräsidenten Delbrügge empfangen, der ihnen in knappen Worten mitteilte, daß der Sarkophag des Herzogs von Reichstadt heute noch abgeholt und nach Paris gebracht werden würde. Er wollte noch wissen, wie schwer der Sarg sei; Pater Guardian meinte, er hätte etwas über 800 Kilogramm. Wie Pater Provinzial während des Mittagessens erzählte, fielen ihm und dem Pater Guardian ein Stein vom Herzen. Sie hätten eher politische Anschuldigungen oder Drohungen erwartet, nur nicht die Mitteilung, daß der Sarg Reichstadts abgeholt werden würde. Sie waren derart verblüfft, daß sie weder Fragen noch Proteste anbringen

konnten, sondern nur froh waren, das Regierungsgebäude ungeschoren verlassen zu können[17].
Ein Protest oder gar eine Weigerung der Herausgabe des Sarkophages des Herzogs von Reichstadt, war in diesen Tagen die reinste Utopie. In der Eile, oder in ihrer historischen Unkenntnis, vergaßen allerdings die damaligen Machthaber, das Herz und den Eingeweidekessel des Herzogs ebenfalls nach Paris mitzunehmen. Beide verblieben bis zum heutigen Tage in Wien.
Heimlich, in aller Stille und ohne Aufsehen, so wie er einst als König von Rom Paris verlassen hatte, kehrte er als Herzog von Reichstadt in seine Geburtsstadt zurück. Seine letzte Fahrt auf einer deutschen Lafette ging in der Nacht, bei leichtem Schneetreiben, unbemerkt durch die verdunkelten menschenleeren Straßen von Paris. Die Soldaten der 14. Kompanie des deutschen Infanterie-Regimentes 81 hoben den Sarg von der Lafette und trugen ihn bis zum Eingang des Vorhofes des Invalidendomes. Dann wurden die schweren, schmiedeeisernen Tore geschlossen. Zwanzig französische Gardisten in ihren Traditionsuniformen, die an die Grande Armée erinnerten, trugen den schweren Sarg über den großen Hof, der von einer leichten Schneedecke wie mit einem großen Leichentuch bedeckt war, in die Kirche. Die Clairons schmetterten ihre Signale in die Nacht, und die Tamboure schlugen den alten Präsentiermarsch der Grande Armée für den kleinen unbedeutenden österreichischen Oberst, der heimgekehrt war.
Marschall Pétain erließ in diesen Tagen einen Aufruf an das französische Volk, in dem weniger von Dank gesprochen, als vielmehr auf das Schicksal der Franzosen hingewiesen wurde. »Zwischen dem traurigen Schicksal des Herzogs von Reichstadt«, hieß es da, »des Gefangenen seiner eigenen Familie und dem grausamen Schicksal Frankreichs, das durch die Entscheidung der Waffen im eigenen Land im Exil ist, wird die Geschichte eine ergreifende Analogie feststellen ...«[18].
Hitlers Plan schlug fehl. Mit dieser Geste gewann er weder den Dank des französischen Volkes noch die Sympathie – wenn es tatsächlich seine Absicht war – des Generals Weygand, der sich zu einer Kollaboration nicht herbeiließ. Der Herzog von Reichstadt konnte zur Aussöhnung der beiden Völker nichts

beitragen. Der Haß der Franzosen gegen die Sieger und Okkupanten – gegen die »Boches« – blieb ungebrochen.
Viele Jahre nach Reichstadts Tod war in einer Biographie über den Herzog zu lesen: »Die Fahne, die dem sterbenden Prinzen entfallen war, hob sein Cousin fünfzehn Jahre später auf und bestieg schließlich als Napoleon III. den Thron Frankreichs«[19]. Das war ein Irrtum. Reichstadt hatte zeitlebens nicht einmal den kleinsten Zipfel einer Fahne in den Händen gehalten. Lulu Thürheim, mit der er angeblich liiert war und die ihn sicherlich gut kannte, schrieb 1831 über den Prinzen eine treffende Charakteristik seines kurzen Lebens: »Kein Verhängnis gleicht dem seinen, sich gleicher Zeit auf die Throne Frankreichs, Polens, Belgiens und Italiens gerufen, kann er kaum hoffen, die Epauletten eines Obersten zu bekommen«[20].
Tatsächlich. Der Sohn des großen Korsen, der einen Kontinent verändert hatte, der geborene König von Rom, war nichts anderes geworden als ein kleiner Oberstlieutenant in einem österreichischen Infanterie-Regiment, der sein Leben damit zubrachte, Wache zu schieben, Paraden zu kommandieren und auf einem dreckigen Kasernenhof mit seinen Rekruten zu exerzieren. Wie erschütternd und wahr zugleich ist doch sein Ausspruch, als er gegen Ende seines Lebens, in einem kurzen und klaren Moment, sein bisheriges Dasein Revue passieren ließ: »Entre mon berceau et ma bière est un grand Zéro« – »Zwischen meiner Wiege und meiner Bahre ist eine große Null«[21].

ANMERKUNGEN

Anmerkungen zu Kapitel 1

[1] Bertrand, H.G., »Cahiers de Sainte-Hélène«, Hsgb. Fleuriot de Langre, Paris 1949–1951, S. 324

[2] Ludwig, E., »Napoleon«, Berlin 1931, S. 654

[3] Lowe, H., Kopie einer Depesche an Lord Bathurst v. 14. 5. 1821, Nachlaß EH. Marie Louise, Karton 3, Bl. 39–50

[4] Wencker-Wildberg, F., »Napoleon. Memoiren seines Lebens«, Wien, Hamburg, Zürich o.J., Bd. XIV, S. 529, Anmerkg.

[5] Antommarchi, Dr. F., »Memoiren des Dr. F. Antommarchi oder die letzten Augenblicke Napoleons«, Stuttgart, Tübingen 1825, S. 121

[6] Taussig, F., »Gesichtsmasken«, Österr. Illust. Ztg. v. 3. 11. 1907, S. 120
Antommarchi, P., »La Masque Mortuaire de Napoléon. Les Legendes, la Verité«, Marseille 1938

[7] Karlen, A., »Nicht Wellington besiegte Napoleon bei Waterloo«, Wien 1985, S. 35

[8] British Museum London, Additional mss. Bd. 20 157, Fol 20

[9] Antommarchi, F., a.a.O. S. 132

[10] Fréneaux, P., »Der sterbende Napoleon. Unveröffentlichtes Tagebuch von Hudson Lowe«, Berlin 1911, S. 199 ff

[11] Antommarchi, F., a.a.O. S. 126

[12] British Museum London, Addit. mss. Bd. 20 214, Fol 200–220

[13] Antommarchi, F., a.a.O. S. 124

[14] British Museum London, Addit. mss. Bd. 20 214, Fol 204

[15] Arnott, A., »An accont of the last illness ect.«, London 1822

[16] British Museum London, Addit. mss. Bd. 20 225, Fol. 36

[17] O'Meara, Dr. B., »Morning Chronicle«, London v. 8. 7. 1821

[18] Godlewski, F., »Revue de l'Institut Napoléon«, 1960, S. 145

[19] Way, L., »Adler's Place in Psychology«, London 1950

[20] Public Office London, »Unveröffentlichtes Tagebuch von Sir Hudson Lowe«, Colonial Off. records St. Helena Bd. XXXII

[21] Marchand, L., »Mémoires de Marchand«, Hsgb. Bourguignon-Lachouque, Paris, 1952–1955, S. 57

[22] Fréneaux, P., a.a.O. S. 31 ff
British Museum London, Lowe, H., »Substance of information obtained respecting General Bonaparte's indisposition since day

on which English medical Dr. Arnott was called upon to visit him (1. April to 5. May 1821)«, Hauptband 20 157, Addit. mss. Bd. 15 729 und 21 007–20 240
[23] Cronin, V., »Napoleon. Stratege und Staatsmann«, München 1983, S. 500
[24] Kemble, J., »Napoléon immortal«, London 1859, S. 197
[25] Veauce, E., »Napoléon post mortem. L'affaire du masque Napoléon«, Lyon 1958, S. 24
[26] Masson, F., »Autour de St. Hélène«, Paris 1935, Bd. I, S. 127
[27] Fréneaux, P., a.a.O. S. 37
[28] Cronin, V., a.a.O. S. 561
[29] Forshufvud, St., »Mord an Napoleon?« Düsseldorf, Wien 1962, S. 17
[30] Fréneaux, P., a.a.O. S. 43
[31] Antommarchi, F., a.a.O. S. 21
[32] O'Meara, Dr. B., »Napoleon in der Verbannung oder eine Stimme aus St. Helena«, Stuttgart, Tübingen 1822, Bd. II, S. 463
[33] Ebenda, S. 464
[34] Fréneaux, P., a.a.O. S. 45
[35] Forshufvud, St., a.a.O. S. 74
[36] Arnott, Dr. A., »An accont of the last illness, desease and post mortem appearances of Napoleon Bonaparte«, London 1822
[37] Fréneaux, P., a.a.O. S. 22
[38] Ebenda, S. 23
[39] British Museum London, Addit. mss. Bd. 20 146, Fol. 1, page 30
[40] Fréneaux, P., a.a.O. S. 105
[41] Ebenda, S. 112
[42] Ebenda, S. 119
[43] Ebenda, S. 120
[44] »Das Testament Napoleons«, Club du Livre Paris 1969
Archiv EH Marie Louise, Karton 3, Bl. 169–174
[45] Antommarchi, F., a.a.O. S. 101
[46] Fréneaux, P., a.a.O. S. 134
[47] Marchand, L., a.a.O. S. 147
[48] Antommarchi, F., a.a.O. S. 115
[49] Fréneaux, P., a.a.O. S. 143
[50] Ebenda, S. 147
[51] Ebenda
[52] »Japanes Research Society for Gastric Cancer. The general rubes for the gastric cancer study in surgery and pathology«, 6. Japan. Kanahara Public Comp. Tokio 1968
Murakami, F., »Diagnosis of early cancer. Pathology«, Tokio 1968
Shirakabe, H., »Früherkennung des Magencarcinoms«, Stuttgart 1969
Yamagata, S. und Masuda, H., »Magenkarzinom«, Klin. Gastroenterolog., Bd. I, 1973, 437

Dahm, K. und Rehmer, M., »Das Karzinom im operierten Magen«, Stuttgart 1975
Philipp, J. und Classen, M., »Präkanzerosen im Verdauungstrakt«, Bio-Med 11, 1982, 34
53 Guttmann, R.A., »Le cancer de l'estomac au début«, Paris 1939
54 Seiffert, E., »Die Früherkennung des Magenkarzinoms«, Klinik der Gegenwart, Bd. VIII, München 1973
55 Antommarchi, F., a.a.O. S. 129
56 Ebenda
57 Lowe, H., Kopie einer Depesche an Lord Bathurst v. 14. 5. 1821, Archiv EH Marie Louise, Karton 3, Bl. 39–50
58 Montholon, Ch.T. de, »Memoires pour servir à l'histoire de Frances sous Napoléon, écrite à St. Hélène sous sa dictée«, Paris 1823–1825
Dt. Ausgabe Berlin 1822–1825, Bd. VIII, S. 213
59 British Museum London, Addit. mss. Bd. 20 224, Fol. 204
60 O'Meara, Dr. B., a.a.O. Bd. II, Anhang S. 461
61 Las Cases, Comte de, »Mémorial de Sainte Hélène«, Paris 1823
62 Sokoloff, B., »Napoleon. A Doctor's Biography«, New York 1937
63 Ayer, Dr. W., »Napoleon Buonaparte and Schistosomiasis or Bilharziasis«, New York State Journal of Medicine 66, 1966, 2295
64 Brice, R., »The Riddle of Napoleon«, London 1937
Korngold, R., »The Last Years of Napoleon«, New York 1959
65 Metternich-Winneberg, R., »Aus Metternichs nachgelassenen Papieren«, Wien 1880, Bd. III, No 598 (15. 8. 1822) und No 599 (18. 8. 1822), S. 520
66 Forshufvud, St., a.a.O. S. 69 ff
67 Ebenda, S. 21 und 151
68 Weidner, B. und Hapgood, D., »The Murder of Napoleon«, New York 1982, Dt. Ausgb. »Der Mörder Napoleons«, Bayreuth 1983
69 Tulard, J., »Napoleon oder der Mythos des Retters«, Tübingen 1979, S. 513, Anmerkg.
70 Smith, H., »Analytical Chemistry«, 13, 1959, 728
71 Smith, H., Forshufvud, St. und Wassén, A., »Nature« v. 14. 10. 1961
72 Laker, M., »Lancet« 36, 1982, 60
73 Lewin, P., »News from the Field«, Paleopathology Newsletter 36, 1982, 5
74 O'Meara, B., a.a.O. Bd. II, S. 198
75 Forshufvud, St., a.a.O. S. 211
76 Lowe, H., Kopie einer Depesche an Lord Bathurst v. 14. 5. 1821, Archiv EH Marie Louise, Karton 3, Bl. 39–50
77 Ebenda
78 Antommarchi, F., a.a.O. S. 170

Anmerkungen zu Kapitel 2

1 Metternich, C.W., »Lettres du Prince de Metternich à la Contesse de Lieven 1818–1819«, Hsgb. J. Hanoteau, Paris 1909, S. 176
2 Helfert, J.A., »Marie Louise, Erzherzogin von Österreich, Kaiserin der Franzosen«, Wien 1873, S. 9
3 Gourgaud, G. de, »Erinnerungen und Gedanken, Sankt Helena 1815–1818«, München 1961, S. 39
4 Metternich-Winneberg, R., a.a.O. Bd. II, S. 276 ff, No 150 Metternich an Schwarzenberg 25. 12. 1809, No 151 Gräfin Metternich an ihren Gemahl v. 3. 1. 1810, No 152 Metternich an seine Gemahlin 21. 1. 1810
5 Las Cases, »Mémorial de Saint-Hélène«, Paris 1821–1823, Bd. III, S. 354
6 Bourgoing, J. de, »Marie Louise von Österreich«, Wien, Zürich 1949, S. 24
7 Tagebuch des Grafen Zinzendorf v. 21. 2. 1810
8 »Correspondence de Marie Louise 1799–1847«, Lettres intimes, Wien 1887, S. 80
9 Aretz, G., »Marie Louise«, Bremen, Wien 1936, S. 55
10 Metternich-Winneberg, R., a.a.O. Bd. II, No 153 v. 27. 1. 1810, S. 277
11 Wencker-Wildberg, F., »Napoleon. Memoiren seines Lebens«, Wien, Hamburg, Zürich o.J., Bd. XII, S. 367
12 Helfert, J.A., a.a.O. S. 94
13 Haus-Archiv, Familien-Akte, Karton 52, Bl. 17 ff
14 Ebenda, Bl. 39
15 Napoléon, »Memorial de Sainte-Hélène«, Paris 1822–1825, Bd. I, S. 258
16 Metternich-Winneberg, R., a.a.O. Bd. II, No 154 v. 14. 2. 1810, S. 278
17 Ebenda, Bd. II, No 157 v. 27. 2. 1810, S. 278
18 Méneval, C.F., »Napoleon und Marie Louise. Geschichtliche Erinnerungen«, Berlin 1906, S. 204
19 Guglia, E., »Kaiserin Ludovika von Österreich (1787–1816)«, Wien 1894, S. 95
20 »Correspondence Napoléon«, Bd. XX, No 16 287
21 Ebenda, No 16 312
22 Habsburg-Lothringischer Familienfonds, Fasz. 7, Bl. 315
23 Ebenda, Fasz. 7, Bl. 366
24 Aretz, G., a.a.O. S. 70
25 »Wiener Zeitung« v. 24. 2. 1810
26 Friedrich, J.N., Wien, März 1810
Haus-Archiv, Familien-Akte, Karton 52
27 Helfert, A., a.a.O. S. 111
28 Haus-Archiv, Familien-Correspondenz A, Karton 52, Bl. 52
29 Tulard, J., a.a.O. S. 346
30 Metternich-Winneberg, R., a.a.O. Bd. II, No 177, Schwarzenberg an Metternich v. 14. 4. 1811

31 Aretz, G., a.a.O. S. 59
32 Abrantès, Herzogin von, »Memoiren der Herzogin v. Abrantès«, Leipzig 1831–1836, S. 206
33 Novins, J. de, »Mémorial«, Paris 1827, Bd. III, S. 278
34 Helfert, J.A., a.a.O. S. 119
35 Aretz, G., a.a.O. S. 85
36 Helfert, J.A., a.a.O. S. 130
37 Metternich-Winneberg, R., a.a.O. Bd. II, No 164, S. 362
38 Haus-Archiv, Familien-Akte, Karton 52
39 Vortrag Metternichs vor Kaiser Franz am 3. 3. 1810
40 Schnitzer, G., »Die Ehescheidung Napoleons I.« in »Katholisches Eherecht«, Freiburg 1898
41 Wertheimer, E., »Der Herzog von Reichstadt«, Stuttgart, Berlin 1902, S. 22
42 Bausset, L.F.J., »Denkwürdigkeiten, Erinnerungen und geheime Geschichten über das Innere des Palastes von Napoleon«, Stuttgart 1827, Bd. II, S. 24
Méneval, C.F., a.a.O. Bd. I, S. 256
Savary, »Memoiren des Herzogs von Rovigo, als Beiträge zur Geschichte des Kaisers Napoleon«, Leipzig 1828, Bd. IV, S. 284
43 Aretz, G., a.a.O. S. 90
44 Gourgaud, G., a.a.O., Bd. II, S. 277
45 Bourgoing, J. de, a.a.O. S. 81
46 Archiv Montenuovo, Karton 1, No 127, Baden 26. 6. 1810
47 Bourgoing, J. de, a.a.O. S. 99
48 Archiv Montenuovo, Karton 1, No 128, Baden 16. 7. 1810
49 Haus-Archiv, Familien-Akte, Karton 52
50 Wencker-Wildberg, F., a.a.O. Bd. XII, S. 143
51 Metternich-Winneberg, R., a.a.O. Bd. II, No 170, Metternich an Kaiser Franz am 28. 7. 1810
52 Méneval, C.F., a.a.O. Bd. I, S. 356
53 Wencker-Wildberg, F., a.a.O. Bd. XII, S. 473
54 Metternich-Wildberg, R., a.a.O. Bd. II, No 176, Metternich an Kaiser Franz am 31. 10. 1810
55 Archiv Montenuovo, Karton 1, No 129, Laxenburg am 2. 8. 1810
56 Wencker-Wildberg, F., a.a.O. Bd. XII, S. 487
57 Archiv Montenuovo, Karton 1, No 131, Eisenerz am 21. 9. 1810
58 Ebenda, No 137, Wien 21. 2. 1811
59 Ebenda, No 138, Wien 12. 3. 1811
60 Gachot, E., »Marie Louise intime«, Paris 1911, Bd. II, S. 115
61 Castelot, A., »Der Herzog von Reichstadt«, Wien, Berlin, Stuttgart 1960, S. 50
62 Napoléon, a.a.O. Bd. II, S. 168
63 Weibel, W., »Lehrbuch der Frauenheilkunde«, Wien 1944, S. 229
64 Deventer, J. van, »Morgenröthe für Hebammen«, Leyden 1696, »Neues Hebammenlicht«, Leyden 1701

65 Castelot, A., a.a.O. S. 51
66 Ebenda, S. 53
67 Ebenda, S. 52
68 Wencker-Wildberg, F., a.a.O. Bd. XII, S. 423, Anmerkung
69 Familien-Archiv, Sammelbände, Karton 44
70 Wertheimer, E., a.a.O. S. 46
71 Castelot, A., a.a.O. S. 53
72 Wencker-Wildberg, F., a.a.O. Bd. XII, S. 426, Anmerkung
73 Archiv Montenuovo, Karton 1, No 139, Wien 26. 3. 1811
74 Castelot, A., a.a.O. S. 57
75 Haus-Archiv, Familiencorrespondenz A, Karton 52
76 Archiv Montenuovo, Karton 1, No 145, Persenbeug 21. 7. 1811
77 Méneval, C.F., »Marie Louise et la Cour d'Autriche«, Paris 1909, S. 223
78 Aretz, G., a.a.O. S. 96
79 Ali Saint-Denis, L.E., »Mémoires«, Paris 1926
80 Familien-Archiv, Sammelbände, Karton 43
81 Metternich-Winneberg, R., a.a.O. Bd. II, No 178, Wien 26. 3. 1811
82 Ebenda, Bd. II, No 179, Wien 25. 4. 1811
83 Wencker-Wildberg, F., a.a.O. Bd. XIII, S. 14
84 Castelot, A., a.a.O. S. 71
85 Aretz, G., »Memoiren der Gräfin Kielmannseg«, Dresden 1927, S. 108
86 Wencker-Wildberg, F., a.a.O. Bd. XIII, S. 25
87 Familien-Archiv, Sammelbände, Karton 43
88 Bibl, V., »Metternich«, Leipzig, Wien 1936, S. 94
89 Archiv Montenuovo, Karton 1, No 154, Wien 12. 5. 1812
90 Helfert, J.A., a.a.O. S. 219, zit. »Memoiren der Madame Durant«, S. 136
91 Bourgoing, J. de, a.a.O. S. 160
92 Ebenda
93 Familien-Archiv, Sammelbände, Karton 43
94 Bourgoing, J. de, a.a.O. S. 161
95 Bausset, »Denkwürdigkeiten, Erinnerungen und geheime Geschichten über das Innere des Palastes von Napoleon«, Stuttgart 1827, Bd. II, S. 71
96 Wencker-Wildberg, F., a.a.O. Bd. XIII, S. 77
97 Cronin, V., a.a.O. S. 424
98 Familien-Archiv, Sammelbände, Karton 43
99 Castelot, A., a.a.O. S. 81
100 Helfert, J.A., a.a.O. S. 426, Anmerkung
101 Castelot, A., a.a.O. S. 81
102 Ebenda
103 Duraut, »Mémoires«, dt. Ausgabe, Jena 1910, S. 61
104 Castelot, A., a.a.O. S. 84
105 Wencker-Wildberg, F., a.a.O. Bd. XIII, S. 202

106 Familien-Archiv, Sammelbände, Karton 43
107 Ebenda
108 Archiv Montenuovo, Karton 1, No 156, Wien 3.11.1812
109 Ebenda, No 158, Wien 20.12.1812
110 Helfert, J.A., a.a.O. S. 234
111 Castelot, A., a.a.O. S. 84
112 Ebenda, S. 85
113 Cronin, V., a.a.O. S. 447
114 Castelot, A., a.a.O. S. 86
115 Archiv Montenuovo, Karton 1, No 167, Wien 11.5.1813
116 Metternich-Winneberg, R., a.a.O. Bd. I, No 74, S. 184
117 Familien-Archiv, Sammelbände, Karton 43
118 Ebenda
119 Wencker-Wildberg, F., a.a.O. Bd. XIII, S. 248, Anmerkung
120 Helfert, J.A., a.a.O. S. 265
121 Familien-Archiv, Sammelbände, Karton 43
122 Mc Guigan, D.G., »Metternich, Napoleon und die Herzogin von Sagan«, München 1981, S. 126
123 Ebenda, S. 130

Anmerkungen zu Kapitel 3

1 Mc Guigan, D.G., a.a.O. S. 136
2 Wencker-Wildberg, F., a.a.O. d. XIII, S. 263
3 Castelot, A., a.a.O. S. 90
4 Wencker-Wildberg, F., a.a.O. Bd. XIII, S. 278
5 Bourgoing, J. de, a.a.O. S. 229
6 Méneval, C.F., a.a.O. Bd. II, S. 24
7 Castelot, A., a.a.O. S. 91
8 Mc Guigan, D.G., a.a.O. S. 184
9 Familien-Archiv, Sammelbände, Karton 43
10 Ebenda
11 Tulard, J., a.a.O. S. 467
12 Cronin, V., a.a.O. S. 462
13 Familien-Archiv, Sammelbände, Karton 43
14 Wencker-Wildberg, F., a.a.O. Bd. XIV, S. 324
15 Ebenda, S. 327
16 Ebenda
17 Castelot, A., a.a.O. S. 98
18 Ebenda
19 Ebenda, S. 99
20 Ebenda, S. 100
21 Ebenda, S. 101
22 Mc Guigan, D.C., a.a.O. S. 217
23 Castelot, A., a.a.O. S. 101

[24] Ebenda, S. 102
[25] Ebenda, S. 103
[26] Ebenda, S. 104
[27] Ebenda
[28] Ebenda
[29] Familien-Archiv, Sammelbände, Karton 43
[30] Bourgoing, J. de, a.a.O. S. 241
[31] Familien-Archiv, Sammelbände, Karton 43
[32] Castelot, A., a.a.O. S. 110
[33] Ebenda, S. 112
[34] Cronin, V., a.a.O. S. 478
[35] Caulaincourt, A.A.L., »L'agonie de Fontainebleau. Le calvaire de Napoléon«, Revue de Deux Mondes, 1. 2. 1930, S. 627
[36] Ebenda
[37] Castelot, A., a.a.O. S. 127
[38] Caulaincourt, A.A.L., a.a.O. S. 632
[39] Castelot, A., a.a.O. S. 131
[40] Helfert, J. v., a.a.O. S. 296
[41] Ebenda, S. 299
[42] Metternich-Winneberg, R., a.a.O. Bd. II, No 189 v. 11. 4. 1814, S. 469
[43] Ebenda, Bd. II, No 190, v. 11. 4. 1814, S. 471
[44] Ebenda, Bd. II, No 191, v. 12. 4. 1814, S. 472
[45] Familien-Archiv, Sammelbände, Karton 43
[46] Haussonville, de, »L'Église et le Premier Empire«, Paris 1868, S. 380
[47] Helfert, J. v., a.a.O. S. 307
[48] Méneval, C.F., a.a.O. Bd. II, S. 67 ff
[49] Helfert, J. v., a.a.O. S. 312
[50] Familien-Archiv, Sammelbände, Karton 43
[51] Bourienne, F.L., »Mémoires de Bourienne ...«, Paris 1829, Bd. X, S. 127
[52] Helfert, J. v., a.a.O. S. 435, Anmerkung No 179
[53] Castelot, A., a.a.O. S. 139
[54] Helfert, J. v., a.a.O. S. 327
[55] Drimmel, H., »Kaiser Franz«, Wien, München 1981, S. 367
[56] Mc Guigan, D.G., a.a.O. S. 268
[57] Méneval, C.F., a.a.O. Bd. III, S. 295
[58] Ludwig, E., a.a.O. S. 472
[59] Wencker-Wildberg, F., a.a.O. Bd. XIV, S. 380
[60] Eynard, J.G., »Journal«, Paris 1914, S. 112
[61] Wencker-Wildberg, F., a.a.O. Bd. XIV, S. 395, Anmerkung
[62] »Correspondence Napoléon I.«, Corresp. XXVII, No 21 562
[63] Familien-Archiv, Sammelbände, Karton 43
[64] Castelot, A., a.a.O. S. 145
[65] Ebenda
[66] Familien-Archiv, Sammelbände, Karton 43

67 Bourgoing, J. de, a.a.O. S. 335
68 Castelot, A., a.a.O. S. 148
69 Familien-Archiv, Sammelbände, Karton 43
70 Méneval, C.F., a.a.O. Bd. III, S. 312
71 Castelot, A., a.a.O. S. 151
72 Ebenda, S. 149
73 Familien-Archiv, Sammelbände, Karton 43
74 Ebenda

Anmerkungen zu Kapitel 4

1 Méneval, C.F. de, a.a.O. Bd. III, S. 321
2 Posch, A., »Volks-Gruß an Marie Louise bei der Ankunft in ihrem Vaterland«, Wien 1814
3 Bourgoing, J. de, a.a.O. S. 349
4 Baron Hudelist an Metternich v. 27. 5. 1814
5 Castelot, A., a.a.O. S. 153
6 Polizeibericht v. 11. 6. 1814, zit. Bourgoing, J. de, a.a.O. S. 350
7 Bourgoing, J. de, a.a.O. S. 348 ff
8 Castelot, A., a.a.O. S. 157
9 Ebenda, S. 154
10 Ebenda
11 Familien-Archiv, Sammelbände, Karton 43
12 Castelot, A., a.a.O. S. 158
13 Ebenda
14 Ebenda, S. 159
15 Bourgoing, J. de, a.a.O. S. 437
16 Handbillet Kaiser Franz an Metternich v. 17. 9. 1814
17 Bourgoing, J. de, a.a.O. S. 161
18 Ebenda, S. 162
19 Polizeibericht v. 18. 3. 1814, zit. Wertheimer, E., »Der Herzog von Reichstadt«, Stuttgart, Berlin 1902, S. 160
20 Castelot, A., a.a.O. S. 168
21 Ebenda, S. 166
22 Ebenda, S. 170
23 Ludwig, E., a.a.O. S. 500
24 Castelot, A., a.a.O. S. 174
25 Bourgoing, J. de, a.a.O. S. 461
26 Ludwig, E., a.a.O. S. 499
27 Hager vor Kaiser Franz am 14. 3. 1814
28 Graf Merveldt an Metternich am 26. 3. 1814
29 Fouché, J., »Mémoires«, Philadelphia 1892, S. 422
30 Méneval, C.F. de, Bd. III, S. 421
31 Hager an alle Landesgouverneure v. 4. 6. 1814
32 »Neue Zeit«, Olmütz No 7, 1864

[33] Castelot, A., a.a.O. S. 181
[34] Familien-Archiv, Sammelbände, Karton 47
[35] Ebenda
[36] N.N. »Marie Louise und der Herzog von Reichstadt. Die Opfer der Politik Metternichs«, Paris 1842
[37] Castelot, A., a.a.O. S. 186
[38] Wertheimer, E., a.a.O. S. 196
[39] Castelot, A., a.a.O. S. 189
[40] Haus-Archiv, Sammelbände, Karton 43
[41] Montenuovo-Archiv, Karton 1, No 190 v. 11. 8. 1815
[42] Familien-Archiv, Sammelbände, Karton 43
[43] Castelot, A., a.a.O. S. 192
[44] Forshufvud, St., a.a.O. S. 9
[45] Montenuovo-Archiv, Karton 1, No 189 v. 6. 8. 1815
[46] Castelot, A., a.a.O. S. 194
[47] Gentz, F. Frh. von, »Tagebücher von 1829–1831«, Zürich 1920, S. 217
[48] Montenuovo-Archiv, Karton 1, No 191 v. 6. 9. 1815
[49] Ebenda, No 192 v. 30. 9. 1815
[50] Castelot, A., a.a.O. S. 195
[51] Wertheimer, E., a.a.O. S. 272
[52] Metternich-Winneberg, R., a.a.O. Bd. II, No 206 v. 13. 8. 1815, S. 526
[53] Mc Guigan, D.G., a.a.O. S. 443
[54] Archiv Erzherzogin Marie Louise, Karton 3
[55] Familien-Archiv, Sammelbände, Karton 43
[56] Haus-Archiv, Familien-Correspondenz A, Karton 27
[57] Familien-Archiv, Sammelbände, Karton 43
[58] Ebenda
[59] Ebenda
[60] Ebenda
[61] Wertheimer, E., a.a.O. S. 217
[62] Castelot, A., a.a.O. S. 205
[63] Moll, J.K. von, »Die letzten Tage des Herzogs von Reichstadt«, Hsgb. J. de Bourgoing, Berlin, Wien, Leipzig 1948, S. 6
[64] Castelot, A., a.a.O. S. 209
[65] Familien-Archiv, Sammelbände, Karton 47
[66] Archiv Erzherzogin Marie Louise, Karton 2
[67] Ebenda
[68] Montenuovo-Archiv, Karton 2, No 218
[69] Ebenda, Karton 2, No 247, v. 4. 4. 1817
[70] Ebenda, Karton 2, No 218, v. 17. 11. 1815
[71] Ebenda, Karton No 218, v. 14. 3. 1816 u. 21. 6. 1816
[72] Ebenda, Karton 1, No v. März 1816
[73] Ebenda, Karton 1, No 10 v. Dezember 1816
[74] Haus-Archiv, Familien-Correspondenz A, Karton 52
[75] Ebenda

[76] Vortrag Metternichs vor Kaiser Franz am 18. 6. 1817
[77] Bourgoing, J. de, a.a.O. S. 526
[78] Familien-Archiv, Sammelbände, Karton 47
[79] Ebenda
[80] Wertheimer, E., a.a.O. S. 259
[81] Familien-Archiv, Sammelbände, Karton 47
[82] Wertheimer, E., a.a.O. S. 260
[83] Montenuovo-Archiv, Karton 2, No 247, v. 25. 2. 1818
[84] Resolution Kaisers Franz an Metternich v. 19. 3. 1818
[85] »Wiener Zeitung« v. 19. 3. 1818
[86] Familien-Archiv, Sammelbände, Karton 47
[87] Schaeffer, E., »Habsburger schreiben Briefe«, Leipzig, Wien 1935, S. 161
[88] O'Meara, B.E., a.a.O. Bd. II, S. 88
[89] Ebenda, S. 95
[90] Castelot, A., a.a.O. S. 226
[91] O'Meara, B.E., a.a.O. Bd. II, S. 391
[92] Mitteilung Foresti an Dietrichstein, zit. Wertheimer, E., a.a.O. S. 289
[93] Archiv Erzherzogin Marie Louise, Karton 2
[94] Wertheimer, E., a.a.O. S. 293
[95] Metternich-Winneberg, R., a.a.O. Bd. IV, No 709 v. 24. 8. 1824, S. 109
[96] Montenuovo-Archiv, Karton 2, No 220 v. 8. 10. 1819
[97] Aretz, G., a.a.O. S. 284
[98] Receptbuch Sr. kais. und kgl. Majestät u. Allerhöchste Familie, 1816–1824, HAp 51
[99] Castelot, A., a.a.O. S. 285
[100] Ebenda, S. 242
[101] Archiv Erzherzogin Marie Louise, Karton 2
[102] Archiv Montenuovo, Karton 8, No 289 v. 28. 11. 1819
[103] Ebenda, Karton 3, No 224 v. 27. 12. 1818
[104] Ebenda, No 224 v. . 10. 1819
[105] Ebenda, Karton 1, No 213 v. 22. 12. 1819
[106] Ebenda, No 15
[107] Ebenda, No 4 und 6 v. April und August 1816
[108] Ebenda, No 12 v. Dezember 1818
[109] Ebenda, No 18 von Ende Dezember 1818
[110] Familien-Archiv, Sammelbände, Karton 48
[111] Ebenda

Anmerkungen zu Kapitel 5

1 Wertheimer, E., a.a.O. S. 291
2 Montenuovo-Archiv, Karton 1, No 35 v. Juli 1821
3 Schaeffer, E., a.a.O. S. 162
4 Bourgoing, J. de, a.a.O. S. 513
5 Wertheimer, E., a.a.O. S. 299
6 Montenuovo-Archiv, Karton 1, No 36 v. August 1821
7 Ebenda, No 37 v. 15. 8. 1821
8 Wertheimer, E., a.a.O. S. 299
9 »Gazetta di Parma« v. 24. 7. 1821
10 Familien-Archiv, Sammelbände, Karton 48
11 Bourgoing, J. de, a.a.O. S. 515
12 Familien-Archiv, Sammelbände, Karton 48
13 Archiv EH Marie Louise, Karton 3
14 Ebenda
15 Ebenda, »Allerhöchstes Kabinettschreiben« v. 14. 4. 1822
16 Ebenda, Bl. 55 und 71–74 und 169–174
17 Ebenda, Bl. 215–224
18 Castelot, A., a.a.O. S. 264
19 Ebenda, S. 265
20 Familien-Archiv, Sammelbände, Karton 48
21 Castelot, A., a.a.O. S. 256
Rollet, Dr. H., »Begegnungen, Erinnerungsblätter 1819–1899«, Wien 1903, S. 40 ff
Antommarchi, P., »La Masque Mortuaire de Napoléon. Les Legendes, la verité«, Marseille 1938
22 Taussig, P., »Berühmte Besucher in Baden«, Wien 1912
23 Rollett, Dr. H., a.a.O. S. 40
24 Pils, F., »Die beiden Napoleon-Masken des Badner Rollett-Museums«, »Unsere Heimat«, Ztschr. d. Vereins d. Landeskunde von NÖ und Wien, 3, 1981, 200
25 Archiv EH Marie Louise, Karton 3
26 Ebenda, Bl. 227–230
27 Ebenda, Bl. 231–236
28 Ebenda, Bl. 2
29 Ebenda, Bl. 4
30 Ebenda
31 Castelot, A., a.a.O. S. 256
32 Schütz, J., »Aus dem Nachlaß Collins«, Neue Freie Presse v. 5. 3. 1889
33 Montenuovo-Archiv, Karton 1, No 46 v. 4. 9. 1823
34 Ebenda, No 47 v. 5. 9. 1823
35 HAp 51
36 Pharmacopoea Lodinensis, London 1815
Pharmacopoea Bavarica, München 1822

37 Metternich-Winneberg, R., a.a.O. Bd. III, No 429 v. 28. 7. 1820, S. 342
38 Weill, E., »Vier Frauen und ein Kaiser«, Salzburg, Wien, Graz, Leipzig, Berlin 1935, S. 231
39 Castelot, A., a.a.O. S. 269
40 Ebenda
41 Archiv EH Marie Louise, Karton 3
42 Montenuovo-Archiv, Karton 1, No 56 v. 27. 11. 1824
43 Archiv EH Marie Louise, Karton 3
44 Montenuovo-Archiv, Karton 1, No 64 v. 16. 8. 1825
45 Ebenda, No 66 v. 3. 12. 1825
46 Ebenda, No 69 v. 28. 5. 1826
47 Ebenda, No 70 v. 14. 10. 1826
48 Castelot, A., a.a.O. S. 284
49 Moll, J.K. v., a.a.O. S. 16
50 HAp 52
51 Fischer, F., »Die Anlage zur Tuberkulose«, Wien 1905
Möller und Bauer, H., »Angeborene Konstitutionsschwäche bei der Tuberkulose«, Ztschr. f. Tuberkulose, 34, 1930, 615
Klare, K. und Koester, F., »Einführung in die Zusammenhänge zwischen Tuberkulose und Konstitution«, Leipzig 1940
52 Kretschmer, E., »Körperbau und Charakter«, Berlin 1931
53 Moll, J.K. v., a.a.O. S. 34
54 Montenuovo-Archiv, Karton 1, No 71 v. 22. 11. 1826
55 Moll, J.K. v., a.a.O. S. 35
56 Castelot, A., a.a.O. S. 285
57 Archiv EH Marie Louise, Karton 3
58 Montenuovo-Archiv, Karton 1, No 76 v. 28. 8. 1827
59 Moll, J.K. v., a.a.O. S. 36
60 Morton, R., »Phtisiologia«, London 1689
61 Castelot, A., a.a.O. S. 292
62 Rollett, Dr. H., a.a.O. S. 37 ff
63 Bourgoing, J. de, a.a.O. S. 532 ff
64 Montenuovo-Archiv, Karton 1, No 81 v. 6. 10. 1828
65 Familien-Archiv, Sammelbände, Karton 50
66 Ebenda
67 Bourgoing, J. de, a.a.O. S. 540
68 Ebenda, S. 539
69 Ebenda, S. 543
70 Ebenda, S. 545
71 Prokesch v. Osten, A., »Mein Verhältnis zum Herzog von Reichstadt«, Stuttgart 1878, S. 125
72 Moll, J.K. v., a.a.O. S. 13
73 Ebenda, S. 37
74 Montenuovo-Archiv, Karton 1, No 105 v. 26. 5. 1830
75 Prokesch v. Osten, A., »Aus den Tagebüchern des Grafen Prokesch

von Osten 1830–1834«, Wien 1909, S. 37
[76] Wertheimer, E., a.a.O. S. 213
[77] Grundbuchblatt Kriegsakte GB IR 60 1820/40 II 1/159
[78] Familien-Archiv, Sammelbände, Karton 50
[79] Ebenda
[80] Prokesch v. Osten, A., a.a.O. S. 39
[81] Ebenda, S. 43
[82] Ebenda, S. 40
[83] Ebenda, S. 50
[84] Moll, J.K. v., a.a.O. S. 9
[85] Prokesch v. Osten, A., a.a.O. S. 51
[86] Marquet, M., »Geschwister, Marschälle, Minister«, Wien, Köln, Graz 1983, S. 33
[87] Ebenda, S. 41
[88] Ebenda, S. 418
[89] Ebenda, S. 470
[90] Ebenda, S. 525
[91] Metternich an Sedlnitzky v. 21. 3. 1829
[92] Apponyi an Metternich v. 12. 6. 1829
[93] Wertheimer, E., a.a.O. S. 343
[94] Ebenda, S. 359
[95] Castelot, A., a.a.O. S. 331 ff
[96] Ebenda, S. 329
[97] Prokesch v. Osten, A., a.a.O. S. 31
[98] Wertheimer, E., a.a.O. S. 367
[99] Prokesch v. Osten, A., a.a.O. S. 66
[100] Moll, J.K. v., a.a.O. S. 11
[101] Prokesch v. Osten, A., a.a.O. S. 70
[102] Ebenda, S. 74
[103] Ebenda, S. 77
[104] Ebenda, S. 78
[105] Castelot, A., a.a.O. S. 333
[106] Schiel, J., »Marie Louise«, Stuttgart 1983, S. 358
[107] Prokesch v. Osten, A., a.a.O. S. 81
[108] Montenuovo-Archiv, Karton 1, No 112 u. 119
[109] Prokesch v. Osten, A., a.a.O. S. 84
[110] Marquet, M., a.a.O. S. 496 ff
[111] Montenuovo-Archiv, Karton 1, No 115 v. 25. 5. 1831
[112] Prokesch v. Osten, A., a.a.O. S. 90
[113] Bibl, V., »Der Herzog v. Reichstadt«, Wien 1925, S. 252
[114] Prokesch v. Osten, A., a.a.O. S. 17
[115] Metternich-Winneberg, R., a.a.O. Bd. V, S. 237
[116] Prokesch v. Osten, A., a.a.O. S. 41 und 118
[117] Wertheimer, E., a.a.O. S. 372
[118] Prokesch v. Osten, A., a.a.O. S. 102
[119] Sturmfeder, L. von, »Die Kindheit unseres Kaisers 1830–1840«,

Wien, Zürich o.J., S. 53 und 69
120 Wolf, J., »Blut und Rasse des Hauses Habsburg-Lothringen«, Zürich, Leipzig, Wien 1940, S. 165
121 Gentz, F. von, »Tagebücher von 1829–1831«, Hsgb. A. Fournier u. A. Winkler, Zürich, Leipzig, Wien 1920
122 Paoli, B., »Gesammelte Aufsätze«, Hsgb. H. Bettelheim-Gabillon, Wien 1908
123 Prokesch v. Osten, A., a.a.O. S. 102
124 Conte-Corti, E.C. – Materialien, Kaiser Friedrich an Königin Viktoria von England v. 10. 5. 1889
125 Moll, J.K. v., a.a.O. S. 8
126 Wolf, J., a.a.O. S. 105
127 Holler, G., »Franz Ferdinand von Österreich-Este«, Wien 1982, S. 59 ff
128 Montenuovo-Archiv, Karton 1, No 116 v. 16. 6. 1831
129 Wertheimer, E., a.a.O. S. 379
130 Ebenda, S. 380
131 Montenuovo-Archiv, Karton 1, No 117 v. 17. 6. 1831
132 Archiv EH Marie Louise, Karton 3
133 Metternich-Winneberg, R., a.a.O., Bd. V, »Aus dem Tagebuch der Fürstin Melanie Metternich«
134 Montenuovo-Archiv, Karton 1, No 118 v. 16. 8. 1831
135 Sturmfeder, L. v., a.a.O. S. 88
136 Metternich-Winneberg, R., a.a.O., Bd. IV, No 716 v. 23. 10. 1824
137 Familien-Archiv, Familienakte, Karton 68, Bl. 674
138 Montenuovo-Archiv, Karton 1, No 119 v. 2. 11. 1831
139 Sturmfeder, L. v., a.a.O. S. 89
140 Prokesch v. Osten, A., a.a.O. S. 128

Anmerkungen zu Kapitel 6

1 Rollett, H., a.a.O. S. 43
2 Moll, J.K. v., a.a.O. S. 6
3 Bourgoing, J. de, a.a.O. S. 562
4 Ebenda, S. 563
5 Wertheimer, E., a.a.O. S. 431
6 Sturmfeder, L. v., a.a.O. S. 105
7 Metternich-Winneberg, R., a.a.O. Bd. IV v. 20. 4. 1832, S. 228
8 Bourgoing, J. de, a.a.O. S. 565 ff
9 Haus-Archiv, Familien-Akte, Karton 67, Bl. 737 ff
10 Ebenda
11 Familien-Archiv, Sammelbände, Karton 51
12 Haus-Archiv, Familienakte, Karton 67
13 Charles Louis Napoléon an Metternich v. 28. 5. 1832
14 Prokesch v. Osten, A., a.a.O. S. 51

[15] Moll, J.K. v., a.a.O. S. 47
[16] Las Cases, E.D., »Mémorial de Sainte-Hélène«, Paris 1821–23, Bd. I, S. 256
[17] Moll, J.K. v., a.a.O. S. 65
[18] Sturmfeder, L. v., a.a.O. S. 118
[19] Moll, J.K. v., a.a.O. S. 67
[20] Ebenda S. 67
[21] Ebenda S. 75
[22] Bourgoing, J. de, a.a.O. S. 568
[23] Moll, J.K. v., a.a.O. S. 79
[24] Sturmfeder, L. v., a.a.O. S. 189
[25] Moll, J.K. v., a.a.O. S. 84
[26] Ebenda, S. 90
[27] Haus-Archiv, Familienakte, Karton 67
[28] Familien-Archiv, Sammelbände, Karton 51
[29] Sturmfeder, L. v., a.a.O. S. 120
[30] Moll, J.K. v., a.a.O. S. 6
[31] Ebenda, S. 98
[32] Ebenda, S. 106
[33] Wertheimer, E., a.a.O. S. 438
[34] Moll, J.K. v., a.a.O. S. 152
[35] Metternich-Winneberg, R., a.a.O., Bd. V, v. 22. 7. 1832, S. 281
[36] Moll, J.K. v., a.a.O. S. 128
[37] Ebenda, S. 139
[38] Metternich-Winneberg, R., a.a.O., Bd. V, v. 16. 7. 1832, S. 225
[39] Moll, J.K. v., a.a.O. S. 148
[40] Sturmfeder, L. v., a.a.O. S. 120
[41] Haus-Archiv, Familienakte, Karton 67
[42] Prokesch v. Osten, A., a.a.O. S. 157 ff
[43] Moll, J.K. v., a.a.O. S. 152
[44] Ebenda, S. 155 ff
[45] Wertheimer, E., a.a.O. S. 444 ff
[46] Familien-Archiv, Sammelbände, Karton 51
[47] Wertheimer, E., a.a.O. S. 447
[48] Moll, J.K. v., a.a.O. S. 161 ff
[49] Ebenda, S. 171
[50] Metternich-Winneberg, R., a.a.O. Bd. V v. 22. 7. 1832, S. 236
[51] Sturmfeder, L. v., a.a.O. S. 126
[52] Prokesch v. Osten, A., a.a.O. S. 159
[53] Nachlaß EH Marie Louise, Karton 4
[54] Ebenda, Bl. 264
[55] Bordier, H., »L'Allemagne aux Tuileries 1850–1870«, Paris 1899, S. 207
[56] Metternich-Winneberg, R., a.a.O. Bd. V v. 26. 7. 1832, S. 236
[57] Ebenda, v. 29. 12. 1832, S. 254
[58] Nachlaß EH Marie Louise, Karton 4

59 Levitschnigg, »West-Oestlich«, Wien 1846, S. 168
60 Wertheimer, E., a.a.O. S. 462
61 Ebenda, S. 463
62 Apponyi an Metternich v. 20. 8. 1832
63 Metternich-Winneberg, R., a.a.O. Bd. V v. 21. 6. 1832, S. 277
64 »Nouvelle Revue«, Paris v. 15. 1. 1897
65 Laube, H., »Reisenovellen«, Mannheim 1834–1837, Bd. III, S. 168
66 Bourget, de, »Le carnet historique«, v. 15. 4. 1890, S. 273
67 Wertheimer, E., a.a.O. S. 460
68 »Gazette des Hopitaux«, v. 15. 3. 1900
69 »Allgemeiner Anzeiger«, Chemnitz v. 18. 12. 1900
70 Moll, J.K. v., a.a.O. S. 170

Anmerkungen zu Kapitel 7

1 Polit. Archiv d. Ausw. Amtes Bonn, Botschaft Paris, Bd. II v. Dezember 1940 bis September 1942
2 »Neues Wiener Tagblatt«, v. 15. 12. 1940
3 Akten zur deutschen ausw. Politik 1918–1945, Serie D 1937–1945, Bd. XI, S. 2, »Die Kriegsjahre«, Bd. IV, 13. 11. 1940–31. 1. 1941, Bonn 1964, S. 722
4 République Française, Haute Cour de Justice: Procès du Maréchal Pétain, S. 286
5 Polit. Archiv d. Ausw. Amtes Bonn, Botschaft Paris, Bd. II
6 Der Militärbefehlshaber in Frankreich, Kommandostab Ia, Br. B. No 57/40 v. 13. 12. 1940
7 Ebenda, v. 14. 12. 1940
8 Polit. Archiv d. Ausw. Amtes Bonn, Botschaft Paris, Bd. II
9 Akten zur deutschen ausw. Politik 1918–1945, a.a.O. S. 743 ff
10 Polit. Archiv d. Ausw. Amtes Bonn, Botschaft Paris, Bd. II
11 Der Chef des milit. Verwaltungsbezirkes Paris, Paris v. 30. 12. 1940
12 Kisch, E.E., »Entdeckungen in Mexiko«, Berlin, Weimar 1947
13 Andics, H., »Die Frauen der Habsburger«, Wien, München 1985, S. 268 ff
14 Frýd, N., »Die Kaiserin«, Stuttgart 1967
15 »Weltpresse«, Wien v. 18. 5. 1948
16 »Neues Wiener Tagblatt« v. 15. 12. 1940
17 Weinrother, W., »Tagebuchaufzeichnungen« v. 12. 12. 1940, Archiv des Convents des Kapuzinerordens Wien
18 Castelot, A., a.a.O. S. 428
19 Wolf, J., a.a.O. S. 150
20 Sturmfeder, L. v., a.a.O. S. 129
21 Prokesch v. Osten, A., a.a.O. S. 173

BILDNACHWEIS

Text

Bildarchiv der österr. Nationalbibliothek:
Seite 68, 77, 151, 152, 162, 166, 187, 207, 255, 266, 267
Österr. Staatsarchiv, Habsburg-Lothringisches Familienarchiv:
Seite 74, 75, 171, 181, 209
Kriegsarchiv Wien:
Seite 269
Stadtarchiv Baden bei Wien, Rollett-Museum:
Seite 25, 260, Schutzumschlag

Bildteil

1–16 Bildarchiv der österr. Nationalbibliothek
17 Archiv d. Stadt Baden b. Wien, Rollett-Museum
18 Fotolabor J. Bummer, Wien 6

PERSONENREGISTER

Stam

Maria Theresia ⚭ Fra
† 1780

Joseph II.
† 1790

Leopold II.
† 1792

Caroline
† 1814

Ferdin

Franz II. (I.)
† 1835

Ferdinand III. v. Toscana
† 1824

Carl
† 1847

Marie Louise
† 1847
⚭
Napoleon I.
† 1822

Napoleon (II.) Franz Carl
König v. Rom
Prinz v. Parma
Herzog v. Reichstadt
† 1832

Ferdinand I.
† 1875

Franz Karl
† 1878
⚭
Sophie v. Bayern
† 1872

Franz Joseph I.
† 1916
⚭
Elisabeth in Bayern
† 1898

Rudolf
† 1889

Maximilian
† 1867

el

ephan v. Lothringen
† 1765

Modena
6

Marie Antoinette
† 1793

Maximilian Kurf. v. Köln
† 1801

oseph
† 1847

Johann
† 1859

Anton
† 1835

Rainer
† 1853

Ludwig
† 1864

arl Ludwig
† 1896

Ludwig Viktor
† 1919

nz Ferdinand
† 1914

Otto
† 1906

Karl I. (IV.)
† 1922

Karl Ferdinand
1915